Le Siècle

EUGÈNE SCRIBE

NOUVELLES ET PROVERBES

LA MAITRESSE ANONYME, LE ROI DE CARREAU,
LE PRIX DE LA VIE, UN MINISTRE SOUS LOUIS XV, PIQUE-NIQUE, JUDITH,
LE JEUNE DOCTEUR,
LA CONVERSION, POTEMKIN, ZOÉ, DE 4 À 6.

PARIS
BUREAUX DU SIÈCLE
RUE DU CROISSANT, 16.

M DCCC LVII.

A. VILLON DEL.   J. GUILLAUME SC.

EUGÈNE SCRIBE.

Nouvelles et Proverbes.

LA MAITRESSE ANONYME.

I.

Si je vous apprends, ami lecteur, que j'ai acheté une petite propriété dans la Brie, cette nouvelle vous intéressera fort peu, sans doute ; si j'ajoute que j'ai eu l'imprudence d'y faire bâtir, que les maçons, les charpentiers, les entrepreneurs, et surtout les devis faits en conscience m'ont presque ruiné, il y a une grande chance que ce malheur vous sera totalement indifférent ; je vous confierais même, en secret, que mes constructions ne sont pas encore achevées, et que, pour la régularité d'un si bel édifice, il ne manque rien qu'une aile droite ; cet aveu qui me coûte beaucoup, vous laisserait froid et impassible, et ne vous ferait pas un instant interrompre la lecture du volume que vous tenez en ce moment. Mais si je vous disais, mon insensible lecteur, que ce corps de bâtiment arriéré, que cette aile absente, il faut absolument que ce soit vous qui la payiez, peut-être l'imprévu de cette annonce vous engagerait-il à me prêter quelque attention, et dès mon début j'aurais excité votre curiosité, votre intérêt, et surtout votre effroi, seul but que se proposent, de nos jours, les faiseurs de Nouvelles et de Romans.

J'étais donc dans ma cour, assis sur une pierre, regardant tristement la place qu'occuperait si bien mon aile droite, quand elle serait élevée, si jamais elle s'élevait... lorsque je sentis une main me frapper sur l'épaule, et une voix jeune et joyeuse s'écrier : Bonjour, mon voisin ! C'était Georges Lisvard, mon voisin de campagne, que je connaissais à peine, car arrivé depuis quelques mois dans le pays et vivant toujours avec mes ouvriers, je n'avais encore fait de visites à personne ; mais avec Georges la connaissance n'était pas longue à faire. Il avait une de ces heureuses et aimables physionomies qui appellent le plaisir et la confiance. La première fois qu'on le voyait, on était son ami, et dès la seconde on ne pouvait plus se passer de lui ; plein de franchise et de gaîté, insouciant de l'avenir, et heureux du présent, sans ambition malgré sa jolie figure, il n'y avait pas de mère qui n'eût été fière d'un tel fils, pas de sœur qui ne fût heureuse d'un tel frère.

Entré de bonne heure à l'École Polytechnique, il en avait été l'un des élèves les plus distingués ; officier d'artillerie, il s'était fait remarquer au siége d'Anvers, seule occasion de gloire qui lui eût encore été offerte, et maintenant que la paix était revenue, il passait auprès de sa vieille mère ses jours de repos et de congé. Quand il s'agit d'établir sa sœur, il déclara qu'il ne savait que faire de sa fortune, qu'il était trop riche avec sa paye de lieutenant d'artillerie, et il renonça à son modeste patrimoine en faveur de sa sœur Hélène, qui, grâce à ce supplément de dot, fit un assez beau mariage. Je voulus une fois parler de ce trait-là à Georges, qui haussa les épaules et me tourna le dos ; c'est le seul jour où je l'aie vu malhonnête.

Arrivé depuis quelques jours dans notre voisinage, chez sa mère, il venait de temps en temps visiter ma bibliothèque, la seule qui existe dans la commune de Bussières, et dessiner nos points de vue, car Georges dessine, et même peint très bien.

— Qu'avez-vous ? me dit-il. Pourquoi cet air soucieux ? Je lui racontai alors, ce que je vous disais à l'instant même, mon cher lecteur, et comment je cherchais les moyens de faire achever au public mes constructions commencées.

— Quoi, sérieusement, vous croyez qu'il paiera vos ouvriers ?

— Il est assez grand seigneur et assez généreux pour cela ! Il paie toujours ; mais seulement quand on l'amuse ; or, l'amuser devient chaque jour plus difficile. Aussi il me faudrait pour lui, dans ce moment, et c'est ce que je ne puis trouver, quelque sujet bien neuf, bien piquant, bien original.

— Un sujet de quoi ?

— Un sujet de roman, de comédie, d'opéra...

— Quoi ! avec des opéras on bâtit des maisons.

— Pourquoi pas ? témoin mon ami Auber qui en a deux rue Saint-Georges...

— Dont il éleva les murailles, comme Amphyon, avec sa lyre ! !

— Avec son talent ! ce qui est moins mythologique.

— Vous avez raison, ce n'est plus là de la fable... Eh bien ! si j'avais, moi, un sujet d'opéra à vous donner ?...

— Vous, mon cher voisin, est-il possible ?

— Quand je dis d'opéra... c'est peut-être une niaiserie !

— C'est souvent la même chose.

— Ou bien une tragédie, une comédie, un roman... je n'en sais rien.

— Dites toujours.
— Ce que je sais... c'est que c'est original... bizarre, incompréhensible.
— C'est ce qu'il faut !
— Et que cela n'a pas le sens commun !
— C'est un succès, mon cher ami, un grand succès ! Parlez, vous redoublez mon impatience.
— C'est une histoire qui m'est arrivée.
— A vous?
— A moi... dans ma jeunesse.
— Vous n'êtes cependant pas si vieux.
— Il y a cinq ou six ans... j'en suis le héros ; mais l'aventure est un peu longue, et je ferais mieux de ne pas la commencer aujourd'hui, car il est tard et j'ai à midi une affaire importante que je ne puis remettre...
— Il n'est que onze heures et demie, et je vous promets dans une demi-heure de vous rendre votre liberté.
— Bien vrai ?
— Je vous le jure !
— J'y compte.

Nous nous assîmes alors dans un endroit écarté du parc, au bord de ma rivière, près d'une cascade dont l'eau claire et limpide tombe sur un lit de cailloux, et s'enfuit à travers mon bois jusqu'à la vallée du *Petit Morin*, lieu enchanté, qui rappelle la Suisse dans les petits cantons ! vallée délicieuse, qui jouirait de la plus haute renommée, si les côteaux verdoyans qui l'entourent se nommaient Glaris ou Appenzell, mais que le voyageur regarde à peine parce qu'elle est à vingt lieues de Paris et à trois lieues de la Ferté-sous-Jouare.

Georges, ce jeune ami, n'était pas de ces gens-là, car, d'un œil ému et animé, contemplant cette prairie verdoyante, la source argentée qui l'arrose et qui baigne le pied d'un temple rustique où j'ai gravé ces mots :

Verts gazons ! clair ruisseau ! près de vos bords chéris,
Le plus que vous pourrez, retenez mes amis !

— Vous ne pouviez choisir, me dit-il, un endroit qui cadrât mieux avec l'histoire que je vous ai promise. Cette jeune verdure, cette riante campagne, ce temple dédié à l'amitié et les rayons de ce beau soleil qui en ce moment l'éclaire, me rappellent et me rendent toutes les idées que j'avais il y a six ou sept ans, quand je sortis du collège. Que tout est beau, le matin, au soleil levant !... Le monde où j'allais entrer s'offrait à moi, paré de tant de charmes et d'espérances ! Je m'étais persuadé, comme beaucoup de jeunes gens de mon âge, que je ne devais y rencontrer que des amis, des succès, et surtout des conquêtes. Oui, monsieur, je l'avoue franchement, c'était ce qui m'occupait le plus.

Nous lisions beaucoup au collège, et les livres que nous dévorions en cachette n'avaient pas tous été approuvés par le conseil de l'Université. Il y en avait un surtout, bien amusant et bien dangereux pour de jeunes têtes comme les nôtres, un livre où tout est attrayant, peut-être parce que tout y est faux, parce que ni les femmes, ni les jeunes gens, ni la société, n'ont jamais existé comme ils y sont représentés ; sentimens, mœurs, caractères, rien n'est possible... tout y est d'imagination, et c'est ce qui séduisait la nôtre...

— Vous voulez parler du roman de *Faublas*.
— Précisément... un ouvrage classique... car vous le trouverez dans toutes les classes, depuis la quatrième jusqu'à la philosophie. Il est si agréable de se représenter toutes les grandes dames... se jetant à la tête d'un petit jeune homme de dix-sept ans... sans que celui-ci ait besoin de mérite, de talens, ou de considération... Au contraire, inutile à lui de s'occuper de son état, de se livrer à des études, ou à des travaux assidus ; l'amour se chargera de sa réputation, de son bonheur et de son avancement... Aussi, et comme tous mes camarades me répétaient que j'étais bien fait, que j'avais une jolie figure, une figure de demoiselle... Je vous demande pardon de vous dire de ces choses-là... Mais quand on raconte...

— Vous avez raison... cela d'ailleurs se voit de reste.
— Je vous prie de croire, me dit Georges en rougissant, que je n'ai plus ces idées-là... je parle d'un temps si éloigné !... il y a sept années... j'étais alors bien sot, bien fat, bien absurde, je croyais que je n'aurais qu'à jeter le mouchoir. Aussi je m'étais promis de ne m'adresser qu'à des marquises, des comtesses... peut-être des princesses, si l'occasion se présentait... mais décidé dans aucun cas, et sous aucun prétexte, à ne jamais descendre au-dessous des baronnes ! Hélas ! de cruels désappointemens m'attendaient ! ! !

A ma sortie du collège, je m'établis modestement chez ma mère, me préparant, pour lui faire plaisir, à mes examens de l'École Polytechnique, mais persuadé que ces travaux ne me serviraient jamais à rien, réservé que j'étais à de plus hautes et de plus brillantes destinées. Malheureusement je ne voyais pas trop les moyens de les réaliser ; la société de ma mère se composait de belle et bonne bourgeoisie, de quelques parentes à nous, des cousines assez gentilles, femmes d'avoués ou de négocians ; mais des grandes dames... Il fallait pour les connaître être répandu dans le grand monde ! Et où existait le grand monde? qui m'y aurait mené ? qui m'y aurait reçu ?

C'était au commencement de 1830, sous la Restauration, au moment où les anciens noms et les anciennes familles brillaient du plus vif éclat. Le milliard de l'indemnité avait rendu à l'aristocratie nobiliaire son luxe et ses richesses ; quant à son bon ton, à son élégance et à sa fierté... elle ne les avait jamais perdus.

Et comment, moi pauvre écolier et jeune homme inconnu, être admis familièrement dans ces nobles hôtels, sanctuaire de mes divinités ?

Cette réflexion que je n'avais pas faite, me déconcertait singulièrement, mais ne diminuait en rien mon humeur conquérante. J'étais sûr, ce premier obstacle franchi, de me faire remarquer et de fixer les regards. Vous voyez, monsieur, que je ne manquais ni de présomption ni d'orgueil, et voilà pourquoi je vous raconte mon histoire, ce sera une expiation ? Je cherchais donc constamment les moyens de rapprocher les distances, de voir de près, de coudoyer ce grand monde jusque là inaccessible, et à force de chercher, je trouvai un expédient qui vous semblera bien simple, et qui me coûtait bien cher ! J'allais tous les soirs au Théâtre-Italien ; c'était le rendez-vous de la haute société, le salon fashionable où se réunissaient les gens de la cour, et où étaient admis les gens comme il faut. Une stalle d'orchestre que je louai me donna ce privilège. Et comme le cœur me battit la première fois que je m'assis dans cette arène brillante ! comme mes yeux incertains et éblouis se promenaient avec ivresse sur tant de richesses, d'élégance et de beautés ! Toutes les loges étincelaient de parures, de diamans et de duchesses. Toutes n'étaient pas jeunes, toutes n'étaient pas belles, mais je les voyais à travers leurs titres, et toutes me semblaient nobles, distinguées et charmantes... Dans l'entr'acte je me promenais au foyer, dans les corridors, je m'arrêtais aux portes de leurs loges presque toujours ouvertes. A la fin du spectacle j'étais sous le vestibule, à les voir descendre, j'étais près d'elles, je touchais presque leurs châles aux longs plis, ou leurs robes de gaze ; je les regardais monter en voiture, m'en retournais à pied, et le surlendemain je recommençais. Ma mère s'effrayait de mon goût pour la musique italienne et des dépenses qui en étaient la suite. Je dois dire que cette musique m'ennuyait à périr, mais je n'en convenais pas, seul point de rapport que j'eusse avec beaucoup de ses nobles habitués. J'avais troqué ma stalle d'orchestre contre une stalle de balcon pour être plus en vue, et personne ne me regardait, pas même mes voisins, qui ne s'occupaient pas plus de moi que de la pièce, et qui, pour se montrer, passaient la soirée à saluer les personnes de leur connaissance.

Un soir, je vis entrer dans une loge de face une personne charmante que je n'avais pas encore vue, une jeune fille de quinze à seize ans, gracieuse et fraîche comme la couronne de roses qu'elle portait sur sa tête... Je demandai timidement à mon voisin de gauche qui elle était : — La petite duchesse, me répondit-il sans me regarder et en la lorgnant. — Quelle duchesse ? demandai-je avec les mêmes égards à mon voisin de droite. — **La dernière présentée....** vous savez... et il garda le silence. Vous comprenez bien que pour rien au monde je n'aurais avoué mon ignorance, et je répondis par un sourire d'homme au fait, qui voulait dire : Je connais parfaitement.

Quelques momens après, entra dans la loge de la jeune et jolie duchesse, un grand monsieur, maigre, sec, l'œil dur, la tête poudrée et portant soixante ans au moins, quoique la poudre, dit-on, rajeunisse. Mon voisin, qui saluait tout le monde, ne perdit pas une si belle occasion, il se courba vivement et à plusieurs reprises vers le grand homme sec qui lui répondit par un salut lent et mesuré comme la statue du commandeur dans *Don Juan*, puis sortit de la loge avec la même gravité. — Il va faire le whist du roi, dit mon voisin de droite. — C'est pour cela qu'il laisse sa femme avec la vieille marquise, répliqua mon voisin de gauche.

Sa femme, me dis-je en moi-même avec effroi... sa femme ! Cette jeune et jolie personne !!... Et ce maudit roman de *Faublas* se représentait à mon esprit, je pensai malgré moi à la si gentille et si piquante madame de Lignolles ! Toutes mes illusions revinrent, tous mes rêves recommencèrent. Je me regardais comme destiné à défendre, à venger cette victime... de l'orgueil et des préjugés ; seulement je l'aurais désirée triste et mélancolique, et je la voyais souvent rire, ce qui m'affligeait ; mais elle était si belle, qu'on pouvait pardonner ce seul défaut à tant de perfections. Aussi, entraîné, fasciné et comme sous le charme, je la suivis malgré moi, et à la sortie du spectacle, je me trouvai sous le vestibule près d'elle et de la vieille marquise, pendant que ces dames attendaient leur voiture, qui, grâces au ciel, fut une des dernières ; la duchesse m'avait paru charmante de loin, mais de près elle était bien mieux encore. C'étaient des traits si fins, si délicats, un éclat de jeunesse et de beauté qui faisait plaisir à voir comme un premier jour de printemps ; et puis il y avait tant d'esprit et de malice dans ses grands yeux noirs ! Par malheur, enveloppée dans sa pelisse de satin blanc garnie d'hermine, elle ne disait mot ; mais elle souriait, pendant que sa respectable compagne s'impatientait contre sa voiture, qui n'arrivait pas, mais qui, hélas ! parut enfin. On l'annonça ; ces dames sortirent : je les suivis sans y penser.

Il faisait un temps affreux ; la pluie tombait par torrens, et, malgré l'auvent protecteur de la rue de Marivaux, il y avait encore jusqu'à la voiture un trajet de deux ou trois pas qui effraya ces dames, car elles s'arrêtèrent.

Dans cette foule dorée qui les entourait, j'étais le seul peut-être qui eût un parapluie ! parapluie que je n'eusse probablement pas avoué, si j'avais eu le temps de la réflexion ; mais n'écoutant que mon premier mouvement, je l'ouvris et l'offris généreusement, bourgeoisement à la vieille marquise, puis je revins à ma jeune duchesse, qui, embarrassée dans sa pelisse, qu'elle relevait, pouvait à peine marcher. D'une main, j'élevais le parapluie au-dessus de ses cheveux et de sa couronne de roses ; de l'autre, j'osai la soutenir, l'aider à monter en voiture... et je ne vous parle pas du petit soulier de satin blanc, ni du pied ravissant, ni de la jambe admirable que j'aperçus à la lueur du gaz, parce que, au moment elle m'adressait un remercîment et un sourire enchanteurs, qui m'avaient fait tout oublier. Je passai derrière la voiture, puis, par instinct, je me rapprochai de la portière à droite, dont la glace était baissée, et pendant que les laquais relevaient le marche-pied de la portière à gauche, j'entendis les mots suivans ; c'était ma duchesse qui parlait :

— *Un joli cavalier, une charmante tournure*, disait-elle.

Oh ! que sa voix était douce ! j'étais là debout dans la rue, presque sous la roue de la voiture, écoutant et respirant à peine.

— *Connaissez-vous ce beau jeune homme ?......* continuait-elle.

La pluie tombait sur moi, et j'avais les pieds dans un fleuve ; je ne voyais rien... je ne sentais rien... j'écoutais...

L'autre répondit dédaigneusement : *Est-ce que l'on connaît ça... Il vient tous les soirs aux Italiens.*

— *Pourquoi ?*

— *Je vais vous le dire...*

En ce moment le cocher fouetta ses chevaux ; le laquais monta à son poste, la voiture s'ébranla et je manquai d'être écrasé. Je n'y fis seulement pas attention, pas plus qu'au rhume de cerveau et de poitrine que je rapportai à la maison et dont ma pauvre mère était mortellement inquiète, tandis que moi, j'étais ravi, enchanté. Je ne dormis pas ; j'avais la fièvre et je passai la journée suivante dans un état d'ivresse continuelle. Tous mes rêves étaient réalisés... Mon roman commençait... J'adorais cette femme... je me serais tué pour elle, oui, monsieur ; je n'ai jamais éprouvé dans ma vie rien de plus vif et de plus délirant que ces premières vingt-quatre heures de passion... Heureusement elles n'ont pas eu de lendemain, les forces humaines n'y auraient pas résisté.

— Comment, m'écriai-je, pas de lendemain !

— Si vraiment, reprit Georges, mais vous allez voir lequel.

A cet endroit du récit, l'horloge de la paroisse de Bussières sonna midi ; Georges poussa un cri : Ah ! je serai en retard ; adieu, me dit-il en courant.

— Et la suite de votre histoire ?

— A demain, me dit-il ; et il disparut.

II.

Le lendemain, Georges fut exact au rendez-vous et continua son récit en ces termes :

C'était un jeudi ; on donnait *la Sémiramide ;* mais n'importe ce qu'on aurait donné : vous vous doutez bien que, malgré mon rhume, ma fièvre, et ma mère qui voulait me retenir... j'étais le premier, à ma stalle de balcon, avant que les rampes fussent levées, ce qui, déjà, était bien mauvais genre ; mais personne ne me voyait, j'étais seul dans la salle. Les belles toilettes arrivèrent, l'orchestre se fit entendre..... Madame Malibran chanta ! Je n'entendais rien... je n'existais pas... j'attendais ! Enfin, l'âme, la vie et le sentiment me revinrent. *Elle* parut, *elle* entra dans sa loge, plus belle encore, plus ravissante que la première fois. Mes voisins s'écrièrent qu'elle était éblouissante de diamans ; je n'en avais pas vu un seul ; et je n'avais vu qu'elle ; je m'inclinai respectueusement en la regardant... Ses yeux rencontrèrent les miens... Elle me vit, j'en suis certain. Elle me vit ! Et tournant la tête d'un autre côté, elle ne me rendit pas mon salut.

— Ce n'est pas possible, lui dis-je, et vous vous étiez trompé.

— Ah ! s'écria-t-il avec chaleur : vous croyez que j'étais homme à ne pas m'assurer du fait ! J'allai l'attendre à la porte de sa loge ; elle donnait le bras à ce grand monsieur sec et poudré, à son mari. Elle causait avec lui, avec gaîté, avec affection ; enfin, il avait l'air de lui plaire... Elle avait l'air de l'aimer ! Elle ! madame de Lignolles ! Où en étions-nous ? Tout était bouleversé ! Adossé contre un pilier.... je la voyais descendre et venir droit à moi, et quand elle fut à deux pas, je m'inclinai encore : mais se tournant en ce moment même pour parler à la marquise, qui était derrière elle, elle feignit de ne pas m'avoir aperçu, passa froidement sans me regarder, et gagna sa voiture. Il faisait beau ce soir-là, elle n'avait besoin de personne !!

Ah ! je l'abhorrais ! je la détestais.... Elle me parut affreuse ; je rentrai chez moi pâle et tremblant de colère, je n'allai plus aux Italiens, je m'enfermai pendant trois mois, et me mis à travailler avec une assiduité et une rage qui avancèrent beaucoup mon examen pour l'École Polytechnique.

— Ce dut vous paraître alors un grand bonheur.

— Non, je n'étais pas heureux. L'heure de la raison n'était pas arrivée, je n'étais encore qu'au dépit, à la colère ; mon amour-propre avait été humilié, et, passant de l'amour à la haine, je n'aspirais qu'à me venger ; j'aurais donné tout au monde pour plaire à une de ces grandes dames, si fières et si orgueilleuses, non plus pour le bonheur d'être aimé, mais pour le plaisir de les dédaigner... de les humilier à mon tour !... Vous voyez que j'avais déjà gagné au contact du monde.... J'étais resté aussi extravagant, aussi fat qu'autrefois, et, de plus, j'étais devenu méchant. Par malheur les mauvaises intentions trouvent toujours, plus que les bonnes, des occasions de s'exercer, et le hasard m'en offrit que je ne cherchais pas.

Un de mes camarades de collége, neveu d'un pair de France, avait quitté Paris à la fin de ses études; il était parti avec un gouverneur pour commencer ses voyages; mais apprenant en route la mort de son oncle, qui lui laissait une belle terre et un beau titre (car alors la pairie était encore héréditaire), il se hâta de revenir en France, et, un matin, je le vis entrer chez moi, et me sauter au cou, me racontant la perte ou plutôt la fortune qu'il avait faite, et m'engageant à venir passer quelques semaines dans sa terre d'abord, et ensuite dans la vallée d'Orsay, au château de sa sœur, la comtesse Julia, chez qui se réunissait, pendant la belle saison, la plus brillante société de Paris. Il me semblait, pendant qu'il me parlait, voir arriver ma vengeance. D'ailleurs, je travaillais sans relâche depuis trois mois, j'avais besoin de repos. Nous étions en juillet, la campagne était superbe, ma mère me pressait d'accepter, ce que je fis avec joie, et nous partîmes.

Mon ami Constantin, le nouveau pair de France était un excellent garçon, peu fort dans ses études, mais fort à la chasse, s'occupant plus de ses chevaux que de ses discours à la chambre, et ayant fort bien fait de gagner sa fortune par succession, car il eût été fort embarrassé de l'acquérir par son travail ou par ses talens : du reste, ne s'en faisant nullement accroire et s'effaçant lui-même pour mettre en avant ses amis, il me présenta à sa sœur en lui disant : « Tu sais, Julia, que je ne suis qu'un ignorant, mais voici mon ami Georges qui a de la science pour deux, et, grâce à lui, nous sommes au complet. » La comtesse et son mari m'accueillirent à merveille; le comte de Vareville était un homme de trente-six ans, d'une belle figure, qui, au physique se portait à merveille, et qui, au moral, était le plus grand propriétaire du pays. C'était là le résumé de toutes ses qualités; de plus, excellent maître de maison, ne gênant personne, et laissant le gouvernement à sa femme, qui, toute aimable et toute gracieuse, s'en acquittait à merveille.

La comtesse Julia était fort jolie, avait vingt-quatre à vingt-cinq ans, de beaux yeux bleus, une tournure distinguée, une coquetterie de conversation très piquante, faisant briller les personnes qui avaient de l'esprit en en donnant souvent à celles qui n'en avaient pas. Bonne et indulgente pour les gens timides et embarrassés, c'est à ce titre qu'elle me prit sous sa protection. Dévouée en amitié, indifférente en amour, sage et vertueuse par principes, et quant à la dévotion, elle en avait juste ce que la mode exigeait alors chez les dames du grand monde.

Vous pensez bien que l'idée de lui faire la cour ne se présenta pas à mon esprit, c'était la sœur d'un ami, et puis les devoirs de l'hospitalité... Et puis, enfin... j'aurais probablement échoué, et je n'ai jamais voulu examiner si cette dernière raison ne venait pas en première ligne; c'eût été d'autant plus mal, qu'il y avait au château un essaim de comtesses, de vicomtesses, de baronnes, tout ce que le faubourg Saint-Germain avait de jeune, d'élégant, de coquet; et loin d'imiter ma dédaigneuse duchesse, celles-ci étaient, il faut le dire, comme toutes les grandes dames d'alors, pleines de gracieusetés et de bienveillance, semblant toujours oublier leur rang, et cependant vous faisant sentir par une nuance et un tact admirables le moment où l'abandon devait s'arrêter et le respect commencer. J'étais comblé de soins et d'attentions que je m'efforçais de reconnaître de mon mieux..... Je faisais de la musique avec ces dames et avec ces demoiselles; j'avais toujours des dessins pour leurs broderies, et s'il s'agissait d'une promenade dans le parc, ou d'une course à cheval... ou d'un rôle dans un proverbe, fût-ce le plus difficile ou le plus insignifiant, j'étais toujours prêt... Ma complaisance était connue, et en général tout le monde m'adorait, tout le monde, par malheur; ce qui faisait que personne ne pensait à moi en particulier. Il y avait même dans l'affection universelle dont j'étais l'objet, quelque chose de blessant pour mon amour-propre. C'était presque me dire que j'étais sans conséquence ou sans danger.

Bientôt je m'aperçus aussi, et cette découverte fut bien autrement pénible, que chacune de ces dames avait auprès d'elle des personnes qu'elles honoraient de leur dépit, de leurs dédains, souvent même de leurs reproches. Ah ! que n'aurais-je pas donné pour être à leur place, moi que l'on traitait si bien !

Je me plaignais de mon bonheur ! j'en étais indigné. Je ne voyais pas que ces rivaux, que l'on me préférait avec raison, avaient, par leurs talens, leur réputation, leur position dans le monde, mérité et inspiré une confiance qu'on ne pouvait m'accorder à moi, enfant de dix-sept à dix-huit ans, à moi qui n'étais rien... qui ne pouvais offrir aucune garantie, pas même celles de la prudence ou de la discrétion. Mon roman de *Faublas* m'avait donc encore trompé; cette jeunesse même, qu'il m'offrait comme un moyen de réussite, était un obstacle ! Ainsi, m'écriai-je avec désespoir, personne ne fera donc attention à moi, personne ne m'aimera jamais ! Hélas ! j'étais injuste !... je me plaignais à tort ! Il y avait, dans ce moment-là même, une personne que mon mérite inconnu avait touchée... Amour d'autant plus glorieux, que je n'avais jamais pensé à le faire naître et que je ne m'en doutais même pas.

A qui donc avais-je inspiré une tendresse si discrète et si désintéressée? Qui donc éprouvait enfin pour moi ce premier amour si longtemps attendu?

Hélas ! c'était mademoiselle Rose, la femme de chambre de la comtesse Julia !...

Une femme de chambre ! ! ! à moi, qui avais rêvé des duchesses, des marquises, des baronnes ! Encore un bonheur dont j'étais indigné et. humilié, toujours à cause des préjugés dont j'étais imbu, car tout autre à ma place se serait résigné à une pareille conquête.

Mademoiselle Rose était de ces femmes de chambre de grande maison : l'œil coquet, le pied mignon, la taille élancée, toujours blanche et bien mise, ne portant jamais que les robes ou les fichus de sa maîtresse (seconde édition), fière et dédaigneuse avec la livrée; faubourg Saint-Germain dans l'antichambre, et n'ayant de gracieux sourires que pour les gens du salon.

Cette fierté, à ce qu'il paraît, s'était venue briser contre mon ignorance ou ma modestie... et il avait fallu que la pauvre fille me témoignât une préférence bien marquée pour qu'il me vînt à l'idée de m'en apercevoir; mais il n'y avait plus moyen d'en douter !... Mon ami Constantin, le pair de France, avait été repoussé par elle, il me l'avait avoué en secret. Elle avait refusé les propositions les plus brillantes, et s'était montrée plus généreuse que ses maîtresses, pour qui? pour moi, jeune homme sans fortune, sans titres, sans naissance ! Ajoutez que Rose était jeune et gentille... Et elle m'aimait tant !... Et elle me l'avouait... à moi, à qui personne ne l'avait jamais dit... Et puis, monsieur, je n'avais pas dix-huit ans ! Je ne dis pas cela pour justifier, mais du moins pour excuser l'attention que malgré moi j'accordais à ma jolie soubrette.

J'évitais cependant de la rencontrer, et quand je l'apercevais au bout d'un corridor, je doublais le pas, ou je détournais la tête, exactement comme la jeune duchesse du Théâtre-Italien. C'était, sur une échelle inférieure, le même orgueil de rang ! Jugez alors ce que je devins lorsqu'un jour, sous mon oreiller, je trouvai un petit billet où étaient écrits ces mots:

« Il faut que je vous parle, monsieur Georges, ou je suis
» perdue. Le jour c'est impossible, ne m'en veuillez donc pas,
» et ne soyez pas fâché contre moi, si je vous demande dix
» minutes, ce soir dans ma chambre, à minuit. »

A ce billet était jointe une petite clef. Cet écrit, qui m'eût transporté de joie, et m'eût fait battre le cœur s'il eût été d'une des nobles dames du château, m'inspirait une espèce de malaise et de honte... Tout me dépitait contre moi-même... jusqu'aux fautes d'orthographe dont le billet était parsemé et qui semblaient mettre en relief la mésalliance que j'allais commettre. Mais dédaigner une pareille occasion ! Combien mon ami Constantin envierait mon bonheur ! Ah ! s'il était à ma place, il n'hésiterait pas !... Mais d'un autre côté, si cela se sait dans le château.. Si la comtesse Julia... Si ces dames... Vous voyez que j'étais déjà plus d'à moitié vaincu, puisque je ne craignais plus que d'être découvert. D'ailleurs, qui le saurait à cette heure... au milieu de la nuit... dans ce vaste château dont les corridors étaient obscurs et silencieux... Et tout en faisant ces réflexions, j'étais sorti de mon appartement sur la pointe du pied, retenant ma respiration... tremblant au moindre bruit... J'arrivai ainsi à la porte de Rose, et là...

En ce moment, mon horloge fatale sonna midi... J'espérais que Georges ne l'entendrait pas... mais, oubliant et son histoire et les souvenirs qu'elle devait lui rappeler, il me quitta en courant et en me criant : A demain !

III.

Le lendemain Georges fut exact au rendez-vous. Aussitôt que je le vis arriver, je courus à lui · Est-il possible, m'écriai-je, de me quitter ainsi au moment le plus intéressant d'une histoire?

— Je vous conseille de me faire des reproches ! Ce serait plutôt à moi de vous en adresser... vous avez manqué me faire oublier...

— Quoi donc?

— Une affaire bien autrement intéressante pour moi... une affaire qui ne peut se retarder... mais je me suis arrangé aujourd'hui pour être plus exact !...

— Quoi ! vous me quitterez encore à midi?

— Certainement!

— Et pour quelle raison? quelle obligation tellement indispensable vous force ainsi chaque jour?...

— Pour cela, mon voisin, répondit Georges d'un air sérieux, je ne puis vous le dire... et vous prie de ne pas me le demander... Passe pour mes aventures de jeunesse, continua-t-il en riant... c'est un autre monde, un autre siècle... c'est presque de l'histoire...

— Une histoire instructive?

— Oui, pour la jeunesse! mais peut-être fort peu amusante pour les gens raisonnables.

— Au contraire... et la preuve, c'est que je vous prie en grâce de continuer le sujet de drame que vous m'avez promis, et dont le premier acte me semble déjà tout disposé.

— Vous trouvez!

— Certainement. Il y a exposition de caractères, préparation des événemens, et la toile tombe sur une péripétie des plus piquantes, le moment où vous arrivez à la porte de mademoiselle Rose.

— Le second acte sera peut-être plus difficile à mettre en scène.

— Pourquoi donc? tout se met en scène maintenant... Vous étiez donc devant la porte de mademoiselle Rose?...

— Que je venais d'ouvrir le plus doucement possible. Le cœur me battait d'émotion et surtout de crainte. Ce n'était pas sans raison; mademoiselle Rose habitait une espèce de cabinet de toilette, qui, d'un côté, avait une sortie sur un escalier de dégagement, c'est par celui-là que j'étais arrivé. Mais de l'autre côté était une porte qui donnait dans l'appartement de la comtesse ; le moindre bruit pouvait être entendu, et si la maîtresse de la maison m'avait surpris... Ah! je n'aurais pas survécu à un tel éclat, et au ridicule qui en eût été la suite... je me serais brûlé la cervelle... j'y étais décidé; et, sous ce point de vue, du moins, le danger ennoblissait, à mes yeux, le commun et le bourgeois de mon expédition nocturne.

Je n'avais pas refermé la porte de l'escalier, je l'avais laissée entr'ouverte, d'abord pour ne pas faire de bruit, et puis pour me ménager, en cas d'accident, une retraite prompte et facile. La chambre où je venais d'entrer était dans une obscurité complète, précaution que j'attribuai à la pudeur ou à la prudence de Rose... Pauvre fille! me disais-je, elle m'attend ! Elle doit trembler, car je tremble, moi... et je m'avançai lentement, écoutant du côté de la chambre de la comtesse, et me rappelant ce vers de Delille qui, grâce au ciel, convenait parfaitement à la situation :

« Il ne voit que la nuit, n'entend que le silence! »

Alors, plus rassuré, je me dirigeai vers l'endroit de l'appartement où devait être Rose, et à mesure que j'approchais, j'entendais le bruit calme et régulier de la respiration la plus égale. J'approchai encore, et ne pus revenir de ma surprise en m'apercevant qu'elle dormait. Elle dormait !!! Quoi ! l'émotion qu'elle éprouvait lui permettait de dormir ! moi j'avais eu la fièvre depuis l'instant seulement où cette idée de rendez-vous m'était venue. Je sentais en ce moment encore mon cœur s'agiter avec violence... Et elle!... elle dormait en m'attendant! Un pareil sang-froid annonçait une habitude du danger, ou une hardiesse surnaturelle qui m'effrayait! Je pouvais admirer Napoléon ou le grand Condé dormant la veille d'une bataille... Mais mademoiselle Rose !... J'étais furieux ! J'étais indigné !... Un instant j'eus la pensée de retourner sur mes pas pour la punir... pour me venger ! Et puis dans ma colère, d'autres idées de vengeance me vinrent en l'esprit. Mais à peine si je parvins à interrompre ce sommeil profond où elle était plongée, et, sans ouvrir les yeux... elle murmura à demi voix et avec impatience ces mots qui n'avaient rien de flatteur : *Mon Dieu !.. Laissez-moi donc !* — Ah ! pour le coup et dans mon dépit, oubliant les périls qui nous environnaient, j'allais éclater !... lorsque du côté de l'appartement de la comtesse je crus entendre du bruit... Je vis même à travers les fentes de la porte briller la lueur d'une bougie ; par un mouvement aussi rapide que la pensée, je m'élançai hors de la chambre de Rose dont je refermai la porte, et il était temps ! J'étais encore sur l'escalier, que j'entendis comme un cri de surprise ou d'exclamation... mais peu m'importait, je n'avais plus rien à craindre, personne ne m'avait vu, et deux minutes après, j'étais chez moi, dans mon appartement clos et barricadé... comme si, en fermant ma porte au verrou, j'empêchais les soupçons ou les souvenirs d'entrer.

Je passai une mauvaise nuit et une mauvaise matinée ; j'étais mécontent de moi, je me sentais humilié. Toutes les réflexions que j'avais faites la veille et qui avaient eu si peu de pouvoir, avant, en avaient beaucoup, après ; j'espérais bien que jamais cette aventure ne serait connue; mais n'était-ce rien que de rougir aux yeux de Rose, de me retrouver avec elle dans ce château, de la rencontrer dans cette antichambre que vingt fois par jour il fallait traverser, et où d'ordinaire elle était à coudre ou à broder ! Je redoutais sa vue, je craignais surtout ses regards d'intelligence... Je ne savais comment m'y soustraire ; j'étais sûr de baisser les yeux, de pâlir, de rougir... et si ces dames remarquaient mon trouble; si elles en devinaient la cause... j'étais perdu ! Au milieu de ces angoisses, la cloche du château sonna le premier coup du déjeuner... puis le second... Il fallait bien se résigner... il fallait descendre! Je pris mon parti, et le plus intrépide qu'il me fut possible, je traversai l'antichambre avec une apparence de résolution et de gaîté, qui se changea bientôt en satisfaction réelle, quand, jetant autour de moi un coup d'œil rapide, je n'aperçus pas le témoin redoutable que je craignais de rencontrer.

Je repris courage, m'efforçant d'être aimable et de montrer une grande liberté d'esprit. Jamais je ne fus plus triste et plus préoccupé; à chaque instant je m'attendais à une apparition qui n'arriva point !

Contre toutes mes prévisions, Rose ne parut pas de la journée.

Que lui était-il donc arrivé?... Le soir même, et comme à l'ordinaire, elle ne servit point le thé dans le salon.

Je commençai à être inquiet, mais pour rien au monde je n'aurais osé m'informer d'elle. Ce fut une de ces dames qui prit la parole et demanda tout haut : Où donc est Rose?

Je l'aurais remerciée !

Il se fit un instant de silence. La dame renouvela sa question.

— Elle n'est plus ici, dit froidement la comtesse Julia en baissant les yeux et sans me regarder.

— Pourquoi donc? s'écrièrent toutes ces dames.

— Ma belle-sœur, qui est restée à Paris, avait besoin d'une femme de chambre... je la lui ai envoyée ce matin.

— Et vous?

— J'ai la fille du jardinier.

— C'est singulier !

— C'est original !!!

— C'est invraisemblable !!! s'écrièrent trois dames à la fois; car enfin, ma chère comtesse, votre belle-sœur, qui est à Paris, peut se procurer des femmes de chambre plus facilement que vous.

Chacun convint de la justesse de cette observation, et donna à entendre qu'il y avait sans doute d'autres motifs.

— Je ne dis pas non, reprit la comtesse avec le même sang-froid.

— Et quels motifs? dites-les nous.

— Pas à présent.

— Vous nous les direz plus tard?

— C'est possible.

— Et quand donc? s'écrièrent toutes les dames en se levant et en entourant la comtesse...

Pendant ce temps, j'étais plus mort que vif, et semblable à un criminel qui attend son arrêt.

— Comme tu es pâle! s'écria Constantin; comme ta main est froide! est-ce que tu es indisposé?

Et, grâce à cette maudite observation, tous les regards et tout l'intérêt se reportèrent sur moi. Rose fut oubliée.

— En effet... balbutiai-je d'un air interdit, je... ne me sens pas bien.

— Je m'en suis aperçue depuis ce matin, dit avec bonté l'une de ces dames.

— Peut-être a-t-il eu froid avec nous sur la rivière, dit une autre en se rapprochant de moi.

— Peut-être a-t-il passé une mauvaise nuit, dit la comtesse Julia avec un air de simplicité qui acheva de me bouleverser. J'étais dans un état déplorable!

Et tout le monde de m'entourer, de me donner sa consultation et son ordonnance. L'une m'engagea à me retirer, ce que j'acceptai de grand cœur; l'autre me conseilla la fleur de tilleul, celle-ci de la camomille, et tous les avis se réunirent pour du thé bien léger et bien chaud.

— Je regrette que Rose ne soit pas là, dit la comtesse Julia avec le même sang-froid; elle vous l'aurait porté.

Pour le coup, je fus atterré. Elle sait tout! me dis-je, elle sait tout!

La comtesse sonna le valet de chambre de son mari, qui m'accompagna. Je rentrai dans mon appartement, et je me jetai sur mon lit dans un état voisin du désespoir.

Elle sait tout!!! Et dans ce moment peut-être, au milieu du salon, elle raconte à toutes ces dames l'histoire de mon voyage nocturne, et ma passion délirante... pour qui? pour une femme de chambre qu'elle a été obligée de renvoyer à cause de moi! Ah! quelle honte!... Je suis perdu de réputation, je suis voué au ridicule, je serai désormais l'objet de leurs railleries! J'écoutai... et du salon au-dessus duquel était placée ma chambre... de longs éclats de rire arrivèrent à mon oreille.

« Ah! m'écriai-je furieux, je ne resterai pas dans ce château; je ne reverrai plus ces nobles dames à qui je ne veux pas servir de jouet... Plutôt mourir!...

« Encore elles... Encore elles, — que j'entends! » Et en effet, dans les vastes corridors qui menaient à leurs chambres, les échos répétaient au loin leurs éclats joyeux. Plusieurs même, en passant devant ma porte, me dirent d'une voix douce et maligne : Bonsoir, monsieur Georges, bonne nuit... Ah! si elles eussent été des hommes!... Mais non, il fallait se taire et subir leurs outrages, sous peine d'un ridicule plus grand encore!

Vous devinez quelle nuit je passai! Et le lendemain, sans voir les maîtres de la maison, sans prévenir mon ami Constantin, je partis au point du jour, laissant sur ma table une lettre où je lui demandais pardon d'un si brusque départ, m'excusant sur mon indisposition dont la gravité avait augmenté, etc., etc., donnant enfin des raisons dont je savais que personne ne serait dupe; mais tout m'était devenu indifférent, pourvu que je sortisse de ce château, pourvu que je fusse loin de cette société insultante et railleuse, à laquelle je venais de dire un éternel adieu.

J'arrivai chez ma mère, qui fut tout effrayée de ma pâleur et de mon air souffrant, ne pouvant concevoir qu'un mois de bonne société m'eût changé à ce point.

Je m'enfermai encore, ne voulant voir personne, ne répondant pas même aux lettres de mon ami Constantin ou aux billets de ces dames, qui, désolées de perdre leur victime, envoyèrent tout d'abord savoir de mes nouvelles. Je ne m'occupais plus que de mes travaux et de mon état, commençant à comprendre que c'était de moi seul que dépendaient ma fortune, mon avenir et ma réputation, et je fis si bien qu'au bout de six mois je passai mon examen, et fus reçu le premier à l'Ecole Polytechnique.

— Et moi, m'écriai-je, en interrompant mon ami Georges au milieu de son récit, je vous fais compliment de vos malheurs, car chaque catastrophe amoureuse vous vaut un avancement rapide et réel. L'amour et les femmes, ces grands moyens de succès d'autrefois, ne sont-ils pas de nos jours un empêchement à la fortune? N'est-ce pas là, dites-moi, la véritable morale de votre récit?

— Tirez-en la morale, si vous pouvez, me dit Georges en éclatant de rire, cela m'étonnera, surtout quand vous connaîtrez la fin de cette aventure qui me confond toujours quand j'y pense.

— Continuez donc, car je ne vois pas jusqu'ici mon second acte.

— Dieu veuille qu'il arrive; or, voici peut-être qui va nous y mener. Je venais d'être reçu à l'Ecole Polytechnique, je portais l'épée et presque l'épaulette, et ce succès, que je ne devais qu'à moi-même, m'avait un peu consolé des mésaventures que je devais au hasard. Le maréchal de ***, ancien compagnon d'armes de mon père, était venu inspecter l'école, et avait prié le gouverneur de lui présenter les élèves les plus distingués; j'avais eu l'honneur d'être compris dans ce choix; il nous avait invités à dîner; c'était un grand bonheur, un jour de fête pour tout le monde; il en fut autrement pour moi. Le dîner se passa à merveille, et la soirée s'annonça de même; le maréchal, qui avait causé avec mes camarades, me prit à part près de la cheminée, et à la manière dont il commença l'entretien, je vis qu'il voulait juger par lui-même du bien qu'on lui avait dit de moi. Aussi, je rassemblai toutes mes forces pour sortir avec honneur de ce nouvel examen. Il venait de mettre en avant une question que je me sentais les moyens de traiter d'une manière victorieuse et brillante, lorsque madame la maréchale sonna pour avoir un verre d'eau sucrée. Il lui fut apporté près de la cheminée où j'étais, par une femme de chambre qui se retourna, et je reconnus... Rose! Rose qui, dans un moment de surprise et de joie, manqua de renverser sur la robe de sa maîtresse le verre d'eau qu'elle tenait d'une main tremblante, pendant que ses yeux ne quittaient pas les miens. Et moi, troublé, déconcerté par cette apparition subite, j'hésitais... je balbutiais... je n'avais pas deux idées de suite... Je répondais tout de travers au maréchal, qui prenant mon embarras pour ignorance ou incapacité, se hâta de changer la conversation. « Quel est le tailleur » qui fait vos uniformes? me dit-il, le vôtre vous va à mer- » veille, et voilà ce que j'appelle une jolie tournure d'officier. » J'étais désespéré; j'aurais mieux aimé qu'il m'eût donné des coups de poignard, que de m'adresser une phrase pareille. Il était dit que les femmes en général, et Rose en particulier, devaient toujours me porter malheur. Aussi, quand, s'adressant à moi d'un air aimable et gracieux, elle demanda « si Monsieur voulait aussi un verre d'eau sucrée..... ou autre chose... » je lui lançai un regard d'impatience et de colère, et je crois même que je lui tournai le dos; puis, rejoignant mes camarades, nous prîmes congé du maréchal, eux enchantés, et moi désolé de ma soirée.

Le lendemain, je reçus une lettre dont l'écriture ne m'était que trop présente; je l'aurais d'ailleurs reconnue à l'orthographe et aux efforts inouïs que l'on avait faits pour écrire *élève de l'École Polytechnique;* ce dernier mot surtout avait dû lui donner une peine..... dont il fallait lui savoir gré..... quoiqu'à vrai dire elle eût complètement échoué; j'ouvris donc la lettre, que je ne lus point sans quelque travail, et qui contenait ce qui suit :

« Je sais, Monsieur Georges, pourquoi vous m'en voulez, » et pourquoi hier, chez madame la Maréchale, ma nouvelle » maîtresse, vous ne m'avez pas seulement regardée. Vous

» êtes fâché contre moi de ce que j'ai manqué au rendez-vous
» que je vous avais donné, et vous croyez que je me suis mo-
» quée de vous. Je vous prie de croire que ça n'est pas ; que
» je ne me suis jamais moquée de personne, et surtout de
» vous qui êtes si aimable et si gentil. Voici la chose : le soir
» même, au moment où je venais de glisser sous votre oreil-
» ler, et en faisant votre couverture, le billet en question,
» Madame me dit : Vous allez partir pour Paris; le cabriolet
» est en bas qui vous attend. Je voulus objecter pour gagner
» jusqu'au lendemain... Madame répondit : Ce soir, à l'instant
» même. C'est pour une robe dont voici le modèle; vous la
» porterez à ma couturière, et vous ne reviendrez que quand
» elle sera achevée. Or, vous saurez qu'il n'y avait pas moyen
» de raisonner avec Madame, surtout quand il s'agissait de
» robes ! Au bout de trois jours, quand elle fut faite, je revins
» bien vite pour me justifier ; mais vous n'étiez plus au châ-
» teau. Plus tard, à Paris, j'espérais vous voir chez ma maî-
» tresse... mais vous n'y êtes pas venu ; et quelques mois
» après j'en suis sortie moi-même pour des raisons... à cause
» du valet de chambre de Monsieur... qui me poursuivait
» toujours et que je n'ai pas écouté, je vous le jure... on vous
» le dira, etc. »

Je n'achevai pas cette lettre dont la fin m'intéressait peu. Le commencement ne me donnait que trop à réfléchir... Comment ?.. la nuit de mon voyage dans les corridors, mademoiselle Rose n'était plus au château, elle en était partie depuis quelques heures. C'est sa maîtresse qui l'avait éloignée exprès, sous un prétexte imaginaire. Quelle était donc la personne qui occupait l'appartement à la place de sa femme de chambre! Ce ne pouvait être qu'elle-même ! la comtesse Julia ! A cette idée, un battement de cœur me saisit, la rougeur monta au front, un éclair de joie brilla dans mes yeux ; je me sentis un mouvement d'orgueil et de vanité bien absurde, un sentiment de triomphe qui n'avait pas le sens commun, car, enfin, ce triomphe, si je l'avais obtenu, c'était par une erreur, par une fraude, ou plutôt par un hasard qui excluait toute idée de préférence... et malgré cela j'étais fier et heureux, comme si mon mérite y eût été pour quelque chose... et puis ce n'était pas une femme de chambre, c'était une grande dame, une comtesse !

Plus je réfléchissais cependant, et plus mon aventure me semblait inconcevable et difficile à expliquer. D'abord toutes mes craintes d'avoir été découvert, et le ridicule et les railleries dont je redoutais l'effet, n'avaient jamais existé que dans mon imagination. La comtesse et ces dames n'avaient jamais soupçonné ni moi, ni Rose, puisque celle-ci était revenue trois jours après au château, et qu'elle était restée quelques mois encore chez sa maîtresse ; on ne l'avait donc pas chassée, mais on avait voulu l'éloigner ce soir-là... Pourquoi ?... Pour un amant heureux et attendu ? Mais l'accueil que l'on m'avait fait prouvait assez qu'on n'attendait personne et moi moins encore que tout autre ! Comment d'ailleurs deviner la clef que j'avais en mon pouvoir ! sans compter que la réputation de la comtesse éloignait toute idée de ce genre !! On ne lui connaissait aucun amant... bien plus, on ne lui en donnait aucun... ce qui rendait le hasard encore plus flatteur pour moi ; et sans chercher davantage à pénétrer ce mystère, j'acceptai mon bonheur sans l'expliquer, ni le comprendre ; mais, par un effet bien singulier, la comtesse, qui jusqu'à ce jour m'avait été tout-à-fait indifférente, cessa dès ce moment de l'être pour moi ; je ne pensais plus qu'à elle et aux moyens de la revoir; autant j'avais négligé mon ami Constantin, autant je mis d'empressement à le rechercher. Je le croyais furieux de mon absence... Hélas ! à peine s'en était-il aperçu. Les personnes qui n'aiment rien sont les gens du monde les plus faciles à vivre ! Jamais de reproches, jamais d'humeur... Il faut aimer pour avoir un mauvais caractère! Constantin me reçut à bras ouverts, et c'est dans une soirée qu'il donnait que, pour la première fois..... je revis sa sœur. Sa présence produisit sur moi un effet, dont elle-même s'aperçut, car elle me regarda d'un air étonné. Jusqu'alors, je l'avais à peine remarquée, et maintenant je contemplais avec curiosité cette taille si élégante, ces beaux bras, ces jolies mains, ces cheveux blonds cendrés et surtout ces yeux bleus, qu'animaient à la fois la malice et la bonté... Je regardais tout cela avec plaisir, avec bonheur, avec un sentiment que je ne puis définir et que vous, monsieur, vous ne comprendrez pas.

— Si vraiment, lui dis-je. Ces arbres qui, dans ce moment, balancent leur feuillage au-dessus de nos têtes, me semblent les plus beaux des environs, pourquoi ? Parce qu'ils sont à moi ! Le sentiment de la propriété!!...

Georges sourit et continua.

Sans le vouloir et sans m'en rendre compte, je fus dès ce moment plus assidu, plus prévenant auprès de la comtesse, mes attentions avaient un caractère de soumission et surtout de respect qui frappaient tout le monde et qui me semblaient à moi une restitution, une réparation. J'avais, sans qu'elle le sût, tant de torts à expier ! Elle n'était pas insensible à un dévoûment si intéressé, car je l'ai déjà dit, son cœur était tout à l'amitié, et de côté il n'y avait point de sacrifice dont elle ne fût capable. Mais tout autre sentiment la laissait froide et indifférente ; elle-même en convenait, et un jour qu'assez maladroitement son mari vantait tout haut sa vertu et ses principes : Je n'y ai pas de mérite, dit-elle avec impatience, je n'ai dans l'esprit rien d'exalté, rien de romanesque ce n'est pas ma faute, ni la vôtre peut-être, si jusqu'à présent je vous ai été fidèle !

Je ne pus retenir un sourire qu'elle remarqua.

— Pourquoi riez-vous, monsieur Georges ? me dit-elle.

— Pour des raisons que je ne peux pas dire.

— Et que vous allez cependant m'avouer...

— Non, car elles vous fâcheraient.

— Jamais je ne me fâche avec mes amis !

Malgré cette assurance, je gardai mon secret et continuai pendant plus d'un an ma cour assidue et silencieuse, non que j'aimasse la comtesse d'amour ; cela n'y ressemblait en rien. Ce n'étaient ni cette fièvre, ni ce délire que j'avais éprouvés dans la passion de vingt-quatre heures dont je vous parlais hier. Il n'y avait là ni tourment, ni malheur, ni extravagance, rien enfin de ce qui constitue l'amour ; mais, je n'aimais personne plus que la comtesse ; c'était une affection qui ne ressemblait à aucune autre, car elle avait quelque chose de piquant, de mystérieux et en même temps de calme et de paisible ! Cela venait peut-être de ce qu'ayant commencé le roman, comme les autres le terminent d'ordinaire, j'avais de moins l'impatience et la curiosité, qualités inséparables de tous les amours de ce monde.

La comtesse cependant ne pouvait ignorer mes sentiments ; je voyais qu'elle en était touchée, mais pas comme je l'aurais voulu, car elle s'en affligeait et s'en inquiétait pour moi. Un jour nous étions seuls dans son boudoir, elle me tendit la main et me dit: Georges, vous êtes un bon et aimable jeune homme... à qui, depuis longtemps, j'ai donné toute mon amitié, ne m'attendez et ne demandez jamais plus. Je voudrais vous l'accorder que cela me serait impossible.

— Peut-être ! lui dis-je, et alors, me jetant à ses pieds et implorant mon pardon, je lui racontai en peu de mots et la faute et le bonheur que j'avais à me reprocher. Elle poussa un cri ! mais je ne remarquai dans ses traits ni trouble ni colère ; et, reprenant sur-le-champ un sang-froid admirable, elle me tendit de nouveau la main et me dit : Relevez-vous, j'ai, je crois, un pardon à vous accorder ; *ce n'était pas moi!*

Ce que j'éprouvais est impossible à décrire.

Était-ce un moyen de se soustraire à mes vœux ? Voulait-elle m'abuser..... me donner le change, et anéantir ainsi les droits que le hasard m'avait donnés ?

Je levai les yeux vers elle.

Son front était calme et serein, et dans son regard noble et pur brillait la vérité tout entière.

Je rougis d'avoir douté un instant.

— Je vous crois! je vous crois! m'écriai-je; mais qui donc était-ce ?

— Je ne puis vous le dire.

— Vous me le direz...

Tout à coup Georges se leva brusquement ; il venait d'entendre le premier coup de midi. Je voulus en vain le retenir ou le suivre de loin... Je le vis, à l'extrémité du bois, s'élancer sur un cheval qu'on lui tenait prêt, et il disparut en me criant encore comme la veille : A demain!

IV.

Le lendemain Georges arriva un peu plus tard que de coutume.
Un air soucieux avait remplacé cet air de franchise et de gaîté, caractère distinctif de sa physionomie.
— Est-ce l'histoire d'hier qui vous a laissé des idées sombres? lui dis-je.
— Non, répondit-il, des contrariétés, des chagrins plus récens, qu'il faut oublier.
— Alors, reprenons notre histoire.
— Très volontiers; où en étais-je?
— Au moment où la comtesse Julia refusait de vous nommer l'héroïne de votre aventure.
— C'était piquant, n'est-ce pas? Possesseur d'un bien que je ne pouvais connaître ; amant heureux d'une maîtresse qui gardait l'anonyme, je suppliais, je pressais la comtesse de me nommer, ou du moins de me laisser deviner cette beauté mystérieuse. Elle s'y refusa constamment.
— Je le crois bien! m'écriai-je, c'était elle!
— Non, monsieur, je vous ai déjà dit les raisons que j'avais de croire le contraire... et puis il y en avait d'autres encore... des détails que je n'avais pu vous donner... mais qui me frappaient alors, et qui tous me prouvaient qu'elle avait dit la vérité... Ma curiosité n'en devenait que plus vive. Je mourais d'envie de connaître ce secret. Je jurais de n'en point abuser.
— Alors, me répondit la comtesse, à quoi bon vous le dire? pourquoi vous donner des regrets inutiles?
— Elle est donc jolie? m'écriai-je.
— Eh! mais, me dit-elle après m'avoir regardé en souriant, c'est moi qui vous le demanderai.
— Ah! c'est de l'ironie, c'est de la raillerie!
— Eh bien! s'il faut vous parler sérieusement, pourquoi exposer une honnête femme?
— Elle est donc vertueuse?... tant mieux.
— Pourquoi?
— Je ne sais... mais tant mieux!
— Tant pis, au contraire... il vaudrait mieux qu'il s'agît d'une coquette, je la nommerais, sans crainte de vous voir profiter d'un tel avantage.
— Moi!... vous pourriez croire?..
— Certainement! et je m'explique à présent vos assiduités auprès de moi... C'est ce qui vous a donné l'idée et plus tard la hardiesse de me faire la cour... Soyez franc.
— Eh bien! oui, je l'avoue.
— Comment alors n'en serait-il pas de même auprès d'une personne qui sous tous les rapports vaut mille fois mieux que moi?...
— Que dites-vous? m'écriai-je avec joie.
— Je n'ai rien dit, reprit-elle vivement, sinon que je ne veux pas troubler son repos en la faisant rougir d'un crime dont elle est innocente, ou en l'exposant à des dangers...
— Qui ne sont pas à craindre pour elle!
— Peut-être! — Elle me regarda, réfléchit encore, et reprit : — Oui, en ne la nommant pas, je fais une bonne action.
— Une bonne action! m'écriai-je.
— Et je vous en épargne peut-être une mauvaise. Ainsi, monsieur Georges, résignez vous, car vous ne saurez jamais rien.
— Jamais!...
— Je vous l'atteste!
— Vous me traitez en ennemie!
— Au contraire je vous parle en amie, en amie jalouse de votre affection, et qui ne veut ni la perdre ni la partager.
Je la quittai, jurant de ne plus la revoir, et le lendemain j'étais chez elle.
— Je l'aurais parié! s'écria-t-elle en m'apercevant; et jugez, monsieur, quelle bonne position je viens d'acquérir. Je suis sûre maintenant de vous voir tous les jours. On peut douter de l'amitié des hommes, mais jamais de leur curiosité. Aussi, vous serez assidu auprès de moi tant que vous ne connaîtrez pas le mot de l'énigme, et comme vous ne le saurez jamais...

J'eus beau protester de la vivacité de mon affection et de sa durée... quand même!!... je vis bien que la comtesse était décidée au silence... — Eh bien! m'écriai-je, je saurai la vérité malgré vous.
— Ce sera difficile.
— D'abord, c'était une des dames qui passaient l'été dans votre château.
— Je ne dis pas non.
— Vous en convenez?
— Je ne conviens de rien.
— Et moi, je saurai à quoi m'en tenir : je ferai plutôt la cour à toutes.....
— Permis à vous...

Je cherchai alors dans ma tête, et naturellement mes idées se tournèrent vers celles que de moi-même j'aurais préférées, comme si le hasard n'eût eu rien de mieux à faire que de se rencontrer avec mes désirs.

Je venais d'être nommé officier d'artillerie; j'étais mon maître, et l'hiver que je passai dans la recherche de cette beauté inconnue fut sans contredit le plus beau de ma vie. Lorsque, dans une soirée, dans un bal, j'apercevais une jeune et jolie femme, je la regardais avec fixité, avec orgueil. Je me disais : C'est peut-être elle!... Et semblable à l'avare du *Dissipateur*, cette idée me valait presque une réalité!..... Quand je voyais des cavaliers empressés qui sollicitaient vainement un regard, je pensais que, peut-être sans le savoir, j'avais été plus heureux qu'eux tous. Alors je m'approchais avec une confiance que venait déconcerter le sourire railleur de la comtesse. Son coup d'œil calme et tranquille me disait: Ce n'est pas elle ; car elle eût été émue ou inquiète si j'avais deviné juste!...

Je me trompais donc toujours, et d'erreur en erreur cela pouvait aller très loin; cette recherche vaine qui occupait toutes mes pensées me faisait négliger des études sérieuses d'où dépendait mon avenir. La comtesse qui avait pour moi une amitié véritable... une amitié de sœur, s'effrayait de mon extravagance et cherchait à m'en détourner.
— Eh bien! lui disais-je, avouez-moi la vérité.
— Je le voudrais... Je ne le puis.

Et notre discussion recommençait. Un soir surtout, Julia était plus que jamais en humeur de faire de la morale ; et l'endroit était bien choisi ; nous étions au bal de l'Opéra avec son frère et son mari, qui tous deux s'ennuyaient à plaisir, et qui s'étaient lancés dans la foule pour chercher des distractions. Resté avec la comtesse, et tous deux assis dans le foyer de l'Opéra, nous en revînmes à notre éternel sujet de conversation. Je me fâchais... je m'irritais, et Julia riait de si bon cœur et si haut, qu'elle ne pensait même plus à déguiser sa voix. Un masque s'approcha d'elle et lui adressa la parole :
— La comtesse de Vareville est bien gaie ce soir.
— Y trouves-tu à redire, beau masque?
— Non, parce que je suis ton amie ; sans cela...

La comtesse tressaillit.
— Qu'avez-vous donc? lui dis-je.
— Rien.

Mais il m'était aisé de voir qu'elle était émue ; elle venait sans doute de reconnaître à la voix le masque qui nous avait adressé la parole... Quels rapports.... quelle relation existaient entre elles?... c'est ce que j'ignorais. Tout ce que je me rappelle, c'est que ce petit domino me déplaisait singulièrement, peut-être parce qu'il était venu interrompre une conversation intéressante. Pour être juste cependant, je dois convenir qu'il avait de l'originalité, de la gaîté, et surtout de l'esprit ! Il lui en fallait pour deux, car depuis son arrivée la comtesse, visiblement embarrassée, ne prenait plus part à la conversation, et cependant le petit masque avait le talent d'être amusant sans être méchantes, ses épigrammes au contraire, tout ce qu'il disait était flatteur pour Julia, à qui il reprochait galamment son silence obstiné. Ce beau cavalier en est-il cause? dit-il en me montrant. Ai-je interrompu une déclaration?

— Une déclaration de guerre, m'écriai-je, en me hâtant de prendre la parole pour venir en aide à ma compagne et lui donner le temps de se remettre. Nous nous disputions.
— En vérité?...
— Une discussion très vive sur une question...
— Douteuse?...
— Très douteuse!
— Alors, c'est vous qui avez tort.
— Qu'en savez-vous?
— Dès qu'il y a doute... les hommes ont tort, et je décide contre vous.
— Savez-vous de quoi il s'agit?
— Me voulez-vous pour juge? dit-elle en s'asseyant près de la comtesse.
— Non pas, s'écria vivement celle-ci.
— C'est donc bien sérieux, ma belle Julia?
— Du tout, répondis-je; c'est une personne que j'ai le droit de connaître, et dont madame refuse de me dire le nom.
La comtesse voulut me faire taire.
— Quand on ne connaît pas et qu'on ne nomme pas, on ne compromet personne.

Et, alors avec l'insouciance et la liberté que donne le bal masqué, je racontai l'histoire que vous savez, en peu de mots et à demi voix, au milieu de la foule qui passait près de nous et nous heurtait.

L'inconnue écoutait avec une attention qui flattait beaucoup ma vanité de narrateur... Lorsque tout-à-coup, à l'endroit le plus intéressant... au moment où je m'esquivais de la chambre de Rose, elle poussa un cri et s'évanouit.

— Ah! s'écria vivement la comtesse... la chaleur... le manque d'air... Elle se trouve mal... Transportez-la hors du foyer.

Ce que je fis à l'instant, malgré la foule que cet événement avait rendue plus compacte, et qui, ainsi que cela arrive toujours, manqua de nous étouffer par excès d'intérêt!

Arrivés dans le corridor qui sépare le foyer de la salle, je plaçai l'inconnue sur une chaise, et là tout me parut singulier, d'abord l'effroi et le zèle de la comtesse, jusque là si indifférente; et puis, lorsque pour donner de l'air à la belle évanouie, qui commençait à reprendre ses sens, je voulus dénouer son masque, Julia s'y opposa avec un air de terreur.

— Et pourquoi?
— Elle a ici des raisons pour ne pas être connue.
— Et lesquelles?
— Je ne puis les dire.
— Tout est mystère avec vous!... et alors pour la première fois un soupçon m'arriva... je m'écriai, tremblant: Est-ce que par hasard ce serait?...
— Non, non! répondit la comtesse avec une vivacité qui changea mes doutes en certitude. Mais taisez-vous, on nous observe.

En effet un grand jeune homme blond s'était tenu constamment derrière nous... regardant l'inconnue avec attention; il s'avança et avec un accent irlandais, offrit ses services à ces dames qui le refusèrent.

— Plus de doute! s'écria-t-il alors à voix haute; vous accepterez mon bras.

— Non pas, lui dis-je, tant que ces dames auront le mien. Et voulus suivre Julia qui se retirait en entraînant sa compagne, mais l'Irlandais me retint par la main.

— Monsieur, j'ai une question à vous adresser.
— Quand vous voudrez, mais pas dans ce moment!
— Au contraire, monsieur, en ce moment même.

Et il me retenait toujours, tandis que les deux fugitives, s'esquivant au milieu de la foule, avaient déjà disparu à mes yeux.

Furieux, je me retournai vers l'importun qui me faisait manquer ainsi la première, la seule occasion que j'eusse encore eue de connaître la vérité.

— Monsieur, que me demandez-vous?
— Oui, major Hollydai, que demandez-vous à mon ami Georges? s'écria Constantin qui arrivait en ce moment.

NOUV. ET PROVERBES.

— Je demande qu'il dise le nom des deux dames avec qui il était tout-à-l'heure.
— Calmez-vous! l'une était ma sœur, la comtesse de Vareville.
— Pour laquelle je professe le plus grand respect, mais l'autre?...
— L'autre, dit Constantin en relevant son col de cravate, je ne la connais pas!
— Je m'en doute bien... Mais monsieur la connaît, j'en suis sûr.
— Moi! m'écriai-je avec fureur, tant l'assertion me parut dérisoire et absurde dans la situation où j'étais.
— Oui, monsieur, continua le major irlandais avec flegme, vous me direz son nom.
— Je ne vous le dirai pas.
— Vous me le direz!
— Eh! pourquoi ne pas le dire? s'écria Constantin d'un air de gaîté qui redoublait ma colère, dis-le.
— Je ne le dirai pas... parce que je ne le sais pas.
— Allons donc, tu le sais, tu dois le savoir.
— Certainement, dit le major, il est impossible que monsieur ne le sache pas.
— Quand j'atteste que non! m'écriai-je d'une voix haute qui fit tourner vers nous tous les yeux.
— Ce n'est pas une raison... reprit l'impassible major.

Alors, hors de moi-même, hors d'état de réfléchir, je m'élançai vers lui et lui donnai un soufflet; la foule se jeta entre nous.

— Je suis aux ordres du major, dis-je à Constantin, conviens de tout avec lui, et je me retirai.

Deux heures après, arriva Constantin avec un air sombre qui allait si mal à sa physionomie, que je ne pus m'empêcher de sourire.

— Demain, me dit-il, à six heures au bois de Vincennes; le major a choisi le pistolet : sais-tu tirer?
— Comme tout le monde...
— C'est qu'il est de la première force, il enlève à trente pas un pain à cacheter.
— Que veux-tu que j'y fasse?
— Il est l'offensé... il tire le premier, et à vingt pas... je n'ai pu obtenir d'autres conditions.
— Il faut donc s'en contenter... à demain, je compte sur toi.

Resté seul, vous devinez quelles furent mes réflexions, je vous en fais grâce. J'écrivis à ma mère pour lui demander sa bénédiction et ses prières. Je fis mes adieux à la comtesse, et dans sa lettre j'adressai celle-ci à son amie.

« Vous que je ne connais pas, je me hâte de vous rassurer;
» quand vous recevrez cette lettre, vous serez vengée... Je
» meurs avec votre secret... que ne puis-je dire, avec votre
» pardon! »

V.

Le lendemain, à six heures, le major Hollydai était chez moi, et une demi-heure après, nous descendions de voiture à Vincennes avec nos témoins.

— Messieurs, dit à haute voix l'Irlandais... j'ai une déclaration à vous faire; la personne que je soupçonnais n'était point hier soir au bal de l'Opéra; j'en ai les preuves positives, et la dame que monsieur protégeait... m'était totalement étrangère... Je devais cet aveu à ma conscience et à la vérité.

Maintenant, continua-t-il en se tournant vers ses témoins et vers les miens, comme j'ai fait mes preuves et que vous savez tous que la vie de monsieur est entre mes mains, je la lui accorde s'il veut me la demander.

Tout mon orgueil se révolta, tout mon sang se souleva à cette arrogante parole:

— Plutôt mourir, monsieur, que rien vous devoir; permis à vous de me tuer!
— Mais, jeune homme! je suis sûr de mon coup!
— Alors, permis à vous de m'assassiner...

La colère brilla dans les yeux de l'Irlandais; il arma son pistolet, et s'arrêtant encore:

— Rétractez ce nouvel outrage... Un pardon... une excuse !
— Vous n'aurez rien de moi, que mon sang !!
— Vous l'entendez, messieurs, cria le major... il le veut... il m'y force... Je le devrais.... mais j'ai eu le premier tort, et je ne l'oublierai pas. Alors visant lentement, il dit tout haut : A l'épaule droite !

Le coup partit, et je tombai, l'épaule droite fracassée.

Quand je revins à moi, j'étais dans mon lit, entouré de tous mes amis, et le médecin assurait qu'il répondait de mes jours.

Le lendemain, je reçus une visite qui me fit grand plaisir : c'était celle de la comtesse ; elle était venue avec son frère, qui ne resta qu'un instant, et quand nous fûmes seuls :

Georges, n'êtes-vous pas bien étonné de me voir ?

— Non, je vous attendais !

— Ah ! je vous remercie de ce mot-là ; elle me tendit la main et se mit à fondre en larmes. C'est ma faute, c'est ma faute ; je ne me le pardonnerai jamais.

— C'est la mienne, madame, c'est ma folie, mon étourderie.

— Moi qui vous connaissais, ne devais-je pas veiller sur vous ?... Mais j'étais bien malheureuse ; placée entre vous et une autre amie... qui m'est bien chère... Pas plus que vous, cependant ; car vous souffrez, vous êtes en danger, c'est vous que j'aime le mieux... Et alors elle me dit tout ce que l'amitié d'une femme peut inspirer de tendre et de saintement passionné. Jamais rien de plus doux, de plus pur, de plus ravissant, n'avait retenti à mon oreille et à mon cœur ; pour la première fois, j'apprenais à connaître Julia. Je sentais tout le prix d'une amitié pareille ; c'est moi qui, à mon tour, couvrais ses mains de mes baisers et de mes larmes, qui lui jurais un dévoûment éternel et à toute épreuve.

— Eh bien ! me dit-elle, en tombant à genoux près de mon lit, si vous dites vrai, si je dois croire à vos sermens, je vous demande une grâce ; je vous la demande à mains jointes.

— Laquelle ?

— Ne pensez plus à... Elle hésita et reprit : A cette inconnue dont l'influence vous a été si fatale ; ne cherchez point à découvrir qui elle est. Je vous le demande pour vous et pour elle ! Vos recherches d'ailleurs seraient inutiles ; elle a quitté la France.

— Quand donc ?

— Ce matin, dès qu'elle a eu la certitude que vous étiez hors de danger.

— L'autre jour, à l'Opéra... c'était donc elle !

— Oui, mon ami.

— Et cependant je ne crois pas l'avoir vue parmi les dames qui étaient avec vous au château.

— Vous ne l'avez jamais vue ; vous ne connaissez ni ses traits, ni son rang, ni son nom. Est-ce alors un sacrifice pour vous de l'oublier et de ne plus regarder cette aventure que comme un rêve... un mauvais rêve ?

— Oui, la fin !... car le commencement était joli...

— Taisez-vous !...

— Un mot encore, et je me tais... Elle sait donc tout ?...

— Hélas ! oui.

— Elle me connaît... moi qui ne la connais pas !

— Oui, monsieur...

— Lui avez-vous remis ma lettre ?

— J'ai hésité... mais cette lettre était bien... car vos écrits valent mieux que vos actions... Et, ne voulant pas qu'elle emportât une trop mauvaise opinion de vous, qui êtes mon ami... je lui ai donné ce billet.

— Et qu'a-t-elle dit... du dernier mot ?

— Du pardon que vous lui demandez ?...

— Oui !...

La comtesse me regarda attentivement comme si elle eût voulu juger de l'effet que sa réponse allait produire sur moi ; et elle me dit seulement : Ce pardon... elle vous l'accorde... à une condition.

— Et laquelle ?

— Celle que je vous imposais tout-à-l'heure, car elle a dit : *J'oublierai son offense, s'il oublie que j'existe !...* Et maintenant, mon ami, que j'ai répondu à toutes vos questions... j'attends le serment que je vous ai demandé... la promesse formelle... de ne plus chercher à la connaître... Mon amitié est à ce prix !...

Que pouvais-je répondre ?... Cette beauté mystérieuse était partie, elle avait quitté la France... Et puis, quand on a été à deux doigts de la mort, quand on a perdu la moitié de son sang, l'imagination n'est plus aussi vive, aussi ardente... Un blessé entend la raison mieux qu'un homme bien portant. Aussi je compris à l'instant qu'un rêve, une chimère, qui, après tout, ne pouvaient me mener à rien, ne valaient pas mon repos, mon avenir, et surtout l'amitié d'une femme charmante. Je donnai donc la promesse que l'on me demandait, et, comme j'ai pour principe et pour habitude de tenir mes sermens, depuis plus de cinq ans je n'ai fait aucune tentative, aucune recherche... et je n'ai eu aucune nouvelle de ma belle inconnue... Voilà mon histoire !...

— Eh bien ?... lui dis-je, quand il eut terminé ce récit, et comme m'attendant à une suite.

— Eh bien ! me répondit Georges, que voulez-vous de plus ?

— Ce que je veux ?... C'est une fin, c'est un dénoûment.

— Je vous dis les choses comme elles me sont arrivées.

— Et vous ne savez pas quelle est cette dame ?

— Pas le moins du monde !...

— Aucun soupçon, aucun indice ?....

— Je n'ai pas cherché !... Je l'avais promis ; sans compter que depuis ce temps-là, depuis cinq ans, les idées changent, et d'autres chagrins, d'autres attachemens...

— Une nouvelle passion peut-être ?...

— C'est possible... mais celle-là, il n'y a pas de quoi se vanter...

— On aime cependant à parler des amours heureux.

— A ce titre, je ne parlerai jamais des miens ; brisons là. Y penser seulement me met de mauvaise humeur.

— Vous avez raison... revenons à l'inconnue, car vous m'avez promis un sujet de drame ou de comédie.

— Le voilà !

— Il n'y a pas de drame sans dénoûment, et je ne peux pas laisser le public à l'endroit où vous m'avez abandonné.

— Quand il n'y a pas autre chose à dire !

— C'est égal, il lui faut davantage.

— Alors cherchez... inventez... arrangez une manière de finir. Cela vous regarde !

— C'est très difficile ; car, dans tout ce que vous m'avez dit, rien ne prépare, rien n'annonce le dénoûment. La véritable héroïne n'a même pas encore paru... on ne sait pas qui elle est !... On ne connaît rien de son caractère, de ses sentimens, ni même de sa personne. Vous seul pourriez donner à ce sujet des renseignemens...

— Que j'ai oubliés depuis longtemps, dit Georges en riant. D'ailleurs, voici midi... Et il me quitta au moment où mon domestique m'apportait une lettre.

C'était une invitation à dîner, le lendemain, chez un riche, ou plutôt chez le plus riche seigneur des environs, le duc de... Je vous dirais bien son nom, mais ce serait tout-à-fait inutile. Dès qu'on dit monsieur le duc... cela suffit. C'est le seul du département ; on ne le désigne jamais que par ce titre, et, à vingt lieues à la ronde, dès que vous demandez : A qui ces belles forêts, ces champs, ces immenses prairies ? le paysan ôte son chapeau, quand il en a un, et vous répond d'un air d'admiration et d'envie : A monsieur le duc !...

Je ne le connaissais pas, mais il demeurait près de moi, à trois lieues ; à la campagne, c'est être voisin ; et puis il faisait les avances et m'invitait, moi le dernier arrivé, moi qui ne lui avais pas même fait encore ma visite de voisinage. Il n'y avait pas moyen de refuser, et, tout en rêvant à mon dénoûment, que je ne trouvais point, je me rendis chez lui. C'était une habitation royale, un superbe château, avec deux ailes dont la vue me fit soupirer. Le salon, meublé avec une richesse et une élégance toute parisienne, donnait, par trois grandes croisées, sur un parc magnifique, dont les pelouses vertes s'étendaient jusqu'aux bords de la Marne.

Le maître de la maison était un homme âgé, soixante-dix ans à peu près, mais sa taille fort élevée et droite encore ne manquait pas de dignité ; avec un extérieur sévère, il avait des manières polies et bienveillantes, où perçaient cependant le sentiment de sa supériorité nobiliaire et territoriale. C'était le grand seigneur de Louis XIV, plus, le grand propriétaire de nos jours. Près de lui se tenait un long jeune homme maigre qui avait une grande figure, un grand nez et un air glacial. Il faisait froid à voir, et, à son aspect, on se rapprochait involontairement de la cheminée; ses lèvres minces et pâles, qui, à coup sûr, ne lui avaient jamais servi à rire, s'ouvrirent pour me dire bonjour, et il m'annonça qu'il était enchanté de faire ma connaissance, du ton et de l'air dont un autre vous annoncerait une mauvaise nouvelle. Un petit garçon de cinq ou six ans, d'une figure délicieuse, et dont les cheveux blonds tombaient en belles boucles dorées, courait étourdiment et sans se baisser, entre les longues jambes maigres du grand monsieur, et le duc lui dit d'un air sévère : « Prenez garde, mon fils, vous allez faire tomber votre cousin. » L'enfant, privé de la seule récréation qui lui fût possible dans ce salon, avait déjà pris un petit air boudeur, avant-coureur d'un orage, lorsque la porte du fond s'ouvrit, et parut une jeune dame, la plus jolie et la plus gracieuse que j'aie vue! une de ces beautés ravissantes, idéales, que l'on ne rencontre jamais qu'en peinture ou sur un piédestal! comme qui dirait la Vénus de Médicis, avec une robe de mousseline, un bouquet de violettes ouvert à la ceinture sur les lèvres.

L'enfant s'élança au devant d'elle, en lui disant :
— Maman, on ne veut pas que je coure dans les jambes de mon cousin.
— C'est bien mal, mon enfant!
— Alors qu'est-ce qu'il en fera?

Tout le monde se mit à rire... et je remarquai chez le cousin lui-même une espèce de contraction musculaire, mais si imperceptible, qu'elle ne pouvait en conscience lui être comptée pour un sourire.

La duchesse, sans répondre à son fils, se baissa vers lui et l'embrassa ; argument qui, sans doute, parut sans réplique, car l'enfant s'en contenta et ne demanda pas d'autre explication.

— Ma chère Nisida, lui dit le duc, en me présentant à sa femme, ainsi que plusieurs personnes qui venaient d'arriver, voici nos voisins ; et il nous nomma.

La maîtresse de la maison était aussi aimable que jolie ; car, avec une grâce parfaite, elle nous adressa à chacun le mot qui devait nous flatter, la phrase qui devait nous plaire, et tout cela avec ce sourire plein de bonté qui donne de l'esprit aux moindres paroles, et qui souvent même pourrait s'en passer.

Nous avions à table le maire du pays, administrateur fort habile d'une commune fort pauvre, et dont l'unique souci est de trouver des fonds pour l'établissement d'une école primaire.

Nous avions le curé, excellent homme plein de zèle, de ferveur et de talens, qui dessert à la fois deux paroisses, qui, presque tous les jours, fait trois ou quatre lieues à pied par les mauvais chemins et par les mauvais temps, et qui, pour lui et pour ses pauvres, a sept ou huit cents francs de traitement, tandis que ses confrères de Paris sont richement dotés et subventionnés pour faire de la musique, des décorations et de la mise en scène, comme j'en ai vu à Saint-Roch, au grand déplaisir de M. Duponchel, directeur de l'Opéra, qui se plaint de la concurrence.

Nous avions le père du curé, brave homme qui ne comprenait rien et prenait tout de travers.

Nous avions aussi le percepteur de l'enregistrement, gros homme réjoui et bavard, espèce de registre vivant, chez qui tout était noté et inscrit avec les dates. J'avais le bonheur d'être à côté de lui, et, dès le premier service, il me semblait avoir la biographie de tous les habitans du château, car mon voisin parlait comme un livre, un livre mal écrit.

Il m'apprit que monsieur le duc, grand dignitaire, pair de France en 1815, dévoué de cœur à la royauté de 1824, avait eu d'abord l'envie de donner sa démission en 1830 ; mais un voyage qu'il avait fait en Allemagne, en 1831, avait changé ses idées. Il avait prêté serment au nouveau gouvernement pour rester fidèle à l'ancien et continuer à le servir avec loyauté; c'était un système comme un autre, système de principes, qui lui laissait à la fois sa fortune, ses places, et sa conscience tranquille.

Je remerciai mon voisin des renseignemens qu'il voulait bien me donner. Et ce monsieur, lui dis je au moment ou nous passions dans le salon, ce grand monsieur blond?

— C'est un cousin de monsieur le duc, son seul parent et son héritier. Aussi, lorsque monsieur le duc, qui était déjà riche, épousa la fille d'un riche financier, en décembre 1829, le cousin fut désolé.

— Je le crois bien !

— Mais monsieur le duc avait alors soixante-six ans, étant né en 1764. J'attestai à qui voulut l'entendre que cette union n'aurait point de suite. Point du tout... contre toutes les prévisions, monsieur le duc a eu un descendant en avril 1831. J'en ai été confondu, et le major encore plus !

— Qui, le major ?

— Le cousin ; il n'est point Français... Il est major dans un régiment irlandais depuis 1825, le major Hollydai.

— O ciel ! m'écriai-je.

— Qu'avez-vous donc?... Est-ce que vous le connaissez?

— Non... Mais l'on me racontait dernièrement une histoire où il jouait un rôle.

— Dites-la moi, s'écria le percepteur qui semblait déjà tenir la plume pour enregistrer.

— C'est inutile, répondis-je, en cherchant à cacher ma surprise, qui augmenta encore lorsque la porte s'ouvrit et qu'un domestique galonné annonça : M. Georges Lisvard.

Je n'y concevais plus rien.

Mon jeune ami s'avança, salua respectueusement le duc et la duchesse, et parut tout déconcerté en m'apercevant.

— On ne vous a pas vu aujourd'hui, lui dit la duchesse d'un air aimable.

— Je n'ai pas pu, madame, ma mère était malade... mais ce soir elle va mieux... et j'en ai profité pour vous faire mes excuses.

— Que je reçois, à condition que demain vous me donnerez une heure de plus.

Et comme je faisais un geste d'étonnement...

— Oui, me dit le duc, monsieur Georges, notre voisin, est la complaisance même. Ma femme, qui à Paris avait commencé la peinture, ne pouvait continuer ici, faute de maître... et tous les jours, à midi, monsieur Georges fait trois lieues pour lui donner leçon.

Je regardai Georges qui, baissant les yeux, me dit à demi-voix : Silence, demain vous saurez tout.

VI.

J'étais seul chez moi le lendemain matin, attendant mon ami Georges, et repassant dans mon esprit la singulière soirée de la veille, et les événemens dont j'avais été le témoin involontaire et l'observateur muet. Un moment j'avais cru tenir le dénoûment que j'espérais, mais plus je réfléchissais et plus je m'en trouvais éloigné.

D'abord ce ne pouvait être la belle inconnue, la maîtresse anonyme de mon ami Georges. Depuis cinq ans elle avait quitté la France ; il l'avait oubliée, il ne s'en occupait plus, et d'ailleurs, l'avant-veille, il m'avait avoué lui-même qu'il avait une autre passion.

La jeune duchesse était donc cette autre passion ! C'était évident.

Et une passion qui commençait !

Témoin son exactitude de tous les jours. Trois lieues pour lui donner une heure de leçon, autant pour revenir : total, six lieues à cheval, au grand galop. Je l'avais vu partir ! Les anciens amans, les amans heureux, ont plus d'égards pour leurs chevaux.

Et puis je me rappelais les plaintes, la tristesse, la mauvaise humeur de ce pauvre Georges. Il aimait donc en vain et sans espoir de réussite, et c'est ce que j'avais peine à comprendre, car, en vérité, c'était un cavalier charmant. On en aurait trouvé difficilement de plus aimable, de plus distingué, et il fallait de grands principes et une grande vertu pour rester indifférente à tant de mérite et à tant d'amour.

Mais il faut convenir aussi que, pour réussir, et d'après ce que j'avais vu la veille, Georges s'y prenait d'une manière extraordinaire et inusitée. Il était fort bien et fort convenable avec le duc, mais il était peu gracieux avec la duchesse. Deux ou trois discussions s'étaient élevées ; la maîtresse de la maison y avait pris part avec esprit, avec finesse, avec convenance. Georges n'avait jamais été de son avis. Rien de mieux : les amans sont rarement d'accord ; mais ce qui me semblait impardonnable, c'est que lui, d'ordinaire si bienveillant et si bon, mettait dans toutes ses réponses de la sécheresse, de l'aigreur... et même une nuance de plus... Vers la fin de la soirée, la duchesse avait un mal de tête qui l'empêchait presque d'entendre la conversation ; chacun la plaignait et s'intéressait à ses souffrances ; Georges, seul, près de la cheminée, se permit une plaisanterie sur les migraines des dames, plaisanterie assez dure pour la duchesse, qui le regarda avec bonté, et dit, en souriant, à ceux qui l'entouraient : Je ne me plains plus maintenant... je suis enchantée d'être sourde.

Un mot pareil aurait désarmé l'homme du monde le plus en colère ; il ne produisit rien sur Georges, qui, par politesse seulement, crut devoir balbutier quelques excuses.

— C'est inutile, lui dit-elle, je n'ai rien entendu.

Avec le grand cousin, c'était bien autre chose. Georges était d'une froideur ou d'une hauteur qui me faisait craindre à chaque instant que leur ancienne dispute ne recommençât, et, comme je connaissais l'habileté du major et la maladresse de mon jeune ami, je ne concevais pas que, de gaîté de cœur, il s'exposât à un danger certain. Quant à l'Irlandais, son calme et son sang-froid contrastaient, dans toutes les occasions, d'une manière admirable avec la chaleureuse impétuosité de Georges. Il ouvrait la bouche lentement, parlait lentement, *s'écoutait* parler. Ce qui expliquait son air d'ennui habituel, ennui qu'il communiquait du reste à ses auditeurs, et qui avait un grand avantage, celui d'amortir la discussion et de paralyser Georges lui-même.

Mais ce qu'il y avait de plus inconcevable, c'était la manière dont Georges était avec ce jeune enfant, si beau et si gracieux : il était aisé de voir que la duchesse l'adorait ; que c'était son bien, son trésor le plus cher, et, à chaque mot, à chaque geste de Georges, on devinait que cet enfant lui déplaisait, le choquait, lui était insupportable... Quand sa mère l'embrassait, il avait toujours une épigramme prête contre l'amour maternel *à effet*... La duchesse alors, et sans se fâcher, le regardait d'un air de pitié... Mais souvent aussi, au moment de caresser son fils, elle s'arrêtait en voyant les regards de Georges fixés sur les siens. Tout cela me semblait inexplicable !

Le soir même, ce pauvre enfant, qui avait l'air d'aimer beaucoup Georges, et qui cherchait toujours à jouer avec lui, s'amusait de sa montre dont il s'était emparé ; Georges la lui reprit ou plutôt la lui arracha brusquement des mains, en murmurant entre ses dents : *Je déteste les enfans...* La duchesse, qu'il ne voyait pas, était près de lui... il se hâta de s'excuser, et dit en montrant sa montre : Je craignais qu'il ne *l'abimât*.

La duchesse, sans lui répondre, détacha de sa robe un nœud en perles fines d'une grande valeur, et dit tranquillement à son fils : Tiens, *abîme ça*.

L'enfant, qui avait l'habitude d'obéir à sa mère, ne se le fit pas dire deux fois ; et, au moment où le duc qui passait s'écria : Qu'est-ce que c'est ? qu'est-ce que c'est ?

— Rien, répondit froidement la duchesse... mes perles qui se sont détachées, et qu'Arthur a écrasées par mégarde.

Quant à Georges, qui faisait tous ses efforts pour se modérer, il y avait, la veille, dans tous ses traits une telle fureur, que je soupçonnais dans cette aventure un mystère dont j'allais sans doute avoir une explication... car c'était lui qui arrivait.

Il entra dans mon cabinet, l'air triste et abattu.

— C'en est fait, me dit-il, et je le vois maintenant, personne ne m'aimera jamais.

— Y pensez-vous ? lui dis-je, vous qui autrefois, dans votre jeunesse, vous étiez persuadé..

— Que tout le monde devait m'aimer... je m'abusais bien étrangement alors !

— Et maintenant encore !

— Non, monsieur.... tout est fini.... je n'ai plus d'espoir.... je n'ai pu rien obtenir d'elle : ni mon dévoûment, ni ma constance, ni les sacrifices que j'ai faits n'ont pu toucher son cœur ; elle a toujours été pour moi froide, dédaigneuse et insensible. Je croyais du moins à son amitié, et hier, devant vous, elle en a brisé la dernière preuve ; parmi ces perles qu'elle a jetées à ses pieds, il y en avait une qu'elle avait bien voulu recevoir de moi l'année dernière, à sa fête ; c'est la seule faveur que j'aie obtenu d'elle : c'était un gage d'amitié qu'elle m'avait promis de ne jamais quitter, et elle l'a fait broyer à mes yeux... par cet enfant que j'abhorre, que je déteste.

— Il est charmant !

— Il est affreux ! et je ne puis le souffrir.

— Pourquoi ?

— A cause d'elle, qui est née pour le malheur de ma vie... Tenez, monsieur, je m'en vais tout vous dire, et vous me donnerez un conseil.

Un an environ s'était écoulé depuis ma blessure et la fin de la folle histoire que je vous ai racontée, lorsque le siège d'Anvers fut décidé. Jusqu'alors, j'avais perdu mon temps à courir après des femmes qui se moquaient de moi et à me battre en duel pour des amours d'Opéra ; il me semblait qu'il y avait mieux que cela à faire pour un lieutenant d'artillerie ; mes épaulettes n'avaient pas encore vu le feu ; car, dans ce temps-ci, les occasions et les boulets sont rares, n'en a pas qui veut ; j'espérais faire partie de l'expédition ; je l'avais demandé avec instance ; le ministre m'avait refusé, et, dans mon désespoir, à qui pouvais-je m'adresser ? Le comte de Vareville avait, depuis quelques mois, été nommé ambassadeur près d'une petite cour du Nord, et mon ami Constantin, son beau-frère, secrétaire d'ambassade. Malgré cela la négociation eut un plein succès ; ce qui vous étonnera moins, quand vous saurez que l'ambassadeur avait emmené avec lui sa femme, la comtesse Julia, circonstance très heureuse pour lui et très fâcheuse pour moi qui me trouvais sans protecteurs.

Un vieux médecin, ami de mon père, à qui je racontai mes chagrins, me dit : J'ai bien peu de pouvoir ; mais j'en ai cependant sur un vieux duc mon client, qui lui-même en a beaucoup au ministère et à la cour, car il est tout-à-fait opposé au gouvernement. — C'est une assez mauvaise recommandation ! — C'en est une excellente ! car, de ce temps-ci, on fait beaucoup plus pour ses ennemis que pour ses amis, et un pair de l'opposition est une chose si rare, qu'il n'y a point de sacrifice qu'on ne fasse pour le conserver et l'encourager. Il a été un an absent, mais il doit être de retour, voici une lettre pour lui.

Je la pris et me rendis à l'hôtel du duc chez qui nous avons dîné hier. C'était la première fois que je le voyais, et cependant sa physionomie ne m'était pas inconnue. Je cherchais où j'avais rêvé cette longue figure sèche et froide, qui, dans ce moment, redoublait de sécheresse et de froideur, car il accueillait assez mal ma demande, lorsque la porte de son cabinet s'ouvrit et sa femme parut... Nisida, la charmante Nisida que vous avez vue hier, et jugez de ma surprise, lorsque je reconnus en elle ma petite duchesse du Théâtre-Italien, ma première passion, mon premier délire, celle que, pendant vingt-quatre heures, j'avais adorée avec frénésie, et que vingt-quatre heures après, je détestais avec rage, car, avec cette femme-là, la raison n'est pas possible, on ne peut pas l'aimer ou la haïr modérément... comme tout le monde !

Elle sentit bien elle-même le reproche que j'avais le droit de lui faire, et elle n'avait oublié ni mes traits, ni son impolitesse, car, à mon aspect, elle se troubla... elle changea de couleur... et elle s'assit tremblante en s'efforçant de me saluer d'un air aimable. Mais ce qu'autrefois elle m'avait refusé, cette réparation tardive ne pouvait me désarmer ; son mari se retourna vers elle et lui dit : — Au moment même où nous arrivons d'Allemagne, je reçois là, du docteur, une lettre qui m'embarrasse beaucoup.

— Je suis désolé, monsieur le duc, lui dis-je en me levant, de vous avoir fait une demande qui peut-être vous compromettrait... regardez-la, je vous prie, comme non avenue...

— Et pourquoi donc? s'écria vivement la duchesse.

— Parce que j'ai réfléchi, madame ; je vois maintenant qu'il y a trop d'obstacles, et je renonce à mes espérances...

— Mais la lettre du docteur...

— Je lui aurai dû un grand plaisir, celui de pouvoir vous présenter mes respects, et je me retirai en saluant profondément.

— C'est tout au plus, mon cher Georges, lui dis-je, si c'était poli.

— Ça l'était plus, répondit-il brusquement, que de ne pas saluer du tout, ainsi qu'elle l'avait fait autrefois ; mais, avec une personne de ce caractère, on ne sait jamais si l'on a tort ou raison ; il n'y a pas plus de motifs à ses dédains qu'à ses préférences. Ma politesse et mes attentions, le jour du Théâtre-Italien m'avaient valu d'elle une impertinence, et mon impertinence lui valut sa faveur, sa protection, je dirais presque son amitié, si elle était capable d'en éprouver.

Je reçus une lettre du ministre de la guerre qui m'autorisait à partir pour le siége d'Anvers ; à cette lettre en était jointe une autre... tenez... la voici... j'en ai trois, elles sont toutes là, et il les tira de son sein.

Cette lettre ne contenait que ces mots :

Vous nous avez mal jugés, monsieur, et voici notre réponse.

NISIDA, *duchesse de* ***

Vous vous doutez bien que mon ancien ressentiment devait fléchir et s'effacer devant un trait pareil. Je courus avant mon départ lui faire une visite de remercîmens, et je ne puis vous dire, vous ne pourriez vous faire une idée de ce qu'est cette femme-là quand elle veut être aimable. Il y a dans ses manières, dans son moindre regard, dans sa voix, un charme qui vous attire, vous enivre, vous soumet et vous façonne à son vouloir, à sa convenance ! Elle n'a jamais songé à vous demander votre affection et votre amitié, parce que, dès qu'elle a causé un quart d'heure avec vous... elle les a, elle les possède... on lui est dévoué, on serait heureux de se faire tuer pour elle... voilà du moins comme j'étais à la fin de ma visite ; je sortis plus amoureux que jamais, et, depuis ce moment, cela ne m'a plus quitté.

J'eus quelque bonheur au siége d'Anvers : d'abord je ne fus pas tué, et j'en fus enchanté, j'aurais été trop malheureux de ne plus revoir Nisida, et puis j'entrai un des premiers dans la lunette Saint-Laurent ; mon nom fut mis dans le rapport du maréchal, et je me dis : Elle le lira.

Je retournai à Paris fier d'un nouveau grade que je venais d'obtenir et que je croyais devoir à mon seul mérite. J'appris par un ami, chef de division au ministère de la guerre, que j'aurais peut-être été oublié sans une lettre pressante du duc de ***. Cette circonstance diminua ma fierté, mais augmenta ma reconnaissance. Je demandai au duc et à sa femme la permission de venir la leur témoigner de temps en temps ; elle me fut accordée, et je vins tous les jours.

Tous les jours, mon pauvre malheur !... car plus je la voyais, plus je l'aimais, et aucun ami ne m'empêchait de courir à ma perte. J'avais tout confié à Julia, qui, effrayée de ma nouvelle folie, m'écrivait de son ambassade, et me suppliait de ne plus revoir la duchesse. C'était le conseil de la sagesse ; mais la sagesse était loin, et Nisida était près.

Jamais je n'avais obtenu un aveu ou un mot, qu'il me fût possible d'interpréter à mon avantage... Et cependant, dans mille occasions imperceptibles pour tout autre, elle était pour moi d'un abandon, d'une tendresse et d'une bizarrerie indéfinissables. Quand je lui parlais de mon amour, elle m'imposait silence ; j'allais me fâcher, et je m'arrêtais en voyant des larmes dans ses yeux.

Quand je lui demandais avec instance un mot, un seul gage de tendresse, elle ne m'écoutait pas... et elle embrassait son fils sans me répondre.

Un jour je lui rappelai notre première entrevue au Théâtre-Italien, et je lui demandai pourquoi elle ne m'avait pas salué.

Elle se mit à rire comme une folle, et, voyant que j'insistais : Cela vous fâchera ! me dit-elle.

— Je vous promets que non...

— Eh bien ! la marquise, qui ne vous connaissait pas, et qui, tous les jours vous voyait au balcon du Théâtre-Italien, examinant attentivement les dames et leurs toilettes... s'était persuadée et m'avait dit que vous étiez un artiste... qui venait là par état et pour se tenir au courant des coiffures ou des modes...

— C'est-à-dire que vous m'aviez pris pour un coiffeur ou un tailleur ?

— Vous étiez alors d'une élégance à le faire croire...

— Et voilà pourquoi vous ne m'avez pas rendu mon salut?

— C'était mal... mais la marquise m'en aurait fait un crime, ou, pis encore, se serait moquée de moi... J'avais seize ans, j'entrais dans le monde... je ne savais rien ; mais cependant, le lendemain, j'en avais eu des remords, et si j'avais eu votre adresse...

— Eh bien !

— Je vous aurais prié de venir me coiffer, ou me prendre la mesure d'une amazone !

— Ah ! plût au ciel ! m'écriai-je vivement ; j'aurais été trop heureux !

— Pourquoi ? me demanda-t-elle naïvement.

— Pourquoi ! m'écriai-je avec passion, ah ! Nisida, ne m'avez-vous jamais deviné... vous, mon premier, vous, mon seul amour ?...

— Taisez-vous... taisez-vous, me dit-elle à voix basse ; ce que vous dites là à Nisida, la duchesse pourrait l'entendre et se fâcher !...

Et elle retira doucement sa main, que j'avais prise... Mais elle semblait émue... Ses yeux rencontrèrent les miens avec une expression que je ne lui avais jamais vue... Je crus qu'elle allait me dire : Je vous aime ! et elle me dit froidement : Allez-vous-en, laissez moi ! Il fallut la quitter... Je revins le lendemain, elle n'était pas visible, elle était indisposée : toute la semaine il en fut de même.

— Vous êtes trop heureux... lui dis-je. Elle vous aimait !

— Hélas ! un instant je le crus ; mais il était dit qu'avec elle, la présomption me porterait toujours malheur. J'eus bientôt la preuve du contraire, et des preuves dont il me fut impossible de douter. Il était fort naturel que, pour savoir des nouvelles de sa santé, je m'adressasse au vieux médecin qui m'avait présenté dans la maison.

Le docteur d'Hérissel avait une riche clientelle et une immense réputation comme médecin... C'était un homme des anciens jours et des anciennes méthodes, qu'il avait constamment pratiquées et surtout défendues contre toutes les innovations. Il avouait franchement que, depuis Hippocrate, la médecine n'avait pas fait un pas. On tuait, de mon temps, disait-il avec bonhomie à ses cliens ; mais monsieur Broussais tue aussi, et l'homéopathie fait comme monsieur Broussais ; alors, à quoi bon changer pour ne pas trouver mieux ? à quoi bon tous ces jeunes docteurs ? le risque étant le même, choisissons le médecin, ou plutôt le danger le plus connu, c'est-à-dire le plus ancien, et me voilà !

Il y avait longtemps que le docteur d'Hérissel me connaissait ; je lui devais le jour, disait-il gaîment, car il m'avait mis au monde, et depuis il ne m'avait jamais perdu de vue, il m'avait soigné lors de ma blessure, et j'avais pu juger alors de l'amitié qu'il me portait, car lui, d'ordinaire si sec et si tranchant, écoutait les avis et même les demandait.

Lorsque je l'interrogeai sur la santé de la duchesse, il me regarda en face, prit une prise de tabac dans sa tabatière d'or, ornée du portrait de deux souverains, et me dit d'un air goguenard : Ce n'est pas elle qui est la plus malade, Georges, mon ami, c'est toi.

— Quand ce serait vrai, docteur, je m'adresse à vous, guérissez-moi ?

— Est-il bien certain que tu veuilles être guéri, le désires-tu franchement?

— Oui, lui dis-je avec fermeté.

— Eh bien ! la guérison ne sera pas longue ; je vais l'opérer d'un mot, et il aspira une seconde prise.

— Parlez donc, lui dis-je avec impatience, ce mot?..
— Ce mot, c'est qu'elle ne l'aime pas.
— Je le sais, répondis-je, et cela ne me guérit pas encore.
— Ah! la dose n'est pas assez forte... J'ajouterai donc une pilule à l'ordonnance. Une fâcheuse pilule... C'est qu'elle en aime un autre!
— Cela n'est pas possible..... Cela n'est pas! m'écriai-je avec rage.
— Voilà de mes malades, qui veulent être guéris et qui se révoltent contre les médecins!
— Eh! qui donc?.. qui donc? continuai-je sans l'écouter.
— Je ne le dis qu'à toi, au moins, car la duchesse est ma cliente, et les secrets de mes cliens me sont sacrés... Il est vrai que celui-là elle ne me l'a pas confié..... Et puis, c'est pour toi, c'est pour te rendre à la raison!
Pendant qu'il parlait ainsi, je rassemblais toutes mes forces pour ne pas me trouver mal... mais je me sentais mourir.
Le docteur continua avec le même calme.
— Pendant la première année de son mariage, le duc ne voyait personne, ne recevait personne qu'un cousin à lui, qui habitait dans son hôtel.
— En êtes-vous sûr?
— Je l'y voyais tous les jours. Ce cousin ne quittait pas la jeune duchesse, l'accompagnait partout, ne laissait personne approcher d'elle; en un mot, exigeant, sévère et jaloux comme un tigre.
— Vous croyez!
— La duchesse s'en plaignait à moi.
— Ce n'est pas une raison.
— Attends donc, je laisse de côté toutes réflexions, toute supposition; la médecine ne marche qu'avec des faits, et je vais en donner que je regarde, moi, comme authentiques et irrécusables.
L'empereur Napoléon demandait...
— Docteur, m'écriai-je avec impatience, il ne s'agit pas ici de Napoléon.
— Si vraiment, l'empereur Napoléon demandait à mon confrère Corvisard si un homme qui se mariait à cinquante ans avait quelque chance d'avoir des héritiers. Corvisard répondit : Sire, à cinquante ans, on en a quelquefois; à soixante, rarement; à soixante-dix, toujours.
— Et ce parent, quel est-il? où est-il?
— A Paris, depuis huit jours, et depuis ce temps, la duchesse a refusé de vous recevoir, sa porte vous est fermée.
Je restai atterré, confondu... Que dire? que répondre? que faire surtout? s'exposer à une nouvelle visite... C'est le parti que je pris. Cette fois seulement je demandai monsieur le duc, et je me présentai chez sa femme. La duchesse n'était pas seule, elle était avec son cousin, qui, assis près de la cheminée, me tournait le dos quand j'entrai; à ma vue Nisida pâlit... Elle fit enfin, faisant tous ses efforts pour se remettre de son trouble... elle me présenta elle-même ce parent que je détestais avant de le connaître, et que devins-je quand s'offrit à moi le major Hollydai, cet Irlandais que vous savez, et que je ne connaissais que trop bien!
C'est avec lui que je m'étais battu deux ans auparavant, et, dans ce moment, je ne cherchais que les moyens de recommencer. Mais comment? mais sous quel prétexte?... Il fallait attendre! d'autant plus que, pour mon malheur, et comme pour me narguer, l'impassible major était l'homme le plus poli des trois royaumes. Notez aussi que je ne voulais pas être l'agresseur, ce qui rendait l'occasion plus difficile; mais enfin, elle se présenta! C'était ici, à la campagne: un jour que nous étions à cheval, en pantalons blancs, il m'éclaboussa de la tête aux pieds d'une façon si complète et si grotesque, qu'il ne put retenir, en me voyant affublé de la sorte, quelques railleries innocentes, que je trouvai les plus mordantes et les plus injurieuses du monde. En vain les jeunes gens qui étaient avec nous voulurent nous séparer ; je lui demandai raison de l'esprit qu'il avait fait à mes dépens, en des termes qui ne lui permirent pas de refuser, car il est brave, vous le savez. Mais cette fois j'avais le choix des armes, et je voulais combattre de près... à l'épée; c'était pour le lendemain. Quelque secret que j'eusse réclamé pour cette rencontre, la duchesse en fut instruite... et si j'avais pu douter de son amour pour son cousin, j'en aurais eu la preuve irrécusable à son trouble et à son désespoir! Elle était ce soir-là dans un état à faire pitié... Il y avait du monde chez elle, elle avait été obligée de recevoir! Heureusement, comme hier, un mal de tête affreux, une migraine, vinrent à son aide, et c'est à cela que je faisais allusion dans cette plaisanterie que vous avez trouvée si déplacée et dont moi seul connaissais la portée. Un instant, et quand tout le monde se retira, je restai seul avec elle... car, malgré moi, j'avais voulu la voir encore... avant de mourir peut-être! Les yeux pleins de larmes, elle me dit rapidement: Je sais tout... Ce fatal combat... qu'il n'ait pas lieu... je vous en prie?.. et elle joignait les mains en suppliante.
— Ah! me prier pour lui! m'écriai-je; c'est trop fort, et je m'enfuis avec toute ma colère, qui devait être fatale à mon adversaire, car le lendemai je l'attaquai avec tant d'impétuosité et de rage, que sa nature flegmatique en fut toute déconcertée; et, malgré son adresse, son épée se trouva engagée si malheureusement, que, d'un coup de poignet, je la fis sauter à dix pas. Hélas! il se trouvait sans défense et je ne pouvais continuer. A mon tour, lui criai-je, à vous donner la vie, mais, plus généreux que vous, je ne vous oblige pas à la demander, prenez-la sans condition.
Le soir j'allai au château, où sans pitié, sans pudeur, la duchesse qui savait déjà l'issue du combat, ne craignit pas de laisser éclater toute sa joie à mes yeux; elle osa me remercier hautement de ce que j'avais fait pour son cousin. Et pourtant, voyez ma folie, je doutais encore!... je me répétais à chaque instant : Le docteur se trompe! Mais peut-on se tromper soi-même? peut-on révoquer en doute le témoignage de ses yeux et de ses oreilles?
— Quoi! vous avez vu!
— Oui, monsieur, vu et entendu... plus que ce dernier trait; et après cela vous jugerez s'il me reste même le honheur de douter encore... Il y avait chez elle, à la campagne, une fête... c'était celle de son mari. Toutes les dames étaient montées au premier étage du château pour mieux voir le feu d'artifice que l'on tirait sur la pelouse; moi j'étais resté en bas sur la terrasse où je me promenais seul en rêvant à elle.., qu'il m'est plus facile de haïr que d'oublier... Je fus tiré de ma rêverie par les pas d'un promeneur qui venait à moi ; c'était le major!! Encore lui... qui se trouvait sur mon chemin, et j'allais quitter la terrasse solitaire qu'il était venu me disputer, lorsque des fenêtres du premier étage j'entends des cris d'effroi. Une lampe, un candélabre placé près d'une croisée avait mis le feu à un rideau, de là à une draperie; en un instant la salle avait été en feu... et la foule effrayée, se précipitant vers la même issue, augmentait le désordre au lieu de le diminuer. Une femme paraît à la fenêtre qui donnait sur la terrasse... J'avais déjà reconnu Nisida, et, saisissant une longue échelle que les jardiniers avaient laissée couchée à terre sous la fenêtre, je montai, je volai à son secours... et arrivé près d'elle, je lui tendais les bras pour la sauver...... mais, hors d'elle-même, pâle, échevelée, ne voyant rien, ne pensant à rien qu'à son enfant qu'elle serrait contre son cœur, sans que mes bras en main disant d'une voix étouffée que moi seul pus entendre : « Tiens... sauve ton fils!! »
Immobile, stupéfait... je regardai autour de moi et je vis derrière... à quelques échelons plus bas, l'inévitable major qui, avec son flegme ordinaire, montait lentement à l'assaut, et qui, dans ce moment, était presqu'au même niveau que moi. Dans son trouble, Nisida avait cru s'adresser à lui!
Pouvant à peine maîtriser ma colère, je lui donnai, ou plutôt je lui jetai cet enfant; ce n'était pas moi, c'était lui que cela regardait... Il le descendit très à terre avec précaution, tandis que moi, prenant Nisida qui venait de se jeter dans mes bras, Nisida, plus belle que jamais, et dont le cœur battait d'effroi contre le mien; Nisida que j'aurais voulu étouffer et que j'étais indigné d'aimer encore!... je la déposai sur le gazon, près de son enfant, et je m'enfuis, lui jurant un adieu éternel!
— Éternel!
— Oui, monsieur, cela dura trois jours; je restai trois

jours sans la voir, mais encore occupé d'elle ; car je passai tout ce temps à la mépriser, à la maudire, à me répéter ces mots fatals : ..... *Tiens, sauve ton fils !*..... qui retentissaient sans cesse à mon oreille comme une cloche de mort. Enfin, le quatrième jour, il me fut impossible d'y tenir plus longtemps, je courus au château. D'ailleurs, le duc son mari n'était pas bien portant ; ce n'était pas pour elle, c'est pour lui que j'y allais... J'y rencontrai le docteur assez inquiet de son malade... non que le mal fût violent ; mais le duc est bien vieux, dit-il, c'est le commencement de la fin ! Nous passâmes ensemble dans l'appartement de la duchesse, un vaste appartement où elle était seule avec le major... Leurs fauteuils étaient à vingt pieds de distance, le major lisait le journal... et Nisida bâillait. Je poussai le docteur en lui montrant ce tableau.

— Je n'ai jamais dit que cela durât encore, me répondit-il à voix basse, le mal a eu son temps, sa période ordinaire ; fièvre inflammatoire qui se termine en maladie de langueur.

Le major se leva, emmena le docteur hors de l'appartement, sans doute pour lui parler de son noble cousin, et je restai seul avec Nisida.

— Je sais tout, lui dis-je en tâchant de modérer mon émotion, je connais votre secret.

— Ah ! s'écria-t-elle, je suis perdue... Puis, d'une voix suppliante : Taisez-vous alors... taisez-vous !... Pas un mot ! et comme ne pouvant supporter ma vue elle cacha sa tête dans ses mains et elle se mit à pleurer, et ses sanglots soulevaient la mousseline transparente qui couvrait sa poitrine.

Toute ma colère tomba devant un tel désespoir. Oui, je me tairai, lui dis-je, je vous le jure, je n'en parlerai qu'à vous ; et alors je lui racontai lentement ce que je savais... ce que j'avais entendu... Mais le croiriez-vous, monsieur ? à mesure que je parlais... elle relevait sa tête cachée entre ses mains ; et me regardait à travers la grille rosée que formaient ses petits doigts ; elle avait séché ses larmes ; le calme revenait sur son front et le sourire sur ses lèvres. Oui, monsieur, pendant que je l'accusais d'avoir aimé le major, pendant même que je lui parlais de son fils, le fils du major, elle semblait respirer plus librement ; un air de satisfaction se peignait sur tous ses traits.

— Quoi ! ce n'est que cela ! dit-elle avec un air de naïveté inconcevable.

Ah ! j'avoue qu'à ce mot il me fut impossible de contenir ma colère, j'éclatai en reproches, et, dans ma fureur, dans mon désespoir, dans mon amour, je passai sans doute toutes les bornes ; et elle, sans se fâcher, et me regardant d'un air de compassion, me dit seulement ces mots :

— Ah ! Georges, que vous serez malheureux un jour de tout ce que vous me dites là !

— Vous ne l'aimez donc plus ! m'écriai-je.

— Non ! me dit-elle. Et il y avait dans ce mot une expression, une tendresse que je ne puis vous rendre. Alors, ému et attendri, c'est moi qui me mis à pleurer ! Je tombai à ses genoux...—Et moi, Nisida, moi, lui dis-je, moi qui vous aime depuis si longtemps, je n'aurai jamais rien .. rien obtenu de vous.

Elle sourit tristement ; et, posant sa main sur mon front brûlant, elle murmura ce mot : Insensé !

— Oui, m'écriai-je, je suis un insensé, à qui vous avez ravi le repos et le bonheur, un insensé qui donnerait sa vie et son sang pour un seul baiser de vous... Et comme elle cherchait à se dégager de mes bras : Mon Dieu ! m'écriai-je avec jalousie, avec désespoir, est-il possible que quelqu'un ait jamais été assez heureux pour que vous fussiez à lui !

Dans ce moment, monsieur, je vis un sourire contracter ses lèvres... un sourire railleur... Oui, c'était cela, un sourire railleur et ironique que je ne puis vous rendre, mais qui me mit hors de moi... et depuis ce temps... toujours aussi froide, aussi sévère, ne m'accordant jamais rien, et cependant si dévouée, si bonne... si tendre que... Tenez... monsieur, je déteste cette femme-là ; et maintenant que vous la connaissez, que me conseillez vous ?

— Je vous répondrai comme le docteur : Voulez-vous être guéri ?

— Oui, je le veux cette fois ! je le veux de toutes les forces de mon âme

— Eh bien !... il faut l'oublier : il faut vous marier !

— C'est l'avis de ma mère, qui m'en prie tous les jours, et je m'occuperai de la personne que l'on me propose... je retournerai à Paris.

— Quand cela ?

— La semaine prochaine.

— C'est trop tard ! lui dis-je ; aujourd'hui même, vous partirez avec moi, ou vous êtes un homme sans énergie et sans courage.

Et Georges partit, décidé à se marier.

VII.

Il paraît que mes conseils ou mes reproches avaient eu quelque influence sur Georges. Il tint bon, il resta à Paris, ne vit plus la duchesse, qui était restée dans son château, et il s'occupa, ou plutôt il laissa sa mère s'occuper activement de son mariage. C'était un parti honorable sous tous les rapports, une bonne famille, une belle fortune. Une jeune personne fort bien élevée, pas très jolie ; mais, eût-elle été un modèle de beauté, Georges, dans ce moment, n'en aurait pas été amoureux : il ne s'agissait pas d'inclination, nous n'en avions que trop... Il suffisait d'un mariage de convenance, et celui-ci offrait toutes les garanties désirables... On s'était déjà entendu sur les conditions principales, et plus le moment approchait, et plus Georges, malgré la gaîté qu'il affectait, me semblait triste et malheureux : je me repentais presque du conseil que je lui avais donné ; mais sa mère en était si contente et me remerciait tant !...— J'ai cru perdre mon fils, me disait-elle, j'ai tremblé pour ses jours, ou du moins pour sa raison.. car il avait des heures entières de folie et de délire où il ne me reconnaissait plus, moi, sa mère, et où il me parlait d'*Elle*. Voilà comment j'ai su son secret... mais maintenant, monsieur, le plus difficile est fait... Il est engagé, il a donné sa parole ; pour rien au monde il ne voudrait y manquer et faire du tort à une famille d'honnêtes gens... Ainsi le voilà sauvé... il sera heureux !... Cette idée, et surtout la confiance de sa mère dissipèrent mes craintes sur l'avenir de Georges : il devait y avoir dans l'instinct maternel plus de réalité que dans mes prévisions. Je les laissai donc s'occupant déjà de la corbeille et des préparatifs du mariage, qui devait avoir lieu vers la fin du mois. Je retournai à la campagne surveiller mes ouvriers et promettant de revenir à Paris pour la noce.

L'époque en approchait, et je calculais déjà mon départ, lorsqu'une voiture entra dans ma cour, et Georges en descendit avec cet air de fureur que je lui connaissais et qu'il avait toujours quand il s'agissait de la duchesse. En effet, c'est encore d'elle qu'il était question.

— Et votre mariage ? lui criai-je.

— Rompu à tout jamais !

— Par vous ?

— Non, cela ne vient pas de moi ; j'avais promis, et j'aurais tenu ma parole quand j'aurais dû en mourir, parce que cela me faisait du bien : cela m'était nécessaire ; j'étais heureux de lui prouver que je l'avais oubliée et que je ne l'aimais plus... J'avais déjà tous mes papiers, nous avions jeté avec le notaire le projet de contrat, lorsque mon futur beau-père s'avisa d'aller aux informations... d'abord dans notre cercle, dans nos alentours, où tout m'était favorable ; mais là il apprend que je vais souvent chez le duc et la duchesse, que je suis presque un ami de la maison, et, dans son orgueil bourgeois, flatté de voir confirmés par eux les renseignemens qu'il avait déjà sur mon compte, il arrive ! Le duc était très souffrant, et il paraît que c'est Nisida qui le reçut.

J'ignore, ce qu'elle a dit de moi, de mon caractère, de ma conduite... beaucoup de bien, sans doute, selon son ordinaire... mais tourné d'une manière telle et avec tant d'adresse, que mon honnête homme de beau-père, qui n'est pas fort et n'entend pas malice, est revenu tout effrayé des éloges qu'on m'avait prodigués... et, par un détour plein de convenance et de délicatesse, il nous a exprimé tous ses regrets en nous disant que, pour se marier, sa fille était trop jeune encore.

— C'est peut-être vrai !

— Elle l'est moins qu'il y a deux mois, quand il me l'a accordée, et il est évident que c'est une suite de son entrevue avec la duchesse... dont la conduite est affreuse... c'est-à-dire que c'est une ennemie déclarée, qui m'en veut, qui cherche à me nuire, que c'est entre nous maintenant une guerre ouverte, une guerre à mort. Il en sera de même de tous les mariages que je voudrai contracter... Il n'y a plus moyen maintenant d'y songer, et il faut y renoncer.

— Malheur auquel vous vous résignez facilement. Voie indirecte pour revenir à elle !

— Non pas, s'écria-t-il vivement, cela ne m'empêchera pas de la fuir : je quitte Paris, je quitte la France.

— Eh ! mon Dieu ! où allez-vous donc ?

— En Afrique !... à Constantine, le seul endroit où l'on se batte à présent ; je viens vous faire mes adieux. Vous voyez que je suis calme et résigné... que mon parti est pris ; que le temps de la faiblesse est passé.

— Et vous ne la verrez pas avant votre départ ?

— Non, j'y suis résolu, dit-il d'un ton ferme.

— Vous avez raison.

— Oui, j'ai raison... car je ne partirais pas. Puis rougissant de ce souvenir : Adieu, me dit-il, vous ne me reverrez plus, ou vous me reverrez guéri !

Quelques jours après, il était à Marseille et voguait vers l'Afrique, où son régiment allait rejoindre le maréchal Clauzel. Il assista à cette première campagne, si pénible et si désastreuse : il m'écrivit :

« Nous n'avons point réussi. Je n'ai été que blessé, j'espé-
» rais mieux ; mais le malheur s'attache toujours à moi ; rien
» de ce que je veux n'arrive. Je ne puis vivre heureux, ni
» mourir glorieusement. Ma blessure sera longue, mais non
» pas dangereuse. Dites-le à ma mère, et après elle, aux per-
» sonnes qui pourraient s'intéresser à moi... s'il y en a en-
» core. »

Ce qui signifiait : allez voir la duchesse ; donnez-lui de mes nouvelles ; et de plus cela voulait dire : donnez-moi des siennes ! ce que la raison eût peut-être blâmé... Mais ce pauvre garçon était malheureux et souffrant ; je n'eus pas le courage d'être raisonnable, et, pour lui donner la légère satisfaction qu'il me demandait, je me rendis au château et m'informai de la santé de mon noble voisin.

Le duc était fort mal, sa femme ne quittait pas son appartement ; je fus témoin des soins touchans qu'elle lui prodiguait, et le docteur me dit à demi-voix : « C'est toujours ainsi depuis deux mois ; si jeune, si délicate et si courageuse ! elle passe les nuits auprès de ce vieillard égoïste et morose, et le soigne comme un père. Il est vrai qu'elle eût été sa petite-fille... mais ce n'est pas une raison. » J'admirais comme lui tant de bonté unie à tant de charmes ! Plus je regardais ce front calme et serein, siége de la candeur et de la vertu... et moins je pouvais ajouter foi aux idées de Georges. La porte s'ouvrit ; entra le major. J'observai avec attention ; à peine si elle s'aperçut de sa présence, et, sans jeter les yeux de son côté, elle continua la lecture qu'elle faisait au vieillard ; c'était celle du journal : NOUVELLES EXTÉRIEURES. *Armée d'Afrique...* à ce mot, sa voix baissa, et à mesure qu'elle lisait le récit de l'assaut et de la retraite, ses mains tremblaient, sa voix devenait plus brève, moins intelligible et plus pressée... comme si elle eût hâte d'arriver à la fin du bulletin... au point que son mari lui cria plusieurs fois : Pas si vite ; et le major Hollydai, ennemi naturel de la vivacité, attesta lentement qu'il n'y avait pas moyen de la suivre.

— Recommencez, lui dit le duc.

La pauvre femme eut un mouvement d'angoisse impossible à décrire ; et cependant, après avoir levé les yeux au ciel comme pour lui demander du courage, elle allait reprendre l'éternelle lecture. J'eus pitié d'elle, et, pour abréger son tourment, je déclarai que j'avais des nouvelles directes et positives de l'événement, une lettre de M. Georges. Tous ceux qui étaient là, et même le malade, firent un mouvement, excepté Nisida, qui restait immobile ; mais elle jeta sur moi un regard qui semblait me remercier, un regard où brillait une tendresse si vive et si pure !... les anges doivent regarder ainsi, et, dès ce moment, sa cause fut gagnée. Je ne me chargeais de rien comprendre ni de rien expliquer... ce que je savais et ce que j'aurais juré, c'est qu'elle n'était point coupable.

A peine avais-je fini ma lecture, que son front avait repris sa sérénité habituelle. Elle me chargea de quelques mots de bienveillance et d'amitié pour M. Georges ; puis, reportant les yeux vers son mari, elle ne le quitta plus, ne s'occupa plus que de lui, comme si elle eût voulu expier par un nouveau zèle le peu d'instans donnés à une autre pensée qu'à celle de ses devoirs.

Par malheur, des soins si généreux et si assidus devaient être inutiles ; le docteur avait prophétisé juste, et le duc, condamné par son âge plus encore que par la Faculté, laissa bientôt un beau château, une veuve charmante et une fortune immense.

La duchesse passa les six premiers mois de son deuil seule à la campagne avec son fils ; elle ne voulut voir personne ; elle ne reçut personne, pas même son cousin le major ; circonstance dont je pris note.

Il est vrai que, bien avant l'année écoulée, le château avait été rouvert à la société ; toute celle des environs y affluait. Le major n'y demeurait plus, mais on l'y voyait très souvent, et bien d'autres encore, toutes celles élégans de Paris ; ceux du moins qui aiment les jolies veuves et les grandes fortunes, venaient assidûment, et il y en avait beaucoup. Nous avions même fait du tort aux courses de Chantilly, et le maître de poste de La Ferté prétendait, avec un sentiment de fierté pour le pays, qu'il n'avait jamais vu autant de calèches que cette année.

Une nouvelle, cependant, diminua l'ardeur des prétendans ; on apprit que le major Hollydai, le plus proche parent du défunt, s'était mis sur les rangs et affichait hautement ses prétentions à la main de sa cousine.

Bientôt le bruit courut que sa recherche était agréée. Il y eut des paris pour et des paris contre ; toujours comme aux courses de Chantilly.

Quant à moi, je l'avoue, je tremblais, et n'aurais osé parier maintenant pour personne.

L'année de deuil était écoulée depuis un mois, et des personnes bien instruites, entre autres notre maire, qui le tenait d'un de ses confrères d'une commune voisine, assurait que la première publication serait pour dimanche prochain.

Je réfléchissais à tout cela au coin de mon feu, lorsque ma porte s'ouvrit, et un officier me sauta au cou : c'était mon ami Georges, qui s'écria : « A nous cette fois-ci ! à nous Constantine ! Toutes les campagnes, par bonheur, ne se ressemblent pas, et les succès de cette année ont glorieusement réparé l'échec de l'année dernière. Notre artillerie a fait des miracles. C'est un général d'artillerie qui avait le commandement en chef, et qui va, dit-on, être nommé maréchal. »

— Tant mieux, les officiers qui ont commandé sous lui vont sans doute aussi avoir de l'avancement.

— C'est possible... Mais vous savez que je n'ai pas d'ambition. Tous mes désirs étaient de revoir la France et de retrouver mes amis.

— Il y en a, lui dis-je, que vous ne retrouverez pas : le duc est mort.

— Je le savais, me dit-il d'un air préoccupé... et il garda le silence.

Je devinais bien ce qu'il attendait de moi. Il ne voulait pas me parler de la duchesse ; mais il espérait que, le premier, j'amènerais la conversation sur ce sujet ; j'y avais une répugnance mortelle : les mauvaises nouvelles s'apprennent toujours assez vite.

Je revins donc à Constantine ; il ne me répondit que par des monosyllabes. J'insistai de nouveau, et, cette fois, il me reçut comme un Bédouin, comme un Arabe, comme il n'aurait pas reçu Achmet-Bey lui-même.

— Parbleu ! me dit-il avec impatience, nous avons le temps de parler batailles ; quelles nouvelles en ce pays-ci ?

Il fallut bien alors lui faire part de la demande en mariage du major irlandais.

— Cela devait être, me répondit-il froidement ; je devais m'y attendre... Il est tout naturel qu'elle épouse le père de son enfant... C'est convenable. Et a-t-elle accepté ?
— On dit que oui.
— Et quand ce mariage ?
— Très prochainement, à ce qu'on dit.

Alors il devint furieux et s'emporta contre la duchesse, selon son habitude ; car sa vie entière n'était qu'une colère continuelle contre elle ; lui qui, pour tous les autres, était l'indulgence et la bonté mêmes.

— Mais, lui dis-je, vous approuviez tout-à-l'heure ce mariage ; vous le trouviez convenable.

— Je ne dis pas non ; mais puis-je trouver convenable une union aussi prompte ! Au bout d'un an, à peine veuve, n'est-ce pas blesser toutes les bienséances que d'afficher une tendresse si vive et si empressée..., elle qui me jurait, avant mon départ, qu'elle ne l'aimait plus... Mais dès qu'elle le disait, je ne devais en rien croire... car cette femme-là a passé toute sa vie à me tromper ou à se jouer de moi.

Et il marchait à grands pas dans la chambre, et probablement Nisida n'en eût pas été quitte pour cette première tirade. D'autres allaient suivre immanquablement, lorsque Georges fut arrêté dans son premier accès par l'entrée du maire, qui avait un air de triomphe.

Je devinai qu'il avait une nouvelle. C'est quelque chose en province qu'une nouvelle dont on est possesseur. C'est de l'occupation et de l'importance pour toute une journée !

VIII.

— Une nouvelle ! s'écria monsieur le maire, une nouvelle étonnante et imprévue ! La duchesse ne se marie pas !... le major est refusé... positivement refusé. Il a repris des chevaux pour Paris ; la nouvelle est certaine.
— De qui la tenez-vous ?
— Du maître de poste.

D'après une pareille autorité, le doute n'était plus permis, et j'éprouvai un vif mouvement de joie. Quant à Georges, il venait de s'emporter trop violemment contre Nisida, et sa colère était montée trop haut pour redescendre brusquement et sans transitions. Aussi, et après le départ du maire, murmura-t-il entre ses dents :

— Qui sait si cela est vrai ? qu'en sait-elle elle-même ? Elle a tant de bizarrerie, tant de caprices... Et pourquoi refuser son cousin ? pour faire quelque autre choix qui ne vaudra pas mieux.

— C'est possible, lui dis-je en le regardant, ou pour rester libre.

— Oui, vous avez raison, s'écria-t-il, saisissant avidement une occasion de reprendre sa colère... pour être libre et coquette à son aise, pour tenir la balance entre vingt rivaux, pour les désespérer tous et n'en choisir aucun.

— Vous êtes bien sévère envers elle.
— Je suis juste... après la manière dont elle m'a traité, après tous les torts qu'elle a eus envers moi.
— Il serait plus généreux de les oublier, maintenant surtout qu'elle est malheureuse.
— Malheureuse ! s'écria-t-il avec émotion. Vous croyez qu'elle est malheureuse ?... Et toute sa colère tomba.
— Elle a besoin de la présence et de la consolation de ses amis. N'irez-vous pas lui faire une visite ?
— A quoi bon ? Entourée comme elle l'est, aura-t-elle seulement le temps de me recevoir ?
— Qu'importe ! vous laisserez votre nom... vous aurez du moins rempli un devoir indispensable. Vous lui devez une visite de deuil et de condoléance.
— Vous le pensez ?
— Vous ne pourriez y manquer... quand vous devriez vous faire violence.
— Allons donc ! puisque vous le voulez... j'irai demain.

Puis il reprit et ajouta :
— Je ne pourrai pas.
— Allez-y ce soir.

NOUV. ET PROVERBES.

— Il fait bien mauvais temps, et ce n'est guère agréable, n'importe !

D'un air de mauvaise humeur, il prit son chapeau et partit. Le pauvre garçon en mourait d'envie.

Ce qui se passa dans cette entrevue... je ne l'ai su que depuis ; mais il me l'a répété tant de fois, qu'il me serait impossible d'en oublier un mot !

D'abord, ce ne fut pas sans une émotion bien grande que Georges aperçut de loin ce château qui renfermait son bonheur, son tourment et toutes ses espérances ! Elle était libre, il est vrai, mais en serait-il plus avancé ? Et quel accueil allait-il recevoir ? Jamais, se disait-il, elle ne m'a avoué qu'elle m'aimait ; et, rappelant à son souvenir tout ce qui s'était passé entre lui et la duchesse... il était obligé de convenir que, fidèle à tous ses devoirs, elle ne s'était montrée à lui que comme une amie tendre et dévouée ; que, du reste, inflexible et sévère, elle ne lui avait jamais accordé la moindre faveur, ni donné le moindre espoir... et, si réellement elle n'avait pour lui que de l'amitié, pourquoi changerait-elle maintenant ?

Il entra dans la cour du château ; le cœur lui battit en demandant madame la duchesse, et bien plus fort encore quand on lui eut répondu qu'elle était seule au salon.

— Ah ! elle est seule !... dit-il avec embarras. Dans ce moment, il eût presque mieux aimé qu'il y eût du monde ; mais il n'avait pas le choix · il monta lentement les degrés en pierre du vaste escalier, traversa l'antichambre où se tenaient plusieurs domestiques portant encore la livrée de deuil. L'un d'eux ouvrit les grandes portes du salon : madame n'y était pas. Georges eut un mouvement d'effroi. Elle était dans un très petit boudoir attenant à la pièce principale, et quand on annonça monsieur Georges, elle se leva et lui fit signe de s'asseoir.

Du reste, ni étonnement, ni émotion..... Le domestique sortit.

Georges fut d'abord atterré d'une réception aussi cérémonieuse : la froideur de la duchesse le gagna malgré lui, et, balbutiant avec peine quelques phrases banales, il lui demanda des nouvelles de sa santé.

— Très bonne, répondit Nisida en s'inclinant. La conversation en resta là, et Georges, pour la ranimer, lui dit :
— Vous êtes seule dans ce vaste château ?
— J'attends du monde... des amis qui doivent arriver ce soir et venir passer quelques jours avec moi.

Georges n'osa pas demander qui l'on attendait ; mais il répéta : Ah ! ce sont des amis qui doivent arriver ?...
— Oui, monsieur.

La conversation s'arrêta encore. Cette fois ce fut la duchesse qui reprit la parole.
— Vous venez de Constantine, monsieur Georges, dit-elle.
— Oui, madame.
— On assure que cela a été admirable ! et Georges, interdit... calculait en lui-même si, pour soutenir la conversation, il n'allait pas être obligé de faire le récit du siège, lorsque, en ce moment, plusieurs voitures roulèrent dans la cour, et Georges bénit les importuns qui venaient interrompre ce pénible tête-à-tête.

Les portes du salon s'ouvrirent brusquement : on entendit marcher ou plutôt courir. Quelqu'un se précipita dans le boudoir : c'était Julia, qui, apercevant Georges et la duchesse, dans cet endroit retiré, tous deux, le soir en tête-à-tête..., s'écria en riant et en embrassant Georges : Enfin, vous savez tout, l'inconnue s'est fait connaître !

Georges, stupéfait, hors de lui... poussa un cri de surprise, ou plutôt d'effroi, en voyant tomber la duchesse sans connaissance sur le divan du boudoir.

— Quoi ! vous ne saviez pas !.. s'écria Julia désolée. Malheureuse, qu'ai-je fait ? Voici mon mari et mon frère qui entrent dans le salon ; courez au devant d'eux... je reste auprès d'elle. Et Georges, sans savoir ce qu'il faisait, s'élança dans le salon, où il reçut les embrassemens du comte de Vareville et de Constantin, qui arrivaient de leur ambassade. Constantin avait commencé, sur ses succès diplomatiques, un récit dont Georges n'avait pas entendu un mot, lorsque rentra Julia

— Ne vous effrayez pas, dit-elle. La maîtresse de la maison est un peu indisposée ; dans une demi-heure il n'y paraîtra plus.. elle me charge, en attendant, moi, son amie intime, de faire les honneurs et de commander à sa place. A dix heures le souper ; d'ici là, chacun peut s'installer dans ses appartemens.

— Bravo ! s'écria Constantin. Je ne suis pas d'une tenue présentable, pas plus que monsieur l'ambassadeur ; et quand il s'agit de faire sa cour à une jeune et jolie veuve, il faut paraître avec tous ses avantages.

Les deux hommes sortirent du salon : il était temps, Georges n'y tenait plus... il suffoquait. Mais, grâce au ciel, il était libre... il était seul avec la comtesse, et, dans un trouble inexprimable, il tomba à ses pieds.

— Que faites-vous ? que faites-vous ? lui dit-elle en riant ; Georges, mon ami, vous vous trompez ! vous n'avez rien à me demander, rien à attendre de moi... qu'un récit... que je vous dois depuis longtemps, j'en conviens, et je suis prête à m'acquitter... si vous voulez vous relever, vous asseoir à côté de moi, vous calmer, et surtout ne pas trembler comme vous le faites, ni regarder à chaque instant du côté de ce boudoir parce que, lorsque je parle, j'aime qu'on m'écoute ; d'ailleurs, Nisida n'y est plus. Ce boudoir donne dans ses appartemens, et elle vient d'y remonter.

Georges alors promit attention et silence ; et, sans aucun préambule, la comtesse lui dit :

— « Nisida est mon amie intime ; nous avons été élevées ensemble. Plus âgée qu'elle, je fus mariée la première ; plus tard, et bien malgré moi, sa famille lui fit épouser le vieux duc de ***, qui était d'origine irlandaise, pair d'Angleterre et pair de France, ami et favori du roi Charles X. Tout se trouvait dans ce mariage... excepté un mari. De plus, il y avait un cousin, seul parent et seul héritier du duc... le major Hollydai, qui était furieux de se voir enlever une si belle succession ; mais il se consola en pensant que son illustre parent était presque septuagénaire, qu'il n'y avait pas à craindre d'héritier direct, à moins de grands malheurs ; et, ces malheurs, il voulut les prévenir autant qu'il était en son pouvoir. Il ne quittait point sa jeune cousine, il la surveillait avec une assiduité et un zèle qu'on aurait pris pour de l'amour ou de la jalousie, qui qui étaient tout uniment de l'intérêt. Au spectacle, au bal, en soirée, la vue d'un adorateur ou d'un simple attentif... lui donnait la fièvre ou le glaçait d'effroi... il employait tout au monde pour les éloigner, et le duc avait chez lui, sans s'en douter, et dans la même personne, un Sigisbé précieux et une duègne incorruptible qui ne lui coûtaient rien.

» Le pauvre major se donnait du reste une peine bien inutile. Sage et vertueuse par religion et par principes, jamais personne n'eut plus que Nisida le sentiment de ses devoirs et de sa propre dignité. Aussi, le malheureux et défiant cousin commençait à se rassurer sur son héritage, qui, chaque jour, devenait plus probable et ne pouvait guère lui échapper : ce n'était plus qu'une question de temps, lorsqu'une nouvelle inouïe, inconcevable, prodigieuse, se répandit dans le faubourg Saint-Germain : le vieux duc de ***, à la seconde année de son mariage, en 1831, allait avoir un héritier. C'était un miracle de la Providence, qui ne permet pas l'extinction des grandes familles, et, la preuve évidente, c'est que la duchesse eut un garçon... Le vieux duc pensa en mourir de joie, et le major se mit au lit. Il était sérieusement malade et manqua d'aller rejoindre sa succession défunte !

» Tels furent les effets de ce grand événement... Quant à la cause, tout le monde l'ignorait, excepté moi !... et une autre personne peut-être qui n'en fut pas plus avancée pour ça... »

Et la comtesse regarda Georges, qui redoublait d'attention. Elle continua :

» Vous rappelez-vous, monsieur, le mois de juillet 1830, et la brillante société que j'avais réunie dans mon château d'Orsay ? monsieur Georges y était, et beaucoup de jolies dames ! mais Nisida, que j'avais aussi invitée, n'avait pu venir. Elle était restée à Saint-Cloud avec la cour, où se prépa-

raient alors de graves événements. Son mari, un des conseillers, un des confidens intimes du roi, ne pouvait quitter son maître dans une circonstance aussi importante. Nous, pendant ce temps, loin de nous douter de l'orage qui grondait, nous dansions dans mon salon et faisions de la musique, lorsqu'on vint me dire mystérieusement à l'oreille que quelqu'un demandait à me parler. Je sortis et trouvai dans une salle basse Nisida, qui venait d'arriver à pied et déguisée. Je jetai un cri de surprise. — Silence, me dit-elle ; et elle m'apprit rapidement comment, en trois jours, un trône et une dynastie venaient de s'écrouler !...

» Le duc avait perdu la tête ; et de plus les forces que la sienne n'y auraient pas résisté. Il était persuadé que les horreurs de la première révolution allaient se renouveler ; que ses jours allaient être mis à prix et ses biens confisqués ; que lui, favori du roi, on le poursuivrait pour le massacrer ; qu'il fallait à la hâte gagner la frontière et émigrer de nouveau... Mais à qui se fier, et comment faire pour ne pas être reconnu ?

» Sa jeune femme, qui seule avait conservé du sang-froid et du courage, avait pris et cousu dans ses vêtemens de l'or et des billets ; puis, sans demander conseil à personne, elle avait affublé son mari d'une redingote de palfrenier, elle d'un mauvais châle ; était sortie de Saint-Cloud, montée hardiment dans une petite voiture de la banlieue jusqu'aux environs de Versailles. Là elle avait laissé son mari... chez ma nourrice à moi, une brave femme qu'elle connaissait ; puis, par les chemins de traverse, elle était venue à pied au château de me dire : « Sauvez mon mari et faites-le sortir de France ! » D'après son récit, il n'y avait pas de temps à perdre, et il fallait surtout que personne ne soupçonnât les proscrits auxquels j'allais donner asile : ce qui n'était pas facile avec vingt personnes et un nombreux domestique. Je commençai par éloigner Rose, ma femme de chambre, dont l'appartement donnait dans le mien, et qui nous aurait entendus ; sans compter que le cabriolet qui allait la mener jusqu'à Versailles, ramènerait le duc à Orsay sans éveiller le moindre soupçon. A onze heures du soir il était arrivé et nous étions tous réunis dans ma chambre, tenant conciliabule sur les mesures à prendre ; mesures bien inutiles par l'événement, puisque, le lendemain, et à six lieues de chez moi, voyant tout rentré dans l'ordre, le duc et sa femme revinrent à Paris dans leur hôtel, sans avoir été, depuis, un seul instant inquiétés.

» Mais alors nous n'en étions pas là, et prévoyant quelques catastrophes, nous préparions, mon mari et moi, le déguisement de nos amis et leur fuite jusqu'à la frontière. Il était près de minuit, accablée par les événemens et la fatigue de la journée, la pauvre Nisida tombait de sommeil : je la conduisis à la chambre de Rose, que j'avais préparée près de la mienne pour elle et son mari ; et pendant que, dans la chambre à côté, le duc prenait avec nous les derniers arrangemens pour le départ du lendemain, elle se hâta de s'endormir, et... »

La comtesse s'arrêta en cet endroit, et, regardant Georges qui écoutait toujours, elle lui dit avec impatience :

— Pour la fin de l'histoire, monsieur, vous la savez mieux que moi.

La comtesse se trompait... depuis quelques momens Georges n'écoutait plus... il avait vu s'entr'ouvrir la porte du boudoir, toutes ses pensées, toute son âme étaient là.

Nisida parut plus jolie, plus touchante que jamais, les yeux baissés, et tenant par la main un enfant aux cheveux blonds bouclés.

Georges courut se précipiter aux pieds de Nisida, saisit sa main, qu'il couvrit de larmes, ne pouvant murmurer que ce mot : Pardon ! pardon !!!

Nisida baissa de nouveau les yeux sans lui répondre ; mais elle prit son fils et le jeta dans les bras de son amant... de son mari !

Ah ! comme Georges le serra contre son cœur et le couvrit de ses baisers ! comme alors il le trouvait beau !

Quelques jours après, mon ami Georges avait une immense fortune, un beau château et une femme charmante.

FIN DE LA MAITRESSE ANONYME.

Eugène Scribe.

LE ROI DE CARREAU.

C'était dans un bal superbe, et elles causaient toutes deux près de la cheminée!... Causer au lieu de danser!! A quinze ou seize ans!... Il fallait que la conversation fût bien intéressante, et cette idée seule me donnait grand désir de l'entendre ; c'était mal ! Mais à qui la curiosité serait-elle permise, si ce n'est à un auteur dramatique ? Ce qui est défaut chez les autres est pour lui un devoir ; il doit écouter... ne fût-ce que par état !... et puis ces deux jeunes filles étaient si jolies, si élégantes!! Dans leur pose, dans leurs regards, il y avait tant de charme et de naïveté, elles étaient si rieuses, si insouciantes de l'avenir, qu'on ne pouvait s'empêcher d'y penser pour elles. L'une, qui était blonde, parlait vivement et à voix basse ; l'autre, aux beaux cheveux noirs, écoutait les yeux baissés et en effeuillant le bouquet de camélias blancs qu'elle tenait à la main !... Il était évident qu'on l'interrogeait... qu'elle ne voulait pas répondre, et un instant après, elle leva sur sa compagne des yeux bleus d'une expression ravissante, qui, à coup sûr, voulaient dire : *Je te jure, ma chère, que je ne comprends pas !* Et l'autre répondit par un éclat de rire, que je traduisis ainsi : *Laisse donc ! Je n'en crois pas un mot.* Il m'était prouvé que je comprenais, que j'étais à la conversation. Mais malgré cela, j'aurais voulu pour beaucoup l'entendre de plus près. La maîtresse de la maison m'en offrit l'occasion en me présentant une carte de whist. Je ne suis pas bien avec le whist ; je le joue fort mal ; il me traite de même, ce qui fait que je l'aime beaucoup. C'est une passion malheureuse ; il n'y a que celles-là qui durent !... Cette fois cependant, je fus favorisé ; la table de whist était près de la cheminée, et par la place que me donna le sort, mon fauteuil se trouva contre celui de mes deux jolies causeuses, qui ne firent même pas attention à nous! Pour elles et à leur âge, un bal se compose de jeunes filles, de parures, de toilettes, de danseurs, de cavaliers... les joueurs de whist ne comptent pour rien... Ils n'existent pas ; ce sont quatre fauteuils de plus dans un salon.

— Quoi ! ma chère, tu n'y as jamais pensé?
— Jamais.
— Même en rêve?
— Est-ce que j'ai le temps ? je dors si bien.
— Et ta mère ne t'en a pas parlé?
— Pas encore.
— Moi, j'ai déjà refusé deux partis
— Et pourquoi?
— Ils n'avaient pas assez de fortune. Moi, je veux qu'il soit riche... Et toi ?
— Moi, je voudrais qu'il fût jeune et qu'il eût de l'esprit.
— Bah! de l'esprit, tout le monde en a... Moi, je voudrais qu'il eût une belle place à la cour... pour être présentée...
— C'est là tout ce que tu désires?
— Certainement... J'aurais ce jour-là une si belle toilette!
— Quoi ! en te mariant tu penses à ta toilette?
— Toujours.
— Et à ton mari?...
— Monsieur, s'écria vivement mon partner, vous n'avez donc pas de trèfles ?
— Si monsieur.
— Alors on en donne.
— Je vous demande pardon... J'écoutais... je veux dire... je combinais... je comptais les cartes déjà passées.

Et pendant ce temps, j'avais perdu quelques phrases de la conversation qui avait lieu derrière mon oreille et qui continuait toujours.

— L'aimer... certainement... si cela se trouve... si cela se rencontre...
— Oh ! cela avant tout.
— En vérité !
— Pour cela, je veux qu'il soit à peu près de mon âge, qu'il ait à peu près les mêmes goûts, et à peu près les mêmes défauts... cela le rendra indulgent pour les miens... Quant à ceux qu'il aura... je les lui pardonne tous d'avance... pour qu'il m'aime bien et qu'il n'aime que moi.
— Ma tante dit que c'est impossible.
— Pourquoi donc?... Moi, je l'aimerai tant !
— Es-tu folle ?
— C'est mon devoir, et ce devoir-là me semble si doux...
— Et si lui, cessait de t'aimer?
— Qu'importe?... Je l'aimerais toujours... C'est mon devoir.

— Et s'il te trahissait
— Ah! j'en mourrais!... Mais, c'est égal, je l'aimerais toujours.
— Trois levées que nous perdons! s'écria mon partner. Comment, monsieur, je renonce à cœur. . je l'indique clairement, et vous ne rentrez pas une seule fois dans mon invite!
— Qu'importe, monsieur?
— Ce qu'il importe... J'avais la main pleine de petits atouts que vous avez fait tomber en jouant vos supérieurs.
— Et qu'est-ce que ça fait?
— Cela fait que ces messieurs gagnent dix fiches!
— Excusez-moi, monsieur, je ne suis qu'un écolier... je vous ai fait perdre... Et je pensais en moi-même que lui m'avait fait perdre bien plus encore, en m'empêchant d'entendre la fin de la conversation; car les deux jeunes filles venaient de se lever... Il y en avait une que je suivais des yeux... et qui déjà m'intéressait vivement... Je voulais et je n'osais demander son nom.
— Cécile, lui dit une grande femme au regard altier, aux formes sèches et anguleuses, Cécile, mettez votre châle et partons.
— Volontiers, maman! L'on venait pourtant de m'inviter, je vais me dégager.
— Je ne le souffrirai pas! s'écria la maîtresse de la maison. Madame d'Orthès nous accordera bien un quart d'heure... Puis, m'apercevant, et me prenant par la main: Madame la vicomtesse, me dit-elle, désirait vous connaître et m'avait priée de vous présenter à elle.
C'est une des plus ennuyeuses choses du monde qu'une présentation... Mais je sentais que celle-ci donnerait à Cécile le temps de danser sa contredanse, et j'étais heureux de commencer notre connaissance par un sacrifice. C'en était un. Madame la vicomtesse d'Orthès était une femme de grande famille, de grande naissance et de grandes prétentions. Elle faisait des livres qui trouvaient plus d'admirateurs que de lecteurs. Il était si bien établi et convenu dans le monde, que tous ses ouvrages devaient être religieux, monarchiques et sublimes, que chacun, sans les connaître, lui en faisait compliment d'avance et de confiance, dès qu'ils étaient annoncés par le libraire.
Celui de ses livres qui a eu le plus de succès et qui, sans contredit, a le plus contribué à sa réputation, est son roman de ***, qui n'a jamais paru.
Il est inutile d'ajouter que, vu sa dévotion, ses principes et surtout son grand nom, madame la vicomtesse ne mettait jamais le sien à ses ouvrages; c'est encore un moyen de vogue.
Elle fit beaucoup de frais et parla presque seule, ce qui me convient infiniment. J'aime les femmes d'esprit, quand il n'en faut pas faire avec elles, et qu'au plaisir de les entendre je puis joindre celui de me taire; car je suis un peu comme ce monsieur qui disait: Je veux me dépêcher de faire un gros livre bien spirituel, pour avoir, après, le droit d'être bête pendant toute ma vie. — Je ne sais pas si j'ai acquis le droit; mais je le prends.
Madame la vicomtesse me parla de mes ouvrages! moi, des siens; de sa fille! C'était le meilleur, sans contredit, et c'était cependant celui dont elle me semblait le moins fière. Il en est toujours ainsi : les auteurs sont d'ordinaire les plus mauvais juges de leurs œuvres.
La conversation dura si longtemps, qu'au lieu d'une contredanse, Cécile en aurait dansé deux. La pauvre enfant ne savait comment me remercier, et sans qu'elle s'en doutât, déjà nous étions quittes... Elle venait de m'adresser le sourire le plus aimable et les plus gracieux, et me rappelant les paroles que j'avais entendues, je me dis en la voyant s'éloigner: Heureux le jeune homme qui pourra lui plaire! heureux le le mari qu'elle choisira!
Pendant cette année et pendant l'hiver suivant, je ne rencontrai plus Cécile; je ne vais presque jamais au bal.
Au printemps de 1833, j'avais beaucoup de chagrin. Pourquoi? Cela intéresse peu le lecteur et je lui demande la permission de ne pas lui en parler. Je pris alors ce que je regarde, moi, comme le remède à tous les maux, je pris la poste, et tout en cherchant quelque sujet de comédie pour m'égayer et me distraire, je visitai l'Auvergne et les Pyrénées.

Bien peu de gens connaissent ces deux pays.

Il n'y a pas de négociant ou d'employé en retraite, pas d'avoué ou d'avocat en vacances, qui ne se croient obligés de faire un voyage en Suisse, afin de pouvoir dire à sa femme et à ses enfans : J'ai vu la vallée de Lauterbrun, le lac de Brientz et le Grindelvald, chemins battus et parcourus par tout le monde, itinéraire aussi banal maintenant que celui de Paris à Saint-Cloud.

Et personne ne pense à aller en Auvergne et dans les Pyrénées!!! O voyageurs parisiens, voyageurs à la suite, vous ne savez donc pas que sans sortir de France, vous trouverez des cascades, des avalanches et des pics terribles! vous ne savez donc pas que ces Pyrénées, qui sont chez vous, qui vous appartiennent, vous offrent des vues aussi gracieuses, des scènes aussi sublimes, des spectacles aussi terribles que les Alpes elles-mêmes. Oui, j'en appelle à tous ceux qui ont voyagé par eux-mêmes, et non par des livres, le cirque de Gavarnic, les tours de Marboré, la brèche de Roland, ne sont-ils pas, dans leur genre, aussi admirables, aussi incompréhensibles, aussi étourdissans, que l'éternel Mont-Blanc, la chute du Rhin et la chute de l'Aar?... Oui, messieurs, oui, abonnés du café Tortoni et de l'Opéra... oui, un véritable lac... et un véritable volcan... car voici encore le cratère avec sa forme évasée, et offrant une ouverture circulaire d'une demi-lieue; voici les couches de lave, et à l'endroit où bouillonnaient le soufre et le salpêtre, vous voyez maintenant un lac limpide et pur, qui s'élève jusqu'à la moitié de ce vaste entonnoir, tandis que la partie supérieure, couverte d'arbres et de gazon, muraille verdoyante de cent cinquante pieds de haut, descend presque à pic jusqu'aux bords du lac, de ce lac dont on n'a pu trouver le fond, de ce lac mystérieux et magique, sur lequel personne n'oserait s'aventurer, car à l'instant ses eaux tournantes auraient fait chavirer la barque... et le hardi nautonnier, précipité jusqu'au fond de l'abîme, dans des feux souterrains, aurait commencé comme Lapeyrouse, et fini comme Empédocle.

Eh bien! ces merveilles... qui ressemblent à un conte des *Mille et une Nuits*... ce lac qui a pris la place du volcan, ce volcan qui menace de reprendre sa place... où pensez-vous que tout cela se trouve? Dans les Alpes, dans les Cordillières?... Non vraiment... En Auvergne... à deux ou trois lieues du Mont-d'Or... et ce lac est le lac Pavin... où vous arriverez après deux ou trois heures de marche... en prenant pour conducteur monsieur Michel Garnier, mon guide; à qui vous demanderez pour cela que quarante sous, et qui vous prendra pour un prince étranger, si vous allez jusqu'à trois francs.

J'étais donc avec mon guide près du lac Pavin... couché sur le gazon, au bord du cratère et regardant, au-dessous de moi, ces eaux transparentes et pures que je croyais à chaque instant voir en ébullition, ce qui m'aurait grandement amusé et effrayé, lorsque j'entendis marcher auprès de moi : c'étaient d'autres voyageurs. Un vieillard appuyé sur le bras d'une jeune fille s'écriait d'un air de mauvaise humeur : N'allez donc pas si vite... on ne peut pas vous suivre. Je levai les yeux et je crus reconnaître, dans la jeune personne, la tournure élégante et gracieuse, la physionomie enchanteresse de ma jolie danseuse, de mademoiselle Cécile d'Orthès : mes doutes se changèrent en certitude lorsque j'aperçus, à quelques pas derrière elle, une femme qui, tenant un album et un crayon, écrivait en marchant. C'était madame la vicomtesse, qui composait, sur le lac Pavin, une description à coup sûr meilleure que la mienne et que j'aurais bien fait de lui emprunter. Grandes exclamations de surprise de part et d'autre... phrases admiratives et obligées sur le tableau sublime qui se déroulait devant nos yeux, et puis, les devoirs de politesse une fois remplis, je songeai à mon plaisir et je demandai à être présenté à mademoiselle Cécile.

— Mademoiselle!... s'écria la vicomtesse d'un air étonné... mais Cécile est mariée!

— En vérité ! et regardant autour de moi, je cherchais le jeune mari, m'étonnant de ce qu'il n'avait pas accompagné sa femme.

— Voici mon gendre, me dit madame d'Orthès en me présentant au vieillard, et avec emphase elle prononça son nom que je ne vous dirai pas. C'était un homme de haute noblesse, général sous l'Empire, duc et pair sous la Restauration, ayant dans ce moment encore un commandement militaire important, une immense fortune et beaucoup de bonnes qualités... Mais ces bonnes qualités, il y avait, par malheur, bien longtemps qu'il les possédait... car il avait soixante-sept ans !... de plus, des blessures, des rhumatismes et même de temps en temps la goutte avec toutes ses prérogatives, c'est-à-dire, l'impatience, la brusquerie et la mauvaise humeur ; du reste, fort aimable quand il se portait bien... et il souffrait pendant dix mois de l'année.

C'était l'époux de Cécile.

Je me rappelai sa conversation du bal, le jeune mari qu'elle avait rêvé, ses projets de bonheur pour l'avenir ; et malgré moi je regardai la pauvre fille avec un air d'intérêt et de compassion qu'elle devina peut-être, ou dont elle me sut gré sans le savoir, car au bout de quelques minutes nous étions les meilleurs amis du monde.

Son vieux mari venait de s'asseoir et se reposait, sa mère écrivait toujours, et nous causions. Tout ce qu'elle disait était simple et sans affectation, mais empreint d'une douceur et d'une mélancolie touchantes. J'amenai la conversation sur son mari ; elle m'en fit le plus grand éloge ; elle me parla avec reconnaissance des titres, de la considération, de la fortune qu'il lui avait donnés, et ne dit pas un mot de son bonheur qu'il lui avait enlevé... Ame noble et vertueuse où tout était résignation, dévoûment, et sentiment de ses devoirs. Mais à ce parler si grave et si solennel, qui aurait reconnu la jeune fille que j'avais vue, il y a deux ans, si étourdie, si naïve et si rieuse ?... Que de jugement maintenant ! que de tact ! que de raison ! Pour avoir acquis si vite, me dis-je en moi même, elle a donc été bien malheureuse !

Nous étions au bord du lac si pur, si limpide, si transparent... image de son âme... Je le lui dis ; elle me regarda en souriant de ce sourire triste qui fait venir des larmes, et elle me dit : Oui, le calme à la surface...

— Et au fond peut-être... repris-je en montrant le lac. Je n'achevai pas ma phrase ; mais elle la devina, car elle s'écria vivement : Non, monsieur, non, jamais ! et elle leva les yeux au ciel !... Était-ce pour le prendre à témoin, ou pour lui demander du secours ?...

En ce moment, une voix aigre se fit entendre ; c'était celle de sa mère. Le général avait froid, la fraîcheur du lac ne lui valait rien. Il fallut partir ; j'aurais bien voulu prendre le bras de Cécile, elle l'avait déjà donné à son mari. Sa mère restait : ce n'était point un dédommagement, au contraire, car il fallut parler littérature : elle composait un nouveau roman qu'elle voulait me lire, quand il serait achevé... à moi, qui voyageais pour mon plaisir !

— Je crains, madame, de ne pouvoir jouir de ce bonheur, je pars pour les Pyrénées.

— Nous aussi ! on a recommandé au général les eaux de Baréges, qui sont souveraines pour les blessures.

— Je croyais que le général s'était arrêté au Mont-d'Or.

— Par hasard, et en passant, il a voulu essayer de ces eaux, qui, l'an dernier, avaient été pour le maréchal Soult ; mais après quelques bains, qui ne lui ont fait aucun bien, il y a renoncé ; et nous partons, dans quelques jours, pour les Pyrénées... J'espère que nous ferons route ensemble ?

Je m'inclinai respectueusement.

— Où demeurez-vous au Mont-d'Or ?

— A l'hôtel Chabaury, madame.

— C'est le nôtre ; et je compte bien qu'aujourd'hui vous nous ferez le plaisir de dîner avec nous.

Je m'inclinai encore. Me voici donc, décidément, le commensal, le compagnon de voyage, l'ami de la famille.

L'amitié va vite en voyage, et surtout aux eaux : je profitai de mon nouveau titre et des droits qu'il me donnait pour parler de Cécile. Je donnai à entendre à madame d'Orthès que ce mariage, si avantageux du reste, m'inspirait quelques craintes pour le bonheur à venir de son enfant.

— Vous ne connaissez pas ma fille, monsieur... si vous saviez quelle éducation elle a reçue !... elle a été élevée au Sacré-Cœur, comme toutes les demoiselles nobles de ma connaissance ! elle a lu tous mes ouvrages... elle les lit tous les jours ; et les principes qu'ils renferment...

— Sont excellens, madame ; mais enfin votre fille est bien jeune, et si son cœur venait à parler...

— Il ne parlera pas, monsieur ! ils ne parlent jamais dans notre famille.

— Je le conçois, lui dis-je en la regardant, pour le passé... mais pour l'avenir...

— Monsieur !... et elle me toisa des pieds à la tête, dans quelque position que l'on se trouve, on ne manque jamais à ses devoirs... quand on a de la religion et des principes ! Avec la religion et les principes, monsieur, il n'y a jamais de mariages disproportionnés... jamais de dangers... entendez-vous bien !

— Je suis de votre avis, madame.

Nous arrivâmes à l'hôtel.

Le général était mal disposé, et sa mauvaise humeur redoubla en trouvant des lettres auxquelles il fallait répondre, et des ordres à expédier.

— Si Henri était là, dit-il à sa femme, il m'aiderait, il se chargerait de ce soin ; mais vous n'avez pas voulu qu'il vînt avec nous.

— Nous étions déjà trois dans la voiture... et ma femme de chambre m'était indispensable.

— Voilà bien un raisonnement de femme ! c'est pour un motif pareil que vous me privez d'un neveu que j'aime et d'un aide-de-camp dont je ne puis me passer.

— Vous oubliez que ma mère et moi sommes là pour vous soigner, et que d'ailleurs monsieur Henri de Castelnau, votre neveu, doit rester à Paris pour vos intérêts.

— Dites plutôt pour vos caprices... parce que ce pauvre Henri vous déplaît, parce que vous ne pouvez le souffrir.

— Moi, monsieur !

— C'est assez visible ! à peine si vous le regardez ou si vous lui parlez, et il faut qu'il ait bien du courage pour revenir encore chez moi après l'accueil que vous lui faites habituellement.

— Vous m'accusez à tort, monsieur : le neveu de mon mari aura toujours droit à mes égards.

— C'est bien heureux !... et je voudrais bien voir, morbleu ! qu'un n'y manquât. Si quelqu'un de vous deux a raison d'en vouloir à l'autre, à coup sûr c'est lui... lui, mon seul héritier, à qui ce mariage enlève toute sa fortune.

— J'espère bien que non, dit la vicomtesse.

— Une partie, du moins... Eh bien ! loin de se plaindre de sa jeune tante, il n'en dit jamais que du bien. Il est rempli pour vous et votre mère de soins et d'attentions, il courrait tout Paris pour vous être agréable, il crèverait ses chevaux pour vous avoir un billet de bal ou une loge à l'Opéra.

— C'est vrai, dit la vicomtesse, et, ne fût-ce que pour ton mari, tu devrais, Cécile, être mieux pour Henri.

— Je fais ce que je dois, ma mère, répondit Cécile d'un ton froid et décidé.

— Allez au diable ! s'écria le général avec colère, on n'a pas idée d'une tête pareille ! Il y a des momens où elle est douce comme un ange, et d'autres où rien ne la ferait céder !... A dix-sept ans ! cela promet ! Je ne sais pas, madame la vicomtesse, comment vous l'avez élevée, mais cela n'a pas le sens commun.

— Monsieur ! elle a lu mes ouvrages.

— C'est ce que je voulais dire.

— Général... vous vous oubliez !

— Vous avez raison... j'oublie que le dîner est servi... Pardon, monsieur, dit-il en se tournant vers moi, de vous rendre témoin d'une scène de famille ; j'espère que vous ne nous trahirez pas, et ne nous mettrez pas dans quelque comédie. Il prit mon bras, me plaça à table à côté de lui, et, pendant tout le repas, fut maussade pour tout le monde, excepté pour moi. Je dois dire, cependant, que, dans ses brusquèries, il y avait toujours une préférence bien marquée... pour sa belle-mère.

Au dessert, arriva encore une lettre, et le général s'écria en frappant sur la table, de manière à tout briser :
— Là!... il ne manquait plus que cela... Henri est blessé!

Cécile pâlit à l'instant, et ses lèvres devinrent toutes tremblantes.

— Oui, blessé... il a reçu un coup d'épée, le maladroit... Rassurez-vous, dit-il à sa belle-mère, qui savourait tranquillement une tasse de café... Il n'y a pas de danger, il y a huit jours de passés... il va mieux; mais son médecin lui a conseillé les eaux de Baréges, et demain il sera ici.

— Demain! reprit la vicomtesse avec joie.

— Demain! dit froidement Cécile, et sa physionomie avait repris son calme ordinaire.

J'attendis le lendemain avec impatience.

Une voiture de poste est toujours un événement dans toutes les petites villes du monde, mais à plus forte raison au Mont-d'Or, où l'unique plaisir réservé à la population locale est de voir arriver ou partir les voyageurs. Aussi toutes les têtes se mirent aux fenêtres, lorsqu'à dix heures du matin l'on entendit rouler une calèche.

Monsieur de Castelnau entra dans le salon, embrassa affectueusement son oncle, et salua les deux dames avec respect.

Il avait vingt-cinq ans à peu près. Grand, bien fait, une tournure distinguée, en un mot, un fort beau garçon, et, ce qui vaut mieux encore, il n'avait pas l'air de s'en douter, car il ne s'occupait que des autres et jamais de lui-même. Sa physionomie franche et ouverte portait les traces de la souffrance. La fatigue de la route, ou d'autres causes peut-être, venaient de rendre sa blessure plus vive.

J'observai Cécile : pas la moindre émotion ne parut sur ses traits; elle reçut Henri avec une politesse affectueuse et s'informa de sa santé avec un intérêt fort aimable... mais qui n'était pas celui auquel je m'attendais!

Quant à Henri, il était visiblement ému... Il pouvait à peine s'exprimer... et il me sembla que je lui rendais service en lui parlant de la route et du temps, qui était affreux. En effet, l'ennui de cette conversation le remit peu à peu, et il respira plus à l'aise. Il y a des momens où les indifférens et les ennuyeux sont bons à quelque chose.

Dans la journée on se promena à la cascade de Ceurcuil et à celle de la Venière. Henri s'approcha plusieurs fois de Cécile, mais elle donnait toujours le bras à son mari ou à sa mère, et quand elle causait, c'était avec moi.

Le soir, il fit la partie du général, il lui lut les journaux, il expédia ses dépêches, et il écouta avec une attention digne d'un meilleur sort deux grandes dissertations de la vicomtesse. Seulement, de temps en temps, à la dérobée, ses grands yeux noirs se tournaient comme malgré lui du côté de Cécile, qui travaillait sans le regarder, et ne faisait pas plus d'attention à lui qu'à toute autre personne.

Décidément je m'étais trompé; mes conjectures étaient fausses. Le pauvre jeune homme pouvait aimer Cécile, mais Cécile ne pouvait pas l'aimer.

Le lendemain, veille de notre départ, pendant que sa mère écrivait près d'elle, Cécile était au piano, et l'air qu'elle jouait était si vif et si joyeux que tous mes doutes furent dissipés. Il est impossible, me disais-je, d'avoir une passion dans le cœur quand on joue des variations pareilles, et surtout quand on les joue aussi bien.

Entre en ce moment dans le salon un jeune médecin de ma connaissance; il venait de Paris avec un grand seigneur qu'il soignait et qu'il avait accompagné aux eaux du Mont-d'Or. Les militaires parlent de leurs campagnes, les auteurs de leurs ouvrages, et les médecins de leurs malades; c'est de droit. Aussi mon jeune docteur, au risque d'ennuyer ces dames, se mit à nous raconter les cures merveilleuses ou bizarres qu'il avait faites, le tout assaisonné d'anecdotes plus ou moins piquantes, auxquelles moi seul prêtai quelque attention, parce que, ainsi que je vous l'ai déjà dit, par état j'écoute toujours.

Il nous raconta, entre autres choses, qu'il avait été appelé dernièrement près d'un jeune homme qui avait reçu un coup d'épée, et que la blessure, quoique assez grave, lui avait paru des plus singulières. Elle n'était pas droite, ni faite de bas en haut; c'était tout le contraire; et comme le malade était lui-même fort grand, il fallait, pour l'avoir ainsi frappé à la poitrine du haut en bas, que son adversaire fût immensément plus grand que lui, c'est-à-dire eût huit à dix pieds, et qu'enfin, pressé par ses raisonnemens et par ses questions, le blessé avait fini par lui avouer que c'était un coup d'épée qu'il s'était donné à lui-même... — Et pourquoi, je vous le demande? vous ne devineriez jamais une extravagance pareille... Parce qu'il voulait avoir un prétexte pour aller aux eaux de Baréges, et il me suppliait de les lui ordonner... ce que je fis à l'instant même! Pauvre jeune homme!! ordonnance qu'il me paya généreusement en me recommandant le secret!...

— Et vous tenez bien parole, lui dis-je en souriant.

— Avec vous, c'est sans danger.

La porte s'ouvrit; parut le général, appuyé sur le bras de son aide-de-camp. Henri, en apercevant le jeune médecin, courut à lui : — Vous ici, docteur! s'écria-t-il en lui prenant la main. Puis, nous le présentant : Mesdames et messieurs, c'est mon Esculape... celui qui m'a guéri de ma blessure et m'a ordonné les eaux de Baréges?... N'est-il pas vrai?

Le docteur balbutia quelques mots et prit congé de nous... car son malade l'attendait. Le général s'assit tranquillement dans son grand fauteuil; Henri, le sourire sur les lèvres, resta debout près de la cheminée; la vicomtesse, frappée de surprise et d'indignation, voulait et n'osait parler. Cécile, pâle, la tête appuyée sur sa main, réfléchissait en silence; et moi, je les regardais tous, trouvant la scène fort bien posée, et attendant avec inquiétude le développement qu'elle allait prendre, et surtout le dénoûment qu'elle aurait.

Le général fut le premier qui rompit le silence, en fredonnant un petit air qu'il affectionnait beaucoup. C'était un air nouveau, que le compositeur lui-même n'aurait pas pu réclamer, tant le général se l'était approprié et l'avait fait sien par la manière originale dont il le chantait.

— Eh bien! mesdames, s'écria-t-il après cette espèce de ritournelle, c'est donc demain que nous partons pour les Pyrénées, et que nous allons pour un mois nous établir à Baréges?

Point de réponse; chacun garda le silence; mais un rayon de joie brilla dans les yeux d'Henri.

— Ma belle-mère et ma femme, vous êtes-vous occupées des bagages... vous avez emballé vos bonnets et vos chapeaux?... Tout est-il prêt pour le départ?

— Oui, monsieur, pour le vôtre, dit Cécile en cherchant à se donner du courage.

— Comment! le mien... Est-ce que nous ne partons pas tous ensemble?

— Non, monsieur.

— Et pourquoi cela, s'il vous plaît?

— Ma mère et moi voulions d'abord vous conduire jusqu'à Pau, où vous avez une terre et un château magnifiques que nous ne connaissons pas; notre intention était de nous y installer jusqu'à votre retour.

— Et de me laisser aller seul à Baréges!... C'était bien.

— Non, monsieur, nous eût été mal, la preuve, c'est que nous étions décidées à vous accompagner, à ne pas vous quitter; mais maintenant que vous avez monsieur Henri, votre neveu, nos soins ne vous sont plus nécessaires.

— Qu'est-ce à dire?

— Et je vous avoue qu'un séjour d'un mois dans ces horribles montagnes me paraît la chose du monde la plus triste, la plus pénible, la plus ennuyeuse, si j'en juge seulement par les trois jours que je viens de passer ici.

Pendant ce temps, le général s'agitait sur son fauteuil, froissait sa tabatière entre ses doigts, et je prévoyais l'orage qui allait éclater... Mais ce que je ne pus voir sans être touché de pitié, c'était la figure d'Henri, qui, pâle et se soutenant à peine, venait de s'appuyer sur la cheminée. Le désespoir était empreint sur tous ses traits, et je devinai ce qui se passait dans l'âme du malheureux jeune homme! S'être blessé pour elle... pour passer un mois auprès d'elle... et se voir enlever ce bonheur... par un caprice!!

— Corbleu! s'écria le général en se levant avec colère et en repoussant du pied son fauteuil qu'il renversa au milieu de la chambre, me prend-on pour un conscrit?... Croit-on que je me laisserai mener par une femme, par un enfant? Vous viendrez, madame, car je l'ai dit... vous viendrez!

Cécile se leva, et toute tremblante, elle répondit froidement :

— Je n'irai pas.
— Et pourquoi? morbleu!
— Pourquoi?... Cécile ne tremblait plus ; elle avait pris sa résolution ; et résignée à tout, n'écoutant que son devoir... elle répondit à demi-voix, mais avec fermeté : — Parce que je ne le veux pas!

Le général furieux allait s'élancer vers elle; mais un gémissement sourd se fit entendre... C'était Henri qui se trouvait mal et allait tomber sur le parquet... Je le soutins dans mes bras... et la colère du général, changeant à l'instant d'objet, se tourna vers son neveu: L'imprudent! l'imbécile! qui depuis une heure reste là debout... Il n'y a rien de plus mauvais... Sa blessure se sera rouverte... je le lui dis toujours... mais personne ici ne m'écoute, personne ne m'obéit... allez tous au diable!... Eh bien! revient-il à lui?

— Oui, monsieur, répondit Cécile, qui s'était élancée près de Henri, lui avait fait respirer des sels et lui prodiguait les soins les plus touchans.

— Ah! dit le général, le voilà qui ouvre les yeux.

Cécile s'éloigna vivement, rentra dans sa chambre suivie de sa mère, et quelques instans après le général alla les rejoindre ; mais il paraît que ses prières et ses menaces furent inutiles, car il nous dit le soir: Cette petite fille-là a une tête de fer.

— Elle n'ira donc pas à Baréges! s'écria Henri.
— Non, mon ami... nous irons tous les deux, et elle, pendant ce temps, nous attendra dans mon château de Lescar, aux environs de Pau.
— Quoi! général, vous avez cédé! dit Henri d'un ton de reproche.
— Et comment faire?... à moins de la tuer! il n'y avait que ce moyen... je le lui ai parbleu proposé !!
— Et qu'a-t-elle répondu?
— Elle a répondu: Si vous me tuez... tant mieux... je n'irai pas à Baréges... — Le raisonnement était juste!... Une obstinée... je vous dis!... une tête de fer... Du reste la meilleure petite femme du monde.

Le lendemain, de grand matin, les deux voitures étaient prêtes. — Tous les paquets étaient faits, par madame elle-même, me dit la femme de chambre ; elle n'a pas dormi de la nuit. — Les chevaux étaient attelés: Cécile s'élança vivement dans la berline, et au moment où j'offrais la main à la vicomtesse pour l'aider à monter en voiture : Eh bien! monsieur, me dit elle, vous voyez qu'avec de la religion et des principes... il n'y a jamais de mariages disproportionnés, jamais de danger.

Il y a au moins combats et souffrances, me dis-je en moi-même, en voyant la figure pâle de Cécile, et en voyant dans ses yeux de grosses larmes qu'elle voulait sans doute cacher à tout le monde, car apercevant de loin son mari qui s'avançait vers elle, appuyé sur le bras de son neveu... elle s'écria vivement: Partez... partez, postillon !... Le fouet se fit entendre, les chevaux s'ébranlèrent, et la voiture disparut à nos yeux, pendant que le vieillard s'écriait: Eh bien !... eh bien !... voyez la folle... partir sans nous dire adieu... sans nous embrasser.

— Ma foi, monsieur, vous qui cherchiez un sujet de comédie, en voilà une ! — Ou plutôt un drame, me dis-je en moi-même, en contemplant la figure de Henri, qui, incapable de voir, d'entendre ou de répondre, se laissa mettre par moi en chaise de poste à côté de son oncle. Il ne pensa même pas à me remercier... ni à me dire adieu. Pauvre jeune homme! il en mourra, me disais-je.

Quelques heures après, je partis aussi pour les Pyrénées ! Rassurez-vous, lecteur, et ne frémissez pas! Je ne vous mènerai pas sur les pics du Mont-Perdu, aussi curieux peut-être et plus accessible que le Mont-Blanc ; je ne vous conduirai pas à Luz, à Saint-Sauveur, dont l'aspect est si riant et si pittoresque ; je me hâterai de vous faire traverser le *chaos*, cette pluie d'énormes rochers tombés du ciel ou vomis par l'enfer. Je ne vous ferai pas entrer dans l'enceinte de Gavarnie: confondu à l'aspect de tant de magnificence, ébloui par tant de merveilles, vous ne voudriez pas en sortir. Je vous montrerai seulement les tours du Marboré, immenses rochers découpés en créneaux, citadelle magique dont les neiges éternelles reluisent au soleil comme des remparts de diamant. Je vous montrerai de loin la brèche de Roland, ce mur de granit qui sépare la France de l'Espagne, et que Roland découpa d'un coup de sa bonne épée... Venez, approchez! il fit pour vous une ouverture de deux ou trois cents pieds, par laquelle vous pouvez apercevoir l'Aragon et le parcourir tout entier. C'est là, au pied de ces sublimes tours, que combattirent autrefois Agramant et Ferragus contre les preux de Charlemagne. Vous n'êtes point seul dans ces déserts, vous y êtes entouré de tous les héros de l'Arioste, et avec lui, vous vous éleveriez dans les nues, si ce n'était le froid qui voussaisit et vous force à redescendre sur terre; venez alors, venez vous réchauffer au feu du bon montagnard, regagnons le village de Gèdres, moitié français, moitié espagnol, où nous déjeunerons sans doute avec quelque contrebandier ; puis, traversant le Bastan et franchissant le Tourmalet, nous descendons dans la délicieuse vallée de Campan, ce paradis terrestre qui nous conduira à Bagnères ; et si vous êtes fatigué, si vous voulez trouver le calme et le bonheur, c'est là qu'il faut vous arrêter et vous reposer.

C'est ce que je fis.

Chemin faisant et tout en gravissant les montagnes, j'avais trouvé dans une fable de La Fontaine, l'idée d'une comédie en cinq actes que nos derniers événemens politiques pouvaient rendre assez piquante. Je m'arrêtai à Bagnères pour l'écrire. Je louai dans un endroit charmant, à côté de la belle maison de monsieur Lugo, une petite maisonnette qui donnait sur les allées de Maintenon.

Je passai là les quinze jours les plus tranquilles et les plus heureux de ma vie, travaillant matin et soir, et parcourant dans la journée le pays enchanteur qui m'environnait, les vallées de Campan et de l'Esponne, le couvent de Medoux et l'Elisée Saint-Paul! Un jour, je gravissais le camp de César ou la pène de l'Heyris ; un autre jour, je tentais des excursions au Pic du Midi, d'où l'on découvre les plaines de la Bigorre et du Béarn. Que l'air pur des montagnes, que ces riantes vallées, que ce beau soleil vous donnent de joie et de santé! ils vous rendent la jeunesse et le bonheur ; car là, au sommet de ces montagnes, tout est oublié, la souffrance du corps et les chagrins de l'âme. Par malheur, en descendant, on les retrouve dans la plaine et à la ville, où ils nous attendent !

Mes cinq actes terminés, il fallut partir et quitter ce beau pays. Je traversai le riant vallon d'Argèles, la ville de Lourdes ; j'admirai la jolie chapelle de Notre-Dame-de-Bétharram, et je me dirigeai sur Pau, où plusieurs motifs m'appelaient. D'abord, j'avais un ami, un aimable et excellent jeune homme, ancien chef d'escadron de la garde, qui habitait avec sa jolie famille le château royal de Pau, et je ne voulais pas quitter le Midi sans l'embrasser; et puis, aux environs de cette ville était le domaine de Lescar, où la vicomtesse d'Orthès et le général m'avaient engagé à m'arrêter quelques jours. J'avais grande envie de revoir Cécile, et j'arrivai au château.

C'était un fort bel édifice, admirablement bien situé ; le parc s'étendait jusqu'aux bords du Gave, et, des fenêtres du salon, on découvrait les coteaux de Jurançon, et à l'horizon, à quinze lieues, les montagnes bleuâtres, les cimes blanches des Pyrénées.

En descendant de voiture, je fus reçu par la vicomtesse et sa fille, qui me firent l'accueil le plus aimable. Le général, que l'on attendait, était encore à Baréges ; mais quel fut mon étonnement, lorsqu'en entrant dans le salon, j'aperçus monsieur Henri de Castelnau, assis sur un canapé et lisant le journal!

— Le général l'a envoyé en avant, me dit la vicomtesse, pour porter des dépêches au gouverneur de Pau et pour savoir des nouvelles de Cécile, qui a été très malade.

— En vérité! m'écriai-je avec inquiétude.

— Ce n'est rien, elle va beaucoup mieux, et en attendant le général, Henri ne pouvait pas demeurer ailleurs que dans le château de son oncle; c'est, du reste, l'intention formelle de mon gendre, qui, depuis une semaine, nous annonce chaque jour son arrivée.

— Voilà donc une semaine que monsieur de Castelnau est ici dis-je à la vicomtesse, qui, devinant l'idée qui me préoccupait, se hâta de me répondre :

— Rassurez-vous, monsieur; d'abord, vous connaissez ma fille, et ensuite je puis vous attester que pendant tout ce temps, je ne l'ai pas quittée une minute de la journée.

Elle disait vrai. Cécile restait au salon à travailler près de sa mère, et dans les promenades mêmes du parc, jamais Henri ne se trouvait seul avec elle. Il faut dire aussi qu'il n'en cherchait pas les occasions.

Sa tenue et ses manières étaient admirables. Tout respirait en lui l'affection la plus tendre, les soins les plus empressés; mais pas un mot, pas un regard n'aurait pu trahir aux yeux d'un étranger le secret de son âme. Il avait même repris de la gaîté, de l'enjouement, il était moins distrait, il prenait part à la conversation, et seulement alors, je m'aperçus qu'il était fort aimable, fort instruit, et qu'à une modestie très grande il joignait l'esprit le plus fin et le plus délicat, un noble caractère, des pensées élevées et généreuses... enfin une foule de bonnes qualités cachées jusqu'alors et qui maintenant brillaient dans tout leur éclat.

La vicomtesse nous lut un article du journal qui parlait d'un suicide.

— Le malheureux!... s'écria Cécile d'un air qui semblait presque une approbation.

— L'insensé ! s'écria Henri avec mépris.

— Cela ne vous arriverait donc pas? lui dis-je vivement.

— Jamais, monsieur, jamais! Mourir pour soi, c'est se priver d'un si grand bonheur!

— Et lequel ?

— Celui de mourir pour ceux qu'on aime!

Allons, me dis-je, il l'aime toujours, mais il a pris son parti avec courage et résignation. Il aura la force de combattre et de vaincre!

La vicomtesse me proposa d'entendre la lecture de son dernier roman. J'acceptai, et j'entrai avec elle dans son cabinet d'étude, en pensant que dans ce moment son amour-propre d'auteur l'emportait sur sa surveillance de mère, et qu'elle allait ainsi laisser à Henri quelques instans de tête-à-tête.

Je me trompais ; il n'en profita même pas ! La lecture que je soutins avec un courage héroïque, fut longue, je m'en vante... Pendant ce temps, j'entendis Cécile jouer sur son piano des airs tristes et mélancoliques ; mais elle était seule, car j'avais aperçu de loin Henri, se promenant dans une des allées du parc; et quand je rentrai dans le salon, elle était seule encore, assise dans un grand fauteuil, la tête appuyée sur sa main, et les yeux rouges ! Elle se leva vivement et vint à moi le sourire sur les lèvres. Dans le mouvement qu'elle fit, son mouchoir tomba... Je me hâtai de le ramasser... Il était mouillé... Elle s'en aperçut et me dit en me montrant un livre qui était sur la cheminée : Je suis bien ridicule, n'est-ce pas ?... C'est ce roman qui m'a fait pleurer. Je regardai.. c'était un ouvrage de sa mère! Je n'avais pas besoin de cette preuve pour être persuadé qu'elle me trompait !

Le soir il y eut beaucoup de monde au château... Toute la société de Pau et des environs vint rendre visite. Cécile faisait les honneurs de son salon avec une grâce et une aisance qui ne paraissaient rien lui coûter; elle s'occupait de tout le monde, excepté de Henri, à qui, de temps en temps seulement, elle donnait quelques ordres pour l'arrangement des tables de jeu.

On me mit au whist avec trois dignitaires du département; de vieux messieurs furent placés au piquet, de vieilles dames au boston, sous la présidence de la vicomtesse. Le receveur des contributions jouait avec monsieur le maire au billard, et Cécile, prenant autour d'elle les jeunes personnes et les jeunes gens, leur proposa, pour les occuper, des jeux innocens qui furent acceptés avec enthousiasme. Les jeux innocens sont encore en honneur en province, surtout dans le département des Basses-Pyrénées.

Pendant ce temps, je faisais des fautes qui durent donner à mon partner une bien mauvaise idée des joueurs de la capitale : mais il était dit que Cécile me ferait toujours perdre au whist, car cette fois encore, je pensai à elle bien plus qu'à mon jeu... Et mes yeux se dirigeaient constamment sur le cercle joyeux qu'elle présidait!

Henri s'en était éloigné et regardait jouer au billard ; des jeunes personnes rappelèrent le bel aide-de-camp, et bon gré mal gré, il fallut bien qu'il prît une place. Celle qu'il choisit était loin de Cécile, et dans les *pénitences* qu'il ordonna, il évita toutes les occasions qui auraient pu le rapprocher d'elle. Une fois cependant, et d'après les règles rigoureuses du jeu, il fut ordonné à Cécile d'aller embrasser le jeune aide-de-camp .. Elle se leva... En ce moment je coupai à mon partner un huit de cœur qui était *roi!*... Il fit un mouvement d'impatience, peu m'importait! Mon attention se portait tout entière sur la jeune femme, qui s'approcha tranquillement de Henri et lui présenta ses deux joues fraîches et rosées.

Henri les effleura du bout des lèvres. Il ne rougit point, il ne pâlit point, il ne perdit pas connaissance, comme je m'y attendais, il resta calme et de sang-froid. Décidément, me dis-je, c'est un héros! Et je l'admirais, et je le plaignais, et sans le vouloir, je me surpris faisant des vœux pour lui et pour cet amour sans espoir !

Tous les gages étaient touchés ; les jeunes demoiselles et quelques jeunes gens s'assirent autour d'une grande table ronde qui tenait le milieu du salon, et l'on se mit à feuilleter des albums, des revues et des gravures. Les uns prirent le crayon et dessinèrent, d'autres peignaient à la cépia quelques points de vue des environs, et Henri, par complaisance pour une petite fille placée à côté de lui, sculptait, avec un canif anglais, un morceau de bois auquel il donnait la figure d'un ermite ; genre de travail auquel se livrent avec succès les bergers des Alpes ou des Pyrénées. — Le bois était dur, le canif coupait très bien, et dans un mouvement un peu brusque, le fer glissa de la main droite, et fit à Henri une coupure assez forte à un doigt de la main gauche. Cécile poussa un cri et devint toute pâle ! Un instant après, elle se mit à rire. La blessure n'était rien, mais saignait beaucoup. Tous les mouchoirs de ces dames furent à l'instant offerts au blessé, tous les nécessaires s'ouvrirent, on chercha du taffetas d'Angleterre, on le découpa, et vingt petites mains bien blanches et bien adroites s'offrirent à panser sa blessure. On riait beaucoup et on avançait peu ; c'était très difficile. La coupure avait porté sur la seconde phalange du doigt, et l'appareil ne pouvait jamais tenir. L'on avait beau recommencer et chercher à l'assujettir de nouveau, au moindre mouvement il se dérangeait.

— Mais, monsieur, restez donc tranquille, et surtout ne ployez pas votre doigt.

— Eh ! mesdames, c'est aisé à dire... Mais je n'y pense jamais.

— Monsieur a raison, m'écriai-je, et il faudrait, pour tenir son doigt immobile, ce que l'on appelle en chirurgie des... des...

— Des éclisses! s'écria Henri, comme pour un bras ou une jambe cassée.

— Précisément!...

— Et où en trouver? s'écria tout le monde en riant.

— En voici ! Et sur la table où notre whist venait de finir, je pris une carte.. C'était, je crois, un roi de carreau ; je le roulai autour du doigt blessé... Ces dames l'assujettirent avec une soie, et ainsi retenu désormais par cet appareil de carton, il n'y avait plus à craindre que le doigt se ployât et que la blessure se rouvrit. Le pansement s'acheva aux cris de joie et aux applaudissemens de toute l'assemblée qui me félicita sur mes talens en chirurgie. Henri me pria de lui présenter mon mémoire pour mes frais et honoraires, et Cécile me promit sa clientèle pour toutes les piqûres d'épingle ou d'aiguille qu'elle se ferait.

Onze heures venaient de sonner, chacun prit son bougeoir, et je rentrai dans ma chambre, d'où j'entendais encore, dans les corridors, les courses joyeuses et les éclats de rire de cette folle jeunesse.

Le lendemain, à dix heures, je descendis dans le salon et je causais avec la vicomtesse, lorsqu'à notre grande surprise, nous voyons entrer le général qui nous crie gaîment :

— Bonjour, mes chers amis.

— Eh ! mon Dieu ! mon gendre, d'où venez-vous ? Comment arrivez-vous ? On n'a pas entendu de voiture entrer dans la cour.

— C'est que je suis arrivé ce matin à cinq heures, pendant que vous dormiez tous.

— En vérité !

— Je n'ai voulu réveiller personne, et je suis monté tout droit à la chambre de ma femme, qui ne voulait d'abord pas m'ouvrir... tant elle avait peur.

— Je le crois bien... Quand on est réveillée en sursaut.

— Elle croyait que les Espagnols ou les contrebandiers s'emparaient du château ! Cette pauvre petite femme !... Heureusement je l'ai bien vite rassurée. — Sa santé, la vôtre, comment tout cela va-t-il ?

— A merveille !

— Ne vous êtes-vous pas trop ennuyées en mon absence ? Qu'est-ce que vous avez fait ?

— Nous avons eu hier du monde. On a joué au whist, au boston.

— Justement ! Et c'est à ce propos-là, ma belle-mère, qu'il faut que je vous gronde. Vous allez rendre votre fille joueuse.

— Moi !!

— Joueuse comme les cartes ! Il paraît qu'elle ne pense qu'à cela le jour et la nuit... car voici, continua-t-il en riant aux éclats, une carte, un roi de carreau, que j'ai trouvé tout roulé sous son oreiller... C'est drôle, n'est-ce pas ?

Je m'efforçai de rire, ne fût-ce que pour cacher au général le trouble de la vicomtesse, qui semblait frappée de la foudre.

— Voyez, voyez, s'écria le général en donnant un libre accès à sa gaîté... elle ne rit pas... elle est déconcertée, parce qu'elle se sent coupable.

— Oui, bien coupable ! me dis-je en moi-même.

En ce moment descendirent Henri, puis Cécile. On se mit à table, on déjeuna en famille, nous n'étions que nous, et comme la veille c'était la même réserve, la même indifférence ; mais mieux instruit maintenant, combien je trouvai d'amour dans ces yeux qui s'évitaient continuellement, dans cette froideur apparente, dans cet accord silencieux de tous les momens et de toutes les pensées.

On se leva de table, et au moment où l'on entrait dans le parc, me trouvant derrière les autres avec la vicomtesse, je lui dis : Eh bien ! madame, croyez-vous encore que malgré la religion, malgré les meilleurs principes, il n'y ait pas de dangers dans une union disproportionnée ?...

— Taisez-vous, me dit-elle, voici le général.

En effet il s'approchait de nous et me dit en riant : Eh bien ! monsieur, avez-vous trouvé dans les Pyrénées quelque sujet de pièce ?

— Mais oui !... un entre autres assez piquant.

— Et vous en ferez une comédie ?

— Non, général ; j'en ferai une nouvelle !

FIN DU ROI DE CARREAU

NOUV. ET PROVERBES.

CARLO BROSCHI.

I.

Une jeune fille entra sur la pointe du pied et s'arrêta. Juanita dormait d'un sommeil pénible et agité ; l'air était lourd et brûlant. La jeune fille ouvrit doucement les persiennes, d'où l'œil embrassait la ville et la campagne de Grenade. A sa droite, et sur les ruines d'une mosquée, s'élevait l'église de Sainte-Hélène ; devant elle, un parc à la française étendait ses carrés symétriques et ses bassins octogones, aux lieux où brillaient jadis les beaux jardins du Généralife avec leurs ombrages centenaires, leurs eaux bouillonnantes, et leurs minarets où flottait l'étendard des Abencerrages. Maintenant l'ancien palais des rois maures servait de villa, de retraite, et bientôt peut-être de tombeau à une jeune femme qui dormait, pâle et abattue, sur son lit de douleur. Juanita, comtesse de Popoli, avait à peine vingt-cinq ans, et sa beauté, célèbre dans les cours de Naples et d'Espagne, l'avait fait surnommer par les peintres du temps la Vénus napolitaine. Jamais titre ne fut mieux mérité ; car, à une physionomie enchanteresse, à des traits réguliers et parfaits, elle joignait ce sourire gracieux auquel on ne peut résister, ce charme indéfinissable qui vient de l'âme ; beauté céleste que les chagrins ne sauraient altérer, et que le temps même ne peut détruire !... Lors des efforts infructueux que fit le peuple de Naples pour secouer le joug de l'Espagne, le comte et la comtesse de Popoli avaient été grandement compromis, et cette femme, si faible en apparence, s'était fait admirer par son énergie et son courage. Veuve maintenant, maîtresse de sa main et d'une immense fortune, entourée de soins et d'hommages, elle seule semblait ne pas savoir qu'elle était riche, qu'elle était belle... Et personne en effet ne pouvait mieux qu'elle se passer de ces dons... Elle n'en avait pas besoin pour se faire aimer !...

En ce moment une sueur légère couvrait ce front si pur et si élégant ; sa poitrine oppressée se soulevait avec peine, sa bouche murmurait un nom que l'on ne pouvait distinguer ; et, de ses yeux fermés par le sommeil, s'échappait une larme qui retombait sur ses joues belles et pâles. La jeune fille poussa un cri et se précipita à genoux, près du canapé où reposait Juanita. Celle-ci s'éveilla, et jetant autour d'elle un regard plein de bonté, elle tendit la main à sa jeune sœur, en lui disant : Que me veux-tu ?

— Ah ! s'écria Isabelle, tu souffrais, Juanita ?

— Oui, toujours ! Mais qu'importe ! il s'agit de toi... Qui t'amène ?

— Je ne sais... je voulais te parler... et puis je t'ai regardée... j'ai tout oublié... même Fernand, mon prétendu... car je me le rappelle maintenant... c'est pour lui que je venais... il est là qui voudrait te faire ses adieux.

— Ses adieux !... s'écria Juanita en se levant sur son séant, quand je devais aujourd'hui même m'entendre pour votre mariage avec son père, le duc de Carvajal !... Pourquoi partirait-il ?

— Ah ! dit Isabelle avec un soupir, il ne faut pas l'en blâmer : c'est ce qu'il aura fait de mieux dans sa vie.

— Comment ! est-ce que tu ne l'aimerais pas ?

— Si vraiment !... c'est-à-dire pas beaucoup jusqu'ici, car ma seule passion, c'est toi, ma sœur ! tu le sais bien... Mais je reconnais maintenant que Fernand est un noble jeune homme, un excellent cœur... Et je crois décidément que je l'aime.

— Depuis quand ?

— Depuis ce matin... Depuis qu'il a refusé de m'épouser !

Et Isabelle avait un air de satisfaction et de fierté dont Juanita ne put obtenir l'explication. Elle fit entrer Fernand. C'était un jeune et joli cavalier, dans la fleur de l'âge, aux beaux cheveux blonds bouclés, portant avec élégance un manteau bleu de ciel et une épée dont la poignée en or était richement ciselée. Dans ses yeux expressifs brillait la fierté espagnole, tempérée par la grâce et l'abandon de la jeunesse. Le duc de Carvajal, son père, était un des premiers seigneurs de la province de Grenade. Des intrigues de cour et le crédit de l'Ensenada, ministre de Ferdinand VI, l'avaient depuis longtemps éloigné de Madrid, et arrêté dans sa carrière politique. Ne pouvant plus être puissant, il avait voulu être riche, et l'avarice chez lui avait succédé à l'ambition. Une passion console d'une autre. Le duc avait rêvé pour son fils unique un mariage opulent, et Isabelle semblait le meilleur parti de Grenade, à lui, parce qu'elle était riche, à Fernand, parce qu'il l'adorait. Isabelle était loin d'avoir la beauté de sa sœur ; les dames trouvaient même qu'elle n'était pas jolie. Mais elle avait de la grâce et du charme ; une imagination vive, ardente, impressionnable, facile à exalter : qualités ou défauts que son éducation avait singulièrement développés, car elle avait passé presque toute sa jeunesse au couvent. C'est dans le silence et la solitude que naissent les illusions et les idées romanesques ; c'esdans le monde qu'elles se détruisent et se dissipent ; comme toutes les jeunes filles des grandes familles de ce temps-là, sortie du cloître pour se marier, elle avait accueilli d'abord avec joie les hommages de Fernand, parce qu'on lui avait dit qu'il descendait par sa mère du Cid de Bivar, l'amant de Chimène, et il lui semblait qu'une telle origine devait nécessairement faire naître quelques aventures et quelques pages bien intéressantes. Mais quand elle vit que le descendant du Cid se bornait à l'adorer de tout son cœur et de toutes ses forces, à le lui dire hautement, et à demander sa main à sa sœur avec le consentement de son père, son exaltation de jeune fille diminua beaucoup... Et lorsque le mariage eut été convenu de part et d'autre, sans retards et surtout sans obstacles, il lui sembla que tout cela ne s'était point passé régulièrement, que le roman de sa vie était manqué, et qu'on en avait retranché les premiers volumes; aussi, tout en rendant justice aux bonnes qualités de Fernand, elle voyait approcher sans impatience un bonheur qui lui avait coûté si peu de peine.

Pour son fiancé, il n'en était pas de même. Il semblait que ce jour-là n'arriverait jamais au gré de ses vœux. L'idée du moindre retard le mettait hors de lui ; et, sans la maladie de Juanita et son état presque désespéré, le mariage eût été depuis longtemps célébré. Et c'était ce même jeune homme, cet amant si ardent, si empressé, qui renonçait à toutes ses espérances, et venait prendre congé de sa fiancée. En vain Juanita voulait connaître la cause de ce brusque départ.

— Je vous défends de parler, s'écriait Isabelle ! mon amour est à ce prix. Je vous aime et vous aimerai que vous; je vous serai fidèle et vous attendrai toute ma vie s'il le faut ; mais vous ne direz rien à ma sœur : je le veux !

— Et moi, je veux qu'il parle, disait Juanita avec sa douce voix, et en retenant par la main ce beau-frère qui ne voulait plus l'être. Pâle et troublé, Fernand jetait sur elle un regard suppliant, opprimé qu'il était par une puissance chérie et tyrannique qu'il n'osait braver. Il allait s'éloigner avec son secret, lorsque ce mystère fatal et impénétrable fut tout à coup dévoilé, au grand désespoir d'Isabelle, de la manière la plus naturelle et la plus bourgeoise.

Parut à la porte du salon un homme en pourpoint noir, qui n'osait entrer. C'était le seigneur Manuel Périco, notaire royal de la ville de Grenade, et hommes d'affaires du duc de Carvajal. Il apportait à la comtesse de Popoli le contrat de mariage.

Isabelle tressaillit. Fernand s'élança vers le notaire, et voulut saisir le papier que l'on présentait à la comtesse. Mais celle-ci s'en était déjà emparée, et le parcourait des yeux.

— C'est bien ! disait-elle ; ce sont les articles dont nous étions convenus avec monsieur le duc... La dot que j'assure à ma sœur... Ah ! dit-elle avec surprise... Et une légère rougeur couvrit ses joues d'ordinaire si pâles... Voici des conditions dont on ne m'avait jamais rien dit ! Les connaissiez-vous, Fernand !

— Oui, madame ! reprit le noble jeune homme en balbutiant ; mon père m'avait prié de vous en parler. Je m'y étais refusé ; et, comme c'était la condition qu'il mettait à son consentement, j'ai renoncé à ce mariage. Je viens vous demander pardon pour mon père, et vous faire mes adieux.

En disant ces mots, sa voix faiblit ; mais Isabelle lui tendit la main avec une expression de tendresse, et Fernand se hâta d'essuyer les larmes qu'il n'avait pu retenir.

Pendant ce temps, maître Périco, le notaire, était debout, tenait une plume et ne disait rien. Juanita achevait tranquillement la lecture du contrat.

C'était un bruit généralement répandu dans la ville que la belle comtesse de Popoli était depuis longtemps attaquée de la poitrine. Elle seule sans doute l'ignorait ; car elle négligeait tout ce qui aurait pu prolonger ses jours.

C'était à son insu, et presque malgré elle, que sa jeune sœur l'environnait de soins dont elle lui dérobait la cause, voulant du moins, si elle ne pouvait la sauver, lui cacher jusqu'au dernier moment l'arrêt fatal dont elle était menacée ; car les médecins de Grenade, qui prétendaient ne se tromper jamais, avaient annoncé que la comtesse n'irait pas plus loin que la chute des feuilles, et l'on était alors au mois de septembre. Or, le duc de Carvajal, en homme prudent, avait ajouté au contrat les deux clauses suivantes : 1º que la comtesse s'engageait à ne pas se remarier ; 2º qu'en cas de mort, tous ses biens, tant en Espagne que dans le royaume de Naples, reviendraient à sa sœur cadette.

— Nous ne voulons point de telles conditions ! s'écrièrent à la fois les deux jeunes gens.

— Elles sont absurdes et impossibles ! ajouta Isabelle. Pourquoi donc enchaîner ta liberté ? Tu es jeune ; tu dois te remarier et donner à celui que tu choisiras de longues années de bonheur. Quant à ta succession, continua-t-elle en essayant de sourire, tu es l'aînée de si peu, que nous vivrons, je l'espère, et que nous mourrons ensemble.

Et elle lui arracha des mains le contrat qu'elle remit à Fernand. Celui-ci le déchira et en jeta les morceaux sur le tapis.

Juanita regarda les jeunes gens, leur sourit, leur tendit la main, et dit avec douceur au notaire :

— Maître Périco, ayez la bonté de refaire ce contrat tel qu'il était, et de me le rapporter demain... Maintenant, laissez-nous, je veux rester seule avec eux.

Le notaire sortit, et les fiancés tombèrent tous deux aux pieds de Juanita.

— Écoutez-moi, leur dit elle en les relevant, votre mariage se fera. Et ne m'en remerciez pas, ajouta-t-elle vivement. Les conditions que l'on m'impose ne me coûteront rien. Depuis longtemps j'ai juré à moi-même et à Dieu de ne pas me remarier ; je tiendrai ce serment. Quant à mes biens, tous ceux dont je pouvais disposer, je les ai donnés en dot à ma sœur ; pour les autres, qui sont les plus considérables, je ne suis pas sûre qu'ils soient à moi.

Les deux jeunes gens firent un geste de surprise, et Juanita continua lentement et avec émotion :

— Si jamais se représente une certaine personne que je cherche, que je n'ai pu revoir, toute cette fortune lui appartient ; et, après moi, Fernand, il faudra la lui rendre... Vous me le jurez ; je m'en fie à votre honneur. Si cette personne ne reparaît pas, tous ces biens sont à vous et à ma sœur.

— Expliquez-vous, de grâce ! s'écria Fernand.

— Ah ! c'est un grand et funeste secret, que vous seuls connaîtrez... mais il le faut... Il le faut avant de partir, et le départ est peut-être si prochain !... Ne m'interrompez pas ! s'écria-t-elle en voyant l'émotion de sa sœur. C'est un bien long récit, et j'ignore si mes forces y suffiront. Mais quand j'aurai besoin de repos, je vous le dirai... je m'arrêterai.

Et assise entre ses deux jeunes amis, la comtesse commença en ces termes :

II.

« Ma sœur et moi nous sommes nées dans le royaume de Naples, qui alors était une province espagnole. Nous perdîmes nos parents de bonne heure, et restâmes sous la tutelle de notre grand-oncle, le duc d'Arcos, dont je ne vous ferai pas le portrait : il n'est que trop connu. Dans sa jeunesse, il avait été vice-roi de Naples, et sa dureté, son inflexible rigueur, avaient poussé au désespoir et à la révolte un peuple malheureux qu'il traitait en esclave. C'est sous son gouvernement qu'avait eu lieu cette révolution d'une semaine, pendant laquelle le pêcheur Mazaniello, roi par le peuple et massacré par lui, avait été traîné dans un égoût, et le huitième jour, triste exemple de la reconnaissance populaire, porté en triomphe à la cathédrale pour y être canonisé. Le duc d'Arcos revenu au pouvoir ne fut ni plus habile, ni plus clément. Le seul regret et le seul enseignement qui lui restèrent de cette catastrophe, c'est qu'il n'avait pas été assez sévère; il redoubla ses rigueurs, qu'il appelait des *rigueurs salutaires.* C'était son seul système politique, il n'en connaissait pas d'autres; et, lorsque enfin la clameur publique força le roi d'Espagne à lui donner un successeur, il se retira en gémissant sur la faiblesse de son souverain, qui ne lui laissait pas achever la tâche glorieuse qu'il avait entreprise. Dans l'exil où le suivit la malédiction du peuple, il porta une conscience calme et tranquille, le contentement de lui-même et la conviction intime du bien qu'il avait fait.

» A l'époque où il nous prit avec lui, notre grand-oncle avait près de quatre-vingts ans; il était toujours le même. Ses opinions et son caractère n'avaient changé en rien. Il n'avait jamais pardonné à mon père, qui s'était marié sans son assentiment, et ma mère était morte sans qu'il eût voulu la voir. En ce moment cependant, se voyant seul et sans famille, ou plutôt sans tyrannie à exercer, il avait, dans le dénûment de domination où il se trouvait alors, pris le parti d'élever pour son plaisir ses deux petites nièces. Il décida, en nous voyant, qu'Isabelle, qui avait, je crois, trois ou quatre ans, devait avoir une vocation religieuse. Il la mit au couvent della Pieta. Moi, qui étais plus âgée de quelques années, il me garda avec lui, dans l'intention de m'établir un jour à son gré.

» Je passerai rapidement sur mes premières années, qui furent les plus tristes du monde, séparée de ma sœur que je ne voyais jamais, renfermée dans un lugubre et magnifique château dont je ne pouvais franchir l'enceinte, et élevée chaque jour dans la crainte de Dieu et surtout de mon grand-oncle, dont l'aspect et la voix me faisaient trembler. Il s'en apercevait très bien et ne s'en fâchait pas. Au contraire, il voyait toujours avec une espèce d'amour-propre et de satisfaction intérieure l'effroi général qu'il inspirait. La peur était la seule flatterie à laquelle il fût sensible. C'était le meilleur moyen de lui faire sa cour et, sans le vouloir, j'étais au mieux avec lui.

» Je n'avais qu'un plaisir, une distraction : c'était mon maître de musique, un habile organiste, un Napolitain d'une cinquantaine d'années, dont l'enthousiasme, les gestes surabondans, et surtout la perruque, excitaient mes éclats de rire, les seuls qui eussent jamais retenti dans cette sombre demeure. Gherardo Broschi était un véritable artiste qui ne manquait pas de talent, et encore moins d'amour-propre. Mais la passion de son art lui avait troublé la cervelle; il ne rêvait et ne parlait que musique; il ne vous abordait qu'en chantant, et souvent il ne répondait à mon oncle lui-même qu'en récitatif. Conteur et hâbleur, il avait toujours des histoires incroyables à me débiter sur ses aventures dans les cours de l'Europe, sur les marquises ou duchesses qui avaient été ses écolières. A l'entendre, l'amour lui avait toujours fait négliger la fortune, qui depuis longtemps prenait sa revanche ; car le pauvre diable n'avait alors pour tout bien que sa gaîté, ses cavatines, son habit noir râpé, et cette perruque prodigieuse qui faisait mon bonheur.

» Un jour, et contre son ordinaire, il entra dans ma chambre sans chanter. Je le regardai avec inquiétude :

» — Vous êtes malade, Gherardo, lui dis-je.

» — Non, signorina; mais voilà un grand malheur qui m'arrive : des places, des dignités, des honneurs... Je n'y survivrai pas... Et pourtant je ne puis refuser.

» — Qu'est-ce donc? une grande dame qui vous enlève?

» — Mieux que cela ! un roi, un empereur.

» Il me raconta alors que le czar Pierre le Grand recrutait des artisans dans toute l'Europe et des artistes en Italie. Il voulait former une musique pour ses régimens et pour sa chapelle, et l'on faisait à Gherardo, qui n'avait rien, des offres très avantageuses pour aller en Russie.

» Je ne concevais pas alors d'où venaient sa tristesse et son air mélancolique. Je me persuadai que c'était le regret de me quitter ; mais Gherardo avait trop de franchise pour me le laisser croire. Il avait un fils, son seul amour!... après la musique !... un enfant charmant, qui, d'après les demi-confidences de Gherardo, était le fils de quelque grande dame, de quelque princesse, à qui il avait donné des leçons de musique. Ce qu'il y avait de certain, c'est que Gherardo était un excellent père, qu'il adorait le petit Carlo, son fils, et qu'il se serait privé de tout, même de sa guitare, pour lui donner un jouet ou un habit neuf. Ce qu'on ne pouvait aussi révoquer en doute, c'est que le pauvre enfant était souffrant, maladif, c'est que le soleil de Naples était nécessaire à son existence. Voilà ce qui causait les alarmes de Gherardo. Emmener son fils sous le ciel glacé de la Russie, c'était le tuer ! et s'en séparer était impossible ! A qui le confier? qui en prendrait soin? que deviendrait-il?... Et il pleurait!... et moi aussi, de voir des larmes sur cette physionomie qui d'ordinaire m'inspirait tant de joie !...

» Ce jour-là par bonheur était le jour de fête du duc d'Arcos ; et le soir, je m'en souviens encore, quoique je n'eusse guère alors qu'une dizaine d'années, mon oncle me dit de cette voix terrible qui me glaçait toujours de frayeur :

» — Allons, Juanita ! amuse-moi ! chante-moi une barcarole !

» — Oui, signora, s'écria vivement Gherardo, à qui la musique faisait tout oublier. Chantons l'air de Porpora : *O pescator felice.*

» Mon oncle fronça le sourcil ; car, depuis la révolte de Mazaniello, il ne pouvait entendre prononcer le mot de pêcheur. Cependant, comme dans la cavatine de Porpora le *Pescator felice* finissait par faire naufrage, cet heureux dénoûment, plus encore sans doute que la manière dont je le chantai, fit un tel plaisir à mon oncle qu'il s'écria :

» — Brava ! brava ! Demande-moi ce que tu voudras, je te l'accorde pour ma fête !

» Je me jetai à ses pieds, et je le suppliai de prendre avec lui et d'élever au château le petit Carlo, qui était à peu près de mon âge. Dans l'attente de sa réponse, Gherardo n'osait respirer ; et moi, pâle et oppressée, je tremblai de tous mes membres... effroi qui charma sans doute mon grand-oncle, car il nous dit avec une douceur inaccoutumée :

» — Un noble Espagnol n'a que sa parole ; je tiendrai la mienne. Carlo est désormais de la maison ; c'est un page que je mets à ton service.

» Je ne vous peindrai pas la joie ni la reconnaissance du pauvre Gherardo. Il partit heureux et tranquille ; et pendant trois ans il nous écrivit très exactement. Il avait eu à la cour de Russie un succès prodigieux. L'épouse de Pierre le Grand, l'impératrice Catherine, l'avait nommé son maître de chapelle et l'avait attaché à sa personne. Mais, la quatrième année, il cessa de nous écrire. Avait-il succombé à la rigueur du climat? L'amour, qui partout nuisait à sa fortune, lui avait-il encore fait enlever quelque princesse russe ? C'est ce qu'il nous fut impossible de découvrir ; car depuis nous ne reçûmes de lui aucune nouvelle, et on n'entendit plus parler du pauvre Gherardo, mon maître de musique.

» Pendant ce temps, Carlo, son fils, s'élevait dans la maison de mon oncle ; et moi, j'étais enchantée et ravie de mon jeune page. Sa santé faible et chancelante s'était affermie, sa taille s'était développée. Quoique bien jeune encore, ses traits offraient tant de noblesse et de régularité, que mon maître de dessin, le signor Lasca, peintre distingué, le prenait pour modèle de toutes les figures d'anges et de chérubins dont il décorait le salon de mon oncle ; et le pauvre enfant était obligé de poser devant lui des heures entières, au lieu d'aller jouer et courir dans le parc. Au reste, depuis le duc d'Arcos jusqu'aux dernières personnes du château, tout le monde, excepté moi, lui faisait rudement sentir la dépendance où il était. Modeste et résigné, il gardait le silence, ne se plaignait jamais... pas même à moi, et ne versait pas une larme ; mais parfois il y avait dans ses yeux noirs, qu'il levait vers le ciel, une expression de douleur et de fierté indéfinissable.

» Il y avait encore au château une autre personne dont il faut que je vous parle. C'était le secrétaire de mon oncle, Théobaldo Cecchi, un jeune homme de cœur et de mérite, digne dès-lors du rang qu'il a occupé depuis. Fils d'un paysan calabrais, quelques leçons de théologie qu'il avait reçues du curé de son village lui avaient donné le désir de s'instruire. Doué d'une volonté ferme et inébranlable, religieux par caractère, et confiant dans la Providence, il avait quitté la cabane de sa mère, était venu à pied à Naples, s'y était fait lazzarone, portefaix ; et l'argent qu'il gagnait le matin dans cet état, il l'employait le soir à payer des maîtres et de la science. Il passait la nuit courbé sur les livres, et avait ainsi usé ses forces et sa santé. Pâle, maigre, le teint jaune, le front ridé, Théobaldo, qui à peine alors avait vingt ans, semblait en avoir soixante ; mais il était déjà un des hommes les plus instruits de l'Italie en histoire et en théologie, et connaissait parfaitement plusieurs langues. Sombre tout son savoir, inconnu à Naples, où il gagnait à peine de quoi vivre, il avait accepté la place de secrétaire du duc d'Arcos, qu'un ami lui avait fait obtenir. Il envoyait à sa mère tous ses appointemens, qui montaient à deux cents ducats, et restait enseveli dans ce vieux château, où ses fonctions se bornaient à écrire sous la dictée de mon oncle, et à me donner des leçons de français et d'allemand. Le reste de la journée, il s'enfermait dans la bibliothèque du château pour travailler.

» Sombre et sévère, mais rempli d'une piété solide et éclairée, qui n'excluait pas l'indulgence, lui seul parlait avec intérêt et bonté à Carlo, que chacun traitait en domestique, et dont les fonctions cependant étaient celles de page dans les grandes maisons. A table, il était debout près de moi, me versant à boire et me présentant après dîner l'aiguière et la coupe en cristal. Le matin, il rangeait mes livres et mes papiers ; et, pendant que Théobaldo me donnait leçon, il se tenait derrière mon fauteuil, attentif et silencieux, attendant mes ordres. Doux et timide, il n'osait me parler de sa reconnaissance, mais tout me la prouvait. Il obéissait avec empressement à mes moindres caprices, portait mon ouvrage, mes gants, mon éventail, et dans les grands jours, la queue de ma jupe ! Grâce à ses soins, les plus belles fleurs du parc ornaient ma cheminée, ou brillaient à ma ceinture. Mon oncle, avec ses vingt domestiques, était moins bien servi que moi par mon beau et jeune page ! Et j'étais fière surtout, moi enfant, habituée à obéir, de pouvoir à mon tour exercer sur quelqu'un un empire absolu, empire dont mon âge tempérait la sévérité, car je le prenais souvent pour le compagnon de mes jeux ; et, dans les heures de récréation, la maîtresse et le page oubliaient souvent les distances.

» Un jour entre autres, je me souviens que, dans le grand salon du château, je lui avais commandé de faire avec moi une partie de volant ; et, en avançant ou reculant, nous nous trouvâmes, sans le savoir, près d'un vase en verre de Bohême d'un travail admirable, où étaient représentées les armoiries de la maison d'Arcos. Mon oncle y tenait tellement qu'il nous était expressément défendu d'y toucher et même de le regarder. Mais un coup de raquette lancé étourdiment par moi, fit voler en éclats le fragile chef-d'œuvre, et dont les débris roulèrent à nos pieds. La foudre serait tombée que je n'aurais pas été plus épouvantée ! Je laissai échapper ma raquette: et, prête à me trouver mal, je m'appuyai sur une console, tandis que Carlo se hâtait de ramasser les morceaux épars, comme s'il eût été en son pouvoir de leur rendre leur forme première. Tout à coup nous entendîmes dans la pièce voisine la terrible voix de mon grand-oncle, qui tonnait à mon oreille comme celle du jugement dernier !... Ah ! l'on ne meurt pas de frayeur, puisque j'eus encore la force de me précipiter vers une une porte de côté. — Va-t'en ! va-t'en ! — criais-je à Carlo. Pour moi, j'étais déjà cachée dans mon appartement et enfermée aux verroux, me persuadant que je pouvais ainsi empêcher la colère de mon oncle de parvenir jusqu'à moi.

» Il paraît que, moins agile, Carlo n'avait pu me suivre : car il était encore dans le salon quand la porte s'ouvrit et entra le duc d'Arcos, en grand costume, son chapeau sur la tête et sa canne à pomme d'or à la main. » Ses yeux se portèrent à l'instant sur les preuves du crime, qui jonchaient le parquet. Carlo pâlit, mais il resta droit et immobile en voyant le duc s'avancer vers lui. — Qui a brisé ce vase? Carlo garda le silence. — Qui a brisé ce vase ? répéta le duc d'une voix foudroyante, en brandissant sa canne. — C'est moi ! répondit timidement le généreux Carlo... Et le duc allait le frapper, quand parut Théobaldo. Il courut à mon oncle, chercha à l'apaiser; et, au risque d'attirer sur lui l'orage, il osa lui représenter qu'il avait tort de se mettre ainsi en colère contre un enfant. — Tort ! — A ce mot, la fureur du duc ne connut plus de bornes.

» — Et si je te chassais de ma maison, si je te châtiais toi-même, cria-t-il en levant le bras sur Théobaldo ?

» — Vous auriez deux fois tort, répliqua froidement celui-ci.

» En disant ces mots, il prit respectueusement la canne des mains tremblantes du vieillard, et la jeta par la fenêtre.

» La colère de mon oncle s'était élevée trop haut ; elle ne pouvait plus monter. Anéanti de ce sang-froid, il tomba sur un fauteuil sans pouvoir trouver une parole ; mais il sonna, fit signe à son majordome d'emmener Carlo, et celui-ci, en sortant, jeta sur Théobaldo un regard de reconnaissance qui disait : A vous désormais de corps et d'âme ?... Et il tint parole.

» Moi, pendant ce temps, je n'osais sortir de ma chambre. Il fallait cependant descendre à l'heure du dîner. Mon oncle était seul dans la salle à manger, sombre et silencieux. A quelques pas derrière lui était Carlo pâle et se soutenant à peine ; mais ses yeux étaient si brillans, sa physionomie avait pris à ma vue une telle expression de joie, que je crus d'abord que tout s'était passé le mieux du monde, et que mon oncle ne savait rien. Que devins-je le soir, quand j'appris que le pauvre enfant avait été emmené par le majordome, dépouillé de ses habits et fustigé jusqu'au sang ; et la douleur ne lui avait arraché ni une plainte ni une parole? Je poussai un cri d'indignation ; je courus à Carlo ; je voulais tout avouer.

» — A quoi bon ? A exciter de nouveau la colère de votre oncle, qui, grâce au ciel, ajouta-t-il en souriant tristement, est enfin apaisée.

» — Mais moi, Carlo, lui dis-je, que puis-je faire maintenant pour m'acquitter envers toi ?

» — Vous taire, signora, et ne pas gâter mon bonheur! » Vous vous doutez que, dès ce moment, Carlo devint mon protégé, mon favori, mon plus fidèle serviteur. Jamais aussi dévouement ne fut pareil au sien. Sa seule occupation était de chercher à lire dans mes yeux pour y deviner mes ordres et prévenir mes désirs. Mon oncle lui commandait souvent... Moi, je n'en avais pas besoin.

» Quant à Théobaldo, dès le soir même de cette scène, il avait voulu sortir du château. Mon oncle, qui avait besoin de ses services (car il était alors en correspondance avec plusieurs princes d'Allemagne), lui ordonna impérieusement de rester, et Théobaldo, bravant ses ordres, se préparait à partir. Mais moi, désolée de le perdre, je le priai à mains jointes de ne pas nous quitter... et il hésitait.

» — Ah ! m'écriai-je en pleurant, je n'aurai donc plus d'ami !

» Et il resta.

» Brusque et sévère avec tout le monde, Théobaldo était pour moi plein de bonté et d'indulgence. Quelque ennuyeuses que fussent ses fonctions de précepteur, rien ne pouvait lasser sa patience, que je mettais souvent à de rudes épreuves, surtout dans l'étude des langues étrangères. J'apprenais le français avec quelque facilité, mais l'allemand, auquel mon oncle tenait spécialement, me causait un ennui mortel, et même, après plusieurs mois d'efforts, ne pouvant me mettre dans la tête un seul mot de cet idiome, qui, à moi Italienne, me semblait barbare, j'avais supplié Théobaldo d'interrompre nos leçons. Il y avait consenti, à condition que j'en préviendrais le duc d'Arcos. Je le promis; mais je n'osai jamais.

» Une ou deux fois, me trouvant seule avec mon oncle, il me demanda si mes études d'allemand m'ennuyaient encore. Je balbutiai et répondis :

» — Plus maintenant.

» — Tu commences donc à comprendre cette langue ?

» Je me rappelai que le duc n'en savait pas un mot, ce qui me donna un grand courage, et je répondis bravement :

» — Oui, mon oncle, à merveille !

» Mais voilà qu'une semaine où Théobaldo était absent du château (il s'était rendu quelques jours près de sa mère, dangereusement malade), voilà qu'arrive pour mon oncle une lettre du margrave d'Anspach, lettre confidentielle, trois grandes pages de l'allemand le plus difficile et le plus effrayant qui fût au monde.

» — Qu'y a-t-il là-dedans ? me dit-il. Lis-moi cela.

» Vous jugez de mon embarras... Je retournai dans tous les sens la malencontreuse épître... et je ne pus trouver d'autre excuse que celle-ci :

» — C'est bien long à traduire...

» — N'est-ce que cela ? Je te donne jusqu'à ce soir...

» La difficulté n'était pas dans le temps. Je remontai à ma chambre, où je passai quelques heures à pleurer et à maudire le margrave d'Anspach. Le dîner sonna. Je laissai la lettre sur ma table, et descendis plus morte que vive.

» — Est-ce fini ? me demanda mon oncle.

» Je baissai la tête sans répondre, silence qu'il prit sans doute pour une affirmation; et je ne puis vous dire de quel tremblement je fus saisie, lorsque le soir, après le dîner, il demanda :

» — Où est cette lettre ?

» — Sur ma table, répondis-je en recommandant mon âme à Dieu.

» Car telle était ma terreur aux approches de la tempête, qu'il m'eût été impossible de proférer une parole, de peur d'en avancer le moment. Pour comble d'humiliation, Théobaldo, qui venait d'arriver, entra dans le salon. Mon oncle lui raconta ce dont il s'agissait.

» — Et voilà, lui dit-il en prenant la lettre que Carlo venait de descendre, voilà votre écolière qui va nous lire sa traduction ! Suivez sur le texte, et voyez si elle est exacte.

» Il y avait deux papiers, il m'en remit un et donna l'autre à mon professeur, dont l'inquiétude égalait la mienne. Il se troublait, il pâlissait, incertain si, dans mon intérêt, il devait parler ou se taire... Mais son étonnement redoubla et le mien aussi, lorsque, jetant les yeux sur le papier remis dans mes mains, j'y vis la lettre du margrave lisiblement et parfaitement traduite. Je lus à haute voix ; et Théobaldo, qui suivait sur l'original, ne put retenir plusieurs fois des exclamations de surprise, que mon oncle prit pour des cris d'admiration. Et moi, me voyant sauvée et n'expliquant que par un miracle un bonheur que ma raison ne pouvait comprendre, je me demandai en moi-même : Quel Dieu secourable, quelle bonne fée est venue à mon aide et veille ainsi sur moi ?

— Mais pardon, mes amis, pardon ! dit la comtesse d'une voix affaiblie. Ces souvenirs de mon enfance m'ont entraînée plus loin que je ne voulais... je n'ai plus la force de continuer...

Et sa sœur, qui plusieurs fois déjà avait cherché à l'interrompre, lui imposa silence et tendit la main à Fernand, en lui disant; A demain.

III.

Le lendemain, la comtesse continua son récit :

» Mon oncle était sorti de l'appartement ; Théobaldo et moi nous nous regardions encore, interdits, ne pouvant nous rendre compte de cette aventure magique et surnaturelle ; car excepté mon précepteur qui venait d'arriver, personne au château ne comprenait l'allemand... pas même moi qui l'apprenais depuis une année. Carlo, debout dans un coin, nous regardait en souriant; et s'adressant à Théobaldo :

» — Eh ! quoi, maître, lui dit-il, ne devinez-vous pas que vous avez ici un élève de plus, qui vous doit le bonheur d'avoir été utile à sa bienfaitrice ?

» Théobaldo resta stupéfait, car cette phrase venait d'être prononcée dans l'allemand le plus pur. Et moi je m'écriais :

» — Comment, Carlo, cette traduction est de vous ? et d'où vous vient cette science ?

» — C'est celle dont vous ne vouliez pas, et que j'ai dérobée, nous dit-il. Me pardonnerez-vous tous les deux un larcin que vous auriez toujours ignoré, sans l'occasion qui s'est présentée aujourd'hui de vous restituer ce que je vous dois.

» En effet, depuis trois ans, témoin assidu et silencieux de toutes les leçons que je recevais, Carlo en avait profité autant et bien mieux que moi. Dès qu'il était seul et livré à lui-même, les deux tiers de la journée, il employait à l'étude des momens que je croyais perdus dans l'oisiveté. Ayant accès à toute heure dans mon salon de travail, qu'il était chargé de tenir en ordre, il se servait de mes livres, de mes cahiers, et son assiduité, son ardeur à l'étude, l'avaient rendu bien vite plus savant qu'une petite fille étourdie et insouciante.

» Ce page, cet enfant, que tout le monde méprisait dans la maison, possédait déjà parfaitement notre langue et des langues étrangères ; il connaissait l'histoire et la géographie. Et il n'y avait pas jusqu'à la musique où il ne fût plus fort que moi ; car à peine étais-je sortie qu'il se mettait au clavecin ; et quelquefois, il m'en souvint alors, j'avais cru, en entendant des sons éloignés, que mon maître était resté après moi, et s'essayait encore.

» Vous comprenez qu'après un pareil aveu Carlo n'eut plus besoin de se cacher, ni de nous dérober ses travaux. Il étudiait auprès de nous, avec nous. Ses succès avaient excité mon émulation, et je trouvai bientôt dans l'étude un charme inconnu jusqu'alors. Quant à Théobaldo, il était fier de nos progrès, de ceux de Carlo surtout, dont la précoce intelligence saisissait avec une facilité inconcevable les sujets les plus difficiles et les plus abstraits. Une mémoire infatigable, une conception rapide ; une imagination ardente, et ces pensées nobles et chaleureuses qui viennent non de la tête, mais du cœur, telles étaient les qualités qui brillaient en lui à un degré si éminent, que Théobaldo le regardait souvent avec surprise, et me disait d'une voix prophétique :

» — Croyez-moi, ce n'est pas là un homme ordinaire; quelque état qu'il embrasse, sa place est au premier rang.

» — S'il en est ainsi, s'écriait Carlo, c'est que je le devrai, mes amis, et le pauvre orphelin ne l'oubliera jamais.

» Bientôt le maître n'eut plus rien à apprendre à son élève, qui devint son compagnon d'étude. Pour moi, jeune fille, qui ne pouvais ni les suivre, ni m'élever à leur hauteur, le seul mérite que j'eus acquis, et dont j'étais fière, était celui de les apprécier et de me plaire auprès d'eux. Que leur conversation était douce et attrayante, quels nobles et généreux sentimens rendaient leur voix si persuasive et leur éloquence si entraînante ! Et dans la solitude de ce vieux château, près de ce vieillard humoriste et colère, que les heures s'écoulaient rapidement dans ce salon de travail, sanctuaire de l'étude et de l'amitié ! Aux jours insouciance de l'enfance avait succédé l'âge d'or de la jeunesse, avec ses rêves enchantés, ses riches illusions et son avenir immense. Plus âgé que nous, et déjà moins heureux, Théobaldo était plus grave, plus réfléchi. Il avait connu le monde, c'est-à-dire les chagrins : nous ne connaissions que la solitude, l'amitié et le bonheur.

» Un matin, et par un beau soleil d'automne, assis tous les trois dans une allée du parc, nous causions, et jamais Carlo n'avait été plus gai, ni plus aimable.

» — J'ai rêvé cette nuit, nous dit-il, que j'étais grand seigneur et premier ministre.

» — Dans quel royaume? lui demandai-je.

» — Mon rêve n'en disait rien.

» — Et moi, quelle place me donniez-vous dans vos songes?

» — Vous, signora, vous étiez reine.

» — Et Théobaldo?

» — Confesseur du roi !

» A cette chute imprévue, je me mis à rire, et ma gaîté excita celle de Carlo. Théobaldo seul gardait son sérieux, et nous dit en secouant la tête :

» — Eh mais !... ce n'est pas impossible.

» A ces mots nos éclats redoublèrent.

» — Ne riez pas, nous dit-il d'un grand sang-froid... Je devrais être le plus raisonnable de nous trois... et je suis le plus faible et le plus superstitieux... Ce que vous venez de me dire m'a frappé, et malgré moi je ne puis m'empêcher d'y croire.

» — Pourquoi cela? lui demandai-je.

» — C'est que j'ai rêvé exactement la même chose.

» Nous poussâmes un cri de surprise.

» — Oui, dit-il à Carlo, moi prêtre, et toi grand seigneur.

» — Et moi? lui demandai-je.

» — Vous, c'est différent, me dit-il tristement, vous n'étiez plus là, vous nous aviez quittés... vous nous aviez abandonnés.

» — Ah ! votre rêve est un menteur, et n'a pas le sens commun ! m'écriai-je. J'ignore quelle destinée nous est réservée; mais quelle que soit la mienne, je jure ici que rien ne pourra me faire oublier les amis de mon enfance.

» — Et nous de même, s'écrièrent-ils tous les deux, en étendant vers moi leurs mains, qu'ils tenaient étroitement serrées.

» Il y eut un instant de silence, et Théobaldo reprit lentement et d'un air rêveur :

» — Oui, signora, nos pressentimens s'accompliront. Vous aurez un jour d'immenses richesses, vous serez une grande et noble dame... respectée et adorée de tous... Toi, Carlo, si j'en crois ton mérite plus encore que ton rêve, tu dois, malgré les obstacles, malgré ta position et ta naissance, faire ton chemin dans le monde, et parvenir aux premiers rangs.

» — Tant mieux pour toi, lui dit gaîment Carlo, en lui frappant sur l'épaule d'un air de protection.

» — Oh ! moi, reprit Théobaldo, j'ai idée que je sera toujours misérable ! je ne serai bon à rien sur terre... qu'à vous aimer, à veiller sur vous, et à vous donner ma vie... Vous voyez donc, continua-t-il en souriant et en nous serrant les mains, que ma part est la meilleure, et que de nous trois je serai le plus heureux.

» La cloche du château retentit, et nous nous séparâmes en renouvelant ce serment d'amitié éternelle que le ciel entendit et que nos cœurs ont tenu.

» Contre l'ordinaire, une nombreuse et brillante société venait d'arriver. C'étaient des jeunes seigneurs des environs, qui, réunis dès le matin pour une partie de chasse, venaient se reposer de leurs fatigues chez le duc d'Arcos, leur voisin.

» Bon seigneur châtelain, mon oncle était trop flatté de cette visite pour ne pas accueillir avec joie ces nouveaux hôtes, et même, s'en fût-il fort peu soucié, sa fierté espagnole se serait empressée d'exercer dignement envers eux les devoirs de l'hospitalité. Il me faisait donc avertir que j'eusse à descendre au salon recevoir ces messieurs, et leur faire les honneurs. J'obéis, et lorsque j'entrai, il y eut parmi ces jeunes gens, dont tous les regards se tournèrent vers moi, une espèce de rumeur à laquelle je ne m'attendais pas, et qui me troubla au dernier point. Nous recevions rarement au château, et les nobles personnages qui nous honoraient de leur visite étaient d'ordinaire d'antiques duchesses ou de vieux seigneurs amis de mon oncle et ses contemporains. Cette grave société faisait peu d'attention à moi, et chacun avait toujours l'habitude de me regarder comme un enfant. Pendant ce temps, j'étais devenue grande : j'avais quinze ou seize ans; il me semblait bien, quand par hasard je m'apercevais, que mes traits n'avaient rien de disgracieux, mais je n'y avais jamais fait attention, mes amis ne m'en avaient jamais parlé, et ce jour-là l'effet rapide et soudain produit sur tout ce monde qui m'était inconnu, l'embarras nouveau que j'éprouvais, et qui pourtant ne me déplaisait pas... tout me révéla pour la première fois que j'étais jolie que je devais l'être ; et si mon ignorance avait pu conserver encore quelques doutes à cet égard, les exclamations que j'entendis autour de moi n'auraient pas tardé à les dissiper.

» — Par saint Janvier, qu'elle est belle! quelle taille de reine! les beaux yeux noirs! il n'y a rien de mieux à la cour.

» — Je donnerais tout pour elle, s'écria un petit gentilhomme aux moustaches noires.

» — Et moi aussi, lui répondit une voix rauque qui me fit tressaillir, tout, excepté ma meute et mon cheval arabe!

» Tous ces mots étaient dits dans le salon, en même temps, à voix basse, par vingt groupes différens, et j'ignore comment il se fit que je n'en perdis pas un seul.

» Mon oncle, qui venait de se revêtir de ses insignes et du grand cordon de l'ordre de Calatrava, entra dans ce moment, et invita ses hôtes à passer dans la salle du repas.

» Ce mot leur fit tout oublier, et leur appétit de chasseur ne leur permit plus de s'occuper de moi ; ils avaient bien autre chose à faire. Aux premiers momens de silence succéda une conversation bruyante comme un final ou un morceau d'ensemble. Chacun criait là ses prouesses à la chasse, et quand le vin eut circulé dans tous les verres, il n'y eut plus moyen de s'entendre. Quels discours, bon Dieu ! que d'ignorance, que de fatuité ! Heureux quand ces nobles gentilshommes n'étaient que sots ou futiles; mais plusieurs d'entre eux, non contens d'être absurdes, se distinguaient encore par leur grossièreté et leur mauvais ton. Interdite et mal à mon aise, il me semblait que j'entendais une langue inconnue, que j'étais dans un monde étranger et inhospitalier, loin de mon pays, de mes amis que j'avais hâte de revoir. Et le dîner n'en finissait pas, et les nombreuses rasades avaient échauffé le cerveau de tous nos convives.

» — A la signora ! s'écria l'un d'eux en vidant un large verre.

» — A notre hôte le duc d'Arcos ! répondit un autre.

» — Aux sangliers de ses domaines, dit la voix rauque que j'avais entendue dans le salon.

» Cet intrépide chasseur, le Nemrod de la contrée, était un jeune homme de vingt-quatre à vingt-cinq ans, aux cheveux roux, à la moustache rousse, dont les traits durs et hautains eussent été assez réguliers, s'ils n'avaient été sillonnés par une longue balafre qu'une branche d'arbre lui avait faite à la chasse.

» — Aux sangliers de ce domaine! répéta-t-il, et à celui que j'ai tué ce matin !

» — Tu te trompes, Odoard, répondit un des convives, ce sanglier-là est tombé de ma main.

» — Non pas, ma balle l'a touché ; je l'ai vu.

» — Oui, quand elle l'a frappé, il était déjà mort.

» — Tu mens.

» Son adversaire voulut s'élancer sur lui, le duc d'Arcos se leva, on les sépara, et on obtint, non sans peine, que la querelle n'eût pas de suite. Pour plus de prudence, on se disposa au départ, et pendant que les convives prenaient congé de mon oncle, appelaient leurs valets et faisaient seller leurs chevaux, je me trouvai seule un instant avec le terrible Odoard, l'éternel chasseur ; il me fut facile de voir qu'il était moins brillant au salon qu'à table. Les vins d'Espagne que mon oncle lui avait prodigués avaient affaibli son cerveau, qui chez lui n'était pas la partie forte, et il eut grand'peine d'abord à me balbutier quelques phrases d'excuses sur la scène qui venait de se passer ; puis peu à peu il s'enhardit, ses yeux s'animèrent, sa démarche devint moins vacillante, et il m'adressa quelques mots de galanterie si expressive que je cherchai à m'éloigner.

— » Ne craignez rien, me dit-il, je pars ; mais en noble châtelaine, vous accorderez bien à un preux chevalier le baiser d'adieu... le baiser de l'étrier... Je le repoussai... mais vainement. Et comme il s'avançait, je voulus m'élancer à la sonnette. Il devina sans doute mon dessein, car se mettant entre la cheminée et moi, il me repoussa rudement. Soit ce choc brutal et imprévu, soit plutôt la terreur qui me rendait tremblante, je chancelai en poussant un cri d'effroi. En ce moment, et à la porte du salon, parut Carlo, qui, s'élançant vers Odoard, le frappa à la joue. Celui-ci, furieux, tira un couteau de chasse qu'il portait à sa ceinture, et frappa Carlo... Je vis le fer briller, je vis le sang couler, et puis je ne vis et ne sentis plus rien ; j'avais perdu connaissance. Quand je revins à moi, quand je recommençai à renaître et à rassembler mes idées, j'étais couchée, j'étais dans un vaste appartement à peine éclairé, et à la faible lueur d'une lampe je vis deux hommes, l'un, debout, soulevait ma tête et me faisait avaler quelques gouttes de potion ; l'autre était à genoux au pied de mon lit et priait. — Dieu nous a exaucés, dit tout bas une voix qui m'était bien connue ; c'était celle de Carlo. Elle a enfin repris connaissance, elle ouvre les yeux... Et les deux amis s'embrassèrent... Et je les voyais, et je ne pouvais m'expliquer comment j'étais dans cette chambre, dans ce lit... sans domestique, sans aucune de mes femmes, et n'ayant près de moi d'autres gardes que Théodaldo... et Carlo. Je sonnai et personne ne vint... Je voulus parler, on m'imposa silence... ; je demandai au moins que l'on me permît de voir le jour... ; on ne me l'accorda que le lendemain, et seulement alors je connus la vérité.

» Carlo avait été blessé au bras et peu dangereusement. Mais une fièvre ardente s'était emparée de moi ; j'avais été quelques jours dans le délire, et bientôt s'était déclarée une maladie terrible et contagieuse qui sévissait alors sans pitié dans le pays, car elle frappait de mort tous ceux qu'elle atteignait. Au premier symptôme de la petite vérole, l'effroi fut grand dans le château. Mon oncle, égoïste et craintif comme tous les vieillards, que leur âge même rend désireux de la vie, car on tient plus que jamais aux biens que l'on va perdre, mon oncle n'avait plus voulu me voir, et, confiné dans son appartement, il avait condamné toutes les portes qui donnaient sur le mien ; il m'aurait fait, je crois, transporter hors du château, s'il l'avait osé, et surtout s'il avait trouvé quelqu'un assez hardi pour exécuter cet ordre. Mais, à l'exemple du maître, une terreur panique s'était emparée de tous les gens de la maison. Aucun n'eût osé me toucher ni même s'approcher de ma chambre : j'étais comme une pestiférée, comme une maudite, dont chacun s'éloignait avec effroi, et, depuis douze jours, mes deux amis ne m'avaient pas quittée ; assis à mon chevet, me prodiguant jour et nuit leurs soins assidus, vivant dans cette atmosphère de mort, et pour prix de leur dévoûment et de leur sainte amitié, ne demandant au ciel que ma vie qu'ils venaient d'obtenir ! En ce moment leurs yeux étaient attachés sur les miens avec cette expression céleste, avec cette joie rayonnante d'une mère qui vient de sauver son enfant.

» Tout à coup je les vis, avec un sentiment d'inquiétude et d'angoisse, interroger tous mes traits, puis soudain ils respirèrent plus librement... puis brilla dans leurs regards un air de contentement et de bonheur ; et les transports naïfs que tous deux firent éclater m'apprirent mieux que tous les hommages du monde le prix de ce que j'avais risqué de perdre.

» Tous deux étaient à genoux près de moi, tous deux baisaient mes mains, que je retirai brusquement avec effroi. Hélas ! la raison me revenait ! et avec elle la reconnaissance et la crainte. Je tremblais maintenant que mes amis ne devinssent victimes de leur généreux dévoûment, et mes pressentimens ne furent que trop réalisés, pour Théobaldo du moins, qui, quelques jours après, tomba atteint du fléau dont ses soins m'avaient préservée ; Carlo alors s'éloigna de moi, Carlo m'abandonna ; Théobaldo était en danger, c'est lui seul qu'il aimait, à lui seul appartenaient son dévoûment et ses soins. Retrouvant de nouvelles forces dans sa jeunesse, ou plutôt dans son âme infatigable et invincible comme le sentiment qui l'inspirait, Carlo passait les jours et les nuits près de son ami mourant, qu'il tenait dans ses bras, et quand je lui parlais du danger auquel il s'exposait : — Non, non, je ne risque rien ; les anges me protègent, disait-il en me regardant, et Dieu doit me protéger. Aussi sa confiance et son courage ne l'abandonnèrent pas un instant ; lui seul relevait nos esprits abattus et nous donnait de l'espérance. Quelquefois je le voyais se troubler et céder malgré lui à l'inquiétude et à la douleur ; mais soudain il en triomphait, ses traits redevenaient tranquilles, et, la mort dans l'âme, il souriait. — Voyez, disait-il, les jours heureux sont passés ; il va mieux, il va mieux, Dieu est avec nous. Il disait vrai ! Dieu nous avait entendus, Carlo fut préservé, et Théobaldo revint à la vie ; mais le fléau avait laissé de terribles traces, et moins heureux que moi, il fut défiguré. — Je n'étais pas beau, nous disait-il en souriant, et maintenant je suis bien laid ; vous ne me reconnaîtrez plus. Notre amitié plus ardente et plus vive s'empressa de le rassurer, et lui prouva que pour nous il était toujours le même. Nous reprîmes nos matinées d'études, nos douces causeries, notre vie autrefois si heureuse, et maintenant plus heureuse et plus intime encore, car les dangers passés lui donnaient un nouveau charme, et le beau temps est si beau le lendemain d'un orage !

» Chaque jour, Carlo nous semblait plus expansif, plus dévoué, plus joyeux ; sa grâce et son esprit animaient tous nos entretiens, et quand il nous regardait tous les deux, nous qu'il avait sauvés, sa figure respirait un air de satisfaction et de bonheur. Il ne pensait jamais à lui, ne s'occupait que de nous, et cherchait constamment à égayer et à distraire ce pauvre Théobaldo, qui depuis sa maladie et pendant sa convalescence était toujours triste et mélancolique. Plus d'une fois déjà je m'en étais aperçu ; souvent m'offrant à lui à l'improviste, quand il se promenait dans le parc, seul et la tête baissée, je le vis se hâter d'essuyer une larme ; notre amitié s'en inquiétait, nous lui demandions la cause de ses chagrins. — Sa pauvre mère, nous disait-il, était toujours bien malade, et nous partageâmes ses craintes. Bientôt, hélas ! il la perdit, et nous pleurâmes avec lui sans pouvoir calmer sa tristesse, qui chaque jour devenait plus sombre. Pressé enfin par nos instances, il nous avoua qu'il méditait depuis longtemps un projet dont il nous ferait part le lendemain.

» Le lendemain, j'étais dans le salon de musique, assise près de Carlo dont les doigts se promenaient sur le clavecin ; mais au lieu de jouer le morceau qui était devant nos yeux, nous causions. Je lui parlai de la blessure qu'il avait reçue en me défendant, et que lui seul avait oubliée, car il ne s'en plaignait jamais ; je lui rappelai son entrée dans le salon au moment où Odoard me repoussa si brutalement.

— » Ah ! me dit-il, ce fut le jour le plus horrible de ma vie, et je n'avais pas idée de souffrance pareille à celle que j'éprouvai.

» — Quand il vous frappa de son couteau ! m'écriai-je.

» — Non, quand je crus qu'il allait vous embrasser.

» Et en prononçant ces mots, qui semblaient lui échapper, il y avait dans sa voix, dans son regard, une expression que je ne lui avais jamais vue et qui me rendit tremblante.

» — Carlo ! m'écriai-je en me penchant vers lui.

» Il poussa un cri de douleur et changea de visage... Je venais, sans le vouloir, de serrer avec force le bras dont il souffrait toujours, et désolée, hors de moi, je tombai à genoux pour lui demander pardon ; il voulut me relever, et sa tête touchait la mienne, ses lèvres effleuraient mon front, lorsque Théobaldo parut. Il nous aperçut et pâlit, tandis que Carlo et moi nous rougissions, éprouvant en sa présence un embarras dont, pour ma part, je ne pouvais me rendre compte.

» Théobaldo se remit, puis, avec le sourire doux et triste qui lui était habituel :

» — Mes amis, nous dit-il en s'asseyant près de nous, vous rappelez-vous la surprise que me causa, il y a quelques mois, le récit du rêve de Carlo ? C'est que depuis longtemps ces idées étaient les miennes ; ce sont les premières que j'ai reçues, l'âge et les malheurs les ont fortifiées. Quand vous étiez en danger de mort, signora, j'ai promis à Dieu que s'il vous sauvait j'irais à lui, et que je me consacrerais à ses autels.

» — Vous faire religieux ? m'écriai-je.

» — Et pourquoi pas ? Quel sort m'attend dans le monde ? Puis-je aspirer, maintenant surtout, au bonheur du ménage et de la famille ? Quelle femme voudrait de moi ? De qui pourrais-je être aimé ? La vie religieuse m'offre le calme et le repos ; elle convient à mes goûts tranquilles et studieux ; elle ne nous séparera pas. Dieu ne défend pas d'aimer ses amis..: au contraire ; je prierai pour eux et n'aurai pas d'autres occupations que leur bonheur.

» Carlo, avec toute la chaleur de l'amitié, voulut en vain combattre ce projet, Théobaldo repoussa toutes ses objections avec sang-froid, et comme nous insistions encore :

» — Qui vous dit, reprit-il en souriant, que je ne prends pas ce parti par ambition ? Carlo n'a-t-il pas rêvé que j'arriverais aux premières dignités de l'Église ? Portez-vous déjà envie à ma fortune, et voudriez-vous par jalousie vous y opposer ?

» — Certainement, nous ne le souffrirons pas !

» — Il le faudra bien, reprit-il froidement, car c'est déjà fait.

» Nous poussâmes tous les deux un cri de douleur et de surprise.

» — Oui, continua-t-il avec calme, j'ai prononcé mes vœux.

» — Et depuis quand ?

» — Depuis quelques jours ! J'avais prévu la difficulté de résister à vos instances, et j'avais pris d'avance des armes contre ma faiblesse. Ne me plaignez pas, mes amis, je suis content maintenant, je suis heureux.

» En effet, à dater de ce jour, le calme sembla succéder aux inquiétudes qui agitaient son âme. La sérénité revint sur son front et le sourire sur ses lèvres ; son amitié semblait plus vive encore et plus pure. Détaché de la terre, il semblait n'y plus tenir que par nous et pour nous, et il consacrait au ciel et à l'étude tous les instans qu'il ne nous donnait pas. J'avais osé demander pour lui à mon oncle le titre d'aumônier du château avec des appointemens considérables, le duc avait pas refusé. Enhardie par ce premier succès, je sollicitai pour Carlo la place de secrétaire que Théobaldo ne pouvait plus exercer, mon oncle consentit sans résistance et sans objection aucune. Je ne revenais pas de ma surprise et de ma joie, et je croyais que décidément l'âge avait enfin changé son caractère.

» — A mon tour, me dit-il, j'aurai aussi quelque chose à te demander.

» — Tout ce que vous voudrez, mon oncle, m'écriai-je ; j'y consens d'avance !

» — C'est bien, me dit-il en m'embrassant sur le front, faveur qu'il ne m'avait jamais accordée, n'oublie pas cette parole, je te la rappellerai dans quelques semaines.

» Un matin, en effet, il me fit appeler dans sa chambre, et j'ignore pourquoi, en me rendant à cet ordre, le cœur me battait, mes genoux tremblaient, et je fus obligée de m'arrêter un instant avant d'entrer. Mon oncle était assis et lisait ; il ôta ses lunettes, posa son livre sur la table et me dit : « Ma nièce, vous voilà fort belle et fort bien élevée ; vous avez des talens, et plus peut-être qu'il ne conviendrait au sang des d'Arcos ; maintenant le mal est irréparable. De plus, vous avez dix-huit ans. Tous les seigneurs des environs me demandent votre main. »

» — Ah ! m'écriai-je, je ne songe pas à me marier.

» Mon oncle me regarda avec surprise et continua froidement : « Je vous ai fait venir non pour vous demander conseil, mais pour vous prévenir que j'avais accordé votre main à un de nos voisins. »

« Le cœur me manquait et je me sentais prête à me trouver mal. Mon oncle me montra du doigt un fauteuil, et, sans s'interrompre le moins du monde : « J'ai choisi le plus riche et le plus noble, le fils du comte de Popoli. Il se présentera demain ; préparez-vous à le recevoir. » Je voulais parler, je voulais supplier ; mais, sans avoir l'air de m'entendre, mon oncle reprit ses lunettes et rouvrit son livre en me faisant signe de la main de m'éloigner. Comme fascinée par ce doigt décharné qu'il étendait vers moi..., j'obéis, sans dire un mot, à cet ascendant magique, je sortis et courus m'enfermer dans ma chambre, où je fondis en larmes. Pourquoi ? d'où venait mon désespoir ? je l'ignorais, je ne m'en étais jamais rendu compte. Mais sans avoir vu ce mari, sans le connaître, sans savoir ce qu'il était, je me sentais prête à mourir. C'était un malheur qui ne m'était jamais venu à l'idée, une infortune qui me laissait sans force et sans courage. Mes amis seuls pouvaient m'en donner, et je courus à eux. Mes amis, leur dis-je en sanglotant, conseillez-moi, sauvez-moi, on veut me marier. Théobaldo tressaillit, puis il leva vers le ciel ses yeux, où je vis briller une larme. Pour Carlo, il devint pâle comme la mort, mais ne me répondit pas. On veut me marier ! lui répétai-je. Parlez-moi ! répondez-moi !... Que me conseillez-vous ?

» — Vous n'y consentez donc pas ? s'écria-t-il avec joie.

» — Plutôt mourir !

» Il voulut me répondre et ne put trouver une parole... Il resta quelques instans la tête dans ses mains ; puis, cherchant à rassembler ses idées :

» — Si telle est la volonté de votre oncle, ni la raison, ni les larmes, ni la prière ne pourront la vaincre.

« Nous sentions, Théobaldo et moi, qu'il disait vrai, et nous gardions le silence. Carlo continua :

» — Je n'essaierais même pas de lui faire changer d'idée, ce serait inutile.

» — Que feriez-vous donc ?

» — Je m'adresserais à un pouvoir supérieur. Je quitterais le château, et j'irais me réfugier dans un couvent, celui della Pieta, où est renfermée votre jeune sœur, la signora Isabelle.

» — Il a raison ! m'écriai-je ; partons !

» — Insensée ! dit Théobaldo en m'arrêtant ; croyez-vous que l'abbesse della Pieta consentira à vous recevoir ou à vous garder contre la volonté de votre oncle ? A sa voix, tous les monastères se fermeront ; pas un seul n'oserait braver sa colère, ni résister à ses justes réclamations... Car, après tout, il a des droits... ; vous êtes sa nièce..., il vous a élevée.

» Je ne trouvais rien à répondre, ni Carlo non plus. Il baissa la tête et dit froidement :

» — Alors il n'y a qu'un moyen, qui n'exposera que moi.

» — Et lequel ?

» — Vous le saurez dans quelques jours.

« Et, malgré nos instances, il n'en voulut pas dire davantage.

IV.

» Le lendemain, le fouet du postillon retentit dans la cour du château ; on vit entrer une superbe voiture précédée et suivie d'écuyers et de piqueurs. Mon oncle, debout et entouré de tous les gens de sa maison, vint recevoir au haut du perron un jeune étranger qu'il embrassa et qu'il fit entrer dans le salon. Puis il m'envoya dire qu'il m'attendait. Je crus que je ne pourrais jamais descendre le grand escalier en pierre qui conduisait de ma chambre à son appartement de réception. Deux fois je fus obligée de m'appuyer sur la rampe... Enfin, rassemblant toutes mes forces, j'entrai les yeux baissés et me soutenant à peine. Mon oncle vint à moi, me présenta le comte de Popoli qui, depuis un an, avait hérité de son père, le plus riche seigneur de la contrée. Et que devins-je, grand Dieu ! en reconnaissant en lui ce rude et farouche Odoard, celui qui, deux ans auparavant, et dans ce même salon, m'avait grossièrement insultée, celui qui avait lâchement blessé un homme sans armes et sans défense.

» Le comte de Popoli me salua respectueusement, puis se retourna vers mon oncle qui, continuant la conversation commencée, lui dit froidement :

» — Soit, dans quinze jours, dans la chapelle du château, mon aumônier fera ce mariage.

» Et le comte répondit en s'inclinant :

» — Comme vous le voudrez, monseigneur.

» Indignée de tant d'égoïsme et de tyrannie, convaincue désormais que devant cette volonté impitoyable mon bonheur serait compté pour rien, je puisai dans la conviction de ma perte une énergie inconnue jusqu'alors, et je jurai que jamais je ne serais la femme du comte de Popoli.

» De son côté, Carlo était calme et tranquille, et semblait plein d'espoir dans le moyen qu'il avait imaginé, et sur lequel il gardait toujours le silence. Mais quelques jours après toute sa confiance l'avait abandonné ; morne et silencieux, en proie à un sombre désespoir : Je ne puis plus vous sauver, me dit-il, je ne puis pas même mourir pour ma bienfaitrice. J'ai été trouver ce comte de Popoli, et, sans qu'il fût question de vous, sans vous exposer ni vous compromettre, je lui ai rappelé l'insulte que je lui avais faite, il y a deux ans, lui offrant et lui demandant une réparation plus loyale que celle qu'il avait obtenue. Je comptais qu'il accepterait, car on dit qu'il est brave, et alors je l'aurais tué ou je serais mort de sa main. J'aurais empêché votre malheur ou je n'en aurais pas été le témoin. C'est tout ce que pouvait faire pour vous le pauvre Carlo. Mais il m'a fièrement refusé, en me demandant qui j'étais !... Qui j'étais, signora !... quand il s'agissait de mourir !... J'ai consulté, et il paraît qu'il a raison, il paraît que moi inconnu, orphelin, bâtard peut-être, je n'ai pas le droit d'être tué par un noble seigneur !... par le comte de Popoli. Il paraît que c'est un crime d'oser aspirer même à cet honneur, car votre oncle me chasse.

» — Vous, Carlo ?

» — Oui, chassé... dans huit jours, la veille de votre mariage...

» En ce moment Théobaldo venait à nous, et nous nous jetâmes en pleurant dans ses bras...

» — Oui, nous dit-il, en confondant ses larmes avec les nôtres... Oui, vous êtes bien malheureux, et sa voix attendrie cherchait à nous donner un espoir que lui-même n'avait pas, joignant aux consolations de l'amitié celles de la religion.

» Pendant deux jours je le vis occupé à calmer le désespoir de Carlo qui, en proie à sa rage, ne voulait rien entendre. Enfin, sa fureur s'apaisa et tomba tout à coup ; mais, sombre et rêveur, il ne parla plus ni à Théobaldo, ni à moi. Il semblait occupé de quelque sinistre dessein qui l'absorbait tout entier et lui faisait oublier même ses amis.

Cependant les jours s'avançaient, et nous étions à la veille du jour fixé pour le mariage.

» Théobaldo se présenta devant moi, pâle et les traits renversés :

» — Juanita, me dit-il, il faut sauver Carlo, il faut sauver son âme. Ce matin il est venu, non à moi, son ami, mais au ministre de la religion ; il m'a prié de le bénir et de lui donner l'absolution, que je lui ai refusée, car il est près de commettre un crime !

» — Lui ! m'écriai-je.

» — Oui... un crime qui entraîne la damnation éternelle. Ne le maudissez pas, signora, ne l'accablez pas de votre colère... Aujourd'hui même, il veut se tuer !

» Je poussai un cri et je sentis moi-même un froid mortel qui se glissait dans mes veines.

» — Se tuer ! m'écriai-je ; et pourquoi ?

» — Pourquoi ? reprit Théobaldo en serrant mes mains dans ses mains glacées... Je ne sais comment vous le dire... et il le faut cependant... il le faut...

» Et, en parlant ainsi, la sueur coulait de son front pâle !...

» — Achevez ! achevez !

» — Eh bien ! reprit-il à voix basse et en faisant un effort sur lui-même, c'est à moi seul qu'il l'a confié, et vous ne deviez jamais le savoir... Il vous aime comme un insensé ! Il vous aime d'amour ! Voilà pourquoi il veut se tuer ! Voilà pourquoi il sera maudit !

» — Ah ! m'écriai-je, je le serai donc avec lui, car j'avais la même pensée.

» — Vous, Juanita ! vouloir mourir !

» Puis, baissant les yeux et n'osant me regarder, il continua d'une voix tremblante :

» — Vous l'aimez donc aussi ?

» Je ne répondis point ; mais je me jetai à ses pieds. Théobaldo poussa un cri et garda quelque temps le silence ; puis, levant sur moi un regard plein de bonté :

» — Ma fille, me dit-il (c'était la première fois qu'il me donnait ce nom, autorisé par les saintes fonctions qu'il exerçait), ma fille, puissé-je éloigner de vous et détourner sur moi les chagrins que vous vous préparez tous deux. Promettez-moi seulement de renoncer à ces idées de mort, projet coupable qui vous fermerait les portes du ciel, de ce ciel où je veux vous retrouver un jour.

» — Mais alors, quel parti prendre ?

» — Il en est un, reprit-il avec émotion, si vous aimez Carlo, si vous êtes capable de braver pour lui la colère de votre oncle, le blâme du monde, les chagrins, la misère peut-être !

» — Je suis prête.

» — Eh bien ! je fais mal, sans doute, en vous donnant un semblable conseil... Mais vous voulez vous tuer... Il y va de votre âme...

» Il s'arrêta comme s'il avait peur du parti qu'il allait me proposer.

» — Eh bien ! Dieu pardonnera une faute plutôt qu'un crime... Épousez Carlo en secret, à la face des autels.

» — Mais qui oserait s'exposer à la vengeance de mon oncle et de ma famille ? Qui oserait nous marier ?

» — Moi ! dit-il.

» Je ne trouvai pas d'expression pour le remercier ; mais je me jetai dans ses bras.

» — D'où vient votre surprise ? continua-t-il ; ne vous ai-je pas dit, il y a quelques années, que c'était moi, pauvre et misérable, qui vous protégerais.

» Il n'y avait pas de temps à perdre. Le lendemain, à midi, mon mariage était fixé avec le comte de Popoli ; il fut convenu que le soir même, à minuit, Carlo et moi nous nous trouverions, chacun de notre côté, à la chapelle du château ; que Théobaldo nous y marierait, et qu'une fois le mariage prononcé, nous nous résignerions tous les trois à la colère du duc d'Arcos, qui pouvait nous emprisonner, nous chasser ou nous déshériter, mais non nous désunir !

» Après le dîner, nous étions tous au salon dont les

portes vitrées donnaient sur le parc ; le comte de Popoli, assis près de moi, était aussi galant que le lui permettaient ses habitudes de chasseur. Carlo entra, et, à ses yeux rayonnans de joie et de bonheur, je vis que Théobaldo l'avait prévenu. Il venait prendre congé de mon oncle, car il était censé partir le lendemain. Il passa devant le comte, qu'il salua froidement, et s'approchant de moi pour me faire ses adieux, il prit ma main qu'il porta respectueusement à ses lèvres. Je lui dis à voix basse :

» — A ce soir, à minuit.

» — A minuit! répondit-il en me serrant la main et en levant sur moi des yeux pleins de reconnaissance et de tendresse.

» En ce moment on l'avertit qu'un homme assez mal vêtu demandait à lui parler et l'attendait dans le parc.

» Quelques instans après, et des fenêtres du salon, je les vis passer tous deux dans une allée éloignée. Je ne pouvais distinguer les traits de cet étranger, dont l'air et la tournure ne m'étaient cependant pas inconnus, et rappelaient en moi des souvenirs vagues et incertains. Tous deux causaient vivement, et il y avait dans les gestes de Carlo, dans sa démarche, un trouble et une agitation qui m'inquiétaient malgré moi et que je ne pouvais m'expliquer, d'autant que de la soirée il ne rentra pas au salon ; mais bientôt, me disais-je en regardant la pendule, bientôt je saurai ce qui signifie cette visite imprévue. Chacun enfin, et à ma grande joie, se retira dans ses appartemens. Je restai dans ma chambre à prier ; et quand minuit sonna à l'horloge du château, j'étais dans la chapelle. Quelqu'un m'y avait précédée.

» — Est-ce vous, Carlo? demandai-je.

» — Non, ma fille, me répondit une voix tremblante... C'était celle de Théobaldo.

» Mais nous attendîmes en vain, nous restâmes seuls le reste de la nuit, et quand les premiers rayons du jour vinrent éclairer les vitraux de la chapelle, Carlo n'avait pas paru.

» Le lendemain et les jours suivans s'écoulèrent, et nous ne le revîmes plus.

V.

» L'absence de Carlo, continua la comtesse, sa disparition mystérieuse et si imprévue nous avait glacés d'effroi ; était-il victime de quelque piége ou de quelque trahison. Nos projets avaient-ils été découverts? La jalousie d'un rival avait-elle soudoyé des assassins à gage? La vengeance et le crédit du duc d'Arcos l'avaient-ils privé de sa liberté et fait jeter dans quelque prison d'Etat? Nous nous perdîmes en conjectures et en recherches inutiles ; car toutes les démarches de Théobaldo furent infructueuses, et ne nous procurèrent aucun renseignement. D'un autre côté, ni le comte de Popoli ni le duc d'Arcos ne semblaient avoir de soupçon. Ils n'avaient témoigné aucune colère à Théolbaldo ; ils ne nous empêchaient pas de nous voir, et quoique irrités de ma résistance, ils paraissaient l'attribuer à ma répugnance pour le mariage plutôt qu'à tout autre sentiment ! J'avais, à force de larmes et de prières, obtenu trois mois de grâce, jurant que ce délai expiré j'obéirais... Et quand ce terme fatal fut arrivé, j'eus beau supplier et demander encore du temps, il fallut bien céder à la volonté de mon oncle, à mes promesses, à la foi jurée... hélas! et à ma destinée, qu'aucun pouvoir divin et humain ne pouvait plus changer. Ma tête était perdue, mon cœur était brisé, ma main seule restait ; le duc d'Arcos la donna ! Je devins comtesse de Popoli !

» Comme satisfait de ce dernier acte de tyrannie qui me rendait à jamais malheureuse, et comme s'il n'eût attendu que ce moment pour quitter la terre, mon oncle mourut la première année de ce mariage, en nous laissant tous ses biens. Aucun changement ne survint dans mon sort. Aucune nouvelle de Carlo. Si, comme nous le pensions, il avait été détenu dans quelque prison à la requête du duc d'Arcos, cette mort l'eût rendu libre. Mais il ne reparut pas, et Théobaldo me dit avec désespoir :

» — C'en est fait, notre ami n'est plus.

» Et nous le pleurâmes, et nous portâmes son deuil, et dans l'allée du parc où tous trois nous venions jadis nous asseoir, nous lui élevâmes une pierre tumulaire qui, mystérieuse comme son sort, ne portait aucun nom, aucune inscription : et sur cette tombe, veuve de ses dépouilles, mais qu'animaient et qu'environnaient nos souvenirs, nous venions chaque soir parler de lui, prier pour lui, et implorer le jour qui devait nous réunir.

» Trois années se passèrent ainsi près d'un époux aux passions brutales et colères, mais dont le cœur était moins méchant que je ne l'avais pensé. Tous ses défauts venaient de son éducation, ou plutôt de ce qu'il n'en avait reçu aucune. Son amour-propre et son orgueil étaient la conséquence de son ignorance absolue ; et quand, avec une adresse et une patience infinies, Théobaldo lui eut peu à peu fait comprendre qu'il ne savait rien, qu'il ne connaissait rien, il commença à avoir moins de confiance en lui-même et plus en nous ! De mon côté, je cherchais à modérer ce caractère sauvage et emporté que ma douceur ne désarmait pas toujours. Témoins des scènes de violence auxquelles il se livrait, nos voisins me plaignaient, s'apitoyaient sur des peines qui me touchaient peu. Ils admiraient ma résignation, qui n'était que de l'indifférence ! J'étais trop malheureuse pour avoir des chagrins.

» Pour Théobaldo, sa tristesse augmentait chaque jour. La vue de ce château lui faisait mal, l'air qu'on y respirait altérait sa santé, et s'il ne m'eût vue moi-même aussi souffrante, dès longtemps il se serait éloigné. Sombre et taciturne, il fuyait toute distraction, même celle de l'étude ; tout entier à la religion, il passait les jours et les nuits au pied des autels. Dans la contrée on le regardait comme un saint, et mon mari lui-même respectait cette haute vertu qui l'élevait au-dessus de nous, et dont je me plaignais seule, car j'y perdais presque un ami. Alors il revenait à moi, alors ses traits sévères et ses yeux secs retrouvaient un instant pour moi le sourire ou les larmes. C'était pour moi seule encore qu'il tenait à la terre !

» Depuis quelques mois, le comte Popoli visitait plus souvent les gentilshommes campagnards des environs, ou bien il les recevait chez lui ; ils avaient des conférences secrètes. Enfin, et à ma grande surprise, il me sembla qu'il se livrait à d'autres occupations qu'à celle de la chasse. Plusieurs fois même il me donna à écrire et à traduire des lettres adressées à différens seigneurs d'Allemagne, lettres insignifiantes en apparence ; mais qui avaient un sens caché qu'il m'importait peu de connaître, et que je ne cherchais pas à deviner.

» Pour le comte de Popoli, il était aisé de voir que quelque projet le préoccupait ; car malgré ses efforts pour prendre un air enjoué, de temps en temps une ride venait plisser son front, ses sourcils se fronçaient ; enfin, et contre son ordinaire, il ressemblait exactement à un homme qui pensait. Je le fis remarquer à Théobaldo, qui me traita de visionnaire et ne voulut pas me croire.

» Mais un soir il entra chez moi d'un air agité :

» — Juanita, me dit-il, il se passe ici quelque chose d'extraordinaire. Il y a un amas d'armes dans les souterrains du château.

» — Des armes de chasse? lui dis-je.

» — Non, elles ont une autre destination ; et ce soir, en revenant du village où je venais de porter les sacremens à un malade, j'ai été abordé au milieu du bois par un homme enveloppé d'un manteau qui m'a dit à voix basse : Seigneur aumônier, quittez cette nuit même le château avec madame la comtesse ; il y va de sa liberté et de sa vie ; demain il serait trop tard. Et il s'est éloigné en courant.

» — C'est quelqu'un, lui dis-je, qui a voulu vous effrayer.

» — Non, non, me répondit-il en faisant le signe de la

croix, car il m'a semblé entendre la voix de mon bien-aimé Carlo qui revenait pour vous sauver.

— Carlo, m'écriai-je tout tremblante ; c'est impossible.

» — Oui, c'est ce que je me suis dit ; et cependant mon cœur battait comme si c'était lui. Et quand il s'est éloigné en me serrant la main, j'ai crié : Carlo ! Carlo ! Il s'est arrêté, a eu l'air d'hésiter ; j'ai cru qu'il allait se précipiter dans mes bras, mais il a jeté un cri de douleur, a détourné la tête et a disparu.

» Je ne puis vous dire quel trouble me causa ce récit, mais pourquoi quitter cette nuit-même le château où nous étions en sûreté, où de nombreux domestiques pouvaient nous défendre, un tel avis me paraissait si absurde, qu'il me faisait douter de tout le reste. Cependant, et pour n'avoir rien à nous reprocher, j'envoyai chercher mon mari. Minuit venait de sonner, et il était encore dehors. J'ordonnai qu'on me prévînt à son retour. Mais de toute la nuit le comte ne rentra pas. L'inquiétude nous saisit ; et à peine le jour avait-il paru que je résolus d'envoyer à sa recherche. Mais les portes du château étaient gardées par des soldats espagnols. Un officier se présenta devant moi et me dit avec respect :

» — Je viens remplir un fâcheux message ; j'ai l'ordre de vous arrêter.

» — Moi, monsieur.

» — Oui, vous, la comtesse de Popoli.

» — Et de quel droit.

» — Au nom du roi.

» Il fallut se soumettre et monter dans la voiture qui m'attendait. Nous arrivâmes au Château-Neuf, où je fus enfermée. Le comte de Popoli avait été également arrêté dans la nuit chez un gentilhomme voisin, l'un de ses complices. Voici quel était leur crime, que j'ignorais alors est que je connus depuis :

VI.

» Le comte de Popoli, propriétaire d'une immense fortune, qu'avait encore augmentée celle du comte d'Arcos, mon oncle, avait cru que son nom et ses richesses devaient le placer de droit à la tête du gouvernement. Il ne lui était pas venu à l'idée que les talens dussent compter pour quelque chose, et il avait été indigné du peu d'importance qu'on lui accordait à la cour d'Espagne. Il avait rêvé la vice-royauté de Naples, et on le laissait confiné dans ses domaines ; il s'était cru nécessaire, et personne ne songeait à lui. N'écoutant alors que son orgueil et son amour-propre blessés, il avait projeté de se rendre redoutable à ceux qui le méprisaient. Il avait voulu livrer aux Impériaux le royaume de Naples, qui supportait impatiemment le joug de l'Espagne. Il avait fait entrer dans ses ressentimens plusieurs gentilshommes des environs dont il se croyait le chef, et il n'était que l'instrument passif ; car, en cas de succès, ils auraient recueilli tout le fruit d'un complot dont le comte de Popoli courait tous les dangers.

» Quelqu'il en fût, la conspiration était évidente, les preuves nombreuses et les juges unanimes !... Mais l'opinion publique s'était prononcée d'une manière si douteuse sur les talens et la capacité du comte de Popoli, que l'on ne pouvait se persuader qu'une telle entreprise eût été conçue par lui, et l'on m'en attribua tout l'honneur. C'était, dit-on, mes conseils et mon influence qui l'avaient entraîné dans cette conspiration dont j'étais l'âme et le chef. Je dois convenir aussi que les lettres écrites par moi et qu'on avait saisies eussent paru de preuves suffisantes à des juges moins prévenus que les miens. Vous connaissez l'issue de ce procès, qui ne fit alors que trop de bruit en Italie et en Espagne. Vous savez que nous fûmes condamnés à mort ; mais voici ce que vous ne savez pas.

» Nos juges même, touchés de ma jeunesse, avaient sollicité à la cour de Madrid, une grâce devenue impossible, car le peuple de Naples, qui nous regardait comme les héros et les martyrs de la liberté, avait voulu briser les portes de notre prison et tenter en notre faveur une émeute qui assurait notre perte. L'exécution de l'arrêt avait été fixée au jour de la Saint-Janvier, et la veille, j'avais demandé deux faveurs ; elles me furent accordées. La première était de voir et d'embrasser ma jeune sœur que l'année précédente j'avais fait sortir du couvent et qui allait être forcée d'y retourner ; la seconde, de choisir mon confesseur. On me répondit qu'un prêtre était aux portes de mon cachot et demandait avec insistance à me parler. Ce devait être Théobaldo... ; c'était lui !

» Il entra la tête haute et le front rayonnant ; et moi qui comprenais la sainte joie dont il était animé, je courus à lui disant :

» — Mon ami ! mon père ! voici le jour de la délivrance. Je vais le revoir.

— Pas encore, me répondit-il avec son sourire si triste et si expressif.

» Puis se retournant vers le gouverneur de la prison qui entrait en ce moment, il lui remit une lettre que celui-ci parcourut vivement, et frappé de surprise il la laissa tomber sur la table près de laquelle j'étais assise. J'y jetai les yeux, et je tressaillis à la vue d'une écriture qui ne m'était que trop connue. La lettre du reste ne contenait que ces mots :

» Votre Majesté m'a promis hier de m'accorder tout ce
» que je lui demanderais ; je lui demande la grâce de la
» comtesse de Popoli et de son époux.

» *Signé* CARLO BROSCHI. »

» Plus bas, et de la main du roi, était écrit : Accordé. »

» *Signé* FERDINAND. »

» Les portes de la prison s'ouvrirent, nous étions libres, mais bannis à perpétuité du royaume de Naples, obligés d'en sortir dans les vingt-quatre heures, et tous nos biens confisqués. Le comte s'occupa de notre départ ; et moi, le cœur palpitant de joie, de crainte et de surprise, je m'enfermai avec Théobaldo.

» — Il existe ! m'écriai-je, il existe !

» — Oui, signora, je l'ai revu, je l'ai embrassé... ; car cet écrit, c'est lui-même qui l'a apporté, c'est lui qui a jamais cessé de veiller sur vos jours.

» — Et qu'est-il donc devenu ? Pourquoi nous a-t-il quitté ? Pourquoi surtout ce silence de mort sur toute sa destinée.

» — Juanita, me dit-il avec trouble et en me serrant les mains, ne me demandez pas, ne me demandez rien ; je ne puis vous répondre.

» — Vous connaissez donc son secret ?

» — Il me l'a révélé, à moi, Théobaldo le prêtre, le ministre de Dieu... et sous le sceau inviolable de la confession.

» — Un seul mot, lui dis-je ; m'aime-t-il encore ?

» — Plus que jamais.

» — Est-il libre ?

» — Il l'est toujours ; il n'a aimé et n'aimera jamais que vous. Voilà, continua-t-il avec émotion, ce que peut-être je ne devrais pas vous dire... Mais vous comprenez d'après cela que pour son bonheur et pour le vôtre... il ne faut pas vous voir... Je lui en ai imposé la loi... Il a juré de s'y soumettre et j'aime à croire qu'il tiendra sa parole.

» — Vous avez raison, il le faut.

» Et malgré moi je versais des larmes, et une horrible incertitude m'agitait encore et me brisait le cœur.

» — Cette nuit, lui dis-je, où vous deviez nous unir, a-t-il été obligé de s'éloigner par force et par violence.

» — Non, de lui-même, contraint seulement par l'honneur et par le devoir.

» — Une demande encore, Théobaldo : à sa place auriez-vous agi de même ?

» — Oui, signora.

» — Ainsi donc vous approuvez sa conduite d'alors et celle d'aujourd'hui ; et son silence, et son absence, et jusqu'au mystère qui l'environne ?

» — Oui ! répondit-il d'une voix ferme et sans hésiter, je l'approuve.

» — Et moi alors je suis tranquille ! m'écriai-je en lui tendant la main ; comme lui, Théobaldo, je serai digne de vous, comme lui je resterai fidèle à l'honneur et au devoir !

» Le comte de Popoli parut: le vaisseau était prêt, il fallait partir ; les jours de l'exil commençaient pour moi. Adieu donc, ma patrie! me dis-je en pleurant ; adieu, beau ciel de Naples ! adieu tout ce que j'aime ! Et le vaisseau nous emportait, nous pauvres bannis ! bannis pour toujours !... Ce mot retentissait à mon oreille plus haut que le bruit des vagues et les cris des matelots, tandis que de loin et debout sur le rivage, Théobaldo agitait encore, en signe d'adieu, un mouchoir blanc qui bientôt s'effaça et disparut dans la brume du soir. Longtemps je m'efforçai de l'apercevoir, et quand je ne le vis plus, tout fut fini pour moi, je me crus seule au monde.

» Dans l'adversité on trouve aisément du courage pour souffrir avec ceux qu'on aime. Mais une grande infortune à subir avec des indifférens, le malheur à partager avec ceux qu'on n'aime pas, ce sont deux supplices dont le premier n'est peut-être pas le plus cruel. Il me fallait supporter les plaintes, la mauvaise humeur et même les reproches du comte de Popoli ; car il me reprochait tout... jusqu'à la misère que je ne connaissais pas, et qui vint bientôt nous assaillir.

» Nous avions cherché un refuge en Angleterre, et nous y étions arrivés sans lettre de crédit, sans ressources, sans argent ; nos biens confisqués ne nous permettaient pas d'en attendre, et jugez de mon effroi, lorsque dans l'auberge où nous étions descendus depuis jours, on nous demanda le prix d'un logement que les bagues et les bijoux qui me restaient ne pouvaient pas même acquitter... Nous allions donc être chassés honteusement. Nous allions nous trouver sans pain et sans asile... lorsqu'arriva pour le comte de Popoli, et j'ignore par quel moyen, car personne au monde ne pouvait connaître encore notre arrivée, ni notre adresse, un paquet de Londres en lettre par laquelle un ancien débiteur du duc d'Arcos, mon oncle, remettait à sa nièce une somme de dix mille livres sterling qu'il lui devait depuis longtemps.

» Le comte regarda cet argent comme tombé du Ciel, et moi qui n'avais qu'un ami sur la terre, je devinai sans peine, aux termes même de la lettre, celui qui cachait ainsi ses bienfaits sous la forme de la reconnaissance.

» Évitant le séjour des villes, nous résolûmes de nous fixer à la campagne, dont le séjour devenait nécessaire à ma santé déjà affaiblie. Le comte chargea un homme d'affaires de nous chercher une résidence modeste et convenable, et il se présenta une admirable occasion ; une maison de campagne charmante aux environs de Londres, située comme je pouvais le désirer, meublée avec goût et élégance ; de plus, de belles eaux, un parc magnifique, et tout cela pour un prix peu considérable. Un lord, qui partait en voyage, avait grand désir de louer cette campagne, et l'affaire fut conclue en un instant. Mon mari était enchanté de la beauté de cette habitation, que je regardai avec indifférence et bientôt avec surprise, lorsque je trouvai pour moi un cabinet de travail meublé absolument comme l'était le mien dans le château du duc d'Arcos. C'était le même clavecin, et sur ma table mes auteurs favoris, mes livres habituels, qu'une main généreuse et attentive avait sans doute achetés et recueillis pour me rendre, dans mon exil, les souvenirs de mon bonheur passé et de la patrie absente.—Merci, Carlo, dis-je à voix basse.

VII.

» Quelques semaines s'écoulèrent dans un repos et une solitude douce pour moi, mais insupportable pour mon mari, qui regrettait ses forêts et ses parties de chasse. Une vie animée et active lui convenait mieux. Il était brave, c'était une justice à lui rendre ; et banni pour jamais de son pays, il résolut de prendre du service en Angleterre. Il présenta une demande aux ministres de Georges II, qui le refusèrent. On me conseilla alors de m'adresser pour lui à la reine. Je me rendis au palais, et Sa Majesté, tout en m'accueillant avec bienveillance, m'exprima ses regrets de ne pouvoir accorder un emploi à un étranger proscrit par la cour de Madrid.

» — C'était, disait-elle, s'exposer aux justes réclamations de l'Espagne et de son envoyé.

» En ce moment on annonça le roi, et Georges II parut, s'appuyant sur le bras d'un jeune seigneur de bonne mine, élégamment vêtu. J'eus peine à retenir un cri de surprise en reconnaissant Carlo. Il pâlit à ma vue et s'appuya sur un fauteuil. La reine lui tendit la main, et lui dit avec bonté :

» — Asseyez-vous, Carlo.

» Il s'inclina respectueusement et resta debout ; il continua à me regarder sans m'adresser une parole, et moi je pris congé de Leurs Majestés et rentrai chez moi dans un trouble impossible à décrire. Le comte de Popoli m'attendait avec impatience, et je lui racontais le mauvais succès de ma démarche et mon peu d'espoir, lorsqu'une voiture entra dans la cour. Les portes du salon s'ouvrirent, et je vis paraître Carlo. Oui, c'était lui qui, chez moi, devant mon mari, se présentait avec calme et assurance.

» — Monsieur, dit-il au comte de Popoli, je dois tout aux bienfaits du duc d'Arcos et de sa nièce, et mon seul désir était de pouvoir m'acquitter un jour. Des circonstances favorables m'ont donné à la cour et au ministère quelques amis que j'ai fait agir en votre faveur. On vous accorde un emploi honorable dans l'armée anglaise, car les braves sont de tous les pays, a dit le roi en signant le brevet ; et moi je suis heureux en vous l'apportant de venir ici vous présenter mes excuses pour des torts de jeunesse que je vous prie d'oublier.

» Il y avait dans son accent tant de loyauté et de franchise, que le comte, ne pouvant maîtriser son émotion, lui tendit brusquement la main en lui disant :

» — C'est moi, monsieur, qui avais tous les torts. Votre main... et votre amitié ; car désormais vous avez la mienne.

» Dèsce jour, Carlo revint chez nous.—J'ai juré à Théobaldo, me dit-il, de ne jamais vous parler de mon amour, et je tiendrai mon serment. Mais j'ai juré aussi de veiller sur vous, de vous protéger, de vous consacrer ma vie entière ; j'avais ce droit et j'en use. C'est un ami... un frère... qui ne réclame rien que votre vue... car vivre sans vous voir m'est impossible, je l'ai essayé et j'y renonce ; autant vaudrait mourir.

» En effet, presque tous les jours Carlo venait nous voir ; mais, fidèle au plan qu'il s'était tracé, il choisissait de préférence les heures où mon mari était au logis ; et nul, excepté moi, n'eût pu deviner ce qui se passait dans son cœur. Jamais un mot, jamais un regard d'amour : mais à cette émotion intérieure que tout trahit aux yeux de ce qu'on aime, au changement de ses traits, à la fièvre secrète qui sans cesse le consumait, je voyais, je comprenais ses tourmens. Ils étaient grands, sans doute, mais moins que son courage. D'après quelques mots qui lui étaient échappés, et d'après ce que m'avait dit Théobaldo, j'avais compris qu'au moment de s'unir à moi, un devoir impérieux et sacré que je ne pouvais connaître l'avait éloigné de nous... Et maintenant il revenait, il m'aimait toujours, il était libre, et j'étais unie à un autre, j'étais enchaînée pour jamais ! Une ou deux fois je me trouvai seule avec lui, et alors tout son courage et sa résolution l'abandonnaient ; son émotion était si grande qu'à peine pouvait-il parler, et moi, plus troublée et plus tremblante que lui, je cherchais à amener la conversation sur nos souvenirs d'enfance, sur ceux de notre jeunesse ; puis, poussée malgré moi par une curiosité secrète, je revenais toujours à l'époque de notre séparation.

» — Cet homme, lui disais-je, cet étranger qui vint le soir vous demander, et qui causa si long temps avec vous, ne fut-il pas la cause de votre départ ?

» — Oui, me dit-il d'une voix sombre, c'est pour lui et par lui que tout mon bonheur s'est dissipé... alors il a fallu vous fuir... alors... dans ma douleur, dans mon désespoir... je n'ai trouvé de consolation et d'oubli à mes maux que dans l'étude et le travail. Ces talens que je vous devais... car je vous devais tout, m'ont ouvert une carrière à laquelle jusqu'alors je n'avais pas pensé. Ils m'ont conduit à la fortune... fortune honorable, je vous l'atteste ! Votre ami et l'ami de Théobaldo n'a jamais cessé d'être honnête homme, sans cela il ne serait pas devant vous... il n'oserait lever les yeux sur l'ange qu'il aime, qu'il adore... Non, non, reprit-il en baissant la voix, qu'il révère, qu'il respecte, et qui lui est ravi pour toujours !

» En achevant ces mots, il cacha sa tête dans ses mains pour me dérober ses pleurs ! Mais j'entendais ses sanglots.

» — Carlo, lui dis-je avec douceur, il y a un secret qui pèse sur votre existence.

» — Oui, un secret qui me tuera.

» — Ce secret, continuai-je, que vous avez révélé à Théobaldo, ne me croyez-vous pas capable de le connaître ?

» Il tressaillit et me regarda avec effroi.

» — Ignorez-vous donc, continuai-je, que je vous suis aussi dévouée que Théobaldo, que je vous aime autant que lui... ah ! mille fois davantage !... On a dû vous dire que j'avais quelque énergie, quelque courage, que l'approche de la mort et la vue de l'échafaud ne m'avaient pas fait pâlir, et vous croyez qu'un secret d'où dépend votre sort ne peut pas m'être confié ! Théobaldo le garde par amour pour son Dieu ! moi, je le garderais par amour pour vous, et le fer du bourreau ne me l'arracherait pas !

» Carlo me contempla quelques instans avec amour et reconnaissance ; un éclair de bonheur brilla dans ses yeux, je crus qu'il allait céder, mais il me répondit tristement.

» — Ce secret, Juanita, ne me le demandez pas... si vous m'aimez ; car je ne puis vous le dire sans mourir, et le jour où vous le connaîtrez j'aurai cessé de vivre !

» En ce moment mon mari rentra, et Carlo, faisant un effort sur lui-même, reprit l'air enjoué et la conversation vive, piquante et sans prétention qui lui étaient habituels. Il y avait dans la franchise de ses manières, et dans la gracieuseté de ses paroles un charme dont on ne pouvait se défendre ; auprès de lui on se trouvait aimable, et donnait de l'esprit à ceux qui l'écoutaient. Le comte de Popoli lui-même cédant à son ascendant irrésistible se trouvait entraîné, séduit et tout étonné d'éprouver un plaisir qui ne fût pas celui de la chasse. Aussi, le jour où Carlo ne venait pas, il était de mauvaise humeur et querellait tout le monde, à commencer par moi.

» Il avait désiré passer dans un régiment qui allait servir en Hanovre, et sa demande lui avait été à l'instant accordée : il était au mieux en cour et semblait protégé en tout par une main invisible. Mais le plus étonnant c'est que j'avais parlé plusieurs fois à des personnes de Londres de Carlo Broschi, et que nul ne connaissait ce nom, et n'avait entendu parler de celui qui le portait. Un jour, un homme demanda aux gens de la maison si le signor Broschi devait venir, car il ne l'avait pas trouvé à son hôtel, et il fallait absolument qu'il le vît aujourd'hui même. On vint m'avertir, et comme j'attendais en effet Carlo, je fis entrer celui qui désirait lui parler. C'était un vieillard fort bien mis, un air respectable, des cheveux blancs, une figure pleine de bonhomie qu'animaient des yeux encor

vifs et brillans. Je lui parlai de Carlo, et soudain il releva la tête avec une expression de joie et de fierté. Carlo était son dieu et son idole ; il n'y avait sur la terre personne qui lui fût comparable. Puis, tout à coup, et comme s'il eût craint que son enthousiasme l'emportât trop loin, il s'arrêtait au milieu de ses éloges.

» — Je ne puis pas parler, disait-il, mais si vous le connaissiez comme moi, si vous saviez tout le bien qu'il fait, l'or qu'il répand à pleines mains... Et un homme si supérieur... un homme si riche être si simple... si modeste et si doux ! car c'est la bonté même... il ne ferait de la peine à personne... qu'à une seule peut-être...

» Et le vieillard essuyait une larme ; et plus je l'entendais, plus il me semblait qu'une voix autrefois connue frappait mon oreille ; et l'étranger allait continuer l'éloge de Carlo, quand celui-ci entra dans le salon. A la vue du vieillard, son visage devint pourpre ; ses yeux, d'ordinaire si doux, lancèrent des éclairs, et un tremblement nerveux s'empara de lui.

» — Vous ici, s'écria-t-il, qui vous a permis d'y venir ? qui a vous a permis de vous présenter devant moi ?

» — Je ne voulais que te voir un instant, Carlo, répondit le vieillard en tremblant ; il y a si longtemps que ce bonheur-là ne m'était arrivé !

» — Que voulez-vous ? continua Carlo en cherchant, à cause de moi, à calmer sa colère. Je vous faisais dix mille livres de pension, vous en aurez quinze ! en voulez-vous plus ?

» — Non, tu le sais bien... ce n'est pas cela que je te demande.

» — Vous en aurez vingt, à la condition que vous partirez à l'instant, et que je ne vous reverrai plus.

» — Et moi, je refuse, si tu ne me permets pas de te voir au moins une fois par an.

» — Soit ! répondit Carlo, dont l'accès de colère allait recommencer !.. Mais partez... éloignez-vous !

» — Je t'obéis, Carlo, dit le vieillard en pleurant. Tu n'es cruel et méchant que pour moi seul... Je ne me plains pas, tu en as le droit... Mais un jour tu me rendras plus de justice... Adieu donc, et dans un an... n'est-ce pas ? Adieu, Carlo, je vais prier pour toi.

» Il sortit. Et Carlo tomba dans un fauteuil, encore ému et furieux.

» — Eh ! mon Dieu ! lui dis-je en m'approchant, quel est donc ce vieillard ?

» — Quoi ! signora, ne vous le rappelez-vous pas ? Ne l'avez-vous pas reconnu ? me dit-il d'un ton brusque.

» — Eh ! non vraiment.

» — C'est mon père !

» — Votre père ? m'écriai-je ; mon ancien maître de clavecin..., ce bon Gherardo Broschi... Ah ! qu'il revienne, de grâce ! qu'il revienne ! Je serai si heureuse de l'embrasser !...

» Et je courais ouvrir la fenêtre pour le rappeler. Carlo m'arrêta. Je vis à travers les carreaux le vieillard qui s'éloignait dans le parc, et, frappée alors de sa démarche et de sa tournure, je m'écriai :

» — C'est l'étranger qui, au château d'Arcos, est venu vous demander dans cette soirée fatale ?

» — Lui-même. Il était parti dix ans auparavant pour Saint-Pétersbourg, où il était devenu le maître de musique et bien mieux le confident de l'impératrice Catherine ; elle l'avait employé dans des intrigues que le czar avait découvertes, et Pierre, qui ne plaisantait pas, avait envoyé Gherardo en Sibérie. Il y est resté sept ans sans pouvoir donner de ses nouvelles, et est revenu à Naples le soir même où nous devions nous marier.

» — Et pourquoi, vous Carlo, qui êtes si bon avec tout le monde, traitez-vous votre père avec tant de dureté ?

» Carlo ne répondit pas.

» — Pourquoi refuser de le voir ?

» Pourquoi ! me dit-il d'un air sombre et avec un tremblement convulsif ; c'est qu'à sa vue il me prend toujours des envies de le tuer !

» — Oui... c'est horrible, n'est-ce pas ? Et comme je ne veux pas devenir parricide, je l'ai banni de ma présence. C'est mal, sans doute, et je m'en accuse ; mais cela vaut mieux.

» Et sa tête tomba sur sa poitrine, et il garda le silence.

» Quelques jours après nous reçûmes une visite à laquelle nous étions loin de nous attendre. Carlo venait souvent déjeuner et passer les matinées avec nous. Un domestique en habit violet entra, et dit à demi voix à Carlo que monseigneur l'évêque de Nola demandait à lui parler. Carlot tressaillit et s'écria :

» — Lui !... en Angleterre !.. Qui l'y amène ?... Pourquoi n'entre-t-il pas ? Craint-il de revoir ses amis et de se retrouver au milieu d'eux ?

» Les deux battans s'ouvrirent, et parut Théobaldo. Mon mari jeta un cri de surprise :

» — Est-il possible ! l'ancien aumônier des ducs d'Arcos ! celui qui, l'année dernière encore, était notre chapelain ! Le voilà dans les hautes dignités de l'église !

» Puis, s'approchant de lui, et le saluant avec respect :

» — Il paraît, signor Théobaldo, que vous avez fait votre chemin ?

» — Non par mes talens, ni mon mérite, répondit froidement Théobaldo ; mais grâce à la protection de quelques amis.

» — Qui ont tenu leurs promesses ! m'écriai-je vivement.

» — Non pas toutes... dit-il avec une expression de mécontentement, en jetant un regard sévère sur Carlo, assis à côté de moi.

» Puis s'adressant à lui :

» — Je suis venu jusqu'ici parce qu'il faut que je te parle.

» — Plus tard, monseigneur, lui dit Carlo avec une douce voix et un sourire gracieux qui semblaient vouloir désarmer sa rigueur. Nous avons le temps.

» — Non pas, répondit Théobaldo avec rudesse. Je viens te chercher et t'emmener ; il faut partir aujourd'hui même.

» — Et pour quelles raisons ?

» — Des raisons importantes que je dois t'apprendre.

» — Que nous ne gênions point votre conférence, s'écria le comte de Popoli. Veuillez passer dans mon cabinet, que je laisse à votre disposition ; aussi bien j'allais sortir, et je vous prie d'agir comme moi, en toute liberté et sans façons.

» Il ouvrit la porte de l'appartement à côté, où les deux amis entrèrent ; puis il partit et me laissa seule dans le salon.

» Alors je ne sais comment vous dire ce qui se passa en moi, et l'horrible tentation qui me saisit. Théobaldo et Carlo étaient là... à deux pas... s'entretenant sans doute de ce mystère d'où dépendaient leur sort, et par conséquent le mien. Quelque terrible qu'ils craignaient en me le confier, ces périls peut-être que leur amitié avaient juré de m'épargner, la mienne devait les leur dérober pour les partager avec eux... et malgré eux... Oui, leurs périls, leurs chagrins, leurs malheurs m'appartenaient... C'était un bien dont ils n'avaient pas le droit de me priver. Et, comme poussée, comme entraînée par une main de fer, je me trouvai près de la porte, et là, pâle, haletante, respirant à peine, je baissai la tête et j'écoutai.

VIII.

» J'écoutai donc ! mais leurs voix n'arrivaient à mon oreille que par intervalles, et j'avais perdu le commencement de leur conversation.

» — Oui, disait Théobaldo, pour ton bonheur et surtout pour le sien, tu m'avais juré de ne plus la voir.

» — Je ne le puis... je l'aime plus que jamais !

» — Pour toi alors, et non pour elle... car peu t'importe son repos, peu t'importe le seul bien qui lui reste, sa réputation, que nous, ses amis, nous devons défendre, et que tu compromets aux yeux de tous !

» — Tu dis vrai... mais je l'aime... et tu ne peux comprendre, toi, dont le cœur est glacé, ce que dans ma bouche ce mot a de délire, de rage et de désespoir.

» — Ainsi donc, s'écria Théobaldo en élevant la voix avec colère, c'est pour un amour insensé, criminel, que tu sacrifies la reconnaissance et le devoir.

» — Le devoir !

» — Oui, le roi est malade, il te réclame... il a besoin de toi. Ses jours, que tu as déjà sauvés, sont de nouveau en danger, et tu les oublies près d'une femme et tes sermens et ton bienfaiteur.

» — Mais cette femme, c'est tout pour moi ; c'est mon âme et ma vie.

» — J'ai pitié de toi, Carlo ; mais je ne transige point avec le devoir, je viens te chercher, et tu me suivras.

» — Je ne puis quitter Juanita.

» — Tu me suivras, te dis-je.

» — Pas maintenant, du moins.

» — Aujourd'hui même, à l'instant.

» — Jamais !

» — Je saurai t'y contraindre.

» — Je t'en défie !

» — Eh bien ! donc, et pour sauver du moins l'un de vous deux, je vais tout dire à Juanita... Et je l'entendis qui s'avançait vers la porte.

» Carlo poussa un cri. — Je t'obéis... je pars... je quitte l'Angleterre. Laisse-moi seulement encore une heure près d'elle.

» — Une heure, soit ! répondit Théobaldo.

» — Et j'irai te rejoindre, dit Carlo.

» — Non, je vais faire préparer la voiture, et reviendrai ici te chercher moi-même... c'est plus sûr.

» Tous deux sortirent du cabinet ; Théobaldo prit congé de nous, et je restai seule avec Carlo.

» La conversation que je venais d'entendre, quoique bien obscure pour moi, m'avait fait du moins connaître, non l'amour de Carlo, je n'avais pas besoin de l'apprendre, mais la source et l'origine de sa fortune. Il me semblait avoir compris que les jours du roi avaient été en danger, et que, par sa science, Carlo l'avait rappelé à la vie. Et, en effet, Carlo ne m'avait-il pas dit lui-même que l'étude et le travail lui avaient ouvert une nouvelle carrière ; et d'après ce que je savais de son aptitude à tous les arts, celui de la médecine avait pu, aussi bien que tout autre, le conduire à la fortune et à la renommée. Par là s'expliquaient son crédit à la cour et la faveur dont il jouissait près des têtes couronnées. Mais pourquoi ne pas en convenir ? Pourquoi me cacher des succès dont j'eusse été fière pour lui ? Voilà ce dont je ne pouvais me rendre compte, et ce que j'espérais savoir.

» Il était devant moi, me regardant d'un air triste et embarrassé, ne sachant sans doute comment m'annoncer son départ. Je vins à son aide, et lui tendant la main :

» — Pardonnez-moi, Carlo, pardonnez à une coupable l'indiscrétion dont elle s'accuse. Je voulais, sans vous le demander, pénétrer votre secret ; j'ai tout écouté.

» A ces mots, la pâleur de la mort se répandit sur tous ses traits ; ses joues devinrent livides et terreuses, et il tomba à mes pieds immobile et glacé... Ah ! dans ce moment horrible, je ne connus plus rien... Éperdue, hors de moi, je me précipitai à genoux devant lui, me sentant prête à le suivre.

» — Carlo ! m'écriai-je ; Carlo, m'entends-tu ? reviens à toi pour entendre que je t'aime !

» Et sur ses lèvres, je sentis errer un léger souffle ; son cœur n'avait pas cessé de battre... Il existait encore. J'ouvris mes fenêtres ; un air plus pur vint le rafraîchir et le ranimer. Je lui fis respirer mes flacons, mes sels les plus actifs. Enfin il rouvrit les yeux ; mon nom fut le premier qu'il prononça ; et, soulevant avec peine sa tête que je tenais appuyée sur mon sein :

» — Où suis-je? dit-il.

» — Près de moi, près de votre amie, qui vous demande grâce et pardon ; et en peu de mots je lui racontai mon crime, mon imprudence, et tout ce que j'avais entendu.

» A mesure que je parlais, la teinte livide de ses traits s'effaçait peu à peu. Une rougeur légère les colorait ; le sang et la vie circulaient dans ses veines... Et, se sentant baigné de mes pleurs, sentant les battemens de mon cœur, qui malgré moi, lui disaient mes alarmes et mon amour :

» — Ange du ciel! s'écria-t-il, est-ce vous qui m'appelez et qui venez chercher mon âme !

» — Non, non, lui dis-je, cette âme si noble et si pure doit encore rester sur la terre ; elle est à nous, elle nous appartient.

» — Oui, tu dis vrai, s'écria-t-il avec chaleur, elle est à toi, et à toi plus qu'à Dieu même! Car toi seule peux dire à mon cœur de battre ou de s'arrêter ; toi seule peux m'ôter et me rendre la vie. O Juanita! tu ne sauras jamais ce que j'ai souffert... Vivre près de toi, s'enivrer de ton souffle, se sentir consumer d'amour sans oser, sans pouvoir le dire... c'est de tous les tourmens le plus affreux ; et ce tourment, je le subis à tous les instans du jour, et ce tourment, tu le sais, je ne puis y renoncer, je ne puis te quitter sans mourir !

» Et il était à mes genoux, et il couvrait mes mains de ses baisers... Et dans mon trouble, dans l'égarement de mes sens, je n'entendis même pas qu'une porte venait de s'ouvrir. Le comte de Popoli était derrière nous et nous regardait. Si je vous ai bien dépeint la violence de son caractère, vous comprendrez sans peine de quelle fureur il fut animé. Il s'élança vers nous, et soudain je vis briller deux épées. Carlo fit tomber celle de son adversaire, et, baissant la pointe de la sienne :

» — Écoutez-moi, de grâce, disait-il, écoutez-moi ; la signora est innocente, je l'atteste devant Dieu.

» — Eh bien! donc, va te justifier devant lui! s'écria le comte qui venait de ramasser son arme, et qui recommença avec une rage qui devait lui être fatale. En voulant se jeter sur Carlo, qui ne faisait que se défendre, il s'enferra de lui-même et tomba mortellement blessé. En ce moment quelqu'un se précipita dans le salon. C'était un ami, un sauveur ; c'était Théobaldo.

« — Malheureux! cria-t-il à Carlo, va-t-en, va-t-en ! Ma voiture est en bas, fuis... sinon pour toi, au moins pour l'honneur de Juanita.

» — Et cet honneur! m'écriai-je avec désespoir, qui pourra le sauver maintenant?

» — Moi, dit Théobaldo, moi, dont le seul devoir est de veiller sur vous.

» Et il courut à mon mari qui, rassemblant le reste de ses forces, avait saisi le cordon de la sonnette. A ce bruit tous les gens de la maison accoururent en foule. Carlo venait de disparaître ; mais ils virent leur maître étendu sanglant sur le parquet, Théobaldo le soutenant dans ses bras, et moi près de lui, à genoux, à moitié évanouie. On s'empressa autour du comte, on lui prodigua des soins que lui-même jugeait inutiles. Et, pendant que l'on pansait sa blessure :

» — Allez, dit-il d'une voix mourante à ses serviteurs ; faites venir l'alderman, les magistrats, c'est devant eux que je veux parler...

» — Oui, dit Théobaldo, exécutez les ordres de votre maître, mais d'ici-là, laissez-nous seuls avec lui.

» Ils sortirent tous de l'appartement, et Théobaldo s'approchant du lit où l'on avait transporté le mourant :

» — Quel est votre dessein, monsieur le comte ? lui demanda-t-il d'une voix grave et solennelle.

» — De charger les lois de ma vengeance, de dénoncer aux magistrats l'adultère et son complice... pour qu'après moi et aux yeux de tous, ceux qui m'ont indignement trahi et déshonoré soient punis à leur tour par le déshonneur, par un châtiment public et honteux!... Et enfin, continua-t-il d'une voix plus faible, mais avec des yeux où brillaient la fureur et la jalousie, pour qu'ils ne puissent se réjouir de ma mort qu'ils ont causée... pour qu'après moi ils ne puissent jamais s'unir...

» — Et que dira Dieu devant qui vous allez paraître ? s'écria Théobaldo avec un accent terrible, si vous avez accusé et flétri l'innocent, si vous avez voué à l'opprobre et à l'infamie votre femme qui jamais ne fut coupable ?

» — Vous espérez en vain me tromper, dit le mourant.

» — Ministre du ciel, je dis la vérité ; je la dis devant votre lit de mort et devant Dieu qui m'entend.

» — Et moi je ne puis vous croire, et en présence de ces dignes magistrats... je parlerai.

» Dans ce moment, en effet, l'alderman et ses assesseurs paraissaient à la porte de l'appartement ; les domestiques se pressaient derrière eux et sur l'escalier.

» — Ah! dis-je à Théobaldo, je suis perdue !

» — Non pas! tant que je vivrai.

» Et se précipitant à genoux près du lit :

» — Écoutez-moi, dit-il, écoutez-moi, au nom de votre âme !

» Et se penchant vers l'oreille du comte, il lui dit quelques mots à voix basse. Pendant ce temps les magistrats s'approchaient lentement du lit qu'ils entourèrent.

» Alors le comte de Popoli, soutenu par Théobaldo, essaya de se lever sur son séant, et s'adressant à cette foule qui attendait en silence sa déclaration :

» — Messieurs, dit-il, je déclare que j'ai été loyalement
» blessé par le seigneur Carlo Broschi dans un duel où je
» l'avais provoqué. Je demande donc à vous, mes amis, et
» à ma femme dont je connais l'amour et la fidélité à tous
» ses devoirs, de ne poursuivre ni inquiéter personne pour
» ma mort. Maintenant, mon père, dit-il à Théobaldo, bé-
» nissez-moi !

» — Que Dieu te reçoive dans son sein! dit le prêtre au mourant.

» Et il commença les prières de l'église, auxquelles les assistans répondirent, et il répandit sur son front l'huile sainte... Un rayon de joie brilla dans les yeux du comte, il serra la main de Théobaldo, me tendit l'autre en me disant avec bonté :

» — Pardonnez-moi!...

» Et le ciel s'ouvrit pour lui.

» Il me serait impossible de vous peindre tout ce que j'éprouvai pendant cette scène si longue, si horrible et si étrange ! Tant d'émotions diverses, d'amour, de terreur et de surprise, m'avaient assaillie à la fois, que mes forces étaient épuisées, ma raison affaiblie, et depuis longtemps l'orage était passé que je ne pouvais croire encore au calme qui lui avait succédé.

» Fidèle au silence et à la discrétion qu'il s'était imposés, et sans s'expliquer en rien sur les étranges événemens dont nous avions été les acteurs ou les témoins, Théobaldo m'avait quittée quelques jours après la mort du comte de Popoli :

» — Vous n'avez plus besoin de moi, m'avait-il dit. Je vous laisse environnée de l'estime publique et du respect que vous méritez. Si le malheur revient... je reviendrai. Un autre réclame mes soins, un autre ami plus à plaindre que vous... car il est coupable !

» Et il partit.

IX.

» Je restai seule dans cette campagne, autrefois si belle et maintenant si triste ; j'y passai les premiers mois de mon veuvage, ne recevant aucune lettre, aucune nouvelle de mes amis ! Pourquoi?... je l'ignorais. La maladie dont j'avais ressenti les premières atteintes commençais alors à donner plus d'inquiétudes à ceux qui m'entouraient. Quant à moi, je m'en occupais peu... ce n'était pas là qu'étaient mes pensées. Enfin un jour je reçus une lettre dont l'écriture seule me fit tressaillir ; vous devinez que c'était de lui, c'était de Carlo. Il me disait que Théobaldo lui avait défendu de m'écrire; mais il apprenait que j'étais souffrante, que j'étais malade, et il ne prenait plus conseil que de lui-même.

» Le climat de l'Angleterre ne vous convient pas, continuait-il; il augmente votre mal, il vous faut un climat plus chaud et plus doux, le beau soleil de Naples et l'air de la patrie. Revenez, non pas au château du duc d'Arcos, qui vous rappellerait de tristes souvenirs, mais à Sorrente, au bord de la mer, dans cette riante villa qui vous appartient, et où l'amitié vous attendra.

» — Ah! m'écriai-je étonnée, a-t-il donc oublié que j'ai tout perdu, que rien ne m'appartient plus, pas même l'air de mon pays, dont je suis chassée et bannie... Mais quelles furent ma surprise et ma joie, lorsque je vis joint à cette lettre un décret du roi qui me rendait ma patrie et les biens de ma famille. Je n'étais plus exilée, j'étais riche et heureuse, et heureuse encore de devoir mon bonheur à l'ami de mon enfance! Ah! que la reconnaissance est douce envers celui qu'on aime, et qu'on accepte avec joie des bienfaits qui vous obligent à l'aimer encore plus. A l'instant même je quittai l'Angleterre, je m'embarquai quoique souffrante et seule. Seule! non je ne l'étais pas : de joyeuses pensées m'environnaient, et d'autres plus riantes et plus douces m'attendaient au rivage, j'allais revoir cette belle Italie que j'avais cru quitter pour jamais ! Esclave j'étais partie, et je revenais libre... Libre! Ah! dans la situation où j'étais, que de rêves malgré moi s'éveillaient à ce mot! Vaines illusions, peut-être, que la raison voudrait et ne peut bannir! Espérances insensées qui naissent du cœur et qui sans cesse exilées reviennent toujours vers leur patrie?

» Enfin je touchai le rivage de Sorrente, je revis ces délicieuses campagnes qui avaient appartenu au duc d'Arcos et qu'il n'avait jamais habitées. Carlo m'y attendait, je courus à lui pleine de joie et d'ivresse, heureuse du présent et de l'avenir, et je fus tout à coup surprise de la tristesse empreinte sur ses traits. Que pouvait-il avoir maintenant à craindre ou à désirer? J'étais libre! Je compris que ma santé était la cause de son chagrin et de ses inquiétudes ; je lui sus gré de ses alarmes, et mon amour s'augmenta de tous les soins dont il m'environnait. Il me semblait si doux de lui devoir la santé, de ne la devoir qu'à lui seul et à ses talens!

» — Hélas! me dit-il, vous vous trompiez en me supposant si habile... Je ne le suis pas.

» N'êtes-vous donc pas un célèbre médecin ?

» — Ah! de toutes les sciences, c'est aujourd'hui la seule que j'envierais. Mais, hélas! je ne la possède pas, et la preuve, c'est, que je ne puis vous guérir, et qu'il faut céder à d'autres un pareil bonheur.

— En effet, il fit venir de Naples un savant docteur qui ne nous quitta plus, et Carlo me suppliait de lui obéir, et il attribuait à ses soins et à ses talens le changement heureux qu'il remarqua bientôt.

» — Vous vous abusez, lui disais-je ; ce changement, je le dois à vous et à votre présence.

» En effet, jamais ma vie ne s'était écoulée plus heureuse et plus douce. Certain de moi et de mon amour, Carlo eût craint de me parler de ses espérances, et ma rêverie égalait la sienne. Avais-je besoin de lui dire : Ce cœur est à toi ! Pouvais-je lui donner ce qui ne m'appartenait plus ? Mais encore quelques mois de silence et de contrainte, et les jours de veuvage seraient expirés ; et cet amour, qui était maintenant un crime, serait alors un devoir !

» Sans nous parler nous nous entendions, et nos jours se succédaient dans cette tranquille ivresse et dans cette douce attente, qui est encore du bonheur ; mes craintes, mes inquiétudes, mes anciennes défiances, tout s'était dissipé. L'avenir m'avait fait oublier le passé, et pourtant Carlo ne m'avait rien dit, rien avoué ; mais il me semblait qu'entre nous il n'y avait plus de secret, plus de mystère... Que pouvais-je lui demander? Il m'aimait! Qu'importait le reste? Comme aux jours de notre enfance, nous avions retrouvé nos gais entretiens et nos longues promenades. Sa conversation, toujours si attachante, était maintenant plus grave et plus instructive. Élevée loin du monde, je le connaissais à peine, et Carlo m'initiait à tous les grands événemens qui alors agitaient notre patrie et l'Europe entière. Il me parlait de ses principaux souverains ; il me peignait leurs traits, leur politique, leur caractère, comme s'il eût vécu dans leur intimité. Il me les montrait voulant entraîner l'Espagne dans des alliances et dans de nouvelles luttes glorieuses peut-être, mais moins utiles pour elle que la paix dont elle avait besoin pour cicatriser ses blessures ; il m'expliquait comment elle pouvait, sans combattre, devenir plus puissante et plus respectée que par la guerre.

» — Mon Dieu! Carlo, lui disais-je, où avez-vous appris tout cela? Savez-vous que vous seriez un très grand et très habile ministre?

» Il sourit et ajouta d'un air préoccupé :

» — M'en préserve le ciel ! La puissance est si loin du bonheur ! et le bonheur, pour moi est ici, près de vous.

» Puis, pressant mon bras, que j'appuyais sur le sien, et jetant les yeux sur ce beau golfe de Naples, sur cette mer embaumée dont les vagues caressantes venaient expirer à nos pieds, sur ce soleil couchant qui étincelait de mille feux :

» — C'est ici, s'écria-t-il, sur ces rivages de Sorrente, que le Tasse a vu le jour, qu'il a aimé, qu'il a souffert !

» Et, cédant à son enthousiasme, sa voix émue et attendrie me parlait du Tasse, de sa gloire, de ses malheurs ; et ses paroles éloquentes retentissaient à mon oreille comme une douce harmonie, comme les vers même du poëte qu'il célébrait. Et je l'écoutais... et je l'admirais... glorieuse et fière de lui et de son amour !

X.

» Nous passions nos soirées dans un pavillon élégant, situé au bord de la mer, et qui nous servait de bibliothèque et de salon de musique... Je me mettais à mon clavecin, et Carlo m'accompagnait. Il avait acquis un talent que je ne lui connaissais pas : il jouait de la harpe avec tant de perfection, que souvent, au milieu d'un morceau, je m'arrêtais pour l'écouter ; souvent, quand il était dans des jours de tristesse et de rêverie, l'émotion qu'il produisait allait jusqu'aux larmes ; lui-même, maîtrisé par l'inspiration, éprouvait parfois le sentiment qu'il faisait naître. Je voyais tout à coup sa tête tomber sur son sein, la harpe échapper de ses mains, et son visage inondé de pleurs qu'il se hâtait d'essuyer en souriant ; puis, sur-le-champ, pour ramener la gaîté, il exécutait quelque boléro ou quelque joyeuse barcarolle.

» Rien n'égalait la bonté de son cœur, et parfois, cependant, je dois en convenir, il avait dans le caractère des singularités et des bizarreries inexplicables. Une paysanne de nos environs, Fiamma, vint un jour me voir et me remercier de je ne sais quel service, et elle me raconta que, quelques années auparavant, pauvre et misérable, elle priait sur la grande route devant une madone, lui demandant du pain pour elle et sa famille. Une bourse pesante tomba à ses pieds ; elle leva les yeux, et vit un beau gentilhomme : c'était Carlo qui lui disait :

» — N'es-tu pas Fiamma, autrefois jardinière au château du duc d'Arcos!

» — Oui, signor, sans pain et sans asile depuis que notre maîtresse a été bannie et ses biens confisqués.

» — Cette bourse vient de sa part, prends-la, sois heureuse et prie Dieu pour elle.

» — Et pour vous, monsieur.

» Fiamma, enchantée, avait rendu rendu la joie à sa famille ; bien mieux encore, elle avait, grâce à la générosité de Carlo, épousé plus tard Giambatista, son amoureux, dont elle avait fait la fortune, et qui était maintenant un des maraîchers de Sorrente les plus habiles et les plus laborieux. Je voulus à mon tour causer une surprise à Carlo, et je donnai à Giambatista la place de jardinier en chef chez moi, où il vint s'établir avec sa femme et ses deux enfans. Puis, le lendemain de son arrivée, dirigeant ma promenade du côté de son habitation, j'y entrai avec Carlo, qui me donnait le bras. Je croyais que l'aspect de cet heureux ménage, de ce mari et de cette femme qui s'aimaient si bien, lui causerait une douce satisfaction.., et je vis au contraire sur ses traits une expression pénible qu'il se hâta vainement de réprimer ! Quand les deux petits enfans vinrent, en se jouant, rouler à ses pieds, il fit un pas en arrière pour s'éloigner d'eux; puis, honteux de ce mouvement, il se rapprocha; mais, pendant que je les tenais sur mes genoux et les embrassais, à peine s'il leur fit quelque froide caresse. Chaque fois qu'il rencontrait dans le parc Fiamma ou son mari séparément, il leur parlait avec bonté et amitié, causant complaisamment de leurs travaux, et ne les quittait jamais sans leur laisser des marques de sa générosité. Dès qu'il les rencontrait ensemble, il détournait la tête et ne leur adressait pas la parole.

» — Je crois que vous aimez Fiamma, lui dis-je un jour galment, et que vous êtes jaloux de Giambatista.

» Il me regarda d'un air étonné, et comme s'il ne comprenait pas qu'une pareille idée pût me venir; aussi je me hâtai de le rassurer. Quant aux deux petits enfans, je remarquai que décidément quand il les apercevait dans une allée, il en prenait une autre. Il est vrai que ceux-là étaient fort bruyans, et que dans ses promenades Carlo recherchait surtout le calme et la solitude. Depuis quelque temps surtout sa mélancolie habituelle semblait augmenter : je le surprenais souvent triste et rêveur, et pourtant chaque instant nous rapprochait du terme objet de nos vœux ! Encore deux mois, et le temps de mon deuil était fini ! Qui pouvait donc ainsi troubler ses rêves de bonheur ? Quels nuages pouvaient obscurcir de si beaux jours ! Carlo avait reçu plusieurs lettres qui paraissaient vivement le préoccuper; et, malgré la réserve que je m'étais imposée à cet égard, je me hasardai à l'interroger.

» — Hélas ! me dit-il, vous avez raison, votre cœur m'a deviné, j'éprouve un violent chagrin ! Il faut que je vous quitte, Juanita ! que je m'éloigne pendant un mois. Tout un mois sans vous voir; concevez-vous ma douleur ?

» — Oui, lui dis-je, j'en crois la mienne ! Et pourquoi vous éloigner ? Qui vous y oblige ?...

» Je vis au trouble empreint sur tous ses traits que je ne pouvais le savoir.

» — Je ne vous le demande pas, m'écriai-je; je ne vous demande rien; votre amie ne veut rien de vos secrets... jusqu'au jour où ils seront les siens...

» Il tressaillit, et je me hâtai d'ajouter :

» — Jusque-là, et alors encore, c'est à vous de commander, et à moi d'obéir. Partez donc, puisqu'il le faut, et, si je vous suis chère, rendez-moi bientôt le bonheur que vous m'emportez.

» Il me jura de revenir avant un mois et partit... Le difficile alors fut d'occuper mes journées, de me créer des travaux, une existence nouvelle, en un mot, de vivre sans lui ! Ces lieux, si agréables et si riants quand il les habitait, ne me parlaient plus maintenant que de son absence, et je ne tenais pas à y rester. Je voulais depuis longtemps et je devais remercier le roi de ses bienfaits et des grâces qu'il m'avait accordées. La cour voyageait, dit-on, dans ce moment, et devait séjourner quelques semaines à Séville. Je résolus de m'y rendre : c'était un voyage peu fatigant, et surtout une distraction. Mais, avant mon départ, je voulus, en sage propriétaire, m'occuper et prendre connaissance des biens que la bonté du roi venait de me rendre. Je passai donc deux ou trois jours renfermée à un travail nouveau pour moi, celui d'examiner et de mettre en ordre les contrats et les titres qui se trouvaient dans l'appartement occupé par Carlo. Parmi ces papiers, il y en eut un qui frappa ma vue : ce n'est que le fragment d'une lettre déchirée et anéantie. Il ne m'offrit que quelques mots; mais ces mots étaient de la main de Théobaldo, et récemment adressés à Carlo. Voici ce que contenait ce fragment :

» — Que veux-tu donc ?... Qu'espères-tu ?... insensé. Six mois de bonheur.., dis-tu, et puis mourir !... Mourir, ingrat !... Et elle ?... car je ne te parle plus de moi... »

» Je frémis en lisant ces mots que je ne pouvais comprendre, et qui semblaient m'annoncer de sinistres desseins, ou plutôt, mon âme, facile à s'alarmer, donnait sans doute une interprétation fatale à des phrases dont j'ignorais le sens et la portée. Mais, tout en cherchant les meilleures raisons du monde pour me rassurer, je m'effrayai moi-même, et je partis avec la crainte et le pressentiment secret de quelque malheur. Je fis pourtant une heureuse traversée. J'arrivai à Carthagène par un temps superbe. Le voyage de la cour avait donné à toute la population un air de fête. Le roi Ferdinand était à Séville, attendant la reine, qui devait l'y rejoindre après avoir parcouru les provinces voisines. Je m'arrêtai à Carthagène, où j'étais débarquée, pour m'y reposer. Mon hôtel était près de l'église, et ses fenêtres, ainsi que toutes celles de la rue, étaient tendues de tapisseries et ornées de fleurs. Une somptueuse procession allait passer; c'était le cardinal Bibbiena qui se rendait à l'église, où il devait officier.

» — Le voilà, le voilà, me dit-on, en me montrant un dais magnifique étincelant d or et de pierreries.

» Je jetai les yeux sur le saint ministre qui distribuait sa bénédiction à ce peuple prosterné.

» — Théobaldo ! m'écriai-je.

» — Oui, me répondit-on, Théobaldo Cecci, évêque de Nolla, le plus jeune des cardinaux et le dernier nommé par le pape Benoît. C'est le crédit de la reine qui l'a fait arriver à cette haute dignité, où l'appelaient du reste sa piété et ses talens !

» Je restai stupéfaite ! Tout ce que je voyais, tout ce que j'entendais me semblait de la magie. Le lendemain je partis pour Séville : la route était couverte de voyageurs à pied, à cheval ou en litière. A la dernière poste, on ne put me donner de mules : il y en avait que quatre, et elles étaient retenues pour un grand personnage qui voyageait incognito. Il fallut bien m'arrêter. La chaleur était étouffante, le soleil était ardent, et, pour m'en garantir ainsi que de la poussière, j'avais baissé les stores de ma berline, où je me tenais renfermée, attendant qu'il revînt à la poste des mules et des muletiers. J'entendis le fouet des postillons, un équipage venait d'arriver. J'entr'ouvris les stores de ma voiture, et quand les nuages de poussière furent dissipés, j'aperçus une calèche anglaise du goût le plus élégant. Mais, comment vous peindre ma surprise et le tremblement dont je fus saisie en reconnaissant Carlo assis à côté d'une femme jeune et belle. Sa parure était simple et ses manières distinguées. Quant à ses traits, ils se gravèrent sur-le-champ dans ma mémoire pour ne jamais s'en effacer. Et, dans ce moment, je les vois encore ! En quelques minutes les voyageurs eurent relayé et repris leur course rapide. Quelques instans après, des mules arrivèrent pour moi; et, pendant qu'on attelait, je demandai aux gens de la poste s'ils connaissaient les voyageurs qui m'avaient précédée.

» — Non, signora, reprit l'un d'eux; mais ils sont riches et paient bien : ce doit être le mari et la femme.

» — Ou quelque chose de ce genre-là, ajouta avec un sourire malin un autre muletier.

» — Qui vous le fait croire !

» — Par Notre-Dame-d'Atocha ! quand on voyage ainsi en tête-à-tête ! et puis la jeune dame tutoyait le beau cavalier.

» — En vérité ! lui dis-je, en sentant le cœur qui me manquait.

» — Oui; elle lui disait : « Carlo, que penses-tu de cette poussière ? Ne trouves-tu pas que nous voyageons comme les dieux, dans un nuage ? »

» — Assez, lui dis-je, et partons.

» J'arrivai à Séville plus morte que vive. Le muletier

m'avait conduite au plus bel hôtel de la ville, *aux Armes d'Espagne*; et en entrant dans le riche appartement que m'offrait mon hôtesse, le premier objet qui frappa mes regards fut un portrait richement encadré. Jugez de mon trouble, ce portrait était celui de cette inconnue, de cette compagne de voyage, de cette maîtresse de Carlo dont le souvenir et les traits semblaient me poursuivre partout.

» — Quelle est cette femme? demandai-je à mon hôtesse.

» Elle me fit une révérence et me répondit :

» — Est-il possible que la signora n'ait pas reconnu Sa Majesté la reine?

» — La reine! m'écriai-je en chancelant.

» Ah! la fortune et le crédit de Carlo, le mystère qui l'environnait, ce secret terrible d'où dépendaient sa vie et sa liberté, tout était expliqué, jusqu'à sa tristesse et à ses remords!... Accablée, anéantie, n'ayant plus la force de penser, ni même de pleurer, j'ignore combien de temps je restai dans cet état. Quand je revins à moi, mon hôtesse m'apprit que j'avais été toute une semaine malade, mais que son zèle et ses soins m'avaient rendue à la santé; elle m'apprit également que, depuis deux jours, la maison du roi et toute la cour étaient retournées à Madrid. Malgré moi, je parlai à tout le monde de la reine, et chacun me répétait, à ma grande surprise, que c'était la piété et la vertu mêmes; qu'elle adorait son mari, lui aidait à porter le fardeau de la couronne, et ne s'occupait, ainsi que lui, que de la prospérité de l'Espagne. Craignant de laisser pénétrer le secret redoutable que seule je possédais, je hasardai, en tremblant et avec réserve, quelques mots sur Carlo. Ce nom était ignoré, personne n'en n'avait jamais entendu parler; et, en Espagne comme à Londres, nul ne connaissait Carlo Broschi!

XI.

« Dès que je pus soutenir le voyage, je partis. Je me rembarquai pour Naples, mais je ne retournai pas à Sorrente, dont le riant aspect et les heureux souvenirs m'eussent été odieux. Je courus me cacher sous les sombres allées du château d'Arcos. Ses antiques tourelles, ses murailles noircies et dégradées par le temps, respiraient une tristesse qui convenaient à la mienne. Une partie du château avait été bâtie sur des rochers, au pied desquels roulait un torrent furieux. Au fond de cet abîme était la mort!... Une mort certaine et le repos!... Plus d'une fois, je l'avoue, arrêtée au bord de ce précipice dont je mesurais l'horrible profondeur, j'avais eu l'intention de m'y élancer... Mais Dieu m'avait retenue! Il m'avait semblé, au bruit mugissant du torrent, entendre la voix de Théobaldo qui m'annonçait mon châtiment et ma damnation éternelle... et, tremblante, je m'étais résignée à un supplice plus long et plus cruel..

» Il y avait un mois que Carlo était parti, et, fidèle à sa promesse cette fois, il était revenu à Sorrente au jour indiqué; ne m'y trouvant pas, il était accouru au château d'Arcos, et si j'avais ignoré sa trahison, son trouble et sa tristesse auraient dû me l'apprendre. Trop franche pour ui cacher ma douleur, trop fière pour m'abaisser à des reproches, je lui racontai froidement ce que j'avais vu et entendu, tout en lui promettant le silence sur un secret d'où dépendait sa vie. Il me laissa parler sans m'interrompre, et quand j'eus fini il tira de son sein une lettre qu'il me présenta en me disant :

» — Vous ne parlerez de cet écrit à personne de mon vivant... pas même à moi. La lettre était de la main de la reine, et conçue en ces termes :

« Personne plus que vous, Carlo, n'est dévoué au roi,
» mon mari. Il n'a pas de serviteur plus fidèle, ni de con-
» seiller plus éclairé. Par ses jours que je vous dois, par le
» tendre amour que je lui porte, par l'intérêt que je prends
» à son bonheur et à la gloire de son règne, n'écoutez
» plus de vaines craintes, et bravez des préjugés que
» nous bravons nous-mêmes. Qu'importe votre naissance?
» qu'importe votre état? Méprisez pour nous les cris et les
» insultes de la cour, et soyez notre ministre, comme vous
» êtes notre ami.
» Je vous attends le 20 de mois à Aranjuez. »

» — C'est aujourd'hui, s'écria Carlo avec un accent passionné, et je ne suis point à Aranjuez!... Je suis ici... au château d'Arcos... près d'une amie... qui me soupçonne, qui m'accuse, et que je ne veux plus quitter.

» — Quoi! Carlo, vous restez?

» — Tant que je vivrai, me dit-il d'un air sombre; tant que vous ne me direz pas : Va-t-en... car ma souveraine, c'est vous!

» — Et ce rang qu'on vous offre, et cette faveur inouïe... inconcevable?

» — Je vous ai priée, s'écria-t-il d'un air triste, et vous m'avez promis de n'en parler à personne... pas même à moi... Les services que j'ai rendus à mon souverain, la faveur secrète dont il m'honore, tiennent à des causes que je ne puis révéler... C'est le seul et dernier secret que j'aurai pour vous, et que vous ne connaîtrez peut-être que trop tôt... Qu'importe d'ici là si vos craintes sont dissipées... et j'espère qu'elles vont l'être. Il prit la plume et écrivit :

» Madame,

» Les bontés dont mon seigneur et roi, et dont Votre
» Majesté ont comblé l'obscur et inconnu Carlo, n'ont déjà
» que trop excité l'envie, et cependant la haute confiance
» où vous daignez m'admettre était un secret qu'à peine
» on pouvait deviner! Que serait-ce si je devenais mi-
» nistre? Les outrages auxquels je suis en butte ne s'arrê-
» teraient pas à moi et s'élèveraient peut-être plus haut.
» Par le dévouement que je porte à vous, madame, et au
» roi; dans l'intérêt de sa gloire et de son règne, je le
» supplie de me retirer le poste éminent qu'il voulait me
» confier : je n'y avais d'autre droit que mon zèle, et mon
» refus peut-être m'en rendra digne, car, en refusant, je
» crois servir Sa Majesté. Et maintenant je solliciterai une
» autre grâce : permettez-moi de vivre et de mourir dans
» la retraite et dans l'obscurité, qui seules conviennent
» au pauvre et misérable Carlo. Je vous écris d'Arcos, et
» depuis le jour où Votre Majesté a daigné, à ma prière,
» faire grâce à la comtesse de Popoli, vous connaissez mes
» sentiments pour elle : sentiments insensés peut-être, mais
» qui ne finiront qu'avec ma vie, ainsi que mon dé-
» vouement et ma reconnaissance pour Votre Majesté. »

» Lorsque j'eus lu cette lettre, il la cacheta et l'envoya par un exprès.

» — Maintenant, me dit-il, conservez-vous encore des doutes?

» — Je n'ai plus que des remords, répondis-je en lui tendant la main, et d'ici à quelques jours j'espère les apaiser. En effet, il me tardait de réparer mes indignes soupçons; il me tardait surtout de reconnaître les sacrifices que Carlo venait de faire pour moi ! J'avais écrit en secret à Théobaldo, à l'évêque de Nola, ou plutôt au cardinal Bibbiéna; car je comprenais maintenant comment il devait tous ses titres à la protection et à l'amitié de Carlo. Sans le prévenir de ce que je voulais de lui, je le priais d'accourir au plus tôt, car j'avais un service important à lui demander. J'étais sûre de le voir arriver, et en effet, quelques jours après, la voiture de Son Éminence entrait dans la cour du château, à la grande surprise de Carlo, qui ne l'attendait pas.

» Après sept années d'absence, nous nous retrouvions donc encore une fois réunis dans ce château où s'était passée notre jeunesse, dans ces lieux témoins de nos plaisirs et de notre amitié, de nos sermens et de nos rêves;

sermens que nous avions tenus, rêves qui s'étaient réalisés d'une manière si miraculeuse ! Au moment où nous entrâmes tous trois dans le salon du duc d'Arcos, dans ce salon gothique qui nous rappelait tant de souvenirs, la même idée vint nous frapper sans doute ; car nous nous tendîmes les mains et nous nous regardâmes... Quel changement, mon Dieu ! Autrefois, dans ces lieux mêmes, pauvres, malheureux et incertains de l'avenir, la joie et la santé brillaient dans nos yeux. Aujourd'hui, riches et puissans, les soucis et les souffrances se lisaient sur tous nos traits... Le mal qui me consumait avait terni mes brillantes couleurs, le front de Théobaldo était sillonné par des rides précoces, et Carlo, j'ignore par quelle raison, semblait le plus triste de nous. Les larmes aux yeux, nous nous embrassâmes tous trois en nous écriant : « Tout est changé, excepté nos cœurs. »

« — Mes amis, leur dis-je, quand ils furent assis, vous rappelez-vous qu'il y a sept ans, à pareille époque, nous étions bien malheureux ; c'était le jour où Carlo nous quitta.

» — Oui, oui, s'écria Carlo en tressaillant; jour affreux ! jour horrible !

» — Dont le sort doit nous dédommager, continuai-je, car jusqu'à présent il a été bien cruel pour moi, et moi, Carlo, bien injuste pour vous. Je n'ai qu'un moyen de réparer mes torts et de m'acquitter, si je le puis jamais, de tout ce que je vous dois : dans huit jours expire le temps de mon veuvage, et dans huit jours je désire qu'ici même Théobaldo nous unisse !

» Carlo, hors de lui, s'élançait vers moi pour me remercier, lorsqu'il rencontra un regard foudroyant de Théobaldo.

» — Je ne bénirai pas ce mariage, dit-il avec colère.

» — Et pourquoi ? m'écriai-je, stupéfaite.

» — Insensés tous les deux ! Ne savez-vous pas que cette union, autrefois permise, est maintenant impossible ; que tout la réprouve et vous sépare ; que la plus noble dame de Naples, la nièce du duc d'Arcos, la comtesse de Popoli, ne peut épouser...

» — Un homme sans noblesse et sans naissance ? m'écriai-je en souriant.

» — Non, reprit Théobaldo en regardant toujours Carlo, qui, les yeux attachés vers la terre, semblait atterré... Mais elle ne peut, aux yeux de toute l'Italie, épouser le meurtrier de son mari.

» Carlo poussa un cri de surprise et d'indignation.

» — Oui, poursuivit Théobaldo avec force, cette main qui a frappé le comte de Popoli ne peut s'unir à celle de sa veuve sans honte et sans infamie !... C'est proclamer aux yeux de tous l'adultère et le déshonneur... Et si tu l'aimes, Carlo, tu dois la vouloir respectée et non pas flétrie.

» — Mais le comte de Popoli, m'écriai-je, a déclaré hautement qu'il avait succombé loyalement, et dans un combat où son honneur n'était point engagé.

» Et si, à ma prière, reprit Théobaldo, il a fait cette déclaration pour vous conserver chaste et pure dans l'estime publique ; si j'ai détourné de votre front le scandale et l'opprobre, savez-vous à quelles conditions? Savez-vous si je n'ai pas promis, pour votre bien et celui de votre complice, que jamais votre main ne s'unirait à celle de ce votre complice ?...

» — L'a-t-il exigé ? m'écriai je, tremblante.

» — Je ne puis, ministre de Dieu, révéler les paroles d'un mourant ni les secrets de la confession ; mais j'atteste ici, et ce mot doit vous suffire, que je croirais offenser le ciel en bénissant ce mariage !

» Il sortit et nous laissa dans la consternation et le désespoir.

» — Oui, me disais-je en moi-même, je ne nie pas qu'un pareil mariage ne me fasse perdre à jamais dans le monde ; mais je ne m'attendais pas à trouver en Théobaldo tant de rigorisme et de dureté !

» La voix de l'amitié aurait pu adoucir ce que la religion et le devoir avaient d'inflexible et de sévère ; il devait nous plaindre du moins, et il est parti... sans nous consoler ! Il nous savait malheureux, et, pour la première fois, il s'est éloigné sans mêler ses larmes aux nôtres ! Carlo, au contraire, quoique frappé comme moi par ce coup terrible, avait redoublé de soins et d'amour pour me le faire oublier. Il me cachait sa douleur, qui eût augmenté la mienne, et jamais il ne m'avait montré plus de tendresse et plus de passion. Trop généreux pour se plaindre ou pour m'accuser, trop pur pour me vouloir au prix de l'honneur et du devoir, je voyais les tourmens auxquels il résistait en vain ! Prêt à céder, il me fuyait ; ou bien, ivre d'amour, il tombait à mes pieds en s'écriant : Je serai ton esclave ; je passerai ma vie à t'adorer. Ma sœur, mon amie... je ne veux de toi que ton âme et ton amour !... je ne demande rien au ciel. Je suis le plus heureux des hommes !... et le bonheur avec d'autres ne vaut pas le malheur avec toi !...

» Trois mois se passèrent ainsi dans le supplice et dans l'ivresse d'une passion dont les combats épuisaient chaque jour notre courage et nos forces. Chaque jour les menaces de Théobaldo s'effaçaient de mon souvenir ; le cri de l'opinion et les murmures du monde retentissaient plus faibles à mon oreille ; la voix de Carlo m'empêchait de les entendre. Depuis quelques jours surtout je remarquais en lui une exaltation et un délire qui m'inquiétaient ; depuis trois mois ces luttes continuelles, cette fièvre ardente à laquelle il était en proie, et que redoublaient encore l'ardeur du climat et le soleil étincelant de Naples, tout avait brûlé son sang et enflammé son cerveau. Souvent le désordre de ses discours annonçait celui de ses idées... Souvent, dans ses yeux ardens et passionnés, régnaient je ne sais quel égarement et quel sombre désespoir qui m'effrayaient.

» — Carlo, lui disais-je, ne me regardez pas ainsi...

» — Rassurez-vous, disait-il, mes souffrances sont telles, que bientôt, je l'espère, bientôt, je mourrai !... Je voulais hâter ce moment... c'est facile... je ne crains pas de me tuer... mais je crains de ne plus vous voir !

» Et, en me parlant ainsi, les larmes et les sanglots étouffaient sa voix. Ah ! il disait vrai, c'était trop souffrir ; et moi, faible femme, je n'avais plus la force de lutter contre son amour et contre le mien.

» Un jour, l'air était lourd et pesant, et la chaleur étouffante ; un orage se formait du côté de la mer. Nous étions assis dans le parc, et depuis quelques instans je parlais à Carlo, qui ne me répondait plus... Je pris sa main, qui était brûlante...

» — Vous avez la fièvre, lui dis-je, une fièvre ardente?

» — Oui, me dit-il, voilà bien des nuits que je n'ai dormi, et cela me désole... cela double mes jours... moi qui, au contraire, voudrais les abréger !

» Il y avait dans cette phrase tant de résignation et de malheur, que tout mon courage m'abandonna ; je ne vis plus que Carlo que j'allais perdre ! Carlo prêt à mourir !... et tout dans mon cœur céda à cette idée.

» — Écoute, lui dis-je, c'est assez de combats et de tourmens ! Qui peut nous condamner et nous punir davantage !... Le monde, l'opinion qui nous flétrira, dit-on, si je me présente aux yeux de tous en disant : Voilà mon sauveur, mon amant, mon époux !... Eh bien ! ces mots qu'il m'eût été si doux de prononcer... pourquoi les dire ? pourquoi les avouer? Si Théobaldo, si notre ami nous abandonne, n'est-il pas quelque autre prêtre, quelque indifférent, qui, à prix d'or, consente à nous unir en secret ?

» Carlo fit un geste de surprise et d'égarement.

» — J'ignore, continuai-je vivement, si dans nos lois une pareille union est permise ou valable... Mais elle l'est à mes yeux ; car, devant Dieu qui m'entend, que ces nœuds soient ou non formés, je te regarde comme mon époux... comme celui à qui j'appartiens... Oui, Carlo, mon honneur... c'était ma vie... et tu m'es plus cher que la vie... car, tu le vois, je t'aime... et je suis à toi !

» À ce bonheur inattendu, inespéré, Carlo poussa un cri de joie, leva les mains au ciel et tomba à mes pieds, en proie à un délire qui me fit trembler pour sa raison et pour ses jours. Habitué depuis longtemps à combattre la douleur, son cœur n'était point préparé à une si grande félicité, et, trop faible pour la supporter, il y avait succombé. Une fièvre cérébrale, une fièvre terrible s'était emparée de lui, et pendant huit jours il fut entre la vie et la mort, ne voyant, ne reconnaissant personne... pas même moi ! Au bout de ce temps, la fièvre tomba ; mais la raison n'était pas encore revenue...

» — Cela ne peut tarder, me dit le docteur ; du temps, des ménagements... absence de bruit et d'émotions, voilà le seul régime que je lui prescris.

» En effet, le délire de Carlo n'avait plus rien d'effrayant. Il ne parlait que de son prochain mariage.

» — Elle m'aime, s'écriait-il ; elle m'aime plus que son honneur !... Elle consent à se donner à moi !... Mais quand donc cette union ?

» — Dès que vous serez rétabli, lui disais-je.

» — Ah ! ce sera bientôt, car maintenant je suis heureux.

» Et alors, dans sa brillante imagination, qui chez lui avait survécu à la raison, il me traçait un tableau enchanteur d'un ménage bien uni, des charmes de l'intimité, des douceurs de la famille. Ces rêves si doux et si séduisans étaient presque de la raison, ou du moins une folie pareille était déjà du bonheur ! Appuyé sur mon bras, il venait d'essayer le soir, dans le parc, une promenade qui lui avait fait grand bien, et nous rentrions au château, lorsque, sous le vestibule, se présenta à nous un homme qui l'attendait... C'était Gherardo Broschi... c'était son père !

» — Voilà un an écoulé, lui dit le vieillard d'une voix douce, et tu m'as permis de venir te voir tous les ans.

» Pendant qu'il parlait, Carlo le regardait d'un air attentif, et comme cherchant à rappeler ses souvenirs. Une révolution soudaine se préparait en lui ; la raison lui revenait. Il me tendit la main avec tendresse. — Juanita, me dit-il, ma bien-aimée... Puis, apercevant Gherardo : — Mon père ! s'écria-t-il avec un accent terrible et en se frappant le front avec rage. Puis, apercevant dans le vestibule un fusil de chasse qu'on y avait laissé, il s'en empara et coucha en joue le malheureux vieillard. Je me jetai au-devant de lui en lui disant : Partez, éloignez-vous ! et il disparut dans le parc. Mais déjà à ma vue l'arme fatale était échappée des mains de Carlo.

» — Vous le voyez, me dit-il, c'est plus fort que moi. Sans vous, que serais-je en ce moment ? Parricide !... murmura-t-il à voix basse ; et frissonnant de tous ses membres, il resta quelque temps la tête cachée entre ses mains. Pour le rappeler à des idées plus douces et plus riantes, je m'approchai de lui et lui parlai des projets de notre mariage.

» — Quand donc ? s'écria-t-il.

» — Dès demain, si vous le voulez.

» Il me serra la main avec une expression de tendresse et de reconnaissance. A demain, me dit-il, et il rentra dans son appartement. Il était temps, car quelques minutes après revint Gherardo, qui voulait absolument voir encore son fils et l'embrasser.

» — Il me tuera s'il le veut, disait-il ; mais je dois le voir, il me l'a promis.

» J'eus bien de la peine à lui faire comprendre que dans ce moment sa vue pouvait faire grand mal à Carlo et le replonger dans un nouvel accès.

» — Puisqu'il le faut, dit-il en soupirant, sa santé avant tout ; qu'il vive et que je meure... Il est bien cruel envers moi... Non pas que je l'accuse, mais je l'aime tant qu'il devrait me pardonner... Allons, je m'éloigne.

» Et le vieillard fut longtemps encore à sortir du château, et longtemps il erra autour des murs. La chambre de Carlo donnait sur le torrent, et des gens de la maison avaient vu le soir Gherardo de l'autre côté du précipice, assis sur les rochers qui étaient en face des fenêtres de son fils, et cherchant encore à distinguer ou à deviner ses traits.

» Hélas ! le pauvre vieillard ne devait plus les revoir ni nous non plus ! Le lendemain, Carlo ne descendit pas à l'heure du déjeuner. Je l'envoyai avertir. Sa porte était fermée. On frappa ; il ne répondit point. On brisa la serrure ; sa chambre était déserte. Il ne s'était point couché ; mais les bougies, presques consumées, laissées sur son bureau, prouvaient qu'il avait veillé une partie de la nuit... La fenêtre qui donnait sur l'abîme était ouverte... Sur l'appui on voyait encore l'empreinte de ses pieds... Au bas de la croisée, les rochers qui bordaient le précipice étaient couverts de sang, et les eaux impétueuses du torrent avaient emporté son corps ! Il ne nous restait rien de lui... rien que ces papiers laissés sur le bureau de sa chambre... un portefeuille contenant des sommes immenses, et son testament, écrit de sa main... Il y disait en peu de mots qu'il se donnait la mort dans la crainte de devenir parricide... et qu'il me nommait héritière de toute sa fortune.

» Ainsi me fut ravi le compagnon de mon enfance et l'ami de ma jeunesse. Ainsi le sort, qui se joue de nos projets et de nos rêves de bonheur... n'a pas voulu que nous fussions unis sur la terre. Mais ne me plaignez pas, mes amis, et félicitez-moi ! Dieu a pris ma douleur en pitié ; il abrège le temps de l'exil, et bientôt, je le sens, ô mon bien-aimé Carlo ! il me permettra de te rejoindre !... »

XII.

On pense bien que pendant ce long récit la comtesse de Popoli s'était plus d'une fois interrompue, et plus d'une fois ses larmes avaient coulé en retraçant à ses jeunes amis de si pénibles souvenirs. Ce Carlo, à la fois si généreux et si étrange, d'un cœur si élevé et d'un sort si misérable, ce personnage mystérieux, qui était mort en emportant son secret, avait vivement excité la curiosité de Fernand et plus encore l'intérêt et l'émotion d'Isabelle. Son âme, enthousiaste et facile à s'exalter, concevait aisément l'amour et la douleur de Juanita; car, pour elle, Carlo était devenu son héros et son dieu. Si elle l'eût connu, elle l'eût aimé de toutes les forces de son âme ; car c'étaient là les passions que son cœur romanesque avaient rêvées, et à chaque instant elle interrogeait de nouveau sa sœur, et lui faisait répéter les moindres détails de son récit.

— Maintenant, mes amis, leur avait dit Juanita, vous connaissez mon sort et comprenez ma position. Tous les biens que je possède dans le royaume de Naples sont à ma sœur, je les lui abandonne ; mais ceux que j'ai acquis en Espagne avec les richesses de Carlo... je n'ai pu les accepter que comme un dépôt. J'ignore ce qu'est devenu le malheureux Gherardo Broschi... Je ne l'ai pas revu depuis la mort de son fils ; mais, s'il reparaît maintenant... ou quand je ne serai plus... toute cette fortune lui appartient! Lui seul est l'héritier de son enfant. Fernand et toi, ma sœur, vous ne l'oublierez pas... Vous me l'avez juré, et, grâce à votre promesse, vous voyez que je puis accepter sans crainte toutes les conditions du duc de Carvajal.

En effet, Juanita devait, la semaine suivante, signer le contrat tel que le duc lui avait dicté, et le jour même devait voir le bonheur des deux amans.

Mais Juanita, déjà souffrante et malade, devint si faible qu'il lui fut impossible de sortir de son appartement. Le mal avait fait depuis quelques jours des progrès effrayans, soit qu'il fût arrivé réellement à sa dernière période, soit que les émotions que Juanita venait d'éprouver eussent porté le coup fatal à cette organisation si frêle et si tendre, qui ne vivait plus que pour aimer et se souvenir !

Isabelle, en voyant l'état de sa sœur, déclara que toute idée de fête et de réjouissance devait être éloignée ; qu'elle ne signerait le contrat et ne consentirait à ce mariage que lorsque Juanita pourrait y assister, et, au grand désespoir de Fernand, le jour des noces fut encore retardé. Sa seule consolation était d'aller voir sa fiancée, qui ne quittait plus sa sœur ; et tous les deux passaient leur journée près du lit de la pauvre mourante. Isabelle avait remarqué que le seul moyen d'appeler encore le sourire sur ses lèvres, c'était de lui parler de Carlo, et elle lui en parlait toujours.

« — Je ne le reverrai plus, disait Juanita ; mais si je le revoyais seulement le pauvre Gherardo !... je mourrais contente, et je porterais là-haut à mon bien-aimé Carlo la bénédiction de son vieux père.

— Patience ! disait Isabelle, il reviendra, j'en suis sûre, surtout s'il ignore la mort de son fils. Ne doit-il pas le voir tous les ans ? et pour le revoir, il reviendra toujours près de toi... certain de l'y trouver !

— Vaines illusions ! dit Juanita ; retour impossible !

— Et pourquoi donc ? pourquoi le ciel et les saints ne feraient-ils pas un miracle pour toi, ma sœur, qui es une sainte ?

— Ah ! s'écria Juanita, tais-toi !...

Et montrant du doigt la fenêtre qui était en face de son lit :

— Ma raison affaiblie me fait voir des fantômes, car, pendant que tu parlais... j'ai cru voir derrière les carreaux de cette croisée... le pauvre Gherardo. C'était lui ou son ombre qui me regardait en pleurant.

Isabelle s'élança vers la porte qui donnait sur les jardins, et entendit les pas d'un homme qui s'enfuyait. Elle fit signe à Fernand, et celui-ci, dans sa course rapide, eut bientôt rejoint le vieillard qu'il ramena, malgré ses efforts, dans la chambre de Juanita.

— C'est vous, Gherardo, s'écria celle-ci, vous qui me fuyez !

— Il le fallait, dit le vieillard tremblant, il le fallait ; sans cela aurais-je pu renoncer à vous voir ! vous que j'ai élevée, vous, la protectrice et l'amie de mon pauvre Carlo !

— Vous savez donc qu'il n'est plus ?

— Oui... oui... je le sais, dit Gherardo en balbutiant.

— Eh bien ! s'écrièrent Fernand et Isabelle, nous avons tous ici des trésors à vous remettre.

— Oui, Juanita, Carlo a déposé entre mes mains ta fortune.

— Qu'elle y reste, répondit le vieillard, tout ce qu'a fait Carlo est bien fait. Je ne veux rien. Je ne demande rien au ciel que de vous voir revenir à la santé.

— C'est impossible, dit tristement Juanita, mes derniers moments ne sont pas éloignés ; mais il dépend de toi de les adoucir ; reste auprès de moi, ne me quitte plus... Tu me le promets, n'est-ce pas ?

Le vieillard hésita et parut embarrassé.

— Eh quoi ! tu me refuses ?

— Je ne le puis, signora, je ne le puis.

— Et pourquoi donc ?

— On m'attend ailleurs.

— Aujourd'hui ?

— Ce soir même.

— Je te le demande au nom de ton fils, au nom de Carlo, qui nous regarde et nous entend peut-être.

— Mon Dieu ! s'écria-t-elle en joignant les mains, que n'est-il là pour fermer mes yeux, pour recevoir mon dernier soupir !

Et dans son amour, dans sa douleur, elle lui adressait des adieux si tendres et si déchirans, que Fernand et Isabelle fondaient en larmes. Quant à Gherardo, il paraissait en proie à un combat violent ; il sanglotait en se tordant les mains, et enfin, tombant à genoux près du lit de Juanita, il s'écria :

— Je n'y tiens plus... je n'y résiste plus... Quand il devrait me maudire encore ; quand il devrait cette fois me tuer tout à fait, vous le verrez, signora, vous le verrez !

Oh ! mon doux, dit Juanita, qui à ce mot sembla renaître à la vie, et dont les yeux ranimés et brillans ne quittaient plus ceux de Gherardo.

— Écoutez, écoutez ! dit le vieillard, à qui l'émotion ne permettait pas de mettre beaucoup d'ordre dans son récit. J'étais assis sur des rochers au bord de l'eau. La nuit était froide, mais je ne sentais rien... J'étais en face de ses fenêtres...il y avait de la lumière dans sa chambre ; et je le voyais écrire, puis marcher et se promener avec agitation, comme quelqu'un qui est en colère... C'était peut-être contre moi, mais c'est égal, je le voyais ! cela me suffisait, et je serais resté là toute la nuit. Tout à coup je vois s'ouvrir sa fenêtre, qui donnait sur le précipice... trente pieds de hauteur. Il s'élance ! moi aussi, mais de moins haut. Il roule dans le torrent, et moi aussi, car je m'étais jeté sans savoir ce que je faisais et seulement pour mourir avec lui. Mais j'aimais encore mieux le sauver, et, quoique très faible, cette idée-là doublait mes forces. Je le portai, je le traînai évanoui sur les rochers ; je le crus mort. Il s'était cassé un bras dans sa chute ; sa tête, qui avait porté sur un quartier de roc, saignait horriblement. Que faire ? que devenir ? Le jour commençait à paraître ; je remontais pour chercher au château du monde et des secours, lorsque je rencontrai sur la route une superbe berline, un grand seigneur qui se rendait chez vous, le cardinal Bibbiéna. Il m'aida lui-même à transporter jusqu'à la voiture le pauvre Carlo, qui alors seulement revint à lui. Et quand il sut ce que je venais de faire :

— Je te dois deux fois la vie, dit-il ; oublions la première, et ne pensons qu'à celle-ci.

Et il me tendit sa main défaillante, il me pardonna et il ne me maudit plus, et il m'aime maintenant ; il m'aime, moi, le pauvre Gherardo, dont il a oublié tous les torts... Mais ce n'est pas là ce dont je veux parler ; c'est de vous, signora, de vous à qui il pensait sans cesse :

— Puisqu'elle me croit mort, dit-il, que je le sois toujours pour elle.

— Oui, a répondu le cardinal, pour son bonheur et pour le vôtre, qu'il en soit toujours ainsi ! Dieu le veut.

Et alors il lui a fait jurer de ne plus troubler votre tranquillité, de ne jamais vous faire savoir qu'il vivait encore. Ils me l'ont fait jurer aussi sur ma tête ; et Carlo, quand il a été rétabli, est parti pour un pays étranger, pour l'Angleterre ; mais, avant son départ, il m'a recommandé de veiller sans cesse sur vous, et je ne vous ai plus quittée, et je me cachais pour vous suivre, pour vous regarder et pour vous écrire chaque jour : « Je l'ai vue. » Mais il y a quelques semaines je lui ai écrit : « Elle est bien mal... » Alors il a tout quitté, il est revenu.

— Il est donc ici ! s'écria Juanita.

— Oui, malgré le cardinal qui est arrivé ici ce matin pour l'emmener, il est à Grenade, se cachant le jour et venant toutes les nuits dans les jardins de ce palais, sous vos fenêtres, ou m'envoyant à la découverte... C'est ainsi que tout à l'heure j'ai été surpris... et j'ai trahi pour vous mon serment...

— Dieu te pardonnera cette trahison ! s'écria Juanita ; et Carlo aussi ! Qu'il vienne, s'il veut me voir vivante !

Et pendant que le vieillard hâtait sa marche chancelante, Juanita, qui semblait avoir retrouvé son âme et son énergie, traçait rapidement quelques mots, qu'elle remit à Fernand :

— Cette lettre au cardinal Bibbiéna, lui dit-elle ; qu'on la lui fasse parvenir sur-le-champ.

Et en ce moment elle pâlit... et devint tremblante ; la porte venait de s'ouvrir, et Carlo parut. Juanita, sans lui faire un reproche, étendit vers lui la main en signe de pardon ! Il se précipita sur cette main qu'il couvrit de larmes et de baisers.

— Pourquoi pleurer, Carlo, lui dit-elle, je suis heureuse... je t'ai revu ! Mais toi, qui m'aimais tant, continua-t-elle avec douceur, pourquoi m'avoir fait mourir ? pourquoi m'avoir quitté ?

— Il le fallait ! s'écria Carlo en sanglotant.

— Oui, je sais qu'un secret terrible nous séparait, un secret, m'as-tu dit, qui donnait la mort... Tu peux me l'apprendre maintenant ; grâce au ciel, je puis l'entendre... Que tous tes chagrins soient les miens, que ton âme tout entière soit à moi, et les derniers momens de ma vie en seront les plus heureux !

Carlo s'approcha vivement de Juanita, mais apercevant alors sa sœur qui se tenait debout et immobile près du lit, il se pencha vers l'oreille de son amie et lui dit quelques mots à voix basse. Un éclair de joie brilla dans les yeux de Juanita.

— Ingrat, lui dit-elle, c'est en ce moment seulement que vous avez eu confiance en votre amie ! Doutiez-vous donc de son amour, et aviez-vous oublié les jours heureux passés aux rivages de Sorrente ?...

Elle s'arrêta en voyant Ferdinand suivi du cardinal Bibbiéna.

— Théobaldo, lui dit-elle, je sais tout, je vous accusai d'injustice et de rigueur quand vous remplissiez dignement les sévères devoirs d'une sainte amitié. Pardonnez-moi, mon ami...

Et elle lui tendit la main ! A ce moment, ce prêtre, à la physionomie impassible, aux traits si durs et si sévères, ne put retenir son émotion, et il se prit à fondre en larmes, lui qui semblait ne pouvoir pleurer !

— Vous vivrez, s'écria-t-il, vous vivrez, Juanita, pour le bonheur de vos amis.

— Non, je sens que l'instant fatal approche ! C'est pour cela que je vous ai fait venir.

Et le regardant avec tendresse ainsi que Carlo :

— Compagnons de mes premiers jours, j'ai voulu que vous le fussiez de mes derniers, pour que ma vie s'éteignît aussi douce qu'elle avait commencé, et maintenant que je sais tout, vous ne refuserez plus de nous unir... Que je meure sa femme ! Qu'à mon heure suprême je vous doive ce bonheur, l'espoir et le rêve de ma vie entière !

Théobaldo tressaillit, puis croisa ses mains sur sa poitrine et ses yeux élevés vers le ciel respiraient la piété, la tendresse et le désespoir. Il prit en tremblant la main de Carlo, la plaça dans la main mourante de Juanita ; puis d'une voix plus forte il prononça les paroles sacrées et appela sur eux la bénédiction de Dieu et des anges. La nouvelle et pâle mariée tourna vers lui un regard de reconnaissance, puis elle pressa Carlo contre son cœur... et comme si elle eût expiré sous ce dernier baiser, de la main elle lui montra le ciel en lui disant :

— Mon bien-aimé... mon époux ! je vais t'attendre !...

Et Juanita n'était plus ! Les deux amis s'embrassèrent en pleurant ! puis tous deux se mirent à genoux près du lit de leur amie, et toute la nuit ils prièrent !

Pendant toute la précédente journée, Isabelle était restée pâle et glacée près de sa sœur ; depuis ce moment sa gaîté disparut, ses belles et fraîches couleurs s'effacèrent. Une sombre rêverie succéda à son indifférence habituelle.

Trois mois s'écoulèrent ainsi. Au bout de ce temps, lorsque Fernand se hasarda à lui parler de mariage, elle lui répondit :

— Je ne veux plus me marier... Je veux entrer au couvent.

Et à toutes les instances de son fiancé elle répondit :

— Je connais toutes vos qualités et vos vertus... Je vous estime et je vous aime... Mais je ne veux plus me marier, je veux entrer au couvent.

Et ne sachant comment vaincre son obstination, Fernand ne vit plus qu'un seul moyen, il résolut d'aller trouver à Madrid le cardinal Bibbiéna et Carlo.

XIII.

Fernand était décidé à partir, lorsqu'un nouvel obstacle s'éleva et rendit son voyage inutile. Le duc de Carvajal, son père, lui déclara qu'il ne consentait plus à son mariage.

— Et pour quelles raisons, mon père ? s'écria le pauvre Fernand désolé.

— Ces raisons, répondit gravement le duc, vous les connaissez comme moi. Un homme d'Etat n'a qu'une pensée et qu'un but, un noble Espagnol n'a que sa parole. Mon but était qu'à défaut de places et de dignités dont on nous a injustement dépouillés, notre maison brillât du moins par ses immenses richesses, et je vous permettais d'épouser la nièce du duc d'Arcos à condition que Juanita sa sœur ne se marierait pas et lui abandonnerait tous ses biens.

— Elle lui a laissé par sa mort tous ceux dont elle pouvait disposer, tous ceux qu'elle possédait dans le royaume de Naples, et qui sont, dit-on, très-considérables.

— C'est possible, je ne les connais pas, mais je connaissais l'hôtel et les jardins de l'Alhambra, qu'elle avait achetés en cette ville ; les immenses domaines et les riches métairies qu'elle avait acquis dans la province de Grenade et dans celle de Valence.

— Tout cela, mon père, appartenait et appartient encore à son mari.

— Justement, elle s'est mariée, et c'est ce que je lui reproche ! Se marier un quart d'heure avant sa mort !... Elle ne pouvait peut-être pas attendre !...

— Un homme qu'elle aimait ! une union qui la rendait heureuse !...

— Il ne s'agit pas de cela ; quand on a donné sa parole, et qu'on a une sœur à marier... Et puis épouser un homme obscur et inconnu... un Carlo Broschi dont personne n'a jamais entendu parler.

— Il a du moins un mérite, celui d'être riche !

— Un mérite qu'il garde pour lui. Et je jure que vous, Fernand de Carvajal, ne serez jamais le beau-frère de Carlo Broschi. Vous n'épouserez point Isabelle, je refuse mon consentement.

— Hélas ! mon père, elle refuse aussi le sien.

— Tant mieux, nous serons tous d'accord.

Et en effet, quel espoir restait au jeune homme, placé entre son père qui s'opposait à ce mariage, et sa fiancée qui ne voulait plus en entendre parler ? Au contraire, et au grand désespoir de Fernand, elle redoublait d'ardeur pour la vie religieuse. Elle était entrée comme pensionnaire au couvent de Santa-Cruz, et n'aspirait qu'au moment de prononcer ses vœux.

Une cérémonie de ce genre, une prise de voile solennelle devait avoir lieu prochainement avec grande pompe dans la ville de Grenade, et Isabelle, qui n'avait pas encore le temps prescrit pour le noviciat, désirait obtenir une dispense. Par malheur, l'abbesse de Santa-Cruz n'avait pas le pouvoir de lui accorder sa demande, et la jeune fille était désolée ; mais elle reprit courage en apprenant que le cardinal Bibbiéna devait honorer cette cérémonie de sa présence, et qu'il devait même y officier.

A son arrivée, le prélat reçut la visite du malheureux Fernand, qui venait implorer sa puissante protection auprès du duc son père, et auprès de sa fiancée.

— On peut ramener le duc de Carvajal à d'autres sentimens, lui répondit Théobaldo en souriant, ce ne sera pas la première fois qu'il en aura changé !... Mais cette jeune fille ! Il est difficile et peut-être peu convenable à moi de la détourner d'entrer en religion, surtout si c'est une vocation décidée.

— Ce n'en est pas une. Elle a été élevée au couvent, qu'elle détestait, et depuis trois mois elle veut y retourner.

— Pour quel motif ?

— Je l'ignore.

— Elle vous aimait cependant.

— Elle m'aime toujours, elle me le dit ; mais elle ne veut plus m'épouser, elle veut rester fille.

— Et la raison ?

— Dieu seul le sait... Et vous, mon père, pourrez peut-être le savoir !

— Ah ! dit Théobaldo en secouant la tête, Dieu ne nous dit pas ces secrets-là.

Il se trompait. Le ciel lui-même allait lui révéler celui-ci, ou l'aider du moins à le connaître. L'abbesse de Santa-Cruz lui présenta le lendemain la supplique d'une de ses pensionnaires qui demandait qu'on abrégeât pour elle le temps du noviciat, et priait le saint prélat de vouloir bien l'entendre en confession. Cette supplique était signée Isabelle d'Arcos. On se doute que le cardinal se rendit à ses vœux. La pauvre enfant tomba à ses genoux et lui ouvrit son cœur tout entier. Elle voulait se réfugier dans le sein de Dieu pour sauver son âme, pour se soustraire à un amour irrésistible et soudain qui la poursuivait. C'est Carlo qu'elle aimait! C'est lui seul qu'elle eût voulu épouser; et comme elle ne voulait pas faire ce chagrin à Fernand qui ne le méritait pas, il fallait qu'elle se fit religieuse. Non pas qu'elle n'aimât bien aussi Fernand sa fiancée, mais d'un amour trop naturel et trop raisonnable. Avec lui, il est vrai, tous ses jours eussent été tranquilles et sereins, c'eût été du bonheur... Mais à ce bonheur uniforme, à ce calme des sens, elle préférait les émotions et les orages de l'âme. Elle eût presque envié les tourmens et le sort de sa sœur ; et dans ses idées romanesques, elle regardait le couvent comme un asile assuré où elle pouvait être malheureuse à son aise.

Le cardinal eut bientôt compris combien devaient être vives, dangereuses et peu durables les résolutions de ce caractère ardent et exalté, et d'un seul coup d'œil, il vit le remède qui convenait à cette imagination malade.

— Mon enfant, lui dit-il avec bonté, c'est à moi de vous sauver, et je le ferai même malgré vous s'il le faut. Vous ne serez point religieuse, et vous épouserez Fernand de Carvajal, charmant et aimable gentilhomme qui fera votre bonheur.

— Jamais !... on voudrait en vain m'y contraindre.

— C'est vous qui le choisirez et qui lui donnerez votre main...

— C'est impossible, je penserais toujours à Carlo.

— Carlo lui-même vous forcera bien à l'oublier !

— Plût au ciel ! s'écria-t-elle en pleurant ; mais je l'en défie, mon père, et vous aussi.

Théobaldo partit sans accorder à Isabelle ce qu'elle demandait, et celle-ci maudissait la tyrannie qui retardait son esclavage et l'empêchait de s'enchaîner à l'instant même. Mais son indignation ne connut plus de bornes en apprenant un acte bien autrement injuste et arbitraire.

La camaréra-major envoya à l'abbesse de Santa-Cruz la défense de recevoir dans son couvent Isabelle d'Arcos, et l'ordre de partir à l'instant même avec elle pour Madrid, où elles étaient mandées toutes deux par la reine. Il fallut obéir.

Le même jour, le duc de Carvajal recevait du ministre une lettre qui lui enjoignait de se rendre à la cour pour donner des explications sur sa conduite.

Cette missive n'était rien moins que rassurante, car, dans sa haine contre le premier ministre La Ensenada et les principaux membres du conseil de Castille qui l'avaient destitué, le duc de Carvajal ne ménageait pas toujours ses expressions, et, rassuré qu'il était par la distance, se permettait souvent des épigrammes plus ou moins spirituelles qui ne devaient jamais franchir les portes de son hôtel, et qui, à sa grande surprise ainsi qu'à son effroi, avaient retenti jusqu'à Madrid. Il se mit en route accompagné par son fils, qui ne voyait dans cette disgrâce qu'un bonheur... celui de se rendre dans la ville où allait habiter Isabelle !

XIV.

L'Espagne était alors un des États les plus florissans de l'Europe. Sous l'habile administration de Ferdinand VI, qu'on avait surnommé le Sage, le commerce et l'agriculture recommençaient à fleurir. Des manufactures s'élevaient. Les Espagnols, auparavant tributaires de l'industrie des autres nations, voyaient abonder chez eux les matières premières et les productions des arts. Les sciences et les lettres reprenaient un nouvel essor, et, comme dans tous les royaumes riches et heureux, la capitale était devenue une ville de luxe et de plaisirs. Les fêtes et les divertissemens se succédaient à la cour, et l'on venait d'établir dans le palais de Buen-Retiro un théâtre italien, où avaient été appelés les premiers artistes et les premiers chanteurs du monde. Par malheur, la faible santé du roi et les maladies de cerveau auxquelles il était sujet faisaient craindre à chaque instant pour ses jours ou pour sa raison, et lui laissait habituellement une mélancolie et une humeur noire que ne pouvaient pas toujours dissiper les soins et la tendresse inquiète de sa jeune femme, la princesse Marie-Thérèse de Portugal, dont il était sincèrement aimé. C'était pour le distraire qu'elle multipliait autour de lui les bals, les spectacles et les carrousels ; aussi il est inutile de dire que les étrangers affluaient de toutes parts dans la capitale, qui voyait par leur présence doubler encore sa splendeur et sa richesse, et nos voyageurs eurent grand'-peine à se loger convenablement. Le duc de Carvajal et son fils trouvèrent enfin un appartement à la porte Del Sole, dans un brillant hôtel qui n'était fréquenté que par des grands seigneurs. Le jour même de son arrivée, le duc se présenta à la cour et ne put voir le roi. Le lendemain, de grand matin, il sollicita une audience, et il lui fut répondu que Sa Majesté ne recevait que dans le courant de la semaine. Furieux d'un affront dont souffrait vivement sa fierté espagnole, le duc en sortant du palais entra pour déjeuner dans un riche café où se pressait une foule nombreuse qui prenait du chocolat ou lisait les papiers publics. Debout près du braséro, un homme se plaignait à haute voix des ministres et de la cour. Le duc n'aurait pas osé commencer l'attaque, mais il se sentit l'audace de la soutenir par son silence approbatif, et il écouta la conversation avec une satisfaction intérieure dont sa mauvaise humeur se trouva sensiblement soulagée.

— Oui, messieurs, disait un petit homme couvert d'une perruque poudrée à frimas, et dont l'habit était bariolé de croix et de cordons, je ne crains rien et je parle tout haut... Croiriez-vous que moi, grand d'Espagne, comte de Fonseca, marquis de Pirego, j'ai fait antichambre deux heures chez le roi !

— Comme moi, se dit tout bas Carvajal.

— J'allais demander à S. M. l'ordre de Calatrava qu'on me refuse, le seul qui me manque... ce qui est une injustice. « S. M. ne reçoit personne, me dit l'officier des gardes, S. M. est souffrante, et les grandes et petites entrées sont interdites. » A l'instant même paraît un homme, fort joli cavalier, j'en conviens, vêtu fort simplement, et portant l'ordre de Calatrava... Il se présente... toutes les portes lui sont ouvertes, et il entre chez le roi sans même dire son nom.

— C'est sans doute l'infant, frère de S. M.? demandai-je.

— C'est Farinelli, me répondit l'officier des gardes qui tenait encore respectueusement son chapeau à la main.

— Quoi ! m'écriai-je, Farinelli !... ce musicien !... ce chanteur italien... est décoré de l'ordre de Calatrava, que l'on me refuse... et il est admis chez S. M. pendant que je fais antichambre, moi, grand d'Espagne !... comte de Fonseca, marquis de Pirego !... Concevez-vous cela, messieurs? Et dans quel temps vivons-nous ?

— Dans un temps où l'on rend honneur au mérite et au talent, s'écria un homme en pourpoint de velours rouge, qui humait lentement et avec délices sa tasse de chocolat.

— Qu'on le récompense comme chanteur, j'y consens, répondit un jeune hidalgo qui arrangeait devant une des glaces du café les boucles de sa chevelure et son jabot de riches dentelles. Qu'on lui couvre d'or, on a raison, car c'est la voix la plus admirable, la plus étonnante qu'on ait jamais entendue, et quand il chante, ce qui lui arrive rarement, je ne donnerais pas pour mille écus ma stalle à la chapelle du roi ; mais qu'il soit le favori de LL. MM.! qu'il dispose à son gré des honneurs, des places et des pensions, qu'il ait, dit-on, voix au conseil, voilà qui est immoral, qui est absurde !... Et il ne manquerait plus que de le nommer hautement premier ministre !

— On le lui a proposé, dit gravement l'homme au pourpoint de velours rouge, et il a refusé... Garçon, encore une tasse de chocolat !

— Lui ! ministre ! s'écria le marquis de Pirego dans un accès de fureur auquel le duc de Carvajal s'associa froidement par un signe de tête presque imperceptible... lui, ministre !

— Eh ! pourquoi pas !

— Et perchè no ? s'écria, à la table en face, un seigneur richement vêtu, qui portait à tous les doigts des bagues en diamans, et qui baragouinait l'italien. Loui, ministre ! c'est joustice, et c'est trop peu encore !... Avec ouné voix pareille on devrait être prince.., on devrait être roi ! Il y en a tant qui ne le valent pas ! Z'arrive du Brandebourg, messieurs, autrement dit le royaume de Prousse, où ils ont mis là sur le trône oun homme qui n'a pas deux notes joustes dans la voix ! oun homme qui joue de la flûte comme un misérable !... Et ils le nomment Frédéric le Grand ! Et on s'indigne que mio amico Farinelli il soit ministre !... loui ! le maître et le diou de la musique, descendou sur la terre !... loui ! qui devrait être maître de chapelle dans les cieux, à chanter avec les anges, si tontefois ceux-là ils étaient dignes de lui parler... Et je le dis, perchè ze m'y connais, et que l'autre jour encore, devant le roi, mon bon ami Farinelli a dit à LL. MM., en me présentant jusqu'à dix-huit ans : Voici le premier chanteur de l'Europe ! A quoi z'ai répondu : Tou en as menti, c'est toi !

A son enthousiasme et à son originalité, tous les assistans avaient reconnu le célèbre Caffarelli, qui, sur la proposition de Farinelli, venait d'être appelé à Madrid pour chanter au Théâtre-Italien avec cinquante mille ducats d'appointemens.

— Signor Caffarelli, lui dit le jeune hidalgo, je conçois qu'un homme tel que vous soit estimé et considéré par nous autres hommes... mais ce chanteur qui n'est rien... qu'un chanteur !... ce beau et séduisant cavalier dont toutes les dames raffolent, sans doute parce qu'il est de leur sexe plus que du nôtre...

— Eh ! par Notre-Dame del Pilar ! s'écria avec indignation l'homme au pourpoint de velours rouge, lui ferez-vous un crime de son malheur ? Est-ce sa faute à lui, si quand il venait au monde, un père odieux et infâme l'a mutilé d'une main mercenaire, bâtissant ainsi sa fortune à venir sur l'opprobre et la honte de son enfant ?

— Perdonnate, dit Caffarelli en l'interrompant ; perdonnate, signor, si je prends la défense d'il suo padre, que ze connais ! Musicien lui-même et passionné per la musica, il se servit fait tuer pour une cavatine. Il adorait, et adorait son fils ; il n'existe que pour lui, et, s'il a été odieux ou cruel, c'était en conscience et par amour paternel, croyant faire, non sa fortune, mais celle de son enfant. Et le piu étonnant, c'est qu'il a été forcé par la misère de quitter son fils en bas-âge, et que le pauvre Farinelli a ignoré complétement jusqu'à dix-huit ans le beau talent et la souperbe voix qu'il avait. C'est son père qui, en revenant de la Sibérie où il avait pensé périr, est accouru tout joyeux per lui dire : « Mio caro figlio, tu dois à ma tendresse une fortune immense et certaine. » Et en apprenant ce bonheur, son fils a voulu tuer son père et lui-même après !... Heureusement, il n'en a rien fait... Dans son désespoir, il s'était banni, il s'était enfui de Naples sa patrie, et se trouvant en pays étranger, sans un maravédis, sans aucun moyen d'existence, il quitta son véritable nom, prit celui de Farinelli qu'il devait rendre à jamais célèbre, et se mit à chanter pour vivre... et bientôt il vécut riche et honoré, car toutes les cours, tous les souverains de l'Europe se disputèrent le bonheur de l'entendre. Zamais aussi merveilles semblables n'avaient été opérées avant loui par la voix humaine ; il a renouvelé et rendu possibles les miracles du chanteur Linus et du ténor Orphée, qui charmaient, dit-on, et apprivoisaient par leurs cavatines les bêtes sauvages des forêts ! Farinelli ! il a fait plus... il a charmé, trompé, séduit des caractères plus féroces encore ; les envieux qu'il avait à la cour, ses ennemis, ses rivaux... moi-même, messieurs !... moi ! il famoso Caffarelli... voici ce qui m'est arrivé avec loui, voici comment je l'ai connu :

A ce moment l'attention redoubla et toutes les têtes s'avancèrent pour écouter le chanteur qui, dans son baragoin italien, continua ainsi :

— Z'étais à Londres, où Sa Majesté le roi Georges et tous les seigneurs d'Angleterre ils m'accablaient, ze pouis le dire, d'honneur et de guinées ; car zusque-là ze n'avais zamais eu de rivaux. On parlait bien d'oun zeune homme que l'on nommait Farinelli et qui avait quelque réputation, et le roi et la reine eurent l'envie de nous entendre ensemble... C'était tout natourel de vouloir comparer le maëstro et l'écolier. Nous chantâmes ensemble à la cour, Arthour de Bretagne, ouné grande scène mousicale où ze faisais oun tyran farouche, et Farinelli oun jeune prince qu'il enchaînait, et que le tyran il envoyait à la mort. Ze commençai, et ze chantai d'abord ma cavatine du tyran... C'était souperbo... c'était oun tyran comme on n'en n'avait zamais entendou... oun moelleux... oun gracieux qui aouraient donné à tout le monde et au roi loui-même l'envie d'être tyran. Aussi, et pendant un quart-d'heure, ze fus couvert d'applaudissemens, et ze disais en moi-même avec joie : Pauvre zeune homme ! te voilà perdu... ze souis fâché per toi, mon bon ami !... Farinelli commença... et bientôt on n'applaudissait piou... on pleurait ! et quand j'entendis cette voix si souave et si touzante, ces accens délicieux qui m'allaient jusqu'à l'âme... je ne vis plus qu'oun pauvre zeune homme qui, les mains étendoes vers moi, me suppliait de loui laisser encore la loumière du soleil qui était si douce à voir !...

Lascia mi ancora veder il sole...

disait-il, et moi, imprudent que z'étais, ze l'écoutais, z'oubliais mon rôle. Ze courus à lui, ze détachai ses fers... et l'embrassai en sanglotant ! Dès ce moment, et grâce à moi, sa réputation elle fut faite. Caffarelli avait proclamé loui-même son vainqueur !... Mais ce vainqueur devint oun ami dont le cœur et la cassette ils ont toujours été ouverts per moi ! Les grandeurs ne l'ont point changé ! Qu'il soit homme d'État ou ambassadeur, z'arrive sans me faire annoncer jusque dans son cabinet, et ce grand ministre il interrompt souvent son travail per chanter oun duo avec son ancien ami... Quand ze dis oun duo.., oun solo ; car souvent, comme autrefois, z'oublie ma partie pour écouter la sienne.

— Bravo ! bravo ! s'écria le marquis de Pirego avec ironie et en applaudissant comme au théâtre, bravo ! signor ; mais vous qui savez tout, pourriez-vous nous dire comment Son Altesse le prince Arthur de Bretagne, à qui vous avez donné la vie, s'est trouvé tout à coup ministre influent et conseiller intime du roi d'Espagne ? comment votre ami le chanteur est devenu homme d'État et employé dans des missions secrètes et importantes auprès des différens souverains de l'Europe ?

— Probablement, répondit Caffarelli d'un air goguenard, per entretenir avec eux la bonne harmonie. Ma, du reste, z'ignore complètement la cause de sa fortune politique.

— Cela doit se rattacher à quelque grand mystère, dit le marquis de Pirego.

— Je le pense comme vous, répondit le duc de Carvajal à demi-voix et d'un air capable.

— Non, messieurs, s'écria l'homme au pourpoint de velours rouge, qui venait d'achever sa seconde tasse de chocolat, et qui savourait en ce moment le verre d'eau indispensable ; non, messieurs ; et si vous tenez à connaître la cause de son élévation, je puis vous la dire, car j'en ai été le témoin.

— C'est quelque grand seigneur, murmura-t-on à voix basse.

— C'est le président du conseil de Castille, dit le jeune hidalgo au duc et à ses voisins d'un air d'importance ; je le connais.

— Non, seigneur cavalier, vous ne me connaissez pas ; je suis Rodrigue Moncenigo, barbier de Sa Majesté !

Le duc de Carvajal remit sur sa tête son chapeau qu'il venait d'ôter.

— Dans les commencemens de son règne, le roi, notre auguste maître, était tourmenté d'une maladie que rien ne pouvait guérir ; le seigneur Xuniga, médecin de la cour, y avait perdu son latin ; et tout ce qu'il avait pu découvrir, c'est que cette affection avait beaucoup de rapport avec une maladie inventée, disait-il, par les Anglais, et qu'il appelait le *spleen*. Déjà deux fois, et sans motif, le roi avait voulu attenter à ses jours, et, malgré le désespoir de la reine et les exhortations du père Anastasio, confesseur de Sa Majesté, tout faisait craindre que notre auguste maître ne finît par exécuter un projet qui devait consommer sa perte dans ce monde et dans l'autre ! Déjà depuis un mois il s'était renfermé dans sa chambre, où il ne voulait voir personne, excepté la reine ; et, malgré les prières et les instances de celle-ci, il repoussait tous les soins qu'on voulait lui donner, même ceux les plus utiles à son bien-être et à sa santé : ainsi il s'était constamment refusé à changer de linge et à se laisser raser ! Il ne pouvait plus me voir ; il m'avait congédié et cassé aux gages, moi son barbier, moi père de cinq enfans, et qui n'avais d'autre fortune que ma charge. Nous étions tous désolés ; la reine aussi. Elle adorait son mari, dont elle voyait la vie et la raison s'éteindre dans cette sombre et noire mélancolie, et elle ne savait par quel moyen sauver ses jours, lorsqu'elle pensa à Farinelli, dont la voix, disait-on, produisait des miracles. Elle le supplia de venir à Madrid, et on le plaça dans une chambre voisine de celle de Sa Majesté. Aux premiers accens de cette voix céleste, le roi tressaillit. « C'est la voix des anges ! » dit-il. Et il écouta attentivement ; puis, ému, attendri, il tomba à genoux et pleura, ce qui ne lui était pas arrivé de toute sa maladie. « Encore ! dit-il, encore ! Que j'entende ces accens qui m'ont soulagé et rendu à la vie ! »

Farinelli se remit à chanter, et le roi, tout à fait revenu à lui, se jeta dans les bras de la reine, puis, s'élançant dans la chambre voisine, il embrassa Farinelli en lui criant :

« Mon ange sauveur, qui que tu sois, demande-moi ce que tu voudras, je te le donne, je te l'accorde ; demande ! »

Et Farinelli répondit :

« Je demande, Sire, que Votre Majesté change de linge et se laisse raser !... »

Dès ce moment, moi, Rodrigue Moncenigo, barbier du roi, je fus rétabli dans mes fonctions ainsi que dans les droits et honneurs de ma charge. Et la reine, se faisant apporter une croix de Calatrava, après en avoir obtenu la permission de son époux, l'attacha de sa propre main à l'habit de Farinelli. Voilà, continua le barbier en regardant le marquis de Pirego, comment il en a été décoré. Dès ce moment, Farinelli ne quitta plus le roi et la reine... Dès que la mélancolie ou les vapeurs noires semblaient vouloir renaître, il chantait, et soudain la souffrance était dissipée. Voilà comment notre maître en fit son ami... Mais quand il eut découvert que ce chanteur admirable était un des hommes les plus instruits de l'Europe, qu'il possédait toutes les langues, que la richesse et la vivacité de son imagination égalaient la profondeur et la solidité de son jugement, que la rapidité de son coup d'œil lui faisait embrasser, développer et résoudre en un instant les questions les plus difficiles, il se demanda pourquoi il serait défendu à un artiste d'avoir, dans les affaires, du talent, de l'habileté et du génie ; il se demanda pourquoi il ne ferait pas son conseiller et son ministre de celui qui était déjà son sauveur et son ami... Quand il dis son ministre, il en a les fonctions et n'en eut jamais le titre ; car, modeste et désintéressé, Farinelli ne voulut rien que servir son roi... Seul parvenu à qui la fortune n'ait pas fait tourner la tête, il s'est toujours rappelé ce qu'il était, et ne s'est jamais oublié lui-même. Je ne vous dirai pas autant des nobles seigneurs de la cour et des grands d'Espagne qui sont presque tous à ses pieds ; et l'un d'eux, que je ne vous nommerai pas, lui demandait dernièrement devant moi sa protection et sa faveur avec tant de bassesse que j'en étais honteux, et Farinelli aussi sans doute, car, pour remettre tout le monde à sa place, l'artiste répondit avec douceur et modestie :

« Mon Dieu ! monsieur le duc, que peut faire, pour un grand seigneur tel que vous, un pauvre chanteur tel que moi ?... lui chanter une cavatine, et me voici à vos ordres. »

Du reste, messieurs, continua le barbier, ce pouvoir remis en ses mains, comment s'en est-il servi ? Pour protéger les arts, pour raviver le commerce et l'agriculture, pour élever des fabriques et encourager l'industrie, pour rendre notre patrie florissante au dedans et respectée au dehors. Le premier il a osé, dans l'armée espagnole, donner au courage et au talent militaire des grades supérieurs, qui jusque-là étaient réservés à la naissance et à la noblesse... J'avais un fils, messieurs, qui avait reçu trois blessures en combattant les Impériaux ; un fils qui, à la bataille de Bitonto, avait enlevé de sa main et rapporté un drapeau ennemi au marquis de Montemart, notre général ; et ce fils était capitaine depuis dix ans, et il le serait resté toute sa vie parce qu'il était d'un sang roturier, parce que son aïeul, Sancho Moncenigo, mon père, était barbier de village. — Ce n'est pas juste, me dit Farinelli. — Et le soir même, dans le cabinet du roi et de la reine, il leur lisait des vers français d'un poëte qui commence à être célèbre, un nommé monsieur de Voltaire, que Farinelli déclamait avec chaleur et enthousiasme, surtout quand il en fut en cet endroit :

Qui sert bien son pays n'a pas besoin d'aïeux.

— Un beau vers ! dit le roi.

— Oui, Sire, répondit Farinelli, et il serait plus beau encore de le mettre en action :

Et il parla de mon fils en disant qu'il y avait deux régimens vacans : celui de la reine et celui d'Astorga.

— Soit, dit le roi ; je donne ce dernier à Rafaël Moncenigo !

Et avant-hier, continua le barbier avec un sentiment de joie et d'orgueil paternels, mon fils a reçu son brevet ! mon fils est colonel !...

— Par une horrible injustice et un passe-droit infâme ! s'écria un vieux militaire qui venait d'entrer depuis quelques instans dans le café.... Moi, comte de Fuentes, qui suis le plus ancien lieutenant-colonel, j'avais des droits plus que tout autre à un régiment, par ma naissance et les services que j'ai rendus au feu roi Philippe V, pour qui je me suis ruiné pendant la guerre de la Succession. Mais on me repousse, on me tient à l'écart, et pourquoi ?... Parce que je déteste le règne des favoris et des eunuques, parce que je suis l'ennemi de Farinelli, que je le dis hautement, hier encore devant lui pendant qu'il traversait la salle des gardes. Oui, il m'a fait une injustice, un affront, c'est un infâme... Je le dirai devant le monde entier...

— Pas devant moi, du moins, dit un jeune homme qui venait aussi d'entrer dans le café ! C'était Rafaël Moncenigo, qui portait fièrement ses nouvelles épaulettes de colonel.

Le barbier voulut s'élancer et retenir son fils.

— Non, mon père, laissez-moi ; tant que ma main pourra porter une épée, on n'outragera pas impunément Farinelli en ma présence, et monsieur me rendra raison.

— A l'instant même ! s'écria le comte de Fuentes ; et, aux acclamations de tout le café, les deux adversaires allaient sortir, lorsque le domestique du comte, qui arrivait de son hôtel, lui remit un paquet cacheté qu'on venait d'apporter pour lui, et qui était, dit-on, très-pressé.

— Lisez, monsieur ! s'écria Rafaël avec hauteur, nous avons le temps. Et à mesure que le lieutenant-colonel parcourait cette épître, il changeait de couleur, il tremblait ; tout décelait en lui une vive agitation et une lutte violente. Enfin, et comme prenant une noble résolution, il s'approcha du jeune homme qui l'attendait fièrement.

— Monsieur, lui dit-il, et quoique ce mot puisse coûter à un Espagnol... j'ai eu tort ! C'est moi qui serais un infâme si j'osais maintenant tirer l'épée dans un pareil combat : lisez ; et le jeune homme lut à haute voix :

« Monsieur le comte,
» Vous êtes mon ennemi, je le sais, et, à ce titre, je vous dois plus de justice qu'à tout autre. J'ai examiné vos droits, je les ai reconnus et je les ai fait valoir auprès du roi. Il vous accorde le premier régiment de l'armée, celui de la reine... Et comme je vous ai entendu, hier, dire que vous n'étiez pas riche, je vous prie, pour monter vos équipages, de vouloir bien accepter la lettre de change ci-jointe, dont vous me rendrez le montant quand vous voudrez. Cela n'enchaîne en rien votre indépendance, et vous laisse toute liberté... même celle de me haïr !
» *Signé :* FARINELLI. »

Il y a pour les actions nobles et généreuses un élan sympathique qui est de toutes les opinions et de tous les partis ; chacun applaudit ; les deux adversaires se donnèrent la main, et le comte de Fuentes sortit, sans doute pour aller remercier son généreux ennemi.

— Voilà de mes hommes à caractère, dit le marquis de Pirego, la moindre faveur les fait changer, et maintenant ce sera une des créatures les plus dévouées du favori.

— C'est fâcheux, répondit le duc de Carvajal ; mais puisqu'on n'obtient rien que par lui...

— N'importe, c'est honteux pour un homme du rang et de la naissance du comte de Fuentes.

— Vous avez raison ; j'en rougis pour la noblesse espagnole. Et tous deux, en témoignage d'estime, se donnèrent la main en se séparant.

Le marquis de Pirego se trouva par hasard, en sortant, à côté de Rodrigue Moncenigo.

— Ne pourriez-vous pas, seigneur barbier, lui dit-il tout bas, parler de moi à Farinelli ?

Pendant ce temps, le duc de Carvajal avait pris le bras de Caffarelli, lui demandant à demi-voix si, par son crédit, il ne pourrait pas obtenir une audience du favori.

— Je vous le promets, répondit l'artiste d'un air de protection. Et, dès le soir même, le duc lisait à son hôtel le billet suivant :

« Farinelli aura l'honneur de recevoir demain, avant la messe, monseigneur le duc de Carvajal et don Fernand son fils, dans le cabinet particulier de la reine. »

Il est inutile de dire que tous deux arrivèrent les premiers au rendez-vous. Ils se trouvèrent dans un boudoir fort élégant qui servait à la reine de salon de musique, et furent très étonnés lorsqu'un instant après eux entrèrent l'abbesse de Santa-Cruz et Isabelle d'Arcos. Fernand n'eut pas le temps de lui demander l'explication de cette étrange rencontre ; car une porte dorée s'ouvrit, et la caméréra-major annonça la reine Maria-Thérésa, qui parut, s'appuyant sur le bras du cardinal Bibbiéna, confesseur du roi.

— Duc de Carvajal, dit la reine, j'ai voulu vous annoncer moi-même qu'à l'occasion du mariage de votre fils avec Isabelle d'Arcos, le roi vous rend tous les emplois dont vous aviez été privé, et y joint le gouvernement de Grenade.

Tous les acteurs de cette scène restèrent immobiles de surprise, excepté Fernand qui poussa un cri de joie. Le duc s'inclina en signe de consentement et de reconnaissance, et Isabelle, cherchant à surmonter son trouble, prit seule la parole, et balbutia d'une voix tremblante :

— Votre Majesté ignore... et Son Eminence monseigneur le cardinal a dû lui dire...

— Que ce mariage est convenu avec Farinelli, reprit la reine ; et Isabelle resta stupéfaite. Plusieurs fois, surtout depuis son arrivée à Madrid, elle avait entendu parler du favori, de son crédit et de ses aventures ; mais elle ne l'avait jamais vu, et l'avoua ingénument à la reine.

— Impossible, répondit celle-ci, car il prétend avoir sur vous des droits, celui de vous marier et de vous doter, comme étant maintenant votre seul parent... Voyez plutôt, continua-t-elle en lui montrant un parchemin qui était sur la table... voyez ce contrat où il vous donne une partie de sa fortune.

— Nous sommes réunis ici pour le signer, dit froidement le cardinal, et nous n'attendons plus que Farinelli...

— Le voici, dit la reine, en tendant la main à un homme qui parut à la porte d'entrée.

— Carlo ! s'écrièrent à la fois Fernand et Isabelle.

— Oui, mes amis, Carlo Broschi... ou plutôt Farinelli... Et maintenant que vous me connaissez, dit-il avec émotion et en échangeant avec Théobaldo un regard d'intelligence, ma chère Isabelle... ma sœur... refuserez-vous d'épouser Fernand, qui vous aime... et qui est digne de vous ?

La jeune fille baissa les yeux dans un trouble inexprimable... puis les releva d'un air confus vers Fernand, à qui elle tendit la main.

Le lendemain le mariage eut lieu dans la cathédrale de Madrid ; et la foule était compacte, car on avait dit que LL. MM. honoreraient de leur présence la bénédiction nuptiale, qui devait être donnée par le cardinal Bibbiéna Théobaldo, confesseur du roi ; et ce qui excitait encore bien plus la curiosité publique, on disait que Farinelli devait chanter. En effet, d'une des tribunes placées près de l'orgue, on entendit tout à coup une voix pure et mélodieuse qui semblait descendre du ciel, et cette multitude tumultueuse et bourdonnante fit tout à coup un silence immense ! Jamais cette voix, qui avait produit tant de prodiges, n'avait été plus tendre, plus pathétique, plus pénétrante. Elle respirait les larmes et la douleur, elle semblait s'élever dans les régions célestes et s'adresser à des êtres invisibles qui habitaient un autre monde.

« Voyez, disait-il, voyez ce nuages l'ange qui nous contemple et nous bénit ! Ange bien-aimé qui habites les cieux... Vierge pure retournée dans ta patrie, quand ta voix céleste que j'implore dira-t-elle : Viens ! je t'attends... viens !... viens !... »

Et au milieu du silence qui régnait dans l'église, l'écho de la voûte sonore, répétant ces accens, murmura plusieurs fois dans le lointain : Viens !... viens !... A cette voix qui semblait descendre du ciel et lui répondre... Farinelli, succombant à ses émotions, tendit les bras en sanglotant et tomba évanoui.

La cérémonie fut interrompue. Théobaldo courut à son ami, le fit monter dans sa voiture, dont il baissa les stores, et s'éloigna lentement au milieu de la foule qui retardait leur marche, pendant que Carlo, tournant vers son ami des yeux baignés de larmes, lui disait :

— Y eut-il jamais au monde mortel plus misérable !

— Oui, lui dit Théobaldo en lui serrant la main, oui, il en est ! Que cette idée te console et t'empêche de maudire la Providence.

— Quoi ! perdre celle qu'on aime ! en être aimé et ne pouvoir lui appartenir !

— Tu étais aimé, du moins !... Et si tu avais été témoin de son amour pour un autre ; si, aussi fortes que les lois de la nature, celles du devoir et de la religion avaient élevé entre vous une barrière insurmontable ; si, confident de sa tendresse pour un rival, pour un ami, tu avais constamment veillé sur eux ; si enfin, ô tourmens de l'enfer ! tu les avais unis de tes mains, te croirais-tu encore le plus malheureux des hommes ?

— Quoi ! s'écria Carlo épouvanté, ces tourmens dont tu parles...

— Je les ai tous éprouvés.

— Et tu as pu les supporter et nous les cacher ! Qui donc t'a donné ce courage !

— Dieu et l'amitié !

Et les deux amis se précipitèrent en sanglotant dans les bras l'un de l'autre.

Et le peuple, qui sans les voir entourait leur voiture, répétait : Qu'ils sont heureux !

FIN DE CARLO BROSCHI.

JUDITH

OU LA LOGE D'OPÉRA.

I.

C'est un beau théâtre que l'Opéra de Paris; et je ne parle pas ici des merveilles qu'il déploie à nos yeux, de la grâce aérienne de Taglioni, du charme magique des Elssler, du talent si puissant de Nourrit, Talma de la tragédie lyrique; je ne parle pas des accords savans de Meyerbeer, l'honneur de l'Allemagne, ni des chants gracieux et inépuisables d'Auber, le premier de nos compositeurs s'il n'avait pas le malheur d'être notre compatriote. Je laisse de côté le prestige des décorations, des costumes et de la danse; encore une fois, je ne parle pas ici du théâtre de l'Opéra : je ne parle que de la salle.

C'est là un spectacle bien autrement curieux, gracieux, coquet, brillant. Regardez autour de vous, et si ce soir vous avez le loisir d'observer, si vous êtes de bonne humeur, si vous n'avez pas perdu votre argent à la Bourse ou entendu un mauvais discours à la chambre, si votre maîtresse ne vous a pas trahi, ou si votre femme ne vous a pas cherché querelle, si vous avez fait un bon dîner avec des gens d'esprit, ou mieux encore avec de vrais amis, placez-vous à l'orchestre de l'Opéra : tournez votre lorgnette, non du côté des coulisses, mais du côté des balcons, de l'amphithéâtre, et surtout des premières loges... Que de tableaux piquans et variés! que de scènes de comédie, et souvent même que de scènes de drame !!!

Et notez bien que je ne veux pas que vous sortiez de l'observatoire où je viens de vous placer; car que serait-ce si, quittant votre stalle d'orchestre et prenant le bras d'un ami, vous vous hasardiez dans le foyer de l'Opéra ? Vous n'y pourriez faire un pas sans vous heurter contre une ridicule ou un ambition, sans froisser en passant un député, un homme d'État d'aujourd'hui, un ministre d'hier, une réputation de la semaine, un orgueil de tous les temps; et là, autour de cette large cheminée, ce monsieur en gants jaunes qui raconte ses courses du matin et ses paris au bois de Boulogne ; ce journaliste orateur qui récite dans sa conversation son feuilleton du lendemain; ce dandy qui vit aux dépens d'une actrice et la paie en éloges ; cet autre qui se ruine pour elle et se croit obligé d'énumérer ses perfections, comme pour justifier aux yeux de ses amis le placement de ses fonds ; tout ce bruit, ce fracas, ce pêle-mêle d'amours-propres et de prétentions,

fourniraient de quoi écrire cent volumes, et je ne veux vous dire ici qu'une historiette.

Un soir, c'était, si je m'en souviens, à la fin de l'année 1831, mademoiselle Taglioni dansait ; il y avait foule : les curieux étaient échelonnés sur les marches, et les tabourets supplémentaires fournis par l'ouvreur de l'orchestre formaient une espèce de retranchement et de barricade que j'eus grand'peine à franchir au milieu des *Paix-là!* et des *Silence!* des amateurs dont je troublais le plaisir ; car, lorsque danse mademoiselle Taglioni, non seulement on regarde, mais on fait silence. On écoute ! Il semble que les yeux ne suffisent pas pour admirer ! Je me trouvais donc fort embarrassé de ma personne, debout auprès de quelques amis qui m'avaient donné rendez-vous, mais qui, trop serrés eux-mêmes, ne pouvaient me faire place, lorsqu'un jeune homme se lève et m'offre la sienne, que je refusai, comme vous le pensez bien, ne voulant pas le priver du plaisir d'assister commodément au spectacle. — Vous ne me privez pas, me dit-il, j'allais sortir. — J'acceptai alors en remerciant, et, prêt à s'éloigner, mon obligeant voisin jette un dernier regard sur la salle, s'arrête un instant, et, s'adossant contre la loge du général Clapárède, semble chercher quelqu'un des yeux : puis, tombant tout à coup dans une profonde rêverie, il ne songea plus à partir. Il avait bien raison de dire que je ne le priverais pas du spectacle ; car, tournant le dos à la scène, ne voyant rien, n'écoutant plus rien, il semblait avoir totalement oublié l'endroit où il était. Je l'examinai alors : il était impossible de voir une figure plus expressive, plus belle et plus distinguée. Vêtu avec une élégante simplicité, tout, dans ses manières et dans ses moindres gestes, était noble, comme il faut et de bon goût. Il avait l'air d'avoir vingt-cinq à vingt-huit ans ; ses grands yeux noirs étaient constamment fixés sur une loge de face des secondes, qu'il regardait avec une expression de tristesse et de désespoir indéfinissable. Malgré moi, je retournai la tête dans cette direction, et je v's que cette loge était restée vide. « Il attendait quelqu'un qui n'est pas venu, me disais-je ; elle lui a manqué de parole... ou elle est malade... ou un mari jaloux l'a empêchée de venir... Il l'aime !... et il l'attend !... Pauvre jeune homme ! » Et j'attendis comme lui, et je le plaignis, et j'aurais donné tout au monde pour voir ouvrir la porte de cette loge qui restait constamment fermée !

Le spectacle était près de finir, et pendant deux ou trois

scènes où les premiers sujets ne dansaient plus et où l'on causait presque à voix haute, on avait parlé du *Robert-le-Diable*, qui alors était à l'étude et que l'on devait donner dans quelques jours ; mes amis me questionnaient sur la musique, sur les ballets, sur l'acte des nonnes, et tous me demandaient instamment à assister aux dernières répétitions. C'est une chose si curieuse et si intéressante pour les gens du monde qu'une répétition à l'Opéra ! Je promettais de les y conduire, et nous nous levions tous pour sortir, car le rideau venait de se baisser, et, me trouvant à côté de mon inconnu, toujours immobile à la même place, je lui exprimais mes regrets d'avoir accepté son offre, et le désir de pouvoir reconnaître son obligeance, — Rien ne vous est plus facile, me dit-il : je viens d'apprendre, monsieur, que vous êtes monsieur Meyerbeer. — Je n'ai pas cet honneur. — Enfin, vous êtes un des auteurs de *Robert-le-Diable?* — Tout au plus : j'ai écrit les paroles. — Eh bien ! monsieur, permettez-moi d'assister à la répétition de demain. — Il y a encore si peu d'ensemble, que je n'ose y inviter que mes amis. — Raison de plus pour que j'insiste, monsieur. — Et moi, trop heureux, lui dis-je, que vous veuilliez me faire une pareille demande. — Il me serra la main, et le jour fut pris pour le lendemain.

Il fut exact au rendez-vous. En attendant que la répétition commençât, nous nous promenâmes quelques instans sur le théâtre. Il causait d'une manière grave et pourtant aimable et spirituelle ; mais il était aisé de voir qu'il faisait des efforts pour soutenir la conversation, et que quelque autre pensée le préoccupait. Nos jolies dames de la danse et du chant arrivaient successivement. Plusieurs fois je le vis tressaillir, et un instant son émotion fut telle qu'il s'appuya contre une coulisse. Je crus deviner alors qu'il avait pour une de nos déesses quelque passion malheureuse. Supposition que son âge et sa figure rendaient peu vraisemblable. En effet, je me trompais. Il ne parla à personne, ne s'approcha de personne, et, du reste, personne ne le connaissait.

La répétition commença. Je le cherchai à l'orchestre parmi les amateurs ; je ne l'y trouvai pas, et, quoique la salle fût à peine éclairée, je crus l'apercevoir dans la loge de face qu'il contemplait la veille avec une émotion si profonde. Je voulus m'en assurer, et, à la fin de la répétition, après l'admirable trio du cinquième acte, je montai aux secondes. Meyerbeer, qui avait à me parler, m'accompagnait. Nous arrivons à la loge, dont la porte était entr'ouverte, et nous voyons l'inconnu la tête cachée dans les mains. A notre entrée, il se retourne brusquement et se lève ; sa figure pâle était couverte de larmes. Meyerbeer tressaillit de joie, et, sans lui dire un mot, lui serra la main d'un air affectueux, comme pour le remercier. L'inconnu, cherchant à se remettre de son trouble, balbutia quelques mots de remerciment et d'éloges tournés d'une manière si vague et si générale, qu'il fut évident pour nous qu'il n'avait pas écouté la pièce, et que depuis deux heures il avait pensé à toute autre chose qu'à la musique. Meyerbeer me dit tout bas avec désespoir :

— Le malheureux n'en a pas entendu une note !

Nous descendîmes tous par l'escalier du théâtre, et, traversant la belle et vaste cour qui conduit à la rue Grange-Batelière, l'inconnu salua monsieur Sausseret, qui alors était employé à la location.

J'allai à monsieur Sausseret : Vous connaissez ce beau jeune homme qui s'éloigne ?

— Monsieur Arthur, rue du Helder, n° 7. Je n'en sais pas davantage. Il a loué pour cet hiver une seconde loge de face.

— Il y était tout à l'heure.

— Il y va le matin, à ce qu'il paraît, car le soir il ne l'occupe jamais ; la loge reste toujours vide.

En effet, toute la semaine la porte ne s'ouvrit pas ; la loge resta déserte et personne n'y apparut.

La première représentation de *Robert* approchait, et ce jour-là un pauvre auteur est accablé de demandes de loges et de billets. Vous croyez qu'il a le loisir de penser à sa pièce, aux coupures et aux changemens qui y seraient nécessaires ? nullement. Il faut qu'il réponde aux lettres et aux réclamations qui lui arrivent de tous côtés, et ce sont les dames surtout qui ce jour-là sont le plus exigeantes. — Vous deviez me faire retenir deux loges, et je n'en ai eu qu'une. — Vous m'aviez promis une avant-scène, et j'ai eu une première. — Vous m'aviez promis le numéro 10, à côté de la loge du général, et vous me donnez le numéro 15, à côté de madame D***, que je ne peux pas souffrir et qui vous écrase toujours avec ses diamans. — Un jour de première représentation est un jour où l'on se fâche avec ses meilleurs amis, qui consentent à vous pardonner quelques jours après, quand vous avez eu un beau succès, mais qui vous tiennent longtemps rigueur en cas de chute ! de sorte qu'on reste brouillé avec eux comme avec le public. — Un malheur n'arrive jamais seul.

Or donc, le matin de la première représentation de *Robert*, il y avait une loge promise par moi à des dames, loge que le directeur m'avait enlevée pour la donner à un journaliste. — Je me plaignis. Il me répondit : — C'est pour un journaliste... Vous comprenez, un journaliste... qui vous déteste !!... mais qui, grâce à cette politesse, consentira à dire du bien... de la musique.

L'argument était sans réplique, et puis la loge était donnée. Mais où placer mes jolies dames, dont le courroux était pour moi bien autrement redoutable que celui du journaliste ?... Je pensai à mon inconnu, et je me rendis chez lui.

Son appartement était fort simple et fort modeste, surtout pour un homme qui louait à l'Opéra une loge à l'année. — Monsieur, lui dis-je, je viens vous demander un grand service.

— Parlez.

— Comptez-vous assister à la représentation de *Robert*... dans votre loge ?

Il parut troublé... et me répondit en hésitant : Je le voudrais, mais cela me sera impossible.

— Avez-vous disposé de cette loge ?

— Non, monsieur.

— Voulez-vous me la céder ? vous me tirerez d'un grand embarras.

Le sien augmentait à chaque instant ; il n'osait me refuser... Enfin, et comme faisant un effort sur lui-même, il me dit : J'y consens ; mais à condition que vous ne mettrez dans cette loge que des hommes.

— Justement ! m'écriai-je, je vous la demande pour des dames.

Il garda un instant le silence.

— Parmi ces dames, y en a-t-il une que vous aimiez ?

— Oui, sans doute, répondis-je vivement.

— Alors, prenez ma loge. Aussi bien, je quitte aujourd'hui Paris.

— Je fis un mouvement d'intérêt et de curiosité ; il devina ma pensée, car il serra ma main dans les siennes et me dit : Vous comprenez bien qu'il se rattache à cette loge des souvenirs bien chers et bien cruels... que je ne puis confier à personne... A quoi bon se plaindre ?... quand on est malheureux sans espoir... et qu'on l'est par sa faute ?

Le soir eut lieu la première représentation de *Robert*, et mon ami Meyerbeer eut un immense succès qui retentit dans toute l'Europe. Depuis, bien d'autres événemens littéraires ou politiques, bien d'autres triomphes, bien d'autres chutes se sont succédé. — Je ne revis plus monsieur Arthur ; — je n'y pensais plus, — je l'avais oublié.

L'autre soir, je me trouvais encore à l'Opéra, à droite de l'orchestre. Cette fois on ne donnait pas *Robert*, — on donnait les *Huguenots*. — Cinq ans s'étaient écoulés.

— Vous arrivez bien tard, me dit un de mes amis, un professeur en droit, abonné de l'Opéra, qui a une réputation de le soir que d'érudition le matin. — Et vous avez grand tort, me dit en me frappant sur l'épaule un petit homme vêtu de noir, à la voix aigre et à la tête poudrée. — Je me retournai : c'était monsieur Baraton, le notaire de ma famille.

— Vous ici ! m'écriai-je ; et votre étude ?
— Vendue depuis trois mois. Je suis riche, je suis veuf, j'ai la soixantaine ; j'ai été vingt ans marié et trente ans notaire... il est temps que je m'amuse...
— ..... Et monsieur, dit le professeur en droit, est depuis huit jours un abonné de l'orchestre.
— Oui, vraiment ; j'aime à rire, — j'aime la comédie, et j'ai loué une stalle à l'Opéra.
— Pourquoi pas aux Français ?
— Ce n'est pas si drôle qu'ici !... On y voit et l'on y entend les choses du monde les plus singulières. Ces messieurs savent tout, connaissent tout... il n'y a pas une loge dont ils ne m'aient raconté l'histoire.

Et il regardait le professeur en droit, qui souriait avec cet air modeste et réservé que l'on croit discret, et qui signifie : J'en dirais bien d'autres, si je voulais.

— En vérité ? m'écriai-je, et machinalement mes yeux se tournèrent vers la loge des secondes qui, quelques années auparavant, avait excité si vivement ma curiosité. Que le fut ma surprise ! elle était encore vide ce soir-là, et, de toute la salle, c'était la seule !

Charmé alors d'avoir aussi une histoire à moi, j'appris en peu de mots à mes auditeurs celle que je viens de vous raconter, beaucoup trop longuement peut-être.

On m'écoutait attentivement. — Mes voisins se perdaient en conjectures. — Le professeur cherchait à rappeler ses anciens souvenirs ; — le petit notaire souriait malignement.

— Eh bien ! leur dis-je, qui de vous, messieurs, qui savez tout, qui connaissez tout, nous donnera le mot de cette énigme ? qui nous racontera l'histoire de cette loge mystérieuse ?

Tout le monde se taisait... même le professeur, qui, passant sa main sur son front pour se rappeler l'anecdote, aurait probablement fini par en inventer une ; mais le notaire ne lui en laissa pas le temps.

— Qui vous dira cette histoire ?... s'écria-t-il d'un air de triomphe : moi, qui en connais tous les détails.
— Vous, monsieur Baraton ?
— Moi-même !...
— Parlez ! parlez ! — Et toutes les têtes s'avancèrent vers le narrateur. — Parlez, monsieur Baraton ?
— Eh bien ! dit le notaire d'un air important et prenant une prise de tabac, qui de vous a connu ?... En ce moment le premier coup d'archet se fit entendre.

Et monsieur Baraton, qui tenait à ne pas perdre une note de l'introduction, s'arrêta tout court et dit : Au prochain entr'acte.

II.

— Messieurs, dit le notaire au moment où finissait le premier acte des *Huguenots*, nous avons à habiller la reine Marguerite et toutes ses dames d'honneur ; nous avons à mettre en place le château et les jardins de Chenonceaux, et l'entr'acte sera, je crois, assez long pour vous raconter l'histoire que vous désirez connaître. Et après avoir savouré lentement une prise de tabac qui lui donnait le temps de rassembler ses idées, monsieur Baraton commença en ces termes :

— Qui de vous, messieurs, a connu ici la petite Judith ?

Tout le monde se regarda, et les vieux abonnés de l'orchestre ne purent répondre.

La petite Judith, un enfant qui, il y a sept ou huit ans, avait été admise comme figurante de la danse ?

— Attendez, dit le professeur en droit d'un air un peu pédant... une petite blonde qui faisait dans la *Muette* un des pages du vice-roi.

— Elle était brune, dit le notaire ; quant à l'emploi que vous lui attribuez, je n'ai là-dessus aucun document positif, et j'aime mieux m'en rapporter à votre immense érudition.

Le professeur en droit s'inclina.

— Ce qui du moins ne saurait être contesté, c'est que la petite Judith était charmante.

— Un autre point qui paraît authentique, c'est que madame Bonnivet, sa tante, était portière, rue de Richelieu, dans la maison d'un vieux garçon dont elle avait été autrefois la femme de confiance, d'autres disaient la cuisinière, mais madame Bonnivet n'en convenait pas. Du reste, elle tirait le cordon et faisait des ménages, — tandis que sa nièce faisait des conquêtes, car il était impossible de passer devant la loge de la portière sans admirer la petite Judith, qui alors avait à peine douze ans. — C'étaient déjà les plus beaux yeux du monde, des dents comme des perles, une taille délicieuse, et, avec sa robe d'indienne ou de stoff, l'air le plus distingué que l'on pût imaginer ; de plus, une physionomie naïve, candide, et, dans son innocence même, expressive et coquette ; enfin, de ces figures à tourner toutes les têtes et à changer, comme on dit, la face des empires.

On faisait chaque jour tant de compliments à madame Bonnivet sur sa jolie nièce, qu'elle se décida à faire des sacrifices pour son éducation : elle l'envoya à une école gratuite de jeunes filles où on lui apprit à lire et à écrire, éducation brillante dont les avantages se firent bientôt sentir à madame Bonnivet elle-même, qui, dans ses fonctions de portière, déchiffrait péniblement les adresses des lettres, et se trompait toujours d'opinions et d'étages dans les journaux à remettre aux locataires.

Judith se chargea de ce soin à la satisfaction générale, et, persuadée qu'avec une figure et une éducation aussi distinguées sa nièce devait arriver sans peine à la fortune, madame Bonnivet n'attendait qu'une occasion ; elle ne tarda pas à se présenter. — Monsieur Rosambeau, maître de ballets, qui demeurait au cinquième, proposa de donner quelques leçons à la petite Judith, et, quelques jours après, madame Bonnivet apprenait à toutes les portières de sa connaissance que sa nièce venait d'être reçue dans les chœurs de l'Opéra ; nouvelle qui se répandit rapidement de porte en porte dans toute l'étendue de la rue Richelieu.

Voici donc Judith installée à l'Opéra, au foyer de la danse, prenant des leçons le matin, et paraissant le soir inaperçue dans les groupes de jeunes filles, de naïades ou de pages, comme le disait tout à l'heure monsieur le professeur.

C'était l'innocence même que Judith, quoique alors elle eût quatorze ans passés ; mais elle avait été élevée dans une maison honnête, dont tous les locataires étaient mariés ; sa tante, qui était d'un rigorisme outré, ne la quittait presque jamais, la conduisait à l'Opéra le matin, l'en ramenait le soir, et restait même au foyer de la danse à tricoter des chaussettes, pendant que sa nièce étudiait et faisait des battemens.

Vous me demanderez ce que devenait pendant ce temps-là la loge de la rue Richelieu, c'est ce que je ne saurais vous dire. On a prétendu qu'une amie de madame Bonnivet s'était chargée de l'intérim, en attendant que la petite Judith fît fortune et eût *un sort*.

Car vous savez comme moi, messieurs, que l'on n'entre à l'Opéra que pour avoir un sort, une position. — Après cela on se retire, l'on est riche, on redevient honnête, et l'on marie sa fille à un agent de change.

— Ou à un notaire... dit le professeur.

— C'est vrai, dit monsieur Baraton en faisant la grimace, cela s'est vu ;—mais vous vous doutez bien que ni madame Bonnivet, ni sa nièce, n'avait alors des idées de grandeurs pareilles. — Il faut en tout de la progression.

— Et Judith ! m'écriai-je, car je voyais s'avancer l'entr'acte.

— Judith ! m'y voici ! Madame Bonnivet, malgré sa surveillance préventive, ne pouvait empêcher sa nièce de causer avec ses jeunes compagnes. — Le matin, au foyer de la danse, et surtout le soir, quand elles étaient en scène... limite terrible que la tante ne pouvait franchir et où s'arrêtait son inspection vigilante... — Judith entendait alors de singulières choses. — Une des nymphes ou des sylphides ses compagnes lui disait à demi-voix :

— Vois-tu, ma chère, à l'orchestre, à droite, comme il me regarde !
— Qui donc?
— Ce beau jeune homme qui a un gilet de cachemire,
— Qu'est-ce donc ?
— Une inclination à moi.
— Une inclination ? dit Judith.
— Eh ! oui, vraiment; — quel air étonné ! — Est-ce que tu n'as pas une passion, toi qui parles?
— O mon Dieu, non !
— Dites donc, mesdemoiselles, est-elle amusante !... — Judith qui n'a pas d'amoureux !
— Je le crois bien, sa tante ne veut pas.
— En vérité! Ah ! bien ! si j'avais une tante comme celle-là...
— Ah ! ma chère, n'en dites pas de mal; c'est une femme qui a des vues sérieuses et utiles, comme il nous en aurait fallu, et qui, pour préserver sa nièce du danger des passions, lui cherche un protecteur.
— Elle ! un protecteur !... elle est trop niaise pour cela ; elle n'en trouvera jamais.

Tout cela se disait pendant les chœurs de la *Vestale*. Judith n'en avait pas perdu un mot: elle n'osait en demander à personne l'explication. Mais, sans trop s'en rendre compte, elle se sentait humiliée de l'idée que l'on avait d'elle; elle aurait voulu se venger, abaisser ses bonnes amies, les humilier à son tour. Aussi, lorsque, le soir, en rentrant, madame Bonnivet prit un air grave et solennel pour annoncer à sa nièce qu'il se présentait un protecteur pour elle, un protecteur distingué, son premier mouvement fut un mouvement de joie... et sa tante, qui était loin de s'y attendre, parut enchantée, et continua d'un air rayonnant :

— Oui, ma chère nièce, une personne très recommandable sous tous les rapports, une personne qui assure ton bonheur et un sort à ta tante ; ce qui est bien juste après les peines que lui ont coûtées ton éducation et les soins qu'elle t'a prodigués. Ici la tante essuya quelques larmes ; et Judith, émue de son attendrissement, se hasarda seulement alors à lui demander quel était ce protecteur, et en quoi elle avait mérité cette haute protection.

— Tu le sauras, ma chère enfant ; tu le sauras... Mais, en attendant, toutes tes compagnes vont en mourir de dépit.

C'était la seule chose que désirait Judith ; et, le soir, grande en effet fut la rumeur, quand cette nouvelle circula dans le foyer de la danse. — Est-il possible ? — Je te l'assure. — Ça n'est pas croyable... — Une mijaurée pareille ! est-elle heureuse!... — Une figurante, une choriste ! — Tandis que nous... un premier sujet !! — C'est révoltant ! — C'est admirable ! disaient les autres ; elle est si gentille... — Et si honnête !!... elle le mérite bien ! — Enfin, jamais alliance princière, alliance royale, ne donna lieu à plus de propos et de conjectures ; et cependant le doute n'était déjà plus permis, car le soir même, la tante avait paru dans les coulisses avec un châle Ternaux magnifique.

Mais quel était ce protecteur inconnu ? Ce ne pouvait être que quelque financier bien âgé, quelque grand seigneur bien respectable. C'était à qui interrogerait Judith et la ferait causer. Mais tout était inutile : Judith était d'une discrétion impénétrable, et la grande raison, c'est que Judith ne savait rien.

Depuis trois ou quatre jours elle avait quitté la loge de la portière pour habiter avec sa tante un appartement charmant, rue de Provence. Une chambre à coucher du goût le plus moderne, un boudoir délicieux, si élégant, si bien drapé et garni de si beaux tapis, que la tante n'osait y entrer et demeurait par goût dans la salle à manger ou dans la cuisine... elle y était plus à son aise. — Mais depuis quatre jours Judith n'avait vu paraître personne, ce qui lui semblait singulier ; — car Judith était sans éducation, mais non pas sans esprit. Sa candeur et sa naïveté étaient de l'ignorance, et non pas de la niaiserie ; et, se rappelant ce qu'elle avait pu comprendre, devinant une partie de ce qu'elle ne comprenait pas... elle commençait à s'inquiéter, à s'effrayer ; elle aurait voulu pour tout au monde avoir une amie à qui demander conseil... Mais seule, quelle protection implorer contre ce protecteur qu'elle ne connaissait pas et qu'elle redoutait déjà ? — Il est vrai qu'à toutes les idées qu'elle se formait d'avance se joignaient toujours celles de la laideur et de la vieillesse, — tant ses compagnes lui avaient répété que ce ne pouvait être qu'un vieillard goutteux, cacochyme et mal fait. — Aussi elle trembla de tous les membres lorsque, le cinquième jour, sa tante, accourant toute essoufflée, ouvrit la porte du boudoir en lui disant : Le voici !

Judith voulut se lever par respect... mais ses jambes fléchirent, et, prête à se trouver mal... elle retomba sur le canapé.

Lorsque enfin elle osa lever les yeux, elle vit debout, devant elle, un beau jeune homme de vingt-quatre ans à peu près, d'une figure noble et distinguée, qui la regardait avec des yeux si doux et si bienveillans, qu'à l'instant même elle se crut sauvée. — Il lui sembla que celui qui la regardait ainsi devait la défendre, et qu'avec lui elle n'avait rien à craindre.

— Mademoiselle, lui dit l'inconnu d'une voix grave, mais respectueuse... puis, s'apercevant que la tante était toujours là, il lui fit signe de sortir... Elle obéit à l'instant même, ayant justement des ordres à donner pour le dîner.

— Mademoiselle, vous êtes ici chez vous ; je désire que vous y soyez chez vous, que vous y soyez heureuse. Pardonnez-moi si j'ai bien rarement l'honneur de vous présenter mes hommages... de nombreuses occupations me priveront de ce plaisir. Aussi je ne réclame qu'un titre... celui de votre ami ! qu'un droit... celui de satisfaire vos moindres vœux !

Judith ne répondit pas; mais son cœur, qui battait avec violence, soulevait fréquemment la percale légère de sa pèlerine.

— Quant à votre tante... et il prononça ce mot avec un air de mépris... c'est elle qui désormais sera à vos ordres; car j'entends qu'ici vous soyez la maîtresse et que tout le monde vous obéisse... à commencer par moi.

Puis il s'approcha d'elle, lui prit la main qu'il porta à ses lèvres, et, voyant que cette main était encore tremblante :

— Est-ce mon aspect qui vous cause cette frayeur? Rassurez-vous, je ne reviendrai plus maintenant que quand vous aurez besoin de moi... quand vous m'appellerez !... Adieu, Judith... adieu, mon enfant.

Et il partit, laissant la pauvre fille dans un trouble, dans une émotion qu'elle ne connaissait pas encore et qu'elle ne pouvait s'expliquer.

Toute la journée Judith eut devant elle la figure du bel inconnu, ses grands yeux noirs si expressifs. Elle ne l'avait pas regardé, et pourtant rien de sa pose, de ses manières, de son habillement même, ne lui avait échappé ! Elle croyait encore entendre cette voix si douce, dont tous les mots étaient gravés dans son souvenir. La pauvre Judith, qui d'ordinaire dormait si bien, passa cette nuit sans sommeil. C'était la première ! Le lendemain elle avait le teint pâle, les yeux fatigués. — Et la tante souriait.

On ne pouvait parler du bel inconnu sans que le joli visage de Judith se couvrît d'une rougeur soudaine.

Et la tante souriait encore !

Mais il ne paraissait plus ! Il ne venait pas, et Judith ne pouvait lui dire de venir... En effet, qu'avait-elle à lui demander ?... l'appartement le plus élégant, la table la mieux servie, des domestiques et une voiture à ses ordres... Rien ne lui manquait... que lui ! !...

D'un autre côté, ses camarades du théâtre, la voyant si belle, si brillante, couverte de si riches parures, ne cessaient de la questionner !... Et leurs questions en apprenaient maintenant à Judith plus qu'elle n'en voulait sa-

voir ; aussi, sans pouvoir s'en expliquer à elle-même le motif, elle gardait le plus profond silence avec sa tante et ses compagnes sur ce qui s'était passé entre *elle* et *lui*. Il lui semblait, d'après ce qu'elle entendait autour d'elle, qu'il y avait dans la conduite de l'inconnu quelque chose qui n'était pas régulier... quelque chose d'humiliant pour elle, et que pour son honneur elle ne devait pas dire. Aussi, serait-elle morte plutôt que d'en parler ou de se plaindre, lorsque le huitième jour... un jour de grande représentation, elle aperçut à l'avant-scène, et dans la loge du roi, son inconnu qui la regardait. Elle poussa un cri de joie et de surprise qui fit manquer la mesure à un danseur qui en ce moment commençait une pirouette.
— Qu'est-ce donc ?... lui dit Nathalie, une de ses compagnes, qui tenait de moitié avec elle une guirlande de fleurs.
— C'est lui... le voilà !...
— Est-il possible ! le comte Arthur de V..., un des jeunes seigneurs de la cour de Charles X, et de plus un joli garçon !... Tu n'es pas à plaindre... Eh bien ! qu'as-tu donc ?... ne vas-tu pas te trouver mal pour un homme que tu vois tous les jours?
Judith n'entendait plus rien, elle était trop heureuse ! Arthur venait de s'incliner vers elle et de la saluer, au grand scandale de la loge dorée où il se trouvait. Ce fut bien autre chose encore lorsque après le ballet, au moment où elle allait remonter à sa loge, Arthur se trouva dans la coulisse, et lui dit tout haut, devant le gentilhomme de la chambre qui présidait alors aux destinées de l'Opéra : — Voulez-vous, mademoiselle, me permettre de vous reconduire?
— C'est bien de l'honneur pour moi, balbutia Judith toute tremblante, sans s'apercevoir que sa réponse excitait le rire de ses compagnes.
— Alors, hâtez-vous : je vous attends ici sur le théâtre. Je vous réponds que Judith ne fut pas longtemps à se déshabiller; dans son empressement, elle déchira sa robe de gaze et son pantalon de soie, et madame Bonnivet, qui alors lui servait de femme de chambre (fonctions privilégiées de toutes les mères et tantes de théâtre), madame Bonnivet avait peine à la suivre dans l'escalier, portant le cachemire que sa nièce oubliait. Arthur était resté sur le théâtre, causant avec un groupe de jeunes gens et avec Lubert, le directeur, à qui il recommandait mademoiselle Judith. Au moment où elle parut, il alla à elle aux yeux de tous, et tous deux descendirent par l'escalier particulier des acteurs. Un coupé élégant les attendait à la porte, et je ne puis vous exprimer le trouble et le ravissement de la pauvre Judith en se trouvant assise à côté de lui dans cet étroit espace qui rendait le tête à tête plus intime et plus doux. Il avait peur qu'elle ne s'enrhumât, et il leva les glaces ; il prit le cachemire qu'elle tenait à la main, le déploya, en couvrit ses blanches épaules, sa jolie taille, et un cœur qui battait en ce moment d'une émotion inconnue. Ah ! que Judith était jolie !... qu'elle était séduisante, embellie ainsi par le bonheur ! Mais ce bonheur ne fut pas de longue durée : il y a si peu de distance de la rue Grange-Batelière à la rue de Provence, et puis ces beaux chevaux gris allaient si vite !... La voiture s'arrête. Arthur descend, offre la main à sa compagne, monte avec elle l'escalier, et arrivé au premier, à la porte de son appartement, — il sonne, la salue avec respect et disparaît.
Judith passa encore une mauvaise nuit. La conduite du comte lui paraissait si singulière ! car enfin il pouvait bien entrer dans son salon, s'asseoir, lui faire une visite ; elle était, il est vrai, peu au fait des convenances ; mais cela lui paraissait plus honnête que de prendre congé d'elle aussi brusquement.
Elle ne ferma pas l'œil ; elle se leva, se promena dans sa chambre, et au point du jour, voulant se rafraîchir un instant par l'air pur du matin, elle ouvrit sa fenêtre. Quelle fut sa surprise ! la voiture du comte était restée à la porte... elle avait passé toute la nuit dans la rue... Les chevaux piaffaient sur le pavé de froid et d'impatience, le cocher dormait sur son siége...

— Pardon, messieurs, dit le notaire en s'interrompant; l'acte commence, et je ne veux rien perdre de l'opéra ; j'ai loué une stalle pour cela... A l'autre entr'acte.

III.

Le surlendemain, Judith ouvrit sa fenêtre de bon matin.
— La voiture du comte était encore à la porte.
Il était évident qu'il l'envoyait ainsi presque toutes les nuits. Dans quelle intention ? C'est ce qu'elle ne pouvait deviner... Quant à lui en demander l'explication, elle n'aurait jamais osé. — D'ailleurs elle ne l'apercevait presque jamais, si ce n'était le soir, les jours d'Opéra, à une seconde loge de face qu'il avait louée à l'année. — Il ne venait plus sur le théâtre, il ne lui proposait plus de la reconduire. Comment le voir ?... Comment faire ?...
Heureusement pour elle, on lui fit une injustice... un passe-droit... Ses compagnes la crurent désolée ; elle était ravie. — Elle écrivit au comte pour lui dire qu'elle avait une demande à lui faire, et qu'elle le priait de passer chez elle. — Cette lettre n'était pas facile à écrire ; aussi Judith y employa une journée entière ; elle la recommença bien des fois, et en fit au moins vingt brouillons. Elle en avait dans ses poches, dans son sac, et probablement elle en laissa tomber une que l'on ramassa, car le soir, sur le théâtre, elle entendit de jeunes auteurs et des abonnés de l'orchestre s'égayer entre eux sur une lettre sans orthographe qu'ils venaient de trouver, et qu'ils se passaient de main en main. — Il fallait entendre leurs joyeuses exclamations, leurs commentaires satiriques, leurs plaisanteries sans pitié sur ce billet sans signature dont ils ne connaissaient pas l'auteur, mais qu'ils voulaient insérer le lendemain dans un journal, comme modèle du genre épistolaire des Sévignés de la danse.
Quels furent l'effroi et le supplice de Judith, non pas en s'entendant tourner en ridicule, mais en pensant que toutes ces réflexions railleuses, le comte les ferait à la lecture de sa lettre, que maintenant elle aurait voulu ravoir au prix de tout son sang ! Aussi elle était plus morte que vive lorsque Arthur entra le lendemain dans son boudoir.
— Me voici, ma chère Judith ; j'accours au reçu de votre lettre. — Et cette fatale, cette horrible lettre, il la tenait encore à la main. — Que me voulez-vous ?
— Ce que je veux... monsieur le comte... je ne sais comment vous le dire... mais ce billet... même... puisque vous l'avez lu... si toutefois vous avez pu le lire...
— Très bien, mon enfant, répondit le comte avec un léger sourire.
— Ah ! s'écria Judith avec désespoir, ce billet même vous prouve que je suis une pauvre fille sans esprit, sans éducation, qui a honte de son ignorance et qui voudrait en sortir. Mais comment faire, si vous ne venez à mon secours, si vous ne m'aidez de vos conseils et de votre appui ?
— Que voulez-vous dire ?
— Donnez-moi des maîtres, et vous verrez si le zèle me manquera ; vous verrez si je profite de leurs leçons... Je travaillerai plutôt le jour et la nuit.
— La nuit?
— Autant l'employer à étudier qu'à ne pas dormir.
— Et pourquoi, mon Dieu ! ne dormez-vous pas ?
— Pourquoi ? dit Judith en rougissant : parce qu'il y a une idée qui me tourmente sans cesse.
— Et quelle idée ?...
— Celle que vous devez avoir de moi... Vous devez me mépriser, me regarder comme indigne de vous... Et vous avez raison, poursuivit-elle vivement, je me vois telle que je suis... je me connais... et je voudrais, s'il est possible, ne plus rougir à vos yeux et aux miens. — Le comte la regarda avec étonnement et lui dit : Je vous obéirai, ma chère enfant ; je ferai ce que vous me demandez,

Le lendemain, Judith avait un maître d'orthographe, d'histoire et de géographie. Il fallait voir avec quelle ardeur elle étudiait ; et son jugement, son esprit naturel, qui n'avaient besoin que de culture, se développèrent avec une incroyable rapidité.

C'était pour Arthur qu'elle avait aimé l'étude, et maintenant elle aimait l'étude pour elle-même. C'était son plus doux passe-temps, sa consolation et l'oubli de tous ses chagrins. Elle n'allait plus à la salle de danse, ni aux répétitions ; elle se faisait mettre à l'amende pour rester chez elle à travailler, et ses compagnes disaient : Judith est dans les amours et les grandes passions ; on ne la voit plus ; elle perd son état... Elle a grand tort.

Et Judith redoublait d'efforts en disant : Bientôt je serai digne de lui, bientôt il verra que je suis en état de le comprendre, il pourra juger de mes progrès. Vain espoir ! lorsque le comte était là, Judith, interdite et tremblante, n'avait plus de mémoire : elle avait tout oublié. Quand il l'interrogeait sur ses études, elle répondait tout de travers, et le comte se disait : La pauvre enfant a bonne volonté, mais peu de facilité. Ce qu'elle avait gagné à sa nouvelle science, c'était de sentir combien elle devait lui paraître sotte et ridicule. Cette pensée la rendait encore plus timide et plus gauche, et comprimait les épanchemens de cette âme si naïve et si tendre. Aussi le comte venait rarement. De temps en temps il passait le soir une demi-heure avec elle ; mais lorsque sonnait minuit, il se levait !... Alors, et sans lui adresser un reproche, Judith lui demandait seulement, d'une voix douce et inquiète : Quand vous reverrai-je ?

— Je vous le dirai demain de loin à l'Opéra.

Et voici comment :

Il était presque tous les deux jours dans sa loge, aux secondes de face, et quand il lui était possible de passer le lendemain quelques instans avec Judith, il portait négligemment sa main droite à son oreille ; cela voulait dire : J'irai rue de Provence.

Et alors Judith l'attendait toute la journée ; elle ne recevait personne ; elle éloignait même sa tante pour être toute entière au plaisir de le voir.

Malgré la réserve du comte, elle avait fait une découverte : c'est qu'il avait quelque chagrin profond qui le dévorait. — Quel était ce chagrin ? elle ne le lui demandait pas. Et pourtant elle aurait été si heureuse de pouvoir s'affliger avec lui !... Ce bonheur, elle n'osait l'espérer, mais elle partageait ses peines sans les connaître ; elle était triste de sa tristesse. Aussi le comte lui disait souvent : Judith, qu'avez-donc ? quels sont vos chagrins ?... Si elle avait osé, elle aurait répondu : Les vôtres !

Un jour il lui vint une idée horrible ; elle se dit avec effroi : Il en aime une autre ! Mais alors, pourquoi prendre une maîtresse à l'Opéra ? Comme caprice... comme objet de mode... comme un jouet qu'il a acheté sans le voir et sans le connaître... Mais alors, pourquoi ?...

Elle leva les yeux sur la glace, et Judith était si jeune, si fraîche, si jolie !... Elle resta plongée dans ses réflexions. La porte de son boudoir s'ouvrit brusquement. Arthur parut ; il avait un air de trouble qu'elle ne lui avait jamais vu.

— Mademoiselle, lui dit-il vivement, habillez-vous ; je viens vous prendre pour aller aux Tuileries.

— Est-il possible ?

— Oui, le temps est superbe ; un soleil magnifique. Tout Paris y sera !

— Et vous voulez bien m'y conduire ! s'écria Judith enchantée : car jamais le comte n'était sorti avec elle, jamais il ne lui avait donné le bras en public.

— Certainement... je vous y conduirai ; et aux yeux de tous, et dans la grande allée ! s'écria le comte en se promenant avec agitation... Allons, madame Bonnivet, dit-il brusquement à la tante qui entrait en ce moment dans le boudoir, habillez votre nièce ; donnez-lui ce qu'elle a de plus élégant, de plus nouveau, de plus riche.

— Grâce au ciel et grâce à monsieur le comte, ce ne sont pas les jolies parures qui nous manquent.

— C'est bon, c'est bon... dépêchez-vous... nous sommes pressés.

— Allons, allons, monsieur le comte est pressé, dit madame Bonnivet en s'apprêtant à dénouer la robe de sa nièce.

Judith rougit et lui fit signe qu'Arthur était là.

— Qu'importe ? Est-ce que nous nous gênons avec monsieur le comte ? Et avant que Judith eût pu s'y opposer, le corsage était déjà défait.

La pauvre fille, troublée et hors d'elle, ne savait comment se soustraire aux regards d'Arthur.

Mais, hélas ! sa pudeur prenait un soin bien inutile : Arthur ne regardait pas ; tout entier à une idée qui semblait exciter son dépit et sa colère, il se promenait à grands pas dans le petit boudoir, et venait de heurter un vase en rocaille qui volait en éclats.

— Ah ! quel malheur ! s'écria Judith, oubliant en ce moment le désordre de sa toilette.

— Porcelaine du Japon, dit la tante avec désespoir ; il coûtait au moins cinq cents francs !

— Non, mais il venait de lui !!!

— Eh bien ! êtes-vous prête ? dit Arthur, qui n'avait pas seulement entendu cette réflexion.

— Dans l'instant. Ma tante, mon châle... mes gants...

— Et votre mantelet, dit Arthur ; vous l'oubliez, et il fera froid.

— Je ne crois pas.

— En effet, dit la tante en touchant la main de sa nièce, elle est brûlante ; est-ce que tu aurais la fièvre ? Il ne faudrait pas sortir.

— Non, ma tante, s'écria vivement Judith ; je ne me suis jamais mieux portée.

Le coupé était en bas ; ils y montèrent et traversèrent les boulevards ensemble, en plein midi !!! ensemble !!! Judith ne se sentait pas de joie ; elle aurait voulu que tout le monde la vît... Et, pour comble d'ivresse, elle aperçut, rue de la Paix, deux de ses camarades, qu'elle salua avec toute la gracieuseté que donne le bonheur !... deux premiers sujets qui, ce jour-là, étaient à pied.

La voiture s'arrêta à la grille de la rue de Rivoli. Judith prit le bras du comte, et tous deux s'avancèrent dans l'allée du Printemps. C'était un jour de la semaine ; toute la population parisienne riche et oisive s'y était donné rendez-vous : la foule était immense.

En un instant, Arthur et sa compagne furent l'objet de l'attention générale. Ils étaient si beaux tous les deux, qu'il était impossible de ne pas les remarquer. Chacun se retournait en disant : Quel est donc ce joli couple ?

— C'est le jeune comte Arthur de V....

— Est-ce qu'il est marié ?

Judith tressaillit à ce mot, éprouvant un sentiment de plaisir et de peine dont elle ne put se rendre compte.

— Non, vraiment, dit d'un air dédaigneux une grande et vieille dame, qui portait son bras un petit chien de Vienne, et qui était suivie par deux domestiques en riches livrées ; non, vraiment, le comte Arthur n'est pas marié ; monseigneur son oncle ne le souffrirait pas.

— Quelle est donc cette jolie personne ?... sa sœur peut-être ?

— Vous lui faites injure... c'est sa maîtresse... une demoiselle de l'Opéra... à ce que je crois.

Par bonheur, Judith n'entendait pas le discours de la douairière ; car dans ce moment le baron de Blangy, qui était derrière elle, disait à son frère le chevalier : C'est la petite Judith.

— Celle dont Arthur est épris ?

— Il en perd la tête... il se ruine pour elle.

— Il a raison, je voudrais bien être à sa place ; regarde donc comme elle est jolie !

— Quel air distingué ! quelle physionomie enchanteresse !

— Et cette taille élégante et gracieuse !

— Prends garde, tu vas en devenir amoureux.

— C'est déjà fait. — Viens donc, viens la voir de plus près.

— Si nous pouvons ; car il y a foule autour d'elle.

Et la foule répétait tous ces propos, et Arthur, à son tour, les entendait... Les jeunes femmes, en voyant l'air modeste de Judith, lui pardonnaient d'être si jolie, tandis que les jeunes gens, contemplant Arthur d'un œil d'envie, se disaient : Est-il heureux ! ! !

Pour la première fois alors il regarda Judith comme elle devait être regardée, — et s'étonna de la trouver si belle.

— La promenade, le grand air, et surtout le bonheur de s'entendre admirer, avaient animé ses joues d'un nouvel éclat et donné à ses yeux une expression et un charme indéfinissables ; et puis elle avait seize ans, elle aimait, il lui semblait qu'elle était aimée !... que de raisons pour être belle ! Aussi le succès de Judith fut complet, il fut immense ! La foule la reconduisit jusqu'à la voiture. Mais alors, quand elle vit Arthur attacher sur elle un regard de tendresse, — tous ses triomphes s'effacèrent devant celui-là ; les éloges de la foule furent oubliés, et elle rentra chez elle en disant : Que je suis heureuse !

Le lendemain, à son lever, Judith reçut deux lettres. — La première était du baron d Blangy, qui, bien plus riche qu'Arthur, offrait son amour et sa fortune. —Judith n'eut pas même l'idée de montrer cette lettre à sa tante ou à Arthur.— Elle ne pensait pas en la brûlant faire le moindre sacrifice.

La seconde lettre portait une autre signature, que Judith relut deux fois, ne pouvant en croire ses yeux. — Mais il n'y avait pas moyen d'en douter, elle était signé : l'évêque de*** ; elle était conçue en ces termes :

« Mademoiselle,

» Vous avez paru publiquement hier aux Tuileries avec
» mon neveu, le comte Arthur, et comblé ainsi la mesure
» d'un scandale dont les conséquences sont incalculables.
» Quoique, par l'impiété des hommes, Dieu ait permis
» que tout fût bouleversé, nous avons les moyens de punir
» votre audace. Je vous déclare donc, mademoiselle, que,
» si vous ne mettez fin à un pareil scandale, j'ai assez de
» crédit auprès du ministre de la maison du roi pour vous
» faire renvoyer de l'Opéra. — Si, au contraire, vous aban-
» donnez à l'instant mon neveu, nous vous faisons offrir,
» car la fin sanctifie les moyens, deux mille louis et l'abso-
» lution de vos fautes, etc., etc. »

Judith fut d'abord anéantie en lisant cette lettre, puis elle reprit courage, consulta son cœur, rassembla toutes ses forces et répondit :

« Monseigneur,

» Vous me traitez bien cruellement, et pourtant je pour-
» rais attester devant Dieu que je n'ai rien à me reprocher.
» — Cela est ! je vous le jure, mais je ne m'en vanterai pas,
» j'y ai trop peu de mérite ; il est tout entier à celui qui
» m'a épargnée et respectée.
» Oui, monseigneur, votre neveu est innocent de tous
» les torts dont vous l'accusez, et si l'on offense le ciel en
» aimant de toute son âme, c'est un crime dont je suis cou-
» pable, mais dont il n'est pas complice.
» Voici donc la résolution que j'ai prise.
» Je lui dirai ce que pour moi je n'aurais osé dire ; mais
» ce sera pour vous, monseigneur... le ciel m'en donnera
» la force... Je lui dirai : — Arthur, suis-je aimée de vous ?
» Et si, comme je le crois, comme je le crains, il me ré-
» pond :—Non, Judith, je ne vous aime pas,—je vous obéi-
» rai, monseigneur ; je m'éloignerai de lui, je ne le verrai
» plus jamais, et alors, je l'espère, vous m'estimerez assez
» pour ne rien m'offrir, que de toute ma l'humiliation
» au désespoir. — Ce dernier... suffira pour mourir.
» Mais si le ciel, si mon bon ange, si le bonheur de toute
» ma vie, voulaient qu'il me répondît : — Je vous aime !
» Ah ! c'est bien mal ce que je vais vous dire, et vous
» allez m'accabler, à juste titre, de vos reproches, de vos
» malédictions; mais, voyez-vous, monseigneur, il n'y a pas
» de pouvoir au monde qui puisse m'empêcher d'être à

» lui, de lui tout sacrifier... Je braverai tout, même votre
» colère... car, après tout, que pourrait-elle ? Me faire mou-
» rir ; et que m'importerait de mourir, — si j'avais été ai-
» mée ?
» Pardon, monseigneur, si cette lettre a pu vous blesser...
» elle est d'une pauvre fille sans connaissance du monde
» et de ses devoirs, mais qui trouvera peut-être quelque
» grâce à vos yeux, dans l'ignorance de son esprit, dans la
» franchise de son cœur, et surtout dans le profond res-
» pect
» Avec lequel elle a l'honneur d'être, monseigneur, etc. »

Cette lettre écrite, Judith la cacheta, l'envoya sans parler à personne, et dès ce moment, décidée à connaître son sort, elle attendit avec impatience la prochaine visite du comte.

C'était le soir jour d'Opéra. Elle était sur le théâtre, regardant s'il paraîtrait dans sa loge des secondes et s'il lui ferait le signe convenu.

Ce soir-là Arthur ne vint que bien tard, mais il semblait sombre et préoccupé. Il ne regardait pas du côté du théâtre et ne fit aucun signe à Judith, qui se désespéra. Il fallait encore attendre au surlendemain.

Le surlendemain, c'était un mercredi, elle fut plus heureuse. Il lui adressa de loin le signe qui lui indiquait le rendez-vous, et Judith se dit : — Demain matin il viendra, demain je saurai mon sort.

Mais, le matin, arriva le chasseur de monsieur le comte, annonçant que son maître n'avait pas un instant à lui dans la journée, et qu'il viendrait le soir assez tard souper avec mademoiselle Judith.

Souper avec elle en tête-à-tête, cela ne lui était jamais arrivé, à lui qui la quittait toujours avant minuit. — Qu'est-ce que cela voulait dire ? La tante trouvait que c'était très clair: Judith ne voulait pas la comprendre.

A onze heures du soir, le souper le plus fin et le plus délicat avait été préparé par les soins de madame Bonnivet. Quant à Judith, elle ne voyait rien, n'écoutait rien ; elle attendait.

Elle attendait ! toutes les facultés de son âme se renfermaient, se résumaient dans cette idée !...

Mais onze heures et demie, minuit avaient sonné, et Arthur ne venait pas !

Toute la nuit s'écoula, il ne vint pas ! et elle attendait encore.

Et le lendemain et les jours suivans Arthur ne parut pas... Elle ne reçut aucune nouvelle, elle ne revit plus... Qu'est-ce que cela signifiait ? qu'est-ce qu'il était devenu ?

— Messieurs, dit le notaire en s'interrompant, voici le rideau qui se lève : la suite à l'autre entr'acte.

IV.

— Messieurs, dit le petit notaire au moment où finissait le troisième acte des *Huguenots*, je devine que vous tenez à savoir ce qui était arrivé à notre ami Arthur, et surtout à connaître au juste ce qu'il était ?

— Si vous aviez commencé par là ? lui dis-je.

— Je suis maître de placer mon exposition où je veux ; c'est moi qui conte. — D'ailleurs, ce n'est pas ici, à l'Opéra, qu'il faut se montrer sévère sur les expositions, dit le professeur en droit, on ne les entend jamais.

— Ce qui est souvent un grand bonheur pour les auteurs de libretti, ajouta le notaire en me regardant ; et, satisfait de son épigramme, il continua en ces termes :

— Le comte Arthur de V... descendait d'une très-ancienne et très-illustre famille du Midi. Sa mère, veuve de très-bonne heure, n'avait eu que lui d'enfant et était sans biens ; mais elle avait un frère qui avait une immense fortune.

Ce frère, monseigneur l'abbé de V..., avait été successivement à la cour de Louis XVIII, et plus tard à celle de Charles X, un des prélats les plus influens, et l'on sait quelle était, à cette époque, la puissance du clergé, puissance qui gouvernait la France, le souverain et même l'armée. L'abbé de V... était d'un caractère froid et égoïste, d'un esprit sévère et hautain, et pourtant excellent parent; car il avait de l'ambition pour lui et les siens. Il se chargea de l'éducation de son neveu, le mit bien en cour, fit rendre à sa sœur une partie de ses biens confisqués pendant l'émigration, et la pauvre comtesse de V*** mourut en bénissant son frère et en recommandant pour lui à son fils une obéissance aveugle.

Arthur, qui adorait sa mère, lui jura, à son lit de mort, tout ce qu'elle voulut, serment d'autant plus facile à tenir, que depuis son enfance, il avait une peur horrible de monseigneur son oncle et avait toujours été habitué à se soumettre sans résistance à ses moindres volontés.

Grave, doux et timide, mais cependant plein de courage et d'honneur, Arthur avait toujours senti un vif penchant pour la carrière des armes, pour l'uniforme et pour l'épaulette, peut-être aussi parce que dans le palais de son oncle il ne voyait que des robes noires et des surplis. Il osa un jour, et avec une grande réserve, faire part de ses intentions à Monseigneur, qui fronça le sourcil et lui annonça d'une voix ferme et décidée qu'il avait d'autres vues sur lui.

L'abbé de V... avait été nommé évêque, et il espérait mieux ! Il avait des chances pour le chapeau de cardinal ; et, dans une si belle position, il voulait attirer après lui son neveu, l'élever aux plus hautes dignités de l'Église ; en un mot, lui faire embrasser la carrière qui seule alors conduisait rapidement aux honneurs et à la puissance.

Arthur n'osait résister ouvertement au terrible ascendant de son oncle, mais il jurait bien en lui-même de n'être jamais évêque.

Pourtant on en avait parlé au roi, qui avait accueilli ce projet avec une insigne bienveillance. — Arthur devait, dans quelques mois, entrer au séminaire, seulement pour la forme, puis recevoir les ordres, et passer rapidement des degrés inférieurs aux premiers rangs de son nouvel état.

Arthur n'avait pas oublié les sermens faits à sa mère, et, d'un autre côté, c'eût été, aux yeux de tous, une insigne ingratitude de se brouiller ouvertement avec un oncle, son seul parent et son bienfaiteur. — N'osant donc déclarer la guerre au redoutable prélat et s'opposer directement à ses intentions épiscopales, il cherchait quelques moyens détournés pour arriver au même but et pour forcer l'abbé à renoncer de lui-même à ses desseins. Le seul moyen était d'arriver à quelque bon scandale qui le rendît indigne des saintes et respectables fonctions qu'on voulait lui conférer malgré lui.

Ce n'était pas facile, car Arthur, soit que cela vînt de son naturel ou de son éducation, avait un fond de principes et d'honnêteté qu'il ne pouvait vaincre. — N'est pas libertin qui veut ; — il faut pour cet état une vocation comme pour les autres, et Arthur avait autant de peine à être mauvais sujet qu'à être évêque... Il y a des gens qui ne réussissent à rien.

Il avait pourtant des amis pleins de facilité et d'heureuses dispositions, qui, pour lui rendre service, l'entraînaient dans leurs joyeuses orgies. — Arthur y allait par raison... mais le désordre l'ennuyait autant qu'il amusait les autres ; sa froide sagesse glaçait la folie de ses compagnons, et finissait souvent par les rendre raisonnables ; — il était jugé comme un trouble-fête, et il y avait renoncé.

Alors, et en désespoir de cause, il avait tourné ses vues vers les dames de la cour. — Mais, dans cette cour, les dames fuyaient le bruit et le scandale ; non pas qu'il y eût moins d'intrigues qu'autrefois, mais on les cachait mieux ; et l'évêque, quoique averti des silencieuses passions de son neveu, eut l'air de ne rien savoir et de fermer les yeux, pensant probablement avec Molière

Que ce n'est point pécher que pécher en silence.

Quel parti restait-il donc alors à ce pauvre Arthur, qui courait après le scandale comme d'autres courent après la gloire, sans pouvoir l'atteindre ? Un de ses amis, franc libertin, lui dit :

— Prends une maîtresse à l'Opéra ; ce théâtre est à la mode, tout le monde y va ; cela se saura, cela fera du bruit, c'est tout ce qu'il faut.

— Moi ! dit Arthur en rougissant d'indignation, me mêler d'une intrigue pareille !

— Tu ne t'en mêleras pas ; tout cela s'arrange avec les grands parens ; et le traité une fois conclu, il n'en sera que ce que tu voudras ; il ne s'agit pas que cela soit, mais qu'on le croie et qu'on le dise.

— A la bonne heure !

— Tu seras en titre, et voilà tout ; tu sais bien que de nos jours... il y a une foule de titulaires qui n'exercent pas... tu seras comme eux.

— Soit, j'y consens.

On a vu les détails de la présentation et la première entrevue de Judith, d'Arthur et de la tante.

On s'arrangea pour que monseigneur l'évêque en fût instruit. — Il ne dit rien.

On le prévint que presque toutes les nuits la voiture de son neveu stationnait rue de Provence, et Arthur espérait chaque jour une explication et une scène où il se comptait se rejeter sur la violence d'une passion qui désormais le rendait indigne des bontés de son oncle ; mais pas une plainte ne se fit entendre, et Arthur ne savait comment expliquer ce sangfroid et cette résignation évangéliques.

C'était le calme précurseur de l'orage.

Monseigneur lui dit un matin : Le roi a été fort irrité contre vous, j'ignore à quel sujet.

— Je le devine.

— Et moi, je ne veux pas le savoir. Sa Majesté a pardonné, mais elle exige que dans deux jours vous entriez au séminaire.

— Moi, mon oncle?...

— Ce sont les ordres du roi, c'est auprès de lui qu'il faut réclamer.

Et il lui tourna le dos.

Arthur, furieux, hors de lui, ne sachant où donner de la tête, courut chez Judith, l'emmena aux Tuileries, l'avoua pour sa maîtresse aux yeux de tout le monde, à la veille de partir pour le séminaire. Cette fois, il n'y eut pas moyen de ne pas éclater. Impossible, après un tel scandale, de songer, de longtemps du moins, à la faire entrer dans l'Église. — C'est tout ce qu'Arthur demandait. Monseigneur écrivit à Judith la lettre menaçante que nous avons vue, et le roi envoya au comte l'ordre de quitter Paris dans les vingt-quatre heures. — Il fallait obéir. Par bonheur, Arthur était intimement lié avec un des fils de monsieur de Bourmont, qui lui-même partait la nuit suivante pour Alger, où il se préparait une importante expédition. — Arthur le supplia de l'emmener avec lui comme volontaire, de n'en rien dire à personne, ni au roi ni à son oncle. — Puisqu'on ne me laisse libre du lieu de mon exil, se disait-il, je le choisirai glorieux. J'irai où il y a du danger et de l'honneur. Je me ferai tuer, ou j'entrerai un des premiers dans la Casauba, et quand je reviendrai avec un drapeau, on verra si l'on ose encore m'affubler d'une étole et me faire donner la bénédiction aux fidèles.

Il s'éloigna de nuit dans le plus grand secret, car toutes ses démarches étaient observées, et il craignait que, si on devinait le but de son voyage, on l'empêchât de partir. Il écrivit un mot à Judith pour la prévenir seulement qu'il la quittait pour quelques jours ; mais ce billet, tout insignifiant qu'il était, fut intercepté et ne parvint pas. Le préfet de police était aux ordres de monseigneur.

La semaine suivante Arthur était en pleine mer, et la vingtième jour, il débarquait en Afrique. Il monta des premiers à l'assaut, au fort de l'Empereur, et fut blessé à côté de son intrépide ami monsieur de Bourmont, qui tomba frappé à mort au milieu d'un triomphe. — Longtemps Arthur fut en danger ; pendant deux mois on désespéra de ses jours, et quand il revint à lui, sa fortune, ses espérances, celles de son oncle, tout avait disparu en trois jours avec la monarchie de Charles X.

L'évêque n'avait pu résister à un pareil désastre; malade et souffrant, il avait voulu suivre la cour exilée, il ne l'avait pu. —L'impatience, la colère continuelles qu'il éprouvait, avaient exalté son cerveau et enflammé son sang ; une fièvre dangereuse se déclara, et dans l'état d'irritation où il était, ne sachant à qui s'en prendre, ce fut sur son neveu qu'il se vengea de la révolution de juillet.

Arthur, à peine rétabli de sa blessure, arriva à Paris, et c'est ici, messieurs, dit le notaire en élevant la voix, que je commence à entrer en scène. —Monsieur le comte vint chez moi pour me confier les affaires de la succession, dont il était peu en état de s'occuper.—J'étais depuis longtemps son notaire et celui de sa famille, cela me revenait de droit : nous procédâmes d'abord à la levée des scellés.

Je ne vous parlerai point des détails de l'inventaire, quoiqu'un inventaire bien fait et bien dressé ait bien aussi son prix ; en inscrivant à leur numéro d'ordre les différens papiers que renfermait le secrétaire de monseigneur, j'aperçus un billet gauffré et satiné, et signé *Judith, danseuse à l'Opéra!* La lettre d'une danseuse chez un évêque!... J'aurais voulu, pour l'honneur du clergé, la faire disparaître ; mais déjà Arthur s'en était saisi, et, voyant son trouble et son émotion, je crus un instant, Dieu me pardonne cette mauvaise pensée, que monseigneur et son neveu avaient été rivaux sans le savoir.

— Pauvre fille !... pauvre fille !... disait Arthur... Quelle noblesse ! quelle générosité ! quel trésor je possédais là !... Tenez... monsieur... tenez, lisez, me dit-il ; et quand je relus cette phrase :

Si l'on offense le ciel en aimant de toute son âme, c'est un crime dont je suis coupable, mais dont il n'est pas complice.

— C'est pourtant vrai ! s'écria Arthur, qui avait alors les larmes aux yeux ; elle m'aimait de toute son âme, et je ne m'en apercevais pas, et je ne songeais pas à l'aimer... et elle avait seize ans, et elle était charmante !... car vous ne savez pas, monsieur, comme elle est jolie... c'est la plus jolie femme de Paris.

— Je n'en doute pas, monsieur le comte... Mais si vous voulez que nous achevions l'inventaire...

— Comme vous voudrez...

Et il continuait à lire à voix haute les fragmens de la lettre.

« Si le ciel, si mon bon ange, si le bonheur de toute ma
» vie voulaient qu'il me répondît : Je vous aime.
» Ah ! c'est bien mal ce que je vais vous dire, et vous
» à juste titre m'accabler de vos reproches, de vos
» malédictions ; — mais, voyez-vous, monseigneur, il n'y
» a pas de pouvoir au monde qui puisse m'empêcher d'être
» à lui, de lui tout sacrifier... »

— Et j'ai méconnu... j'ai repoussé un pareil amour! s'écriait Arthur.—C'est moi seul qui fus coupable... Mais je réparerai mes torts, — je lui consacrerai ma vie toute entière... je vous le promets, je vous le jure. — Eh! qui pourrait d'ailleurs pourrait me blâmer d'avouer une telle maîtresse?... J'en suis fier. — Je l'aime, je le dirai à tout le monde, et tout le monde me l'enviera... à commencer par vous, monsieur le notaire, qui ne m'écoutez pas... et qui regardez si attentivement ces fatras de papiers.

— Ces papiers... c'était le testament de son oncle, que je venais de découvrir, — testament qui le déshéritait et qui disposait de l'immense fortune du défunt en faveur des hospices, et pour des fondations pieuses.

Je le dis à Arthur, qui ne montra pas la moindre émotion, et se mit à relire la lettre de Judith.

— Vous la verrez, ma jolie maîtresse, me dit-il, vous là verrez : je veux que vous dîniez aujourd'hui avec elle.

— Mais ces papiers... ce testament...

— Eh bien! me dit-il en souriant, cela ne me regarde plus; — heureusement, Judith m'aimera sans cela... Adieu,

monsieur, adieu; je vais la voir, je vais retrouver près d'elle plus que je n'ai perdu.

Et il sortit les yeux rayonnans de plaisir et d'espoir.

— Singulier jeune homme, me dis-je, qu'une maîtresse console d'une succession perdue ! Et j'achevai mon inventaire.

Quelques heures après, j'étais de retour chez moi. Je vois entrer Arthur comme un fou, comme un homme en délire.—Elle n'y est plus ! me dit-il, elle n'y est plus ! Perdue... elle est perdue pour moi!

— Eh quoi ! une infidélité !...

— Qui vous l'a dit ? s'écria-t-il vivement en me prenant au collet.

— Je n'en sais rien.

— A la bonne heure; car je n'y survivrais pas ! Depuis mon départ, depuis trois mois, elle a disparu, elle a quitté l'Opéra.

— Que vous ont dit ses compagnes?

— Des absurdités. Les unes prétendent qu'elle a été enlevée... Une autre m'assurait de sang-froid qu'elle avait l'intention de *se périr*.

— C'est possible! depuis la révolution de juillet le suicide devient à la mode !

— Ne dites pas cela... j'en perdrais la raison. J'ai couru à son appartement de la rue de Provence, elle l'avait quitté sans dire où elle allait.

— Aucun indice?

— L'appartement est à louer. — Personne ne l'a habité depuis elle.

— Et vous n'avez rien trouvé?

— Rien ! seulement, dans la chambre de sa tante, à terre... cette adresse, cette carte d'emballage, sur laquelle était écrit : *A madame Bonnivet, à Bordeaux*... Car, je me le rappelle, elle est de ce pays-là.

— Eh bien ?...

— Eh bien, chargez-vous ici de mes affaires, arrangez cela comme vous l'entendrez.

— Que voulez-vous faire ?

— Suivre ses traces ou celle de sa tante... la chercher, la découvrir.

— Souffrant comme vous l'êtes, vous voudriez partir demain pour Bordeaux ?

— Demain, c'est trop tard !

Il partit le soir même ! Et... — Ici le quatrième acte des *Huguenots* commença : le notaire ne parlait plus, il écoutait... Et il nous fallut attendre à l'autre entr'acte la suite de l'histoire.

VI.

M. Nourrit venait de sauter par la fenêtre, mademoiselle Falcon venait de s'évanouir ; le quatrième acte des *Huguenots* finissait au bruit des applaudissemens, et le notaire continua son récit en ces termes :

Arthur était resté six mois à Bordeaux , cherchant, interrogeant, demandant à tout le monde madame Bonnivet, dont personne ne pouvait lui donner de nouvelles. Il l'avait même fait mettre dans les journaux ! et la pauvre femme, serait morte de plaisir si elle s'y était vue !.... Mais cela ne lui était plus possible. Le propriétaire d'une petite maison dans laquelle elle avait demeuré vint donner à Arthur les renseignemens qu'il avait fait demander par les gazettes. Madame Bonnivet était morte depuis deux mois.

— Et sa nièce?...

— N'était pas avec elle ; mais la tante jouissait d'une certaine aisance : elle avait cent louis de rente viagère.

— D'où cela lui venait il ?

— On l'ignore.

— Parlait-elle de sa nièce?

— Quelquefois elle prononçait son nom... et puis s'arrêtait, comme craignant de trahir un secret qu'elle devait garder.

Arthur, malgré tous ses soins et ses recherches, n'avait pu en apprendre davantage ; il était revenu désespéré. Car depuis qu'il avait perdu Judith, depuis qu'il en était séparé à jamais, son attachement pour elle était devenu un amour, une passion véritable. C'était maintenant la seule affaire, la seule occupation de sa vie. Il se rappelait amèrement les instans si rares qu'il avait passés auprès d'elle ; il la voyait devant ses yeux, parée de tant de charmes, de tant d'amour!... Et tous ces biens qui lui avaient appartenu, il les avait dédaignés ; il n'en connaissait le prix qu'en les perdant pour toujours. — Il recherchait tous les lieux où il l'avait vue. Il ne quittait pas l'Opéra.

Il voulut habiter l'appartement de la rue de Provence. A son grand regret, il avait été loué en son absence par un étranger qui ne l'occupait pas ! Il voulut le revoir, du moins. — Le concierge n'en avait pas les clefs, et les portes et les persiennes de l'appartement restèrent constamment fermées.

Vous vous doutez bien que, tout entier à ses regrets et à son amour, Arthur ne songeait guère à ses affaires ; mais moi je m'en inquiétais pour lui, et je voyais avec peine qu'elles prenaient une tournure fâcheuse. — Déshérité par son oncle, Arthur n'avait pour toute fortune que le bien de sa mère, quinze mille livres de rente à peu près. — Il en avait dissipé plus de la moitié, d'abord dans les folies qu'il avait faites autrefois pour Judith, et ensuite dans les dépenses qu'il faisait maintenant pour découvrir ses traces, car rien ne lui coûtait.

Au plus léger indice, il expédiait des courriers dans toutes les directions et semait l'or à pleines mains... mais toujours sans succès. Aussi il me répétait sans cesse qu'elle n'existait plus, qu'elle était morte ! Dans nos rendez-vous d'affaires, il ne parlait que d'elle, et moi je lui parlais de la nécessité de vendre et de liquider. — Je l'y décidai enfin, et non sans peine ; c'était pour lui un grand chagrin de se défaire des biens qui lui venaient de sa mère... mais il le fallait... Il devait près de deux cent mille francs, et les intérêts à payer auraient bientôt absorbé le reste de sa fortune.

On apposa donc les affiches, on fit les insertions dans les journaux, et, la veille du jour où la vente devait se faire dans mon étude, je reçus d'un de mes confrères une communication qui me remplit de surprise et de joie. Le sort se lassait donc de poursuivre ce pauvre Arthur !

Un monsieur de Courval, homme d'une probité équivoque, et débiteur de sa mère d'une somme considérable, demandait à s'acquitter ; le capital et les intérêts montaient à cent mille écus ; la dette était bien réelle, bien exigible, et mon confrère avait reçu les fonds en bons billets de banque. — Il n'y avait pas moyen de douter d'un pareil bonheur. Je courus l'annoncer à Arthur, qui reçut cette nouvelle sans grande peine.

Dès qu'on ne lui parlait pas de Judith, tout lui était indifférent.

Pour moi, je me hâtai de donner quittance, de payer nos créanciers, de dégrever nos biens, et tout allait à merveille, sauf un incident difficile à expliquer.

Arthur rencontra un jour ce vieux monsieur de Courval, qui venait de s'acquitter si noblement envers nous. Il habitait d'ordinaire la province et se trouvait par hasard à Paris. — Arthur lui tendit la main, et le remerciait de son procédé, au moment même où celui-ci s'excusait avec embarras des malheurs multipliés qui le mettaient dans l'impossibilité de jamais faire honneur à ses affaires.

— Et vous venez, le mois dernier, de me payer cent mille écus. — Moi?

— Je n'ai plus de titres contre vous, ils sont anéantis. Vous ne me devez plus rien.

— Ce n'est pas possible !

— Voyez plutôt mon notaire.

Le débiteur, qui ne l'était plus, accourut chez moi, et ne pouvait revenir de son étonnement.

— C'est fort heureux pour vous, lui dis-je.

— Et encore plus pour monsieur Arthur... me répondit-il d'un air triste et mécontent ; car moi j'avais pris mon parti... Ne pouvant pas payer, c'est comme si je ne devais pas ; et cette affaire-là ne me rend pas plus riche ; mais lui !... c'est bien différent !... il peut se vanter d'avoir du bonheur !...

— Quoi ! vraiment, vous ne savez pas d'où cela vient?

— Je ne m'en doute pas ; mais si toutes les faillites s'arrangeaient ainsi, il y aurait du plaisir... tandis que franchement il n'y en a guère...

— Monsieur doit donc encore?

— Près du double de ce que j'ai, ou plutôt de ce qu'on a déjà payé pour moi, et si l'on se présentait pour continuer la liquidation, je vous prie de m'avertir.

— Je n'y manquerai pas.

Notre surprise redoubla, et Arthur se désolait de ne pouvoir deviner le mot de l'énigme. Je courus chez mon confrère, un honnête homme... fort instruit, qui ne savait pas plus que moi... dans cette affaire-là, s'entend... On lui avait envoyé les fonds en lui recommandant de retirer et d'anéantir les titres. Il me confia la lettre d'envoi, que je portai à Arthur. Il l'examina avec attention, et n'en fut pas plus avancé. La lettre était timbrée du Havre, ville où demeurait monsieur de Courval. L'écriture, qui n'était pas la sienne, nous était tout à fait inconnue... Mais Arthur poussa un cri de surprise et devint pâle comme la mort en apercevant le cachet à moitié brisé : c'était celui de Judith. Il lui avait fait cadeau autrefois d'une pierre antique et précieuse sur laquelle était gravé un phénix. Loin de voir dans ce présent une allusion ou un éloge, Judith n'y avait vu qu'un emblème de tristesse, et elle avait fait graver à l'entour ces mots : *Toujours seul !* Ce cachet ne la quittait pas, et cette devise, insignifiante pour tout autre, et pour elle si expressive, ne pouvait appartenir qu'à elle.

— Cette lettre vient d'elle, s'écriait Arthur. Et il la laissa échapper de ses mains tremblantes.

— Eh bien ! nous voilà sûr qu'elle existe encore et qu'elle pense à vous... Vous devez être enchanté ?

Arthur était furieux. Il aurait mieux aimé qu'elle fût morte ; car enfin, disait-il, pourquoi se cacher ? Pourquoi, lorsqu'elle sait où j'habite, craint-elle de venir à moi et de se montrer? Elle est donc indigne de paraître à mes yeux ? elle ne m'aime donc plus? elle m'a donc oublié ?

— Cette lettre, lui dis-je, prouve le contraire.

— Et de quel droit, reprit Arthur hors de lui, vient-elle m'imposer ses bienfaits ? D'où viennent ces richesses ? Qui lui a donné l'audace de me les offrir, et depuis quand me croit-elle assez lâche pour les accepter? Je n'en veux pas, reprenez-les.

— Je ne demande pas mieux... mais à qui les rendre ?

— Peu m'importe !... je les refuse.

— Vous aurez beau les refuser, vos dettes sont payées, vos propriétés sont dégrevées, grâce aux cent mille écus...

— Vous vendrez mes biens, vous réaliserez cette somme, à laquelle je ne toucherai jamais et qui restera déposée chez vous, jusqu'au moment où l'on pourra la reprendre.

— Mais l'état de fortune où vous vous trouverez alors!...

— Peu m'importe ! tout infidèle qu'elle est, je ne me repens pas de m'être ruiné pour Judith... Mais être enrichi par elle est une humiliation que je ne puis supporter !

Et malgré mes efforts, malgré toutes mes remontrances, il tint à ses résolutions. Les biens furent vendus, et très bien vendus, grâce à l'augmentation successive des propriétés ; les trois premiers cent mille francs furent déposés dans mon étude, et il resta encore à Arthur de quoi acheter six mille livres de rentes sur le grand-livre : ce fut là toute sa fortune.

Il vécut ainsi pendant deux ans, cherchant à bannir un souvenir qui le poursuivait sans relâche ; sombre et mélancolique, refusant tout plaisir ou toute distraction, il était devenu incapable de se livrer au travail ou à l'étude, et je gémissais en moi-même de l'empire qu'exerçait une si cruelle passion sur un homme d'un esprit et d'un caractère aussi élevés. Il venait me voir presque tous les jours, afin d'oublier Judith, et il m'en parlait sans cesse.

Il ne l'aimait plus, disait-il, il la méprisait; il aurait fui au bout du monde plutôt que de la revoir, et malgré lui ses pas le ramenaient dans les lieux qui lui parlaient d'elle et qui lui rappelaient son souvenir.

Un jour, ou plutôt une nuit, il était au bal masqué dans cette salle d'Opéra où il n'entrait jamais sans un battement de cœur. Seul, malgré la foule... toujours seul (car c'est lui qui maintenant avait pris la devise de Judith), il se promenait silencieusement au milieu du bruit... sur ce théâtre... à cette place où tant de fois il l'avait vue apparaître... puis, s'égarant dans les corridors, il monta lentement à cette loge, à cette seconde de face où dans des temps plus heureux il s'asseyait tous les soirs et d'où il lui donnait le signal de leurs innocens rendez-vous.

La porte de la loge était ouverte. Une femme en domino élégant y était seule et semblait plongée dans de profondes réflexions. A l'aspect d'Arthur, elle tressaillit, voulut se lever et sortir... mais, pouvant à peine se soutenir, elle s'appuya sur un des côtés de la loge et retomba sur son fauteuil. Son trouble même la fit remarquer d'Arthur, qui s'approcha vivement et lui offrit ses services.

Sans lui répondre, elle le refusa de la main.

— La chaleur vous aura fait mal, lui dit-il avec une émotion dont il n'était pas le maître, et si vous détachiez un instant ce masque...

Elle refusa encore, et se contenta, pour chercher de l'air de rejeter en arrière le camail du domino qui couvrait son front.

Arthur vit alors de beaux cheveux noirs qui retombaient en boucles sur ses épaules. C'était ainsi que Judith se coiffait... Cette pose gracieuse, cette taille fine et élégante, c'était la sienne... c'étaient là sa tournure, ses manières, ce charme invisible et pénétrant que l'on devine et que l'on ne peut rendre !...

Elle se leva enfin...

Arthur poussa un cri ! C'est lui à son tour qui se sentait mourir... mais, rassemblant promptement toutes ses forces, il lui dit à demi voix :

— Judith !... Judith !... c'est vous !

Elle voulut sortir.

— Restez ; restez, de grâce ! laissez-moi vous dire que je suis le plus malheureux des hommes, car je vous ai méconnue lorsque vous méritiez tout mon amour.

Elle tressaillit.

— Oui, vous le méritiez alors... oui, vous étiez digne des hommages et des adorations de toute la terre, et pourtant, insensé que je suis, je vous aime encore, je n'aime que vous, je vous aimerai toujours... maintenant même que vous m'avez été infidèle... que vous m'avez trahi !

Elle voulut répondre, la parole expira sur ses lèvres... mais elle porta la main à son cœur, comme pour se justifier.

— Et comment, sans cela, expliquer votre absence, et surtout vos bienfaits ... ces bienfaits dont je rougis pour vous et que j'ai repoussés ? Oui, Judith, je n'en veux pas, je ne veux que vous et votre amour ; et s'il est vrai que vous ne m'ayez pas oublié, que vous m'aimiez encore... venez !... suivez-moi ! Il faut m'aimer pour me suivre... car maintenant je n'ai plus de fortune à vous offrir... Eh quoi ! vous hésitez... vous ne répondez pas !... Ah ! j'ai compris votre silence ! Adieu, adieu pour jamais !

Et il allait sortir de la loge. Judith le retint par la main.

— Parlez, Judith, parlez, de grâce !

La pauvre fille ne le pouvait pas ; les sanglots étouffaient sa voix.

Arthur tomba à ses genoux. Elle ne lui avait rien dit.... mais elle pleurait ! Il lui semblait qu'elle s'était justifiée !

— Vous m'aimez donc encore !... vous n'aimez que moi !

— Oui, lui dit-elle en lui tendant la main.

— Et comment vous croire ?... quelles preuves ? qui me les donnera ?

— Le temps.

— Que dois-je faire ?

— Attendez !

— Et quel gage de votre amour ?...

Elle laissa tomber le bouquet de bal qu'elle tenait à la main, et pendant qu'Arthur se baissait pour le ramasser, elle s'élança dans le corridor et disparut.

Il la suivit quelques instans, l'aperçut de loin dans la foule ; mais, arrêté lui-même par le flot des masques, il la perdit de vue. Puis il crut la retrouver... Oui... oui... c'était elle... il était sur ses traces, et, au moment où il arrivait sous le vestibule, elle s'élançait dans un riche équipage que deux chevaux superbes emportèrent au grand galop.

— Messieurs, dit le notaire en s'interrompant, il est bien tard : je me couche de bonne heure, et, si vous voulez le permettre, nous remettrons à après-demain la fin de l'histoire.

V.

Le mercredi suivant, c'était jour d'opéra : nous étions tous à l'orchestre, exacts au rendez-vous, et le notaire n'arrivait pas. On donnait *Robert*, et cet ouvrage me rappelait ma première entrevue avec Arthur. Je m'expliquais surtout sa tristesse, sa préoccupation, et je pensais que Meyerbeer lui-même ne pourrait lui en vouloir, et lui pardonnerait de n'avoir pas écouté le sublime trio de *Robert*.

Mais en ce moment Arthur était-il mieux disposé à apprécier la belle musique ? Était-il plus heureux ? Avait-il enfin retrouvé ou perdu sa Judith ?

Nous ignorions encore les obstacles qui les séparaient, et notre impatience de connaître la fin de l'histoire redoublait encore de l'absence de l'historien. Il arriva enfin après le second acte, et jamais acteur aimé du public, jamais danseur qui reparaît après trois mois de congé, n'eut une entrée plus brillante que le petit notaire. — Vous voilà ! — Venez donc mon cher ! — Vous arrivez bien tard !

— Je viens de dîner en ville et d'assister à un contrat... Je dis assister... car je n'exerce plus, j'ai vendu ma charge, et, grâce au ciel, je ne dois rien à personne...

— Excepté à nous !

— Vous nous devez un dénoûment...

— L'histoire de Judith...

— Nous vous avons gardé votre place ; mettez-vous là.

On se rangea, on s'assit, et le notaire acheva ainsi l'histoire de Judith :

— Elle avait dit : *Attendez !*... et pendant quelques jours Arthur prit patience; il espérait toujours une lettre ou un rendez-vous. Je la reverrai, disait-il ; elle reviendra, elle me l'a promis. Mais les jours, les semaines s'écoulèrent, et Judith ne revint pas.

— Six mois se passèrent ainsi, puis un an, puis deux ans. Arthur me faisait peine, et plus d'une fois je craignis pour sa raison. Cette scène du bal masqué l'avait vivement affecté... Il y avait des momens où, se rappelant cette Judith qu'il avait retrouvée sans la voir, qui lui était apparue sans montrer ses traits, il se croyait sous l'empire de quelque hallucination. Sa tête, affaiblie par ses souffrances, lui persuadait que c'était un rêve... une illusion ; il en vint à douter de ce qu'il avait vu et entendu. Il tomba sérieusement malade, et, dans le délire de la fièvre, il voyait Judith lui apparaissant pour la dernière fois et venant lui faire ses derniers adieux ; et je ne pourrais vous dire tout ce qu'il lui adressait de tendre et de touchant... Judith était sa seule pensée, son idée fixe... C'était là le mal et le tourment dont il se mourait.

Nos soins le rendirent à la vie ; mais il resta sombre et mélancolique, et, excepté moi, il ne voyait personne. Il n'avait jamais voulu toucher à la fortune qu'il tenait de Judith, et la sienne, comme je vous l'ai dit, ne consistait plus qu'en six mille livres de rentes. Il en avait employé quatre pour louer à l'Opéra une loge à l'année... cette seconde loge de face où il avait passé, avec Judith, la nuit du bal masqué. — Il y alla tous les soirs, tant qu'il espéra

qu'elle reviendrait... et puis, quand il eut perdu cette espérance, il n'eut plus le courage ni la force d'y entrer : il s'y trouvait *seul, toujours seul* (son éternelle devise), et, cette idée lui faisait trop de mal. Seulement, il venait de temps en temps à l'orchestre, il regardait douloureusement du côté de la loge de Judith, puis il s'en allait en disant :
— Elle n'y est pas !...

C'était là toute sa vie ; et, excepté quelques voyages qu'il faisait de temps en temps, toujours dans l'espérance d'obtenir des nouvelles de Judith ou quelques indices sur son sort, il revenait toujours ici, à Paris, et chaque soir, sans qu'il y eût de sa volonté ou de sa faute, ses pas se dirigeaient vers l'Opéra. C'est pour m'y rencontrer plus souvent avec lui que j'avais loué ma stalle à l'année.

L'autre semaine, il était venu ; — il était assis à l'orchestre, non pas de ce côté, mais de l'autre. — Ce jour-là, tout à fait découragé et n'ayant plus aucun espoir, il tournait le dos à la salle, et, plongé dans ses réflexions, il ne voyait rien et n'entendait rien. Quelques exclamations bruyantes l'arrachèrent pourtant à ses rêveries.

Une jeune dame, d'une beauté remarquable et d'une parure charmante, venait d'entrer dans une loge, et toute l'artillerie des lorgnettes était dirigée de ce côté.

On n'entendait que ces mots : Qu'elle est jolie ! Quelle fraîcheur ! Quel air gracieux et distingué !

— Monsieur, quel âge lui donnez-vous ?
— Vingt à vingt-deux ans.
— Laissez donc... Elle n'en a pas dix-huit.
— Savez-vous qui elle est ?
— Non, monsieur ; c'est la première fois qu'elle vient à l'Opéra... car je suis un abonné.

D'autres voisins ne la connaissaient pas davantage.

Mais, non loin d'eux, un étranger de distinction s'inclina respectueusement et salua la jolie dame.

À l'instant chacun lui demanda son nom.

— C'est lady Inggerton, la femme d'un riche pair d'Angleterre.
— En vérité !... si jolie et si riche !...
— Et l'on dit qu'elle n'avait rien... que c'était une pauvre jeune fille, qui, dans un désespoir amoureux, voulait se jeter à l'eau... et que, rencontrée et recueillie par le vieux duc, qui la traita comme son enfant...
— C'est un vrai roman.
— Ils ne finissent pas tous si bien : car le vieillard, qui l'avait prise en amitié et qui ne pouvait plus se passer d'elle, a voulu, dit-on, l'épouser pour lui laisser sa fortune... Ce qu'il a fait.
— Diable !... Elle est veuve... c'est un joli parti.
— Aussi son deuil est expiré, et, en Angleterre comme en France, c'est à qui lui fera la cour.
— Je le crois bien, dit le jeune homme qui parlait, et qui d'une main relevait sa cravate, tandis que de l'autre il lorgnait lady Inggerton. Eh ! mais, monsieur, je crois qu'elle regarde de notre côté.
— Vous vous trompez, dit l'étranger.
— Non, parbleu !... je ne me trompe pas... Je m'en rapporte à monsieur. Et il s'adressait à Arthur, qui n'avait rien entendu, et à qui il fut obligé d'expliquer ce dont il s'agissait.

Arthur lève les yeux, et, dans la loge des secondes de face... dans cette loge qui autrefois était la sienne, il aperçoit... Ah ! l'on ne meurt pas de surprise et de joie, puisque Arthur existait encore... puisqu'il conservait assez de force et de raison pour se dire : C'est elle ! c'est Judith !... Mais en même temps, il restait immobile... il n'osait remuer... il craignait de s'éveiller !

— Monsieur, monsieur, lui dit son voisin... vous la connaissez donc ?...

Arthur ne répondait pas, car en ce moment les yeux de Judith avaient rencontré les siens... Il y avait vu briller un éclair de joie et de plaisir. Et que devint-il, mon Dieu ! comment sa tête aurait-elle pu y résister... quand il vit la main de Judith, cette main si blanche et si jolie, s'élever lentement à la hauteur de son oreille, et, imitant le signal qu'on lui donnait autrefois, jouer quelques instans avec des boutons en émeraudes dont Arthur lui avait fait présent !

Ah ! cette fois, il crut devenir fou ! Il détourna la vue, mit la tête dans ses mains, et resta ainsi quelques instans pour se convaincre que ce n'était point une illusion, pour se répéter qu'il existait vraiment et que c'était bien Judith qu'il venait de voir... Puis, quand il en fut bien sûr, il leva encore une fois les yeux vers elle !... la vision céleste avait disparu !... Judith n'était plus là... elle était sortie !...

Un froid mortel parcourut tous ses membres... une main de fer lui serra le cœur... Puis, se rappelant ce qu'il venait de voir... et d'entendre... car elle lui avait parlé... elle lui avait donné un signal... il s'élança de sa place... sortit de l'orchestre, et courut dans la rue en disant :

— Si je m'abuse, cette fois... si c'est encore une erreur... ou je perdrai la raison, c'est sûr... ou je me tuerai...

Et, décidé à mourir, il se dirigea froidement vers la rue de Provence... Il frappa à la porte, qui s'ouvrit... et, tremblant, il demanda : — Judith !

— Madame est chez elle, dit tranquillement le concierge.

Arthur poussa un cri et s'appuya sur la rampe de l'escalier pour ne pas tomber.

Il monta au premier, traversa tous les appartemens, ouvrit la porte du boudoir.

Il était meublé comme autrefois... il y avait six ans.

Le souper qu'il avait demandé avant son départ était là, tout servi. Il y avait deux couverts.

Et Judith, assise sur un canapé, lui dit, au moment où il entra : — Vous venez bien tard, mon ami.

Et elle lui tendit la main. Arthur tomba à ses genoux !...

Ici le notaire s'arrêta.

— Eh bien ?... s'écria tout le monde, achevez.

Le notaire sourit et dit :

— Arthur ne m'en a pas conté davantage... D'ailleurs, voici le troisième acte de *Robert* qui commence.

— Qu'importe ? achevez !

— Que vous dirais-je de plus ?... Je viens de dîner avec eux... j'ai signé au contrat !...

— Ils se marient donc ?

— Certainement, Judith l'a voulu !

— Pour dernière surprise, sans doute.

— Peut-être lui en réserve-t-elle encore une autre !

— Laquelle ? demanda vivement le professeur en droit.

— Je n'en sais rien, répondit le notaire en souriant ; mais on assure que le vieux duc son mari ne l'appelait jamais que : *ma fille* !

En ce moment, la loge des secondes s'ouvrit, Judith parut, enveloppée dans son manteau d'hermine et appuyée sur le bras de son amant, de son mari.

Et un même cri partit à l'instant des bancs de l'orchestre : — Qu'elle est jolie ! — Qu'il est heureux !

LE PRIX DE LA VIE

HISTORIETTE

TIRÉE DES MÉMOIRES D'UN GENTILHOMME DE BRETAGNE.

> Rose et Fabert ont ainsi commencé.
> **VOLTAIRE.**
>
> Mécénas fut un galant homme ;
> Il a dit quelque part : Qu'on me rende impotent.
> Cul-de-jatte, goutteux, manchot, pourvu qu'en somme
> Je vive, c'est assez, je suis plus que content.
> Ne viens jamais, ô mort... on t'en dit tout autant.
> **LA FONTAINE.**

.... Et Joseph, ouvrant la porte du salon, vint nous dire que la chaise de poste était prête. Ma mère et ma sœur se jetèrent dans mes bras.

— Il en est temps encore, me disaient-elles, renonce à ce voyage, reste avec nous.

— Ma mère, je suis gentilhomme, j'ai vingt ans, il faut qu'on parle de moi dans le pays ! que je fasse mon chemin soit à l'armée, soit à la cour.

— Et quand tu seras parti, dis-moi, Bernard, que deviendrai-je ?

— Vous serez heureuse et fière en apprenant les succès de votre fils.

— Et si tu es tué dans quelque bataille ?

— Qu'importe ? qu'est-ce que la vie ? est-ce qu'on y songe ? On ne songe qu'à la gloire quand on a vingt ans et qu'on est gentilhomme. Et me voyez-vous, ma mère, revenir près de vous, dans quelques années colonel ou maréchal de camp, ou bien avec une belle charge à Versailles ?

— Eh bien ! qu'en arrivera-t-il ?

— Il arrivera que je serai ici respecté et considéré.

— Et après ?

— Que chacun m'ôtera son chapeau.

— Et après ?

— Que j'épouserai ma cousine Henriette, que je marierai mes jeunes sœurs, et que nous vivrons tous avec vous, tranquilles et heureux dans mes terres de Bretagne.

— Et qui t'empêche de commencer dès aujourd'hui ? Ton père ne nous a-t-il pas laissée la plus belle fortune du pays ? Y a-t-il, à dix lieues à la ronde, un plus riche domaine et un plus beau château que celui de la Roche-Bernard ? n'y es-tu pas considéré de tes vassaux ? en manque-t-il, quand tu traverses le village, pour te saluer et t'ôter leur chapeau ? Ne nous quitte pas, mon fils ; reste près de tes amis, près de tes sœurs, près de ta vieille mère, qu'au retour peut-être tu ne retrouveras plus ; ne va pas dépenser en vaine gloire, ou abréger par des soucis ou des tourments de toute espèce, des jours qui déjà s'écoulent si vite : la vie est une douce chose, mon fils, et le soleil de Bretagne est si beau !

NOUV. ET PROVERBES.

En disant cela, elle me montrait par les fenêtres du salon les belles allées de mon parc, les vieux marronniers en fleurs, les lilas, les chèvrefeuilles dont le parfum embaumait les airs et dont la verdure étincelait au soleil. Dans l'antichambre se tenaient le jardinier et toute sa famille, qui, tristes et silencieux, semblaient aussi me dire : Ne partez pas notre jeune maître, ne partez pas. Hortense, ma sœur aînée, me serrait dans ses bras, et Amélie, ma petite sœur, qui était dans un coin du salon, occupée à regarder les gravures d'un volume de La Fontaine, était s'approchée de moi en me présentant le livre :

— Lisez, mon frère, me disait-elle en pleurant...

C'était la fable des *deux Pigeons* !... Je me levai brusquement, je les repoussai tous.

— J'ai vingt ans, je suis gentilhomme ; il me faut de l'honneur, de la gloire... laissez-moi partir.

Et je m'élançai dans la cour. J'allais monter dans la chaise de poste, lorsqu'une femme parut sur le perron de l'escalier. C'était Henriette ! elle ne pleurait pas... elle ne prononçait pas une parole... mais, pâle et tremblante, elle se soutenait à peine. De son mouchoir blanc, quelle tenait à la main, elle me fit un dernier signe d'adieu, et elle tomba sans connaissance. Je courus à elle, je la relevai, je la serrai dans mes bras, je lui jurai amour pour la vie ; et, au moment où elle revenait à elle, la laissant aux soins de ma mère et de ma sœur, je courus à ma voiture sans m'arrêter, sans retourner la tête. Si j'avais regardé Henriette, je ne serais point parti.

Quelques minutes après, la chaise de poste roulait sur la grand'route.

Pendant long temps je ne pensai qu'à mes sœurs, à Henriette, à ma mère et à tout le bonheur que je laissais derrière moi ; mais ces idées s'effaçaient à mesure que les tourelles de la Roche-Bernard se dérobaient à ma vue, et bientôt des rêves d'ambition et de gloire s'emparèrent seuls de mon esprit. Que de projets ! que de châteaux en Espagne ! que de belles actions je me créais dans ma chaise de poste ! richesses, honneurs, dignités, succès en tout genre, je ne me refusais rien ; je méritais et je m'accordais tout ;

enfin, m'élevant en grade à mesure que j'avançais en route, j'étais duc et pair, gouverneur de province et maréchal de France, quand j'arrivai le soir à mon auberge. La voix de mon domestique, qui m'appelait modestement *monsieur le chevalier*, me força seule de revenir à moi et d'abdiquer.

Le lendemain et les jours suivans, même rêves, même ivresse, car mon voyage était long. Je me rendais aux environs de Sedan, chez le duc de C..., ancien ami de mon père et protecteur de ma famille. Il devait m'emmener avec lui à Paris, où il était attendu à la fin du mois ; il devait me présenter à Versailles, et me faire obtenir une compagnie de dragons, par le crédit d'une sœur à lui, la marquise de F..., jeune femme charmante, désignée par l'opinion générale à la survivance de madame de Pompadour, place dont elle réclamait le titre avec d'autant plus de justice que depuis longtemps déjà elle en remplissait les fonctions honorables.

J'arrivai le soir à Sedan, et ne pouvant pas, à l'heure qu'il était, me rendre au château de mon protecteur, je remis ma visite au lendemain, et j'allai loger aux Armes de France, le plus bel hôtel de la ville, rendez-vous ordinaire de tous les officiers, car dans une ville de garnison, une place forte ; les rues ont un aspect guerrier, et les bourgeois même une tournure martiale qui semble dire aux étrangers : Nous sommes compatriotes du grand Turenne !

Je soupai à table d'hôte, et je demandai le chemin qu'il fallait suivre pour me rendre le lendemain au château du duc de C..., situé à trois lieues de la ville.

— Tout le monde vous l'indiquera, me dit-on ; il est assez connu dans le pays. C'est dans ce château qu'est mort un grand guerrier, un homme célèbre, le maréchal Fabert.

Et la conversation tomba sur le maréchal Fabert. Entre jeunes militaires c'était tout naturel ; on parla de ses batailles, de ses exploits, de sa modestie, qui lui fit refuser les lettres de noblesse et le collier de ses ordres que lui offrait Louis XIV ; on parla surtout de l'inconcevable bonheur qui, de simple soldat, l'avait fait parvenir au rang de maréchal de France, lui homme de rien et fils d'un imprimeur : c'était le seul exemple qu'on pouvait citer alors d'une pareille fortune, qui, du vivant même de Fabert, avait paru si extraordinaire, que le vulgaire n'avait pas craint d'assigner à son élévation des causes surnaturelles. On disait qu'il s'était occupé dès son enfance de magie, de sorcellerie ; qu'il avait fait un pacte avec le diable.

Et notre aubergiste, qui à la bêtise d'un Champenois joignait la crédulité de nos paysans bretons, nous attesta avec un grand sang-froid qu'au château du duc de C..., où Fabert était mort, on avait vu un homme noir, que personne ne connaissait, pénétrer dans sa chambre et disparaître, emportant avec lui l'âme du maréchal, qu'il avait autrefois achetée et qui lui appartenait ; et que, même maintenant encore, dans le mois de mai, époque de la mort de Fabert, on voyait apparaître le soir une petite lumière portée par l'homme noir.

Ce récit égaya notre dessert, et nous bûmes une bouteille de vin de Champagne au démon familier de Fabert, en le priant de vouloir bien aussi nous prendre sous sa protection, et nous faire gagner quelques batailles comme celles de Collioure et de La Marfée.

Le lendemain, je me levai de bonne heure, et je me rendis au château du duc de C..., immense et gothique manoir, qu'en tout autre moment je n'aurais peut-être pas remarqué, mais que je regardais, j'en conviens, avec une curiosité mêlée d'émotion, en me rappelant le récit que nous avait fait, la veille, l'aubergiste des Armes de France.

Le valet à qui je m'adressai me répondit qu'il ignorait si son maître était visible et surtout s'il pouvait me recevoir. Je lui donnai mon nom, et il sortit en me laissant seul dans une espèce de salle d'armes décorée d'attributs de chasse et de portraits de famille.

J'attendis quelque temps, et l'on ne venait pas. Cette carrière de gloire et d'honneur que j'avais rêvée commence donc par l'antichambre ! me disais-je ; et, solliciteur mécontent, l'impatience me gagnait : j'avais déjà compté deux ou trois fois tous les portraits de famille et toutes les poutres du plafond, lorsque j'entendis un léger bruit dans la boiserie. C'était une porte mal fermée que le vent venait d'entr'ouvrir. Je poussai cette porte, et j'entrai dans un fort joli boudoir, éclairé par deux grandes croisées et une porte vitrée qui donnaient sur un parc magnifique. Je fis quelques pas dans cet appartement, et je m'arrêtai à la vue d'un spectacle qui d'abord n'avait pas frappé mes yeux. Un homme, le dos tourné à la porte par laquelle je venais d'entrer, était couché sur un canapé. Il se leva, et, sans m'apercevoir, courut brusquement à la croisée. Des larmes sillonnaient ses joues, un profond désespoir paraissait empreint sur tous ses traits. Il resta quelque temps immobile et la tête cachée dans ses mains ; puis il commença à se promener à grands pas dans l'appartement. J'étais alors près de lui, et il m'aperçut et tressaillit ; moi-même, désolé et tout étourdi de mon indiscrétion, je voulais me retirer en balbutiant quelques mots d'excuse.

— Qui êtes-vous ? que voulez-vous ? me dit-il d'une voix forte et me retenant par le bras.

— Je suis le chevalier Bernard de la Roche-Bernard, et j'arrive de Bretagne...

— Je sais, je sais, me dit-il ; et il se jeta dans mes bras, me fit asseoir à côté de lui, me parla vivement de mon père et de toute ma famille, qu'il connaissait si bien que je ne doutai point que ce ne fût le maître du château.

— Vous êtes M. C...? lui dis-je.

Il se leva, et, me regardant avec exaltation, il me répondit : Je l'étais, je ne le suis plus, je ne suis plus rien ; et, voyant mon étonnement, il s'écria : Pas un mot de plus, jeune homme, ne m'interrogez pas !

— Si, monsieur ; j'ai été témoin, sans le vouloir, de votre chagrin et de votre douleur, et si mon dévouement et mon amitié peuvent y apporter quelque adoucissement...

— Oui, oui, vous avez raison ; non que vous puissiez rien changer à mon sort, mais vous recevrez du moins mes dernières volontés et mes derniers vœux... C'est le seul service que j'attends de vous.

Il alla fermer la porte, et revint s'asseoir près de moi, qui, ému et tremblant, attendais ses paroles ; elles avaient quelque chose de grave et de solennel. Sa physionomie surtout avait une expression que je n'avais encore vue à personne. Ce front que j'examinais attentivement semblait marqué par la fatalité. Sa figure était pâle ; ses yeux noirs lançaient des éclairs, et, de temps en temps, ses traits, quoique altérés par la souffrance, se contractaient par un sourire ironique et infernal.

— Ce que je vais vous apprendre, reprit-il, va confondre votre raison. Vous douterez... vous ne croirez pas... moi-même bien souvent je doute encore... je le voudrais, du moins : mais les preuves sont là, et il y a dans tout ce qui nous entoure, dans notre organisation même, bien d'autres mystères que nous sommes obligés de subir sans pouvoir les comprendre.

Il s'arrêta un instant comme pour recueillir ses idées passa la main sur son front, et continua :

« Je suis né dans ce château, j'avais deux frères, mes aî-
» nés, à qui devaient revenir les biens et les honneurs de
» notre maison. Je n'avais rien à attendre que le manteau
» d'abbé et le petit collet, et cependant des pensées d'am-
» bition et de gloire fermentaient dans ma tête et faisaient
» battre mon cœur. Malheureux de mon obscurité, avide
» de renommée, je ne rêvais qu'aux moyens d'en acqué-
» rir, et cette idée me rendait insensible à tous les plaisirs
» et à toutes les douceurs de la vie. Le présent ne m'était
» rien ; je n'existais que dans l'avenir, et cet avenir se pré-
» sentait à moi sous l'aspect le plus sombre.

» J'avais près de trente ans, et je n'étais rien encore.
» Alors, et de tous côtés, s'élevaient dans la capitale des

» réputations littéraires dont l'éclat retentissait jusqu'en
» notre province.
» — Ah! me disais-je souvent, si je pouvais du moins
» me faire un nom dans la carrière des lettres ! ce serait
» toujours de la renommée, et c'est là seulement qu'est le
» bonheur.
» J'avais pour confident de mes chagrins un ancien do-
» mestique, un vieux nègre, qui était dans ce château bien
» avant ma naissance ; c'était à coup sûr le plus âgé de la
» maison, car personne ne se rappelait l'y avoir vu entrer ;
» les gens du pays prétendaient même qu'il avait connu le
» maréchal Fabert, et assisté à sa mort... »

En ce moment mon interlocuteur me vit faire un geste de surprise ; il s'arrêta et me demanda ce que j'avais.
— Rien, lui dis-je.—Mais malgré moi je pensai à l'homme noir dont nous avait parlé la veille notre aubergiste.
Monsieur de C... continua :

« Un jour, devant Yago (c'était le nom du nègre), je me
» laissai aller à mon désespoir sur mon obscurité et sur
» l'inutilité de mes jours, et je m'écriai :
» — *Je donnerais dix années de ma vie* pour être placé au
» premier rang de nos auteurs.
» — Dix ans, me dit-il froidement, c'est beaucoup ; c'est
» payer cher bien peu de chose ; n'importe, j'accepte vos
» dix ans. Je les prends ; rappelez-vous vos promesses, je
» tiendrai les miennes.
» Je ne vous peindrai pas ma surprise en l'entendant parler
» ainsi. Je crus que les années avaient affaibli sa raison ; je
» haussai les épaules en souriant, et je quittai, quelques
» jours après, ce château, pour faire un voyage à Paris. Là
» je me trouvai lancé dans la société des gens de lettres.
» Leur exemple m'encouragea, et je publiai plusieurs ou-
» vrages dont je ne vous raconterai pas ici le succès... Tout
» Paris s'empressa d'y applaudir ; les journaux retentirent
» de mes louanges ; le nouveau nom que j'avais pris devint
» célèbre, et hier encore, jeune homme, vous-même l'ad-
» miriez... »

Ici un nouveau geste de surprise interrompit ce récit...
— Vous n'êtes donc pas monsieur le duc de C... ? m'é-criai-je.
— Non, répondit-il froidement.
Et je me dis en moi-même : Un homme de lettres cé-lèbre... Est-ce Marmontel? Est-ce d'Alembert? Est-ce Voltaire?
Mon inconnu soupira ; un sourire de regret et de mépris vint effleurer ses lèvres, et il reprit son récit :

« Cette réputation littéraire que j'avais enviée fut bien-
» tôt insuffisante pour une âme aussi ardente que la
» mienne. J'aspirais à de plus nobles succès, et je disais
» à Yago, qui m'avait suivi à Paris et qui ne me quittait
» plus : Il n'y a de gloire réelle, il n'y a de véritable re-
» nommée que celle que l'on acquiert dans la carrière des
» armes. Qu'est-ce qu'un homme de lettres, un poëte?
» Rien. Parlez-moi d'un grand capitaine, d'un général
» d'armée : voilà le destin que j'envie, et pour une grande
» réputation militaire je donnerais dix des années qui me
» restent.
» Je les accepte, me répondit Yago ; je les prends ; elles
» m'appartiennent : ne l'oubliez pas. »

A cet endroit de son récit, l'inconnu s'arrêta encore ; et voyant l'espèce de trouble et d'hésitation qui se peignait dans tous mes traits :

« Je vous l'avais bien dit, jeune homme ; vous ne pou-
» vez me croire ; cela vous semble un rêve, une chi-
» mère !... à moi aussi... Et cependant les grades, les hon-
» neurs que j'ai obtenus n'étaient point une illusion ; ces
» soldats que j'ai conduits au feu, ces redoutes enlevées,
» ces drapeaux conquis, ces victoires dont la France a re-
» tenti... tout cela fut mon ouvrage, toute cette gloire m'a
» appartenu.

Pendant qu'il marchait à grands pas, et qu'il parlait ainsi avec chaleur, avec enthousiasme, la surprise avait glacé tous mes sens, et je me disais : Qui donc est là près de moi?... Est-ce Coigny?... Est-ce Richelieu?... Est-ce le maréchal de Saxe... ?
De cet état d'exaltation mon inconnu était retombé dans l'abattement, et, s'approchant de moi, il me dit d'un air sombre :

« Yago avait dit vrai ; et quand, plus tard, dégoûté de
» cette vaine fumée de gloire militaire, j'aspirais à ce qu'il
» y a seulement de réel et de positif dans ce monde ;
» quand, au prix de cinq ou six années d'existence, je dé-
» sirai l'or et les richesses, il me les accorda encore... Oui,
» jeune homme, oui, j'ai vu la fortune seconder, surpasser
» tous mes vœux ; des terres, des forêts, des châteaux... Ce
» matin encore, tout cela était en mon pouvoir ; et si vous
» doutez de moi, si vous doutez d'Yago... attendez... at-
» tendez... il va venir... et vous allez voir par vous-même,
» par vos yeux, que ce qui confond votre raison et la
» mienne n'est malheureusement que trop réel. »

L'inconnu s'approcha alors de la cheminée, regarda la pendule, fit un geste d'effroi, et me dit à voix basse :

« Ce matin, au point du jour, je me sentis si abattu et si
» faible, que je pouvais à peine me soulever. Je sonnai
» mon valet de chambre. Ce fut Yago qui parut.
» — Qu'est-ce donc que j'éprouve? lui dis-je.
» — Maître, rien que de très-naturel. L'heure approche,
» le moment arrive.
» — Et lequel? lui dis-je.
» — Ne le devinez-vous pas ? Le ciel vous avait destiné
» soixante ans à vivre : vous en aviez trente quand j'ai
» commencé à vous obéir.
» — Yago, lui dis-je avec effroi, parles-tu sérieuse-
» ment ?
» — Oui, maître, en cinq ans vous avez dépensé en gloi-
» re vingt-cinq années d'existence. Vous me les avez don-
» nées, elles m'appartiennent ; et ces jours dont vous êtes
» privé seront maintenant ajoutés aux miens.
» — Quoi ! c'était le prix de tes services ?
» — D'autres les ont payés plus cher ; témoin Fabert,
» que je protégeais aussi.
» — Tais-toi, tais-toi, lui dis-je. Ce n'est pas possible, ce
» n'est pas vrai.
» —A la bonne heure ; mais préparez-vous, car il ne vous
» reste plus qu'une demi-heure à vivre.
» — Tu te joues de moi, tu me trompes.
» — En aucune façon : calculez vous-même. Trente-cinq
» ans où vous avez vécu réellement, et vingt-cinq que
» vous avez perdus ! Total, soixante. C'est votre compte,
» chacun le sien
» Et il voulait sortir... et je sentais mes forces diminuer,
» je sentais la vie m'échapper.
» — Yago ! Yago! m'écriai-je, donne-moi quelques heu-
» res, quelques heures encore.
» — Non, non, répondait-il, ce serait maintenant les re-
» trancher de mon compte, et je connais mieux que vous
» le prix de la vie. Il n'y a pas de trésor qui puisse payer
» deux heures d'existence.
» Et je pouvais à peine parler ; mes yeux se voilaient,
» le froid de la mort glaçait mes veines.
» — Eh bien ! lui dis-je en faisant un effort, reprends
» ces biens pour lesquels j'ai tout sacrifié. Quatre heures
» encore, et je renonce à mon or, à mes richesses, à cette
» opulence que j'ai tant désirée.
» — Soit : tu as été bon maître, et je veux bien faire
» quelque chose pour toi ; j'y consens.
» Je sentis mes forces se ranimer, et je m'écriai : Quatre
» heures, c'est si peu de chose !... Yago !... Yago !... qua-

» tre autres encore, et je renonce à ma gloire littéraire, à
» tous mes ouvrages, à ce qui m'avait placé si haut dans
» l'estime du monde.
» — Quatre heures pour cela ! s'écria le nègre avec dé-
» dain... C'est beaucoup ; n'importe, je ne t'aurai point
» refusé ta dernière grâce.
» — Non pas la dernière, lui dis-je en joignant les
mains... Yago ! Yago ! je t'en supplie, donne-moi jusqu'à
ce soir, les douze heures, la journée entière, et que mes
exploits, mes victoires, que ma renommée militaire, que
tout soit effacé à jamais de la mémoire des hommes !...
» qu'il n'en reste plus rien sur la terre... Ce jour... Yago,
» ce jour tout entier, et je serai trop content.
» — Tu abuses de ma bonté, me dit-il, et je fais un mar-
» ché de dupe. N'importe encore, je te donne jusqu'au
» coucher du soleil. Après cela, ne me demande plus rien.
» A ce soir donc ! je viendrai te prendre. »

— Et il est parti, poursuivit l'inconnu avec désespoir, et
ce jour où je vous parle est le dernier qui me reste ! Puis,
s'approchant de la porte vitrée qui était ouverte et qui
donnait sur le parc, il s'écria : Je ne verrai plus ce beau
ciel, ces verts gazons, ces eaux jaillissantes ; je ne respire-
rai plus l'air embaumé du printemps. Insensé que j'étais !
Ces biens que Dieu donne à tous, ces biens auxquels j'é-
tais insensible et dont maintenant seulement je comprends
la douceur, pendant vingt-cinq ans encore je pouvais en
jouir ! Et j'ai usé mes jours, je les ai sacrifiés pour une
vaine chimère, pour une gloire stérile qui ne m'a pas rendu heureux et qui est morte avant moi... Tenez... tenez,
dit-il en me montrant des paysans qui traversaient le parc
et se rendaient à l'ouvrage en chantant, que ne donnerais-
je pas maintenant pour partager leurs travaux et leur
misère !... Mais je n'ai plus rien à donner ni rien à espérer
ici-bas, rien... pas même le malheur !
En ce moment un rayon de soleil, un soleil du mois de
mai, vint éclairer ses traits pâles et égarés ; il me saisissait
le bras avec une espèce de délire, et me disait :
— Voyez... voyez donc ! que c'est beau le soleil ! et il
faut quitter tout cela !... Ah ! que du moins j'en jouisse
encore !... Que je savoure en entier ce jour si pur et si
beau... qui pour moi n'aura pas de lendemain !
Il s'élança en courant dans le parc ; et, au détour d'une
allée, il disparut avant que j'aie pu le retenir.
A vrai dire, je n'en avais pas la force... j'étais retombé
sur le canapé, étourdi, anéanti de tout ce que je venais de
voir et d'entendre. Je me levai, je marchais pour bien mo
convaincre que j'étais éveillé, que je n'étais pas sous l'influence d'un songe... En ce moment la porte du boudoir
s'ouvrit, et un domestique me dit :
— Voici mon maître, monsieur le duc de C....
Un homme d'une soixantaine d'années et d'une physionomie distinguée s'avança, et, me tendant la main, me
demanda pardon de m'avoir fait attendre aussi long temps.
— Je n'étais pas au château, me dit-il ; je viens de la
ville, où j'ai été consulter pour la santé du comte de C...,
mon frère cadet.
— Ses jours seraient-ils en danger ? m'écriai-je.
— Non, monsieur, grâce au ciel, me répondit le duc ;
mais dans sa jeunesse des idées d'ambition et de gloire
avaient exalté son imagination, et une maladie fort grave
qu'il a faite dernièrement, et où il a pensé périr, lui a laissé au cerveau une espèce de délire et d'aliénation, qui
lui persuadent toujours qu'il n'a plus qu'un jour à vivre.
C'est là sa folie.
Tout me fut expliqué !
— Maintenant, poursuivit le duc, venons à vous, jeune
homme, et voyons ce que nous pouvons faire pour votre
avancement. Nous partirons à la fin de ce mois pour Versailles. Je vous présenterai.
— Je connais vos bontés pour moi, monsieur le duc, et
je viens vous en remercier.
— Quoi ! auriez-vous renoncé à la cour, et aux avantages que vous pouviez y attendre ?
— Oui, monsieur.
— Mais songez donc que, grâce à moi, vous y ferez un
chemin rapide, et qu'avec un peu d'assiduité et de patience... vous pouvez d'ici à une dizaine d'années...
— Dix années de perdues ! m'écriai-je.
— Eh bien ! reprit-il avec étonnement, est ce payer trop
cher la gloire, la fortune, les honneurs ?... Allons, jeune
homme, nous partirons pour Versailles.
— Non, monsieur le duc, je repars pour la Bretagne, et
vous prie de nouveau de recevoir tous mes remerciemens
et ceux de ma famille.
— C'est de la folie ! s'écria le duc.
Et moi, pensant à ce que je venais de voir et d'entendre,
je me dis : C'est de la raison !
Le lendemain, j'étais en route : et avec quelles délices
je revis mon beau château de la Roche-Bernard, les vieux
arbres de mon parc, le beau soleil de la Bretagne ! J'avais
retrouvé mes vassaux, mes sœurs, ma mère et le bonheur !...
qui depuis ne m'a plus quitté, car huit jours après j'é-
pousai Henriette.

FIN DU PRIX DE LA VIE.

UN MINISTRE SOUS LOUIS XV

OU LE SECRET DE RESTER EN PLACE.

SCÈNE PREMIÈRE.

Le cabinet du ministre.

LE DUC DE CHOISEUL, *reconduisant jusqu'à la porte de son cabinet et saluant.*

J'aurai l'honneur de rappeler cette affaire à Sa Majesté. (Revenant près de son bureau.) Je ne me trompais pas. J'étais bien sûr, en voyant monsieur de Noailles de si bon matin, qu'il était mort quelqu'un cette nuit... Demander! toujours demander!!... Il semble que la France soit son patrimoine, à lui et aux siens... Un régiment de dragons est vacant, il le lui faut... et de quel droit? et pour qui?... pour un parent de sa femme... (Décachetant d'autres lettres qu'il tient à la main.) Le marquis de L'Hôpital sollicite aussi... pour un amant de la sienne... le chevalier de Cussy... c'est le plus raisonnable. Voilà des titres! la marquise est si laide à présent, que ce pauvre chevalier a droit à quelque indemnité. (Décachetant d'autres lettres.) Tout le monde veut donc ce régiment?... Jusqu'aux archevêques qui s'en mêlent! Monsieur d'Aix, monsieur de Toulouse me recommandent le comte de Langeac; et pourquoi?... ah!... à cause de mademoiselle de Bèze de l'Opéra. Recommander un rival, et un rival heureux! Au fait, ils le sont tous trois; ils le savent, et s'en accommodent à merveille... La Trinité n'a rien qui doive effrayer les princes de l'Église. (Il prend un portefeuille de maroquin rouge, et y serre tous ces papiers.) Allons, allons, la pétition du duc, la recommandation du marquis et les lettres pastorales... je soumettrai tout cela à Sa Majesté Très Chrétienne, qui en décidera. (S'asseyant devant son bureau.) Travaillons, puisqu'une fois par hasard on m'en laisse le temps. (Il sonne.— Paraît le valet de chambre du duc.) Chompré!...

CHOMPRÉ.

Monseigneur!...

LE DUC.

Je n'y suis pour personne; vous entendez...

CHOMPRÉ.

Oui, monseigneur.

(Il sort.)

LE DUC, *prenant un cahier qui est sur la table.*

Voici d'abord le dernier rapport de monsieur de Sartines. Quel ennuyeux fatras! quel répertoire de scandale! mais cela amuse le roi; et il est si difficile d'amuser un roi!! Voyons cependant, avant de le lui lire ce soir, s'il n'y a rien contre moi... (Lisant tout bas.) Non... non... « La maréchale de Mirepoix a engagé ses diamans pour trente mille francs qu'elle doit. » Belle nouvelle! (Continuant à parcourir le registre.) Une aventure de la comtesse d'Egmont avec le comédien Molé!... (Lisant.) « Madame de Guéménée s'est déguisée hier en revendeuse à la toilette, pour se rendre chez Clairval de la Comédie-Italienne. » Ces dames aiment beaucoup la comédie!... (Parcourant la fin du registre.) Du reste, toujours la même chose; rien de neuf, rien d'original. Monsieur de Sartines ne pourrait-il pas inventer? Il me semble que la police est payée assez cher pour avoir de l'imagination.(S'arrêtant.) Ah! ah! un vol considérable fait chez monsieur de Faverolles, chevalier de Saint-Louis, lieutenant-colonel... (Il se lève et marche en rêvant.) Monsieur de Faverolles, un ancien ami qui ne m'importune pas de ses visites; car je ne l'ai pas vu encore depuis que je suis au ministère. — Brave militaire, qui n'est pas riche, qui a une famille nombreuse; bon gentilhomme, qu'on prendrait pour un officier de fortune; car depuis quinze ans qu'il est lieutenant-colonel, il attend en vain un régiment... Eh! mais, celui de ce matin... oui, c'est à lui que cela revient... Il l'obtiendra en dépit de ses concurrens. — Je sais bien que toutes les dames de la cour vont m'accabler de sollicitations, et qu'il faut du courage pour résister ici à l'influence féminine... N'importe... j'en aurai! (Marchant rapidement dans l'appartement.) Empire du boudoir! — Sceptre tombé en quenouille!! — Le roi de Prusse a raison, nous sommes au règne du cotillon, et nous n'en sortons pas! Madame de Châteauroux était Cotillon Ier, madame de Pompadour Cotillon II; j'empêcherai bien, si je peux, l'avénement au trône de Cotillon III, ou je me retirerai, je donnerai ma démission. Est-il donc si nécessaire d'être ministre? ne peut-on vivre sans portefeuille? Moi, je n'ai point d'ambition... mais jamais je ne partagerai la faveur du souverain, ni le pouvoir suprême avec une femme... On n'en a déjà pas trop à soi tout seul... (Se rasseyant.) Allons, allons, voilà qui est dit: je ferai nommer monsieur de Faverolles, qui ne me demande rien. — J'irai au-devant du mérite... voilà une bonne pensée... une bonne action, et cela dispose au travail... Examinons ce projet de canalisation que l'on me propose... Quel beau pays que la France! (Il prend la plume et s'arrête.) Si on la connaissait... si elle se connaissait elle-même! Elle dort, et son sommeil en Europe est encore une puissance... mais si jamais elle ouvre les yeux, si elle se lève... quel réveil!...

(Il travaille pendant quelques minutes avec ardeur.)

SCÈNE II.

LE DUC, CHOMPRÉ.

CHOMPRÉ, entr'ouvrant la porte.

Une jeune et jolie dame demande à parler à monseigneur.

LE DUC, avec impatience.

Je vous avais dit que je n'y étais pour personne.

CHOMPRÉ, embarrassé.

Oui, monseigneur... mais j'ai pensé qu'une dame, c'était différent.

LE DUC, avec humeur.

C'est la même chose... Sortez... (Le rappelant.) Chompré ! — Qui est celle-là ?

CHOMPRÉ.

Madame la marquise de Castellane.

LE DUC.

La marquise ! — Elle qui, depuis quelques jours, dit-on, est admise dans les petits appartemens ! je n'aurais qu'à la refuser... voilà une personne de plus en droit de décrier mon ministère et de prédire la ruine de la monarchie !... Qu'elle entre !

(Chompré sort.)

LE DUC, jetant sa plume avec colère.

Abandonner un travail utile et nécessaire ! perdre son temps en fadaises et insipides galanteries !—Quel ennui !

SCÈNE III.

(Chompré rentre, annonce la marquise, et sort.)

LE DUC, LA MARQUISE.

LE DUC, allant au-devant de la marquise.

Madame de Castellane chez moi... à cette heure ! Je vais me croire en bonne fortune.

LA MARQUISE.

Quoi, monsieur le duc, vous me reconnaissez ?... il y a si longtemps que nous ne nous sommes rencontrés !

LE DUC, lui offrant un siége.

C'est ce dont je me plaignais !... Autrefois j'étais favorisé : la duchesse vous voyait souvent ; mais depuis notre arrivée au ministère vous nous avez disgraciés.

LA MARQUISE, s'asseyant.

Je vous prouve le contraire en venant ainsi vous surprendre à l'improviste ; je n'avais pas eu le temps de vous écrire pour vous demander un rendez-vous.

LE DUC.

Un rendez-vous à moi !

LA MARQUISE, souriant.

Oui, sans doute.

LE DUC.

C'est le monde renversé !

LA MARQUISE, étourdiment.

C'est ce que je disais dans votre antichambre. N'est-il pas étonnant que, sous prétexte qu'on est ministre, une jeune et jolie femme soit obligée de venir vous faire sa cour ? car c'est là l'objet de ma visite, et en vérité je suis fort embarrassée et je ne sais que vous dire...

LE DUC.

Eh ! mais, ce que je vous disais autrefois !

LA MARQUISE, rougissant.

Ah ! vous vous le rappelez encore ! Je croyais qu'à la cour on oubliait tout...

LE DUC.

Excepté ses amis.

LA MARQUISE.

C'est parfait ! on me disait bien que vous étiez le plus aimable des hommes et le meilleur des ministres ; que vous ne saviez rien refuser.

LE DUC.

Je ne vous adresserai pas le même éloge.

LA MARQUISE.

Oui... on me fait ici une réputation de sévérité pour me perdre dans l'esprit du roi. C'est une cabale montée par mesdames de Coigny et de Montbarrey. — Je les laisse dire.

LE DUC.

Bien sûre, quand vous voudrez, de déjouer leur complot et de faire connaître la vérité à Sa Majesté.

LA MARQUISE, baissant les yeux.

Je ne crois pas que Sa Majesté se soucie de la connaître. (Avec volubilité.) Mais en ce moment il s'agit de son ministre. — Je n'abuserai pas de ses momens ; ils sont si précieux ! — J'arrive à l'objet de ma demande. Le roi va demain à Choisy, et comme il passe devant ma terre de Maisons, vous vous rappelez... cette belle terrasse qui borde la grande route... il me fait l'honneur de s'y arrêter pour déjeuner. Nous aurons messieurs de Richelieu, de Chauvelin, de La Vauguyon, et comme je ne connais personne au monde, monsieur le duc, dont la présence soit plus agréable que la vôtre à Sa Majesté, je voulais vous prier de me faire aussi cet honneur.

LE DUC.

Quoi ! madame, c'est là cette grâce que vous veniez solliciter, et que tant d'autres auraient implorée de vous ?

LA MARQUISE, se levant.

Vous acceptez ? c'est divin ! pas un mot de plus : je vous laisse. — Adieu, monsieur le duc. Enchantée de votre obligeance.

LE DUC, lui offrant la main pour la reconduire.

Permettez, madame...

LA MARQUISE, prête à sortir et s'arrêtant au milieu de sa révérence.

Un mot encore ! on assurait hier qu'un régiment de dragons allait être vacant, que le colonel avait été blessé mortellement dans un duel, au sujet... (Ayant l'air de chercher) de... mademoiselle Clairon, de mademoiselle Dumesnil ou de madame de Forcalquier, quelque chose dans ce genre-là... je ne sais pas au juste les détails... mais vous, monsieur le duc, vous devez connaître...

LE DUC.

Parfaitement ! je vous conterai cela demain !

LA MARQUISE, vivement.

Le colonel est donc mort ?

LE DUC, étonné.

Vous l'ai-je dit ?...

LA MARQUISE.

Je le présume, et dans ce cas je vous prierai de penser à un de mes cousins, le jeune marquis d'Aubuisson, qui a produit tant d'effet au dernier quadrille de la cour, que madame Adélaïde et madame Louise elle-même l'ont remarqué ! Du reste, il a des titres... il est depuis deux mois dans les mousquetaires !

LE DUC.

Vraiment !

LA MARQUISE.

Un tout jeune homme!... une taille superbe! à peine dix-huit ans, et vous lui en donneriez vingt-cinq pour la tournure et la bonne mine... Ce sont là des qualités précieuses... à la tête d'un régiment, et j'espère qu'il nous fera honneur.

LE DUC, embarrassé.

Je conviens, madame, que c'est un militaire... qui danse très-bien... mais...

LA MARQUISE, vivement.

Oh! il n'y a pas de mais... c'est une affaire convenue. — J'ai votre promesse... vous êtes trop aimable pour ne pas la tenir... surtout avec des dames...

LE DUC.

Permettez cependant...

LA MARQUISE, d'un air aimable.

Je pourrais le demander au roi, j'aime mieux vous le devoir. (Avec coquetterie) Je ne crains pas, vous le voyez, le fardeau de la reconnaissance.

LE DUC.

Je voudrais mériter la vôtre, mais ce n'est pas en mon pouvoir ; le régiment en question est déjà donné.

LA MARQUISE, changeant de ton.

Et à qui donc?

LE DUC.

A un vieux militaire, monsieur de Faverolles, qui depuis quinze ans attend de l'avancement.

LA MARQUISE, avec dépit.

Il me semble, monsieur, que, quand on a attendu quinze ans, on peut bien encore sans se gêner... D'ailleurs, quel est ce monsieur de Faverolles? qui est-ce qui connaît cela? qui s'y intéresse ? (d'un air de mépris) est-ce seulement un gentilhomme?

LE DUC, avec indignation.

Madame!...

LA MARQUISE.

Mon Dieu, je veux bien le croire! je vous en crois, monsieur le duc, sur parole! mais quand vous en manqueriez avec lui, où serait le mal? Ne peut-on pas dire qu'une volonté supérieure... qu'on vous a forcé la main?...

LE DUC, souriant.

Voilà de ces choses qu'un ministre ne peut pas avouer, et que maintenant, pour ma part, je regarde comme impossibles. — Oui, madame, je dois croire à présent que personne n'y parviendra, puisque j'ai eu le courage de vous résister.

LA MARQUISE, froidement.

Trêve de galanteries, monsieur le duc! parlons sérieusement: voulez-vous m'accorder ce régiment?

LE DUC, d'un accent pénétré.

Je vous proteste, madame la marquise, que je n'ai rien plus à cœur que de vous être agréable, et que vous me voyez véritablement désolé...

LA MARQUISE, froidement, et le regardant en face.

Du tout... vous ne l'êtes pas! mais plus tard peut-être vous le serez. (Pesant lentement ses paroles.) Je ne dis plus qu'un mot : aurai-je un régiment? oui ou non?

LE DUC.

Eh! mais, madame, est-ce une déclaration de guerre que vous m'adressez?

LA MARQUISE, impérieusement.

Ce régiment!... Il me faut, je le veux ! oui, monsieur le duc, je le veux!...

LE DUC, avec dignité.

Le roi seul a droit de me parler ainsi, et si c'était pour me commander une injustice, j'aurais la douleur de lui répondre ce que je vous répondrai à vous-même, madame : cela ne se peut pas.

LA MARQUISE, hors d'elle-même.

Il suffit, monsieur, il suffit ! vous vous en repentirez !... Je me vengerai ! il ne faut pas croire qu'il soit difficile de faire des ministres!

LE DUC, froidement.

Je n'en doute pas, madame ; c'est beaucoup plus aisé dans ce moment que de faire des colonels!

LA MARQUISE, outrée.

Oui, monsieur le duc, on connaîtra votre conduite. On saura que vous ne faites usage du pouvoir que pour commettre des injustices, et tel me refuse aujourd'hui qui sera trop heureux demain... d'implorer à mes pieds... une grâce qu'il n'obtiendra pas !

LE DUC, étonné.

Que voulez-vous dire?

LA MARQUISE.

Vous n'êtes pas assez de mes amis pour que je m'explique davantage. — Je vous salue, monsieur le duc.

(Elle sort.)

SCÈNE IV.

LE DUC, seul.

Qu'est-ce que cela signifie?... Quel est son dessein? — de se réunir à mes ennemis! — C'est clair... Eh bien! c'en sera un de plus! et grâce au ciel, sur la quantité, je ne m'en apercevrai pas! (Il se promène en rêvant.) Il est vrai que celle-ci est redoutable, non par son rang... mais par ses liaisons... Si elle me fait un ennemi de chacun de ses amans, je suis un homme perdu! (S'arrêtant.) Non... ce n'est pas là sa pensée!... Elle se croit certaine du succès ; — elle en espère un prochain et immédiat! (Recommençant à se promener vivement.) Oui, sa confiance l'a trahie... Les femmes seraient trop redoutables en affaires, si, à tous leurs autres avantages, elles joignaient celui de la discrétion! (Il sonne. — Chompré paraît.) Y a-t-il là quelqu'un?

CHOMPRÉ.

M. le *Premier* du roi, qui attend que monseigneur soit visible.

LE DUC.

Le premier valet de chambre... le confident intime de Sa Majesté; il ne pouvait venir plus à propos ! Qu'il entre.

CHOMPRÉ, annonçant.

M. le Premier du roi.

(Il sort.)

SCÈNE V.

LE DUC, LEBEL.

LEBEL, s'inclinant.

Je présente mes respectueux hommages à monsieur le duc.

LE DUC, d'un air familier, et continuant à se promener.

Bonjour, Lebel, bonjour! qu'y a-t-il de nouveau?

LEBEL, avec émotion.

Il y a, monseigneur, que je viens à vous, parce que tous les jours je suis tenté de donner ma démission.

LE DUC, étonné.
Toi ! le ministre secret des plaisirs du roi !
LEBEL, avec une nuance d'orgueil.
Le poste est agréable, j'en conviens, pour le crédit et la considération... mais...
LE DUC, souriant et achevant sa phrase.
Mais il te donne trop de mal, trop d'occupation ?
LEBEL.
Ce ne serait rien ! depuis le temps, j'y suis fait !
LE DUC.
Est-ce que Sa Majesté supprimerait le traitement qu'elle te fait sur sa cassette ?
LEBEL, avec dignité.
Monsieur le duc, je vous prie de croire que je ne tiens pas aux appointemens ; mais je tiens à l'honneur !
LE DUC, étonné.
Vraiment ?
LEBEL, avec chaleur.
Je tiens à mes prérogatives. J'ai une charge que je remplis, j'ose le dire, à la satisfaction générale. Hé bien ! non content de me l'envier, chacun ici va sur mes brisées et empiète sur mes attributions !... est-ce juste ?
LE DUC, souriant.
Non, sans doute.
LEBEL, continuant à s'échauffer.
Vais-je me mêler de ce que fait monsieur de Praslin ? Vais-je troubler monsieur de Saint-Florentin dans la vente de ses lettres de cachet ? Vais-je empêcher monsieur de Jarente de coucher qui il veut sur la feuille des bénéfices ? Hé bien ! tous ces messieurs de la cour sont loin d'avoir la même délicatesse que moi ! il n'y en a pas un... je dis des plus huppés, qui, lorsque par hasard il a une jolie sœur ou une jolie femme, ne s'empresse, pour me faire du tort, de la faire trouver sur le passage de Sa Majesté.
LE DUC, détournant la tête avec indignation.
Quelle infamie !
LEBEL, encouragé et croyant que le duc entre dans son idée.
C'est ce que je dis ! comme si je n'étais pas là pour les présenter ! Après cela, de leur côté, les dames de la cour m'en veulent, parce que maintenant Sa Majesté préfère la bourgeoisie. C'est un tort, j'en conviens : il vaudrait mieux que le roi ne choisît ses maîtresses que dans les rangs de sa fidèle noblesse... mais enfin est-ce ma faute ?
LE DUC.
Cela suffit...
LEBEL, continuant avec chaleur et sans s'apercevoir que le duc ne l'écoute plus.
Celui qui me donne le plus d'inquiétudes, c'est M. de Richelieu ! Dans l'origine, je ne devais travailler qu'avec le roi ; à présent, il faut que je soumette mon travail à M. le maréchal, qui, peu à peu, j'en suis sûr, finira par s'emparer totalement de ma place, et la fera ériger en grande charge de la couronne... C'est son intention.
LE DUC, impatienté.
Assez ! assez ! ce n'est pas de cela qu'il s'agit ! Savez-vous comment il se fait que demain le roi doit aller déjeuner à Maisons, chez la marquise de Castellane ?
LEBEL.
Oui, monseigneur ; et cela me paraît juste. Comme la marquise a soupé hier chez Sa Majesté, et y soupe encore ce soir...
LE DUC.
Que me dis-tu là ? Et tu ne me l'avais pas appris ?

LEBEL.
C'est justement pour cela, monseigneur, que je venais vous adresser mes réclamations ! c'est sans m'en parler, sans que j'en fusse instruit, que, dans une partie de chasse chez le prince de Soubise, la marquise a été présentée !
LE DUC.
Le prince de Soubise !...
LEBEL.
Oui, monseigneur ; il est l'amant de madame de Castellane.
LE DUC.
Lui qui vit publiquement avec mademoiselle Guimard ?
LEBEL.
Pour la forme ! parce qu'il croit de sa dignité d'avoir à ses gages une demoiselle de l'Opéra ; mais la vérité, vous pouvez m'en croire, moi qui m'y connais, c'est qu'il est amoureux fou de la marquise.
LE DUC.
Et il la présente au roi ?
LEBEL, à demi-voix.
Raison de plus pour s'élever avec elle, régner sous son nom, et renverser quelqu'un que vous connaissez.
LE DUC.
J'entends !
LEBEL.
Oui, monseigneur, le prince de Soubise veut prendre votre place... comme il a déjà pris la mienne... il ne respecte rien !
LE DUC.
Je crains peu ses efforts, mais je crains la faiblesse du roi.
LEBEL.
Heureusement qu'il vous aime !
LE DUC, baissant la voix.
Il n'aime personne ! pas même ses maîtresses, il ne cède, en leur obéissant, qu'à l'empire de l'habitude qui peut tout sur lui : il fait aujourd'hui ce qu'il a fait hier : voilà pourquoi ces deux entrevues avec madame de Castellane commencent à m'inquiéter.
LEBEL.
Peut-être y en a-t-il d'autres que j'ignore.
LE DUC, à part.
C'est probable : l'assurance de la marquise me le ferait croire ; il y avait du Pompadour dans sa démarche et dans son geste. (Haut.) Lebel, il n'y a pas de temps à perdre, il faut arrêter cette liaison !
LEBEL.
Et par quel moyen, monseigneur ? D'ordinaire, avant d'aimer quelqu'un, le roi me demande mon avis, et je lui dis en honnête homme ce que j'en pense ; mais dans cette occasion il ne m'en parle pas... ne me consulte pas... ce qui prouverait déjà qu'il a fait un mauvais choix... (A demi-voix.) Il y a plus... vous savez bien, dans la chapelle, cette tribune réservée aux maîtresses en titre de Sa Majesté, et qui n'a pas été occupée depuis la mort de madame d'Étiolles ?
LE DUC.
Hé bien !...
LEBEL.
Hé bien ! sans m'en prévenir, le roi a donné l'ordre de la faire disposer pour après-demain dimanche ! Est-elle destinée à la marquise ? c'est ce que j'ignore.

LE DUC, se promenant vivement et avec agitation.

Oui... oui, plus de doutes, ses menaces me le prouvent..., —Maîtresse en titre... maîtresse déclarée.—Et c'est après-demain ! il me reste à peine deux jours pour conjurer l'orage. — Deux jours ! Cela a suffi souvent pour changer la face d'un empire... mais pour renverser une maîtresse... et une maîtresse nouvelle dont un roi est amoureux ?... —N'importe. —Il faut le tenter. — A qui m'adresser ?... à mes amis !... (Il s'arrête et réfléchit.) Peut-être déjà sont-ils les siens ?— D'ailleurs, ils ne sauraient que ce que je sais. — Ce n'est pas à eux que la marquise irait se confier. — Non, c'est dans son parti même qu'il faut trouver les moyens de la perdre. — (Haut.) Lebel !

LEBEL, qui pendant ce temps s'est tenu à l'écart.

Monseigneur ?...

LE DUC.

Soupçonnes-tu quelles sont les confidentes de madame de Castellane ? ses amies intimes... pour le moment ?

LEBEL.

Il y avait avec elle, à ce dernier souper, madame de Marsan...

LE DUC.

Parente du prince de Soubise. — Rien à faire de ce côté !

LEBEL.

Madame de Flavacourt.

LE DUC.

Peu ambitieuse... mais tendre à l'excès... On n'en obtiendrait rien qu'en lui faisant la cour... et je n'en ai pas le temps.

LEBEL.

Et madame la maréchale de Mirepoix.

LE DUC.

La maréchale !... c'est juste ! ce devait être ! Voilà la preuve la plus certaine de la prochaine élévation de la marquise ! Madame de Mirepoix a été de toute éternité l'amie des maîtresses en place de notre royal maître. C'est une place de confiance qui semble avoir été créée pour elle et qu'elle remplit à merveille ! De l'habitude... de l'audace... de l'esprit, et une tête !... où il n'y a pas un préjugé... je dirais presque... pas un principe ! — Du reste, mon ennemie mortelle. C'est par là qu'il faut attaquer... Oui, allons chez elle. (Appelant.) Holà ! quelqu'un ! (Chompré paraît.) Mes chevaux... ma voiture... une voiture sans armes, et que George ne mette pas de livrée... Adieu, Lebel ; soyez tranquille : nous réussirons ! Mais ne parlez à personne de notre entretien de ce matin... Vous n'avez rien vu, rien entendu !

LEBEL.

Monseigneur sait bien que par état je n'ai jamais d'yeux ni d'oreilles !

LE DUC.

C'est juste !— Mon épée, mon chapeau. (Regardant le bureau.) Ce travail commencé, qu'il fallait terminer aujourd'hui... ce projet si utile, qui peut-être maintenant n'aura jamais de suite... (Jetant le papier qu'il tenait, et marchant à grands pas.) Est-ce ma faute, après tout, si, au lieu de m'occuper de l'État, je suis obligé m'occuper de moi ? On me déclare la guerre... je me défends !... Allons... allons, faisons aujourd'hui nos affaires..., et demain... si je suis encore en place, si on ne m'attaque plus, je songerai à celles de la France !

(Il sort.)

LEBEL.

Oui... demain... Par malheur, on est attaqué tous les jours... et demain n'arrive jamais.

(Il sort.)

SCÈNE VI.

(L'hôtel de Mirepoix. — Le boudoir de la maréchale.)

LE DUC, LA MARÉCHALE.

LA MARÉCHALE, d'un air très-digne et très-froid.

J'étais loin de m'attendre, monsieur le duc, à une pareille visite, et je ne puis m'en expliquer encore le but ni le motif.

LE DUC.

Aucun de vos gens ne m'a vu entrer, j'ai laissé ma voiture dans l'autre rue : daignez, pour un instant, madame la maréchale, faire défendre votre porte.

LA MARÉCHALE, sans se lever, et ouvrant la porte du boudoir près de laquelle elle est placée.

Moi, monseigneur, je m'en garderais bien ! J'attends du monde ce matin, et je ne veux même pas qu'on puisse me soupçonner capable...

LE DUC.

D'une entrevue particulière avec un ministre du roi ?

LA MARÉCHALE.

Oui monsieur...

LE DUC, souriant d'un air railleur.

Il me semble qu'autrefois votre auguste époux n'était pas si jaloux... Est-ce que depuis votre veuvage...

LA MARÉCHALE, avec fierté.

Vous oubliez, monsieur, que vous êtes chez moi, et que je dois être étonnée de vous y voir, après vos procédés affreux, après votre indigne conduite, lorsque depuis trois ans, en un mot, nous sommes brouillés à mort !

LE DUC.

C'est justement pour cela que je venais. Ne trouvez-vous pas, madame, que trois ans... c'est bien long ? trois ans de haine !... pour s'être aimés aussi peu de temps ? Il n'y a pas de proportion... Il n'y a pas de justice.

LA MARÉCHALE, avec indignation.

S'il y en avait une... monsieur...

LE DUC, froidement.

Il y en a, madame, demandez plutôt à M. de Maupeou, votre ami... Son père en vendait, et lui aussi.

LA MARÉCHALE.

S'il ne dépendait que de lui et de moi, monsieur, vous seriez traité comme vous le méritez. — Mais cela arrivera, grâce au ciel ! Car je suis plus franche que vous ; je le dis hautement, j'ai juré de vous perdre.

LE DUC.

C'est vrai !... mais je sais par bonheur que vous ne tenez pas tous vos sermens... Ce n'est pas un reproche que je vous fais... loin de moi l'idée de vouloir vous offenser en rien, et j'espère bientôt vous le prouver. (Avec chaleur.) Oui, madame la maréchale, je vous le jure.

LA MARÉCHALE.

Pensez-vous, monsieur le duc, que j'ajouterai foi à vos discours ?

LE DUC.

Non, madame, j'ai trop bonne idée de vous pour cela.— Vous savez comme moi que, dans le temps et dans le lieu où nous vivons, il ne faut juger les gens que sur leurs actions, sur leurs démarches ?... Eh bien !... il me semble que la mienne aujourd'hui ne vous annonce que des intentions conciliatrices... C'est moi qui fais le premier pas... c'est moi qui viens vous trouver.

LA MARÉCHALE, ironiquement.

Pour m'offrir la paix, peut-être.

LE DUC, la regardant en riant.

Non, vous n'en voudriez pas... ni moi non plus. — Mais, parce que l'on n'est pas en paix, est-on obligé de vivre en guerre? N'y a-t-il pas, entre parties belligérantes, des trêves, des armistices, qui n'empêchent pas de se haïr?... Au contraire... car je n'entends pas, madame la maréchale, gêner en rien vos sentiments; m'en préserve le ciel! Et c'est pour les maintenir dans toute leur intégrité, pour conserver le *statu quo*, que je venais vous proposer...

LA MARÉCHALE.

Quoi donc?...

LE DUC.

Un terme moyen qui ne change presque rien à notre position réciproque, et nous laisse tous les deux sur la défensive; comme qui dirait, en un mot, une neutralité armée.

LA MARÉCHALE, fermant la porte du boudoir et se rapprochant du duc.

Qu'est-ce que cela signifie?

LE DUC, se jetant sur le canapé.

A la bonne heure! j'étais bien sûr qu'entre gens d'esprit... il y aurait moyen de s'entendre. (Après un instant de silence.) Vous êtes liée avec madame de Castellane?

LA MARÉCHALE.

Liée! vous appelez cela une liaison! Je suis son amie intime, monsieur, son amie à la vie et à la mort, et j'ai pour elle autant d'attachement...

LE DUC.

Qu'elle en a pour Sa Majesté!

LA MARÉCHALE.

Qu'est-ce à dire?

LE DUC.

Que je vois dans cette occasion, en effet, une grande preuve de votre amitié pour elle... Il est bien généreux de vous contenter du second rôle, quand il ne tiendrait qu'à vous d'aspirer au premier...

LA MARÉCHALE, souriant.

Je comprends, monsieur le duc. Tenez, soyez franc... si toutefois cela est possible à un homme d'Etat: les bruits qui se répandent dans ce moment vous ont troublé... Vous désirez savoir qui de madame de Castellane ou de moi a fixé les regards de Sa Majesté, nous inquiéter l'une par l'autre, nous désunir et pénétrer nos secrets... Mais vous l'espérez en vain, car malgré votre esprit, votre finesse, votre éloquence... je vous préviens d'avance, monsieur le duc, que vous n'obtiendrez pas un mot de moi, et que vous ne saurez rien.

LE DUC.

Je n'en ai pas besoin. — Je sais tout. (La regardant bien en face et parlant lentement.) Madame de Castellane a eu plusieurs entrevues avec le roi. Elle a soupé hier chez lui, et ce soir encore elle aura cet honneur. — Dimanche prochain... après-demain... (elle en a la promesse formelle de Sa Majesté) elle doit être maîtresse déclarée et en titre...

LA MARÉCHALE, étonnée.

Cela n'est pas,... je l'atteste.

LE DUC, de même.

Cela est si vrai qu'on a fait préparer pour elle, dans la chapelle de Versailles, la tribune occupée autrefois par madame de Pompadour.

LA MARÉCHALE, vivement.

Monsieur, qui a pu vous apprendre?...

LE DUC, froidement.

Est-ce que je ne sais pas tout... même ce qui vous regarde personnellement, vous, madame la maréchale? Je ne vous parlerai pas du chevalier de Blancay, car nous autres hommes d'Etat, lorsque nous sommes disgraciés, peu importe qui nous succède et qui jouit de la faveur dont nous sommes privés.

LA MARÉCHALE, troublée.

Monsieur...

LE DUC.

Mais pour vous prouver jusqu'à quel point mes rapports sont exacts, je puis vous parler du moins de ces diamans que vous avez engagés hier en secret pour une somme de trente mille francs...

LA MARÉCHALE.

O ciel!

LE DUC, vivement et d'une manière affectueuse.

C'est entre nous, dans l'intimité. Je vous dirai même à ce sujet que vos nouveaux amis me semblent peu obligeans, et qu'il en est d'anciens qui auraient été trop heureux de vous rendre ce service sans aucun intérêt personnel; car je vous ai prouvé, madame, que je connaissais tous vos secrets et toute votre position, que je n'avais besoin d'aucuns renseignemens, et que, loin de vous brouiller avec madame de Castellane... je verrais avec plaisir resserrer encore les nœuds d'une si sainte amitié!

LA MARÉCHALE.

Quoi! vous ne voulez pas me détacher de son parti?

LE DUC.

En aucune façon.

LA MARÉCHALE, d'un air triomphant.

J'entends... Vous voulez vous y réunir... vous venez à nous!

LE DUC.

Non, madame. On ne m'a vu jusqu'à présent suivre le char d'aucune favorite. Ce serait perdre mon crédit, ma popularité, et bientôt le pouvoir... car aujourd'hui votre allié, je serais demain votre esclave. — Ce que je demande, madame, ne regarde que vous... vous seule. — C'est une affaire entre nous, dans votre intérêt, plus encore que dans le mien... car cela ne vous oblige à rien qu'à être du parti vainqueur, s'il y en a un.

LA MARÉCHALE.

Expliquez-vous, monsieur... (Elle sonne avec force.—Paraît une femme de chambre.) Henriette, faites défendre ma porte. Je n'y suis pour personne... (Appuyant sur ce mot.) personne, entendez-vous?

HENRIETTE, sortant.

Oui, madame.

LA MARÉCHALE, s'asseyant sur le canapé auprès du duc, et se retournant vers lui de l'air le plus aimable.

Parlez, monsieur le duc, je vous écoute!

LE DUC, se penchant vers elle avec un air de confiance et d'abandon.

Vous entendez bien, ma belle ennemie, que je n'ai pas la prétention d'empêcher Sa Majesté d'avoir des maîtresses; la place de favorite est comme celle de ministre... elle ne saurait longtemps rester vacante, vu la concurrence!... Il m'importe donc fort peu que madame de Castellane ou tout autre soit nommée à ce ministère (qu'elle remplira du reste à merveille); mais ce qui m'importe beaucoup, c'est de connaître le degré d'affection que le roi porte à la nouvelle favorite, de pouvoir apprécier, par le détail de leurs relations intimes, les conséquences et la durée probable d'un pareil attachement. Si autrefois, témoin invisible, j'avais pu seulement contempler Sa Majesté dix minutes aux pieds de madame de Pompadour, il ne m'en aurait pas fallu davantage pour deviner quelle aurait été, la semaine suivante, la marche du gouvernement. Eh bien ! madame, c'est ce service-là que j'attends de notre nouvelle alliance.

LA MARÉCHALE.

Que voulez vous dire ?

LE DUC.

Que ce soir, madame de Castellane doit souper avec Sa Majesté, et probablement il sera trop tard pour qu'elle ne reste pas au château... Eh bien ! ce que je demande de vous, sa confidente et son amie intime, ce sont les détails de cette soirée, détails exacts, véritables ; et la vérité est une chose si précieuse, que je ne croirai pas trop la payer par un bon de cent mille écus sur le trésor.

LA MARÉCHALE, avec inquiétude.

Comment ! monsieur le duc, vous voulez de moi un récit... par écrit ?

LE DUC.

Nullement. A quoi bon vous donner cette peine ?... De vive voix et à moi seul... cela suffit. Je ne veux rien qui puisse vous exposer ou vous compromettre... J'espère que c'est là de la loyauté.

LA MARÉCHALE, avec joie.

J'en conviens...

LE DUC.

Vous voyez donc bien, comme je vous le disais tout à l'heure, que ma proposition ne contrarie ni vos alliances ni vos amitiés, et ne vous oblige à rien... pas même à m'aimer !...

LA MARÉCHALE, se récriant.

Ah ! monsieur le duc !

LE DUC.

Oui, madame ; permis à vous, si vous le jugez convenable, de me haïr... en public, car en vous-même, je le parie, vous me rendez justice, vous revenez de vos préventions !...

LA MARÉCHALE.

Ah ! vous ne croyez pas si bien dire... malgré moi, je vous aime au fond.

LE DUC, lui baisant la main.

J'en étais sûr ! Adieu, ma charmante ennemie. Demain je vous attendrai, vous et les documens historiques que vous me promettez.

LA MARÉCHALE, riant.

Comment ! ces détails-là aussi seront un jour de l'histoire ?

LE DUC.

Pourquoi pas ? Tout aussi bien que notre entrevue d'aujourd'hui, si parmi nous il y avait un indiscret.

(Rentre Henriette avec un air effrayé et mystérieux.)

HENRIETTE.

Madame, une voiture entre dans la cour ; c'est celle du prince de Soubise ; madame de Castellane est avec lui.

LE DUC, à part.

Celle-là c'est différent ! et quoiqu'il ne soit pas bien de fuir devant l'ennemi... (Haut et voulant sortir par le salon.) Je vous laisse...

LA MARÉCHALE, le retenant.

Point par là ! vous les rencontreriez !

LE DUC.

Vous avez raison. (Regardant du côté opposé.) Il me semble qu'il y avait là autrefois un escalier dérobé !

LA MARÉCHALE.

Il y est toujours. C'est le même.

LE DUC.

Non. Il est bien changé ! je le prenais jadis pour arriver, je le prends aujourd'hui pour m'en aller.—L'ancien temps valait mieux.

LA MARÉCHALE, le regardant tendrement.

Croyez-vous ? — Adieu, mon cher duc !

LE DUC, lui baisant la main.

Adieu, Hortense !

(Il descend par l'escalier dérobé.)

SCÈNE VII.

(Le lendemain au soir. — La chambre à coucher du roi.)

LE ROI, seul, dans un fauteuil au coin du feu.

Oui... je serai le maître chez moi !... Je ferai ce que veut la marquise ! Je n'en ai pas parlé ce soir à Mesdames, parce qu'au seul mot de favorite en titre, de maîtresse présentée... Chiffe et Graille (1) auraient jeté les hauts cris. Mais demain je leur apprendrai... ou plutôt je leur ferai dire... Oui, cela vaut mieux ! Mais par qui ?... Ah ! par l'évêque de Senlis, par monsieur de Roquelaure, qui, pour avoir la feuille des bénéfices, se ferait Turc au besoin... Ou plutôt par monsieur de La Vauguyon, le gouverneur de mes petits-fils, qui s'en chargera volontiers. C'est un homme à moi, un saint homme, qui a meilleure réputation ; et, venant de lui, cette nouvelle-là sera mieux reçue par mes enfans. (S'échauffant et se donnant du courage.) D'ailleurs, que cela leur plaise ou non, à eux, à la cour et à Messieurs du parlement... que m'importent leurs criailleries ? Je parlerai en roi... je parlerai bien haut... c'est le moyen de couvrir leurs voix à tous !... — Mon frère de Prusse est bien heureux... tout le monde lui obéit dans son royaume... ou du moins tout le monde se tait... Il n'est pas comme nous inondé d'un tas d'écrivassiers, de rimailleurs, de pamphlétaires, qui, si on les laisse faire, finiront par se mêler de tout et par tout renverser !... A commencer par leur chef, que j'ai relégué à Ferney, et que j'aurais dû mettre à la Bastille, lui et toute sa séquelle littéraire... Ce sont eux qui m'ont fait perdre l'affection de mes sujets... car ils m'aimaient autrefois... ils m'appelaient le bien-aimé... Il me souvient encore des jours de Fontenoi... et des journées de Metz... Ils me pleuraient, ils s'inquiétaient alors quand j'étais malade... et maintenant... (Il tousse plusieurs fois et appelle.) Lebel !... (Lebel paraît.) Donne-moi mes tablettes pectorales.

LEBEL, les lui donnant.

Votre Majesté est souffrante ?

LE ROI.

Oui, j'ai de la fièvre... j'ai passé une mauvaise nuit... aussi celle-ci, je l'espère... je reposerai mieux... (Il regarde la pendule.) Ah ! voici une journée qui a été bien longue... elles le sont toutes maintenant ! Au nombre des charges royales, ils ne comptent pas l'ennui... et cependant, de tous les revenus de la couronne, c'est le plus assuré... (Il bâille, s'étend dans son fauteuil, croise les jambes, et reste un instant absorbé dans ses réflexions.) Dis-moi, Lebel...

(1) Mesdames Adélaïde et Sophie, filles du roi.

LEBEL, s'avançant.

Sire !...

LE ROI, sans le regarder, et avec un soupir.

Pourquoi les Français ne m'aiment-ils plus ?

LEBEL, étonné.

Votre Majesté y pense-t-elle ! Partout on la respecte, on la révère... et depuis votre aïeul Henri IV, aucun souverain n'a été plus adoré par la grande majorité de la nation.

LE ROI, après un instant de réflexion.

Oui... je le crois aussi... car moi, je les aime comme un père... je les aime tous, excepté mes parlemens, que je voudrais faire pendre... car ce sont eux qui soufflent l'esprit d'opposition... qui apprennent à mes sujets à ne pas m'obéir ; et une fois qu'on en aura pris l'habitude... Ces maudites robes noires me porteront malheur... ils achèveront ce que les jésuites ont commencé ; il y aura quelque Damien parmi eux...

LEBEL.

Ah ! sire, quelle idée !

LE ROI.

Je les renverrai... ainsi que tous ces fermiers généraux qui pressurent mes sujets et qui me rapportent si peu... Il faut les chasser.

LEBEL.

Ce sont eux cependant qui soutiennent l'État.

LE ROI.

Oui, comme la corde soutient le pendu. — Voilà pourquoi on murmure ! Et pourtant qu'ont-ils à dire ?... Tout ce que j'ai entrepris a réussi... car la guerre de Sept-Ans, je ne la voulais pas !... c'est madame de Pompadour !!! — Du reste, tout va bien... Le commerce a repris, à ce que dit monsieur de Praslin... la population augmente...

LEBEL.

C'est vrai... et j'ose dire que je n'y ai pas nui.

LE ROI, riant.

Toi, Lebel ! à la bonne heure au moins, toi tu ne te plains jamais ; tu es toujours content... Voltaire a eu raison de t'appeler l'*ami du prince*.

LEBEL, avec satisfaction.

Monsieur de Voltaire aurait parlé de moi ?

LE ROI, riant.

Indirectement, dans un ouvrage que tu ne connais pas... qui m'a amusé... (Sérieusement.) et que j'ai fait défendre... parce que les mœurs avant tout... (Il tousse plusieurs fois et reprend ses tablettes.) J'ai la poitrine en feu.

LEBEL.

C'est une toux d'irritation... ce ne sera rien, sire.

LE ROI, vivement et d'un air fâché.

Ce ne sera rien, monsieur, ce ne sera rien !... On en meurt !... Louis XII en est mort ! (Tristement et après un instant de réflexion.) Lebel, si j'en mourais aussi !...

LEBEL.

Ah ! sire... pouvez-vous le croire ?

LE ROI, à part.

Quelle imprudence à moi ! je me sens bien mal !... Il faudra demain que je cause avec l'évêque de Tarbes... Je n'ai rien fait pour lui... mais je lui rends justice... c'est le seul honnête homme de mon clergé... en qui j'ai confiance... (Haut, avec attendrissement.) Quand je ne serai plus, Lebel, ils me regretteront,... car je suis un bon maître...

LEBEL.

A qui le dites-vous, sire ?

LE ROI.

Oui... je sais que tu m'aimes, toi, et une autre personne... qui m'a quitté ce matin... Aussi je la défendrai... je la protégerai... je ferai pour elle ce que je lui ai promis, et je confondrai par là ses ennemis et les miens.

(La porte s'ouvre, paraît le duc.)

LE ROI.

Laisse-nous... Lebel... laisse-nous...

LEBEL.

Oui, sire.

(Il sort en faisant au duc un signe d'intelligence.)

SCÈNE VIII.

LE ROI, LE DUC.

LE ROI.

Venez, mon cher duc ; vous arrivez à propos... votre présence m'est nécessaire... je suis retombé ce soir dans ma mélancolie habituelle... j'ai les idées les plus sombres...

LE DUC, d'un air triste.

Je crains alors que les miennes n'égaient point Votre Majesté, car j'ai la mort dans le cœur.

LE ROI.

Eh, mon Dieu ! mon ami ! qu'est-ce donc ? quelles nouvelles ?... Monsieur de Prusse ferait-il encore des siennes ?... tant mieux, nous ne le craignons pas, et je ne demande, au contraire, qu'une bonne occasion, car j'ai sur le cœur ses dernières épigrammes contre moi et toute ma cour...

LE DUC.

Non, sire... grâce au ciel... tout va bien ; je comptais vous soumettre ce soir plusieurs affaires qui importent au bien du royaume... mais je n'en ai pas le courage... les intérêts de Votre Majesté avant tout...

LE ROI, vivement.

Vous avez raison. — Qu'y a-t-il ?

LE DUC.

Il y a, sire, que je suis indigné de l'audace des pamphlétaires. — Non contens de distribuer dans le royaume et à l'étranger les libelles les plus infâmes...

LE ROI.

C'est ce que je me disais tout à l'heure... mais c'est vous qui soutenez toujours les gens de lettres, et qui par votre protection leur donnez une importance qu'ils ne méritent point. Où est la nécessité que ces messieurs impriment ?

LE DUC.

Quand on les en empêcherait, on a inventé à présent à l'usage de la cour un nouveau système de diffamation... celui des nouvelles à la main. Et on en a fait courir depuis ce matin, dans Versailles, qui contiennent les calomnies les plus atroces et les plus absurdes contre votre auguste personne.

LE ROI.

Qu'est-ce que c'est ?... Les avez-vous là ?

LE DUC.

Oui, sire : je ne voulais point d'abord en parler à Votre Majesté... persuadé que dans tout cela il n'y a pas un mot de vrai ; mais depuis j'ai changé d'idée... car il faut bien chercher à connaître d'où viennent de pareilles horreurs....

LE ROI.

Vous avez raison ; souvent la haine se trahit elle-même par un mot, par le plus léger indice, et nous devinerons peut-être... Lisez, monsieur le duc, lisez, je vous écoute. Quel en est le titre ?

LE DUC.

« *La dernière nuit du roi, bulletin officiel écrit par une* » *dame de Versailles à une amie de province.* »

LE ROI.

Le titre est piquant ; voyons la suite.

LE DUC, lisant.

« J'arrivai hier à neuf heures du soir à la porte du sa-
» lon jaune : ce fut Lebel qui vint m'ouvrir respectueuse-
» ment et en se courbant jusqu'à terre ; mais rien qu'à la
» salutation, il m'a semblé que nous n'étions pas bien en-
» semble. On dit qu'il en faisait trois pour madame de
» Pompadour... »

LE ROI.

C'est vrai !...

LE DUC, continuant.

« Il m'a conduite près de Sa Majesté, qui s'est levée pour
» venir à moi, et m'a fait asseoir sur l'ottomane bleu de
» ciel à côté de la cheminée. »

LE ROI, avec surprise.

C'est vrai !...

LE DUC, continuant.

« L'entretien a commencé par de grands épanchemens
» de sensibilité, car vous savez que le roi est une espèce
» d'égoïste sentimental qui croit aimer tout le monde, ses
» sujets et sa famille, et qui n'aime que lui... »

LE DUC, voyant un mouvement de colère que fait le roi, s'arrête en ce moment.

Je vous ai dit, sire, que c'était un libelle infâme, et il n'est pas nécessaire, je crois, d'aller plus loin.

LE ROI.

Si vraiment... il y a là-dedans des détails qui piquent ma curiosité... j'ignore comment on a pu les connaître. (D'un air sévère.) Je vous ordonne de ne rien passer.

LE DUC, continuant.

« Du reste, le roi est le seigneur le plus aimable et le
» plus spirituel... (La physionomie du roi s'éclaircit.) quand il
» est de bonne humeur et en bonne santé ; et il m'a semblé
» d'abord qu'il se portait à merveille. Aussi, en attendant
» le souper, il a été d'une gaîté charmante. Nous avons ri
» ensemble aux éclats aux dépens des parlemens et de leur
» éloquence, aux dépens de monsieur de Saint-Florentin,
» qui est si fripon et si bête qu'il semble le faire exprès ; et
» comme je disais que dans sa carrière il avait joué de
» malheur, « Dites plutôt de bonheur, » a repris le roi,
« de n'avoir pas encore été pendu ! »

LE ROI.

C'est vrai ! j'ai dit cela hier soir.

LE DUC, continuant.

« A propos de monsieur de Sartines et de son luxe de
» perruques, car on dit qu'il en a quarante, rangées par
» ordre, dans une seule chambre, le roi a dit que, s'il était
» dans cette pièce-là, il se croirait au milieu de son con-
» seil d'État ; que monsieur de Maupeou était un brouillon,
» monsieur de Jarente un mauvais sujet, monsieur le duc
« un important... »

LE ROI, vivement.

Je n'ai pas dit cela, mon ami, je ne l'ai pas dit.

LE DUC, froidement.

Peu importe, sire ; ce n'est pas de moi qu'il s'agit. (Continuant.) « Le roi était de si bonne humeur, que, toujours en
» riant, je lui ai demandé pour le marquis d'Aubuisson,
» mon parent, un régiment de cavalerie. — Je l'ai promis
» ce matin au duc, pour monsieur de Faverolles, son pro-
» tégé, m'a-t-il répondu ; et si je lui manque de parole, ce
» seront des pourparlers, des discussions, des réclama-
» tions !... et, pour arranger cette affaire, je réponds qu'il
» faudra que je tienne un lit de juste.—Et moi je réponds
» que personne n'entrera dans le mien si je n'obtiens pas
» ce régiment. —Vous l'aurez, s'est-on écrié ; je vous l'ac-
» corde : il est à vous. Et, tombant à mes genoux, de pro-
» tecteur qu'il était, le roi est devenu solliciteur. Le moyen
» de refuser une grâce à qui vient de nous en accorder
» une !... Aussi, transporté de joie, le roi voulait balbutier
» un remercîment ; mais , soit le trouble , l'émotion ou
» l'excès même de la reconnaissance... les mots ne lui ve-
» naient pas... les expressions lui manquaient. Sa Majesté
» était fort embarrassée... moins que moi , cependant,
» quand, par bonheur, on a annoncé le souper. » (Le roi pousse un soupir d'indignation et de souvenir. —Le duc s'arrête.) Qu'avez-vous, sire ?

LE ROI.

Rien, continuez.

LE DUC, continuant.

« Le souper fut assez gai ; mais il régnait encore sur la
» physionomie de mon auguste convive un léger nuage,
» que j'ai eu beaucoup de peine à dissiper. Après le re-
» pas, le roi a voulu reprendre la conversation interrom-
» pue ; mais il paraît que s'être moqué de l'éloquence
» des parlemens avait porté malheur à la sienne ; et,
» trompé encore une fois dans ses royales intentions... il a
» pris dans un bonheur du jour une boîte de pastilles de
» chocolat. »

LE ROI, qui jusque là a modéré sa colère, arrache le papier des mains du duc.

Assez !... assez !... (Achevant de lire tout bas.) C'est bien cela !... quelle infamie !... quel abus de confiance !

LE DUC.

Eh bien ! sire, qu'en dites-vous ?

LE ROI, à voix basse, avec une fureur concentrée.

Mon cher duc, il n'y a pas un seul des faits consignés dans cet exécrable libelle qui ne soit de la plus exacte vérité. (Les larmes aux yeux.) Oui , mon ami , je suis vieux... ce n'est pas ma faute.—Tous ces détails viennent de la marqui- se de Castellane. Il n'y a qu'elle ou moi qui ayons pu les donner. — Et vous ne croiriez pas, mon cher duc, que de- main je devais la présenter à la cour, à ma famille !... lui donner, en un mot, la place d'une personne qui m'aimait tant ! et que je ne remplacerai jamais ! l'auvre marquise de Pompadour !... Ce n'est pas elle qui aurait divulgué de pareils secrets, qui aurait abusé de la faiblesse de son souve- rain !... Mais j'aurai du moins la force de leur apprendre qu'on ne se joue pas de moi impunément... et je punirai de manière !...

LE DUC.

Non, sire, vous éviterez l'éclat ! vous éloignerez de vous la perfide, vous l'oublierez, et elle sera assez punie !

LE ROI.

Vous avez raison : il ne faut pas ébruiter cette affaire... mettez-vous là... et écrivez !...

(Il dicte.) « La marquise de Castellane partira demain au
» point du jour pour sa terre de Saintonge, et d'ici à deux
» ans ne reparaîtra pas à Versailles !
» Pour le roi, le secrétaire d'État au département,
» etc., etc. »

LE DUC.

Apprendrai-je aussi à la marquise que Votre Majesté, qui récompense chacun selon ses mérites, vient d'accorder le régiment vacant à monsieur de Faverolles, un vieux et fidèle serviteur ?

LE ROI.

Ah ! celui-là est fidèle ?

LE DUC.

Oui, sire, je vous l'atteste.

LE ROI.

Et il est vieux ? (Soupirant.) C'est bien... c'est bien... il est nommé.

LE DUC, écrivant avec un air de triomphe et de malice.

« P.-S. Je suis désolé d'apprendre à madame de Cas-
» tellane que le régiment qu'elle sollicitait pour le mar-
» quis d'Aubuisson, son jeune cousin, vient décidément d'ê-
» tre accordé par Sa Majesté, et sur ma présentation, (Ap-
» puyant sur chaque mot) à monsieur de Faverolles, cheva-
» lier de Saint-Louis, lieutenant-colonel, qui depuis quinze
» ans attend de l'avancement. »

LE ROI.

C'est bien !

LE DUC, à part.

Ce n'est pas sans peine ! (Haut.) Puisque Votre Majesté paie aujourd'hui le zèle et la fidélité, il est encore une autre récompense que je lui proposerai pour la veuve d'un de ses meilleurs officiers, du maréchal de Mirepoix !

LE ROI.

Comment ! la maréchale...

LE DUC.

Est tellement gênée, qu'elle a été obligée avant-hier de mettre ses diamans en gage. Et après les services que son mari a rendus à l'État, j'ai pensé qu'un bon de cent mille écus...

LE ROI, vivement.

Sur ma cassette ?... non pas !

LE DUC.

Non, sire, sur le trésor.

LE ROI.

C'est différent ! Oui, oui, mon cher duc, il ne faut pas être ingrat ! il faut payer les services rendus. — Un roi est heureux quand il voit tout par lui-même, quand il sait distinguer la verité, et surtout quand sous son règne (Signant le bon de la maréchale.) les fonds de l'État sont si bien employés.

FIN D'UN MINISTRE SOUS LOUIS XV.

LE JEUNE DOCTEUR

OU LE MOYEN DE PARVENIR.

SCÈNE PREMIÈRE.

(Le cabinet du premier médecin de Paris.)

LE DOCTEUR, que Guillaume, son valet de chambre, achève d'habiller. ERNEST, près d'une table et travaillant.

LE DOCTEUR, à son valet de chambre.

Ma montre ! ma tabatière ! Pas celle-là.

GUILLAUME.

Celle de l'empereur Alexandre ?

LE DOCTEUR.

Non, celle d'Autriche. Je vais déjeuner chez monsieur d'Appony, à l'ambassade. Ma liste de visites.

GUILLAUME.

Il y en a beaucoup pour aujourd'hui.

LE DOCTEUR.

Peu m'importe, je n'en ferai que la moitié, tantôt, après déjeuner.

GUILLAUME.

Et les malades qui vous attendent ce matin ?

LE DOCTEUR.

Je les verrai ce soir... Il n'y a pas de mal à ce qu'un médecin soit en retard. C'est en me faisant attendre que j'ai fait ma fortune. On se disait : « Voilà un jeune homme bien occupé, un jeune homme de mérite : il n'a pas le temps d'être exact ; et chaque quart d'heure de retard me valait un client. » Aussi tu sens bien que maintenant...

GUILLAUME.

Ça augmente en proportion.

LE DOCTEUR.

Sans doute : on tient à sa réputation. Demande mes chevaux, ma voiture, et n'oublie pas d'y porter ma chancelière ; car il y a, grâce au ciel, beaucoup de rhumes cette année. — Ernest, que faites-vous là ?

ERNEST.

Je travaille, monsieur, j'étudie.

LE DOCTEUR, à part.

Est-il bête ! voilà trois ans qu'il a le nez fourré dans les livres, et ne sort de mon cabinet que pour aller à mon hospice voir mes malades. S'il croit que c'est ainsi qu'on fait son chemin... (Haut.) Et qu'est-ce que vous étudiez là ?

ERNEST.

Je cherche l'origine et la cause de ces maladies inflammatoires si communes à présent, et qu'on pourrait, il me semble, aisément prévenir.

LE DOCTEUR.

Les prévenir ! une jolie idée ! Ce sont les seules à la mode ! Je vous demande alors ce qui nous resterait à guérir ? Apprenez, mon cher ami, qu'il n'y a pas déjà trop de maladies ; et si vous vous avisez de nous en ôter... Mais voilà, vous autres jeunes fanatiques de la science, où vous mène la rage des investigations et des découvertes ! (Se parlant à lui-même.) En vérité, si on les laisse faire, ils deviendront plus savans que nous. Il est vrai que celui-là, qui est mon élève, ne travaille que pour moi, et je puis sans danger... (Haut.) Allons, allons, étudiez. Je vais déjeuner ; s'il vient des cliens, vous les recevrez.

ERNEST.

Et vos lettres ?

(Il les lui donne.)

LE DOCTEUR.

Bah ! des malades qui s'impatientent ! Demain nous verrons !

ERNEST.

Et s'ils meurent aujourd'hui ?

LE DOCTEUR, avec impatience.

S'ils meurent ! s'ils meurent ! Faut-il pour cela que je me tue ? c'était bon autrefois... (Ouvrant des lettres.) Le général Desvalliers, un officier retraité, une demi-solde ? joli client ! — Un peintre ?... un artiste ? un employé ?... tout peuple, tout cinquième étage. — Je n'ai pas le temps d'aller si haut.

ERNEST.

J'irai, moi, monsieur, si vous voulez.

LE DOCTEUR.

A la bonne heure. — Monsieur le bailli de Ferrette, l'envoyé de Bade? L'ordre de Bade est le seul qui me manque : une couleur qui tranche et qui fait bien à la boutonnière, D'ailleurs, c'est moins connu et moins commun que les autres... J'irai. (Ouvrant d'autres lettres.) Un banquier prussien? — Un anglais millionnaire? — Vous avez raison, il faut voir ce que c'est. (En ouvrant une autre.) Ah! mon Dieu! l'envoyé de don Miguel qui a fait une chute! quel malheur! J'y passerai. Pourvu que je ne sois pas prévenu par quelque confrère!

ERNEST.

Eh! mon Dieu! quel amour pour l'étranger?

LE DOCTEUR.

En médecine, il n'y a pas d'étranger; je ne vois que des hommes, je ne vois partout que l'humanité.

ERNEST.

Si vous la voyez en Portugal, vous êtes bien habile!

LE DOCTEUR.

Ce sont des mots, et si don Miguel lui-même me faisait l'honneur de m'appeler, je le traiterais comme mon ami, comme mon frère.

ERNEST.

Et lui, pour vous payer de vos soins, vous traiterait peut-être... comme sa sœur.

LE DOCTEUR.

Ce sont des affaires de famille, cela ne nous regarde pas. (Ouvrant une autre lettre.) Ah! mon Dieu! la marquise de Nangis!... Moi qui dîne aujourd'hui chez elle!

ERNEST, avec émotion.

Madame de Nangis!...

LE DOCTEUR.

Son mari est député, un homme grave, profond, qui, à la Chambre, ne parle jamais, mais qui vote beaucoup, ce qui le rend très influent, très utile au pouvoir; et il y a dans ce moment, à la maison du roi, une place de médecin qui est vacante et qu'il pourrait me faire obtenir.

ERNEST.

Une place! vous en avez tant!

LE DOCTEUR.

Raison de plus? Ce sont des droits, cela prouve qu'on a du mérite, du crédit. J'en ai déjà parlé à madame de Nangis, une femme charmante, qui est la vertu et la coquetterie même. Coquette et vertueuse! avec cela on arrive à tout. Aussi a-t-elle dans le monde une puissance d'opinion... Elle seule aurait fait ma réputation si elle n'eût été déjà faite. C'est moi qui l'ai tirée dernièrement de cette maladie que vous avez soignée.

ERNEST, soupirant.

Oui, monsieur; j'ai passé cinq jours et cinq nuits à l'hôtel.

LE DOCTEUR.

C'est vrai, je n'y pensais plus. Quoique parfaitement rétablie, et en apparence bien portante, elle souffre.

ERNEST.

O ciel!

LE DOCTEUR.

Et il y a trois jours que je lui ai promis un mot de consultation, que j'ai oublié net.

ERNEST.

Vous avez pu l'oublier!

LE DOCTEUR.

Sur le nombre, c'est facile; mais, puisque mes chevaux ne sont pas encore mis, j'aurai le temps d'écrire ma consultation.

ERNEST.

Et qu'a-t-elle donc?

LE DOCTEUR, écrivant.

Rien d'alarmant! il y a en elle, au contraire, trop de sève, trop d'existence! A son âge, à vingt-cinq ans, elle est, malgré sa coquetterie, d'une insensibilité, d'une froideur, même avec son mari, qui s'en est plaint souvent. C'est un tort. Aussi je veux l'effrayer et lui prescrire...

ERNEST.

Quoi donc?

LE DOCTEUR, écrivant toujours.

Un régime tout opposé, sous peine de perdre sa beauté, sa fraîcheur; menace terrible pour une jolie femme.... (Souriant.) Le marquis, je l'espère, m'en remerciera.

ERNEST.

Vraiment?

LE DOCTEUR.

Lui, qui aspire à la pairie, et qui voudrait faire revivre après lui un son nom...

ERNEST, à part, avec dépit.

Qui est déjà mort de son vivant!

LE DOCTEUR, fermant la lettre et y mettant l'adresse.

Voilà qui est fini... Je m'en vais. — Vous n'oublierez pas ce matin de passer à mon hôpital.

ERNEST.

Quoi! vous n'irez pas?

LE DOCTEUR.

Je ne peux pas tout faire. — Il faut que j'aille aujourd'hui même toucher mes appointemens de médecin en chef.

ERNEST.

C'est qu'il y aura peut-être des opérations importantes, et si je ne réussis pas...

LE DOCTEUR.

Tant pis pour vous! vous en aurez le blâme.

ERNEST.

Et si j'ai du succès, vous en aurez l'honneur.

LE DOCTEUR

Qu'est-ce à dire...?

ERNEST.

Que j'ai besoin, monsieur, de vous parler une fois à cœur ouvert. Depuis trois ans, je me suis attaché à vous; je n'ai épargné ni mon temps ni mes peines; mes travaux même vous ont été souvent utiles; et, loin de m'en savoir gré, loin de me protéger, de me produire, il semble que vous ayez pris à tâche de me tenir dans l'ombre.

LE DOCTEUR.

Ce n'est pas ma faute, c'est la vôtre, si vous n'avez rien de ce qu'il faut pour parvenir. Vous êtes trop jeune, trop timide; vous n'avez pas d'aplomb, vous vous effrayez d'un rien. Dans la dernière maladie de madame de Nangis, par exemple, quand j'ai ordonné cette saignée, votre main tremblait. J'ai vu le moment où vous faisiez un malheur; et, quand j'ai prescrit cette ordonnance salutaire qui l'a sauvée, je vous ai vu pâlir, hésiter... Vous ne sauriez jamais de vous-même prendre un parti vigoureux et décisif.

ERNEST.

C'est ce qui vous trompe, monsieur; selon moi, cette ordonnance devait tuer la malade.

LE DOCTEUR, d'un air railleur.

Vraiment! qui vous l'a dit?

ERNEST.

L'événement même; car je n'en ai pas suivi un mot : j'ai fait tout le contraire, et la marquise existe encore.

LE DOCTEUR, furieux.

Monsieur, un pareil manque d'égards... un tel abus de confiance...

ERNEST.

Vous êtes le seul qui en soyez instruit : mais quand je me tais sur ce qui pourrait nuire à votre réputation, ne cachez pas au moins ce qui pourrait servir la mienne. Que la bonté soit chez vous égale au talent; et quand vous êtes arrivé, daignez tendre la main à ceux qui marchent derrière vous!

LE DOCTEUR.

Demain, monsieur, vous êtes libre, nous nous séparerons. (A Guillaume qui entre.) Hé bien! cette voiture?...

GUILLAUME.

Elle est prête.

LE DOCTEUR, à Guillaume.

C'est bien heureux! Vous porterez cette lettre à l'instant à l'hôtel de Nangis? Vous la remettrez à la marquise... à la marquise elle-même, entendez-vous? (A Ernest.) Adieu, monsieur. (A part.) Un jeune homme qui me doit tout!... que j'ai fait ce qu'il est!... quelle ingratitude!

SCÈNE II.

ERNEST, seul, le regardant sortir.

Voilà le monde!... voilà ceux qui réussissent!... Et moi!... moi, comment parviendrai-je jamais? Orphelin, sans fortune, je n'ai point de protecteur, point d'ami; personne ne s'intéresse à moi; et, pour comble de malheur et d'extravagance, il faut que je sois amoureux... et de qui? d'une grande dame pour qui je donnerais ma vie et qui sait à peine que j'existe... (Se promenant à grands pas.) Je ne puis dire ce que j'éprouvais tout à l'heure, pendant qu'il écrivait cette lettre. — C'était du dépit, de la jalousie, de la rage... oui, de la rage!... et pourquoi? est-ce que cela m'importe? est-ce que cela me regarde? est-ce que je suis quelque chose au monde? Aussi quand je songe à mon abaissement et à ma misère, j'entre un accès de ressentiment contre tout le genre humain, j'ai besoin de me venger du malheur que j'éprouve. — Qui vient là? monsieur de Nangis... son mari! (Avec colère.) son mari! Vient-il me narguer avec son bonheur?

SCÈNE III.

ERNEST, LE MARQUIS.

LE MARQUIS, d'un air préoccupé.

Bonjour, mon cher monsieur, bonjour! — Le docteur y est-il?

ERNEST.

Non, monsieur, il vient de sortir!

NOUV. ET PROVERBES.

LE MARQUIS, ayant l'air de réfléchir.

Sorti? — Soit. — (Après un instant de silence.) Je voulais lui parler. —Mais depuis cette fièvre ataxique dans laquelle vous m'avez soigné, j'ai presque autant de confiance en vous qu'en lui.

ERNEST, en s'inclinant.

Monsieur le marquis!

LE MARQUIS, mystérieusement.

Vous sentez que c'est entre nous, et que je ne le dirais pas dans le monde, parce qu'on se moquerait de moi...

ERNEST.

Vous êtes bien bon!

LE MARQUIS.

Et puisque nous voilà seuls, il faut que je vous consulte longuement, en détail, et en reprenant de plus haut.

ERNEST, lui avançant un fauteuil.

Daignez donc vous asseoir.

(Ils s'asseyent tous les deux; le marquis se recueille un instant, puis se tourne vers Ernest.)

LE MARQUIS, gravement et pesant chaque mot.

J'ai de la fortune. — Deux cent mille livres de rentes ou à peu près, de la naissance, du crédit. — Membre de la chambre des députés, j'aurais pu arriver au Luxembourg lors de la dernière invasion...

ERNEST, étonné.

Quelle invasion?...

LE MARQUIS.

Celle des soixante-seize dans la chambre des pairs. Mais j'ai promesse pour la prochaine levée, ce que j'aime mieux, parce que, d'ici là, j'aurai le temps de prendre mes arrangemens, de réaliser ma fortune en portefeuille; car je ne veux garder en biens-fonds que vingt-neuf mille cinq cents livres de rentes.

ERNEST.

Et pourquoi?

LE MARQUIS, avec finesse.

Pour avoir droit à la dotation que nous nous sommes votée dernièrement, sans avoir l'air de savoir ce que nous faisions. (D'un air d'importance.) Mais, je le savais... moi!!

ERNEST.

Vraiment!

LE MARQUIS, avec gravité.

Oui, mon cher; nous ne sommes plus dans ces temps où les marquis étaient légers, étourdis, et réussissaient dans le monde en ruinant leur fortune ou leur santé! On a changé tout cela. Notre siècle est positif, il est grave, il est sérieux.—Pour parvenir, il faut une idée fixe, un but déterminé, une grande pensée, et j'en ai une à laquelle se rattachent toutes les actions de ma conduite politique ou privée. (Mystérieusement.) Je pense...

ERNEST.

Et à quoi?

LE MARQUIS, gravement.

A bien me porter! Lorsque l'on a tout ici-bas on n'a plus que cela à faire. (Avec aplomb.) Acquérir n'est rien, conserver est tout. Aussi dans le monde j'évite les attachemens ou les affections trop vives, de peur de troubler ma tranquillité; en politique je ne me prononce pas, de peur des commotions, et à la Chambre je ne parle jamais, de peur de me fatiguer la poitrine.

ERNEST.

C'est prudent. Et alors qu'y faites-vous?

LE MARQUIS.

Ce qu'il faut toujours faire dans les assemblées délibérantes. Je me tais.

ERNEST.

Cela doit vous coûter.

LE MARQUIS.

Du tout. — J'y suis fait. — J'ai été sénateur, et j'ai même gardé alors en portefeuille tous les discours que j'ai faits contre l'usurpateur ; mais je les ai publiés depuis !

ERNEST.

Et ceux que vous avez maintenant...

LE MARQUIS, en confidence et avec un air de profondeur.

Je les publierai plus tard, — parce que dans ce moment ils donneraient lieu à des réclamations, à des répliques ; cela influerait sur mon repos, sur ma santé, qui, dans ce moment, je l'avouerai, me donne des inquiétudes !...

ERNEST.

Que ressentez-vous ?

LE MARQUIS.

Je ne puis dire... mais il y a quelque chose... Je crains que la vie de l'homme d'Etat ne me vaille rien.

ERNEST.

Quand cela vous prend-il ?

LE MARQUIS.

A la suite de nos discussions, de nos travaux administratifs. Tenez, avant-hier soir nous raisonnions la dernière loi en comité secret.

ERNEST.

Où cela ?

LE MARQUIS.

A table... chez le ministre, et au moment du premier article...

ERNEST.

Que mangiez-vous alors ?

LE MARQUIS.

Du saumon à la Chambord.

ERNEST.

Et vous buviez ?...

LE MARQUIS.

Du vin du Rhin à chaque amendement.

ERNEST.

Combien y a-t-il eu d'amendemens ?

LE MARQUIS.

Huit ou dix, sans compter les sous-amendemens. (Gravement.) On a parlé pour, on a parlé contre ; la discussion a été tellement longue et approfondie, que la séance, qui avait commencé à sept heures, n'a été levée qu'à dix, et en entrant dans le salon je me suis senti des douleurs de tête, des pesanteurs, un malaise général...

ERNEST, à part.

Une indigestion administrative !...

LE MARQUIS.

Et le soir ce fut bien pis ; je trouvai, en rentrant chez moi, la marquise qui allait partir pour le bal, et qui était charmante.

ERNEST, troublé.

Ah ! mon Dieu !

LE MARQUIS.

Qu'avez-vous donc ? quel air d'effroi ?...

ERNEST, avec inquiétude.

Est-ce par hasard ?...

LE MARQUIS, froidement.

Jamais, mon ami, jamais, depuis mes travaux parlementaires. Quelquefois cependant... (Souriant.) car la marquise est fort jolie, plus encore qu'on ne le croit, (je vous dis cela à vous, parce qu'on dit tout à son médecin) ;—quelquefois, quoique homme d'Etat, au milieu de nos sous-amendemens, de nos projets... j'en ai eu d'autres que j'aurais voulu voir adopter... Mais, loin de donner suite à mes propositions, la marquise a toujours passé à l'ordre du jour.

ERNEST, avec joie.

Heureusement.

LA MARQUIS.

Et pourquoi donc ?

ERNEST, vivement.

Pourquoi ? vous me demandez pourquoi ?... Parce que, dans ce moment, dans les dispositions où vous êtes, ce serait courir à une perte certaine.

LE MARQUIS.

O ciel !

ERNEST.

Sur-le-champ !... à l'instant même ! Autant vaudrait pour vous une attaque d'apoplexie foudroyante. Je ne sais même si je ne l'aimerais pas mieux.

LE MARQUIS, effrayé.

Qu'est-ce que vous me dites-là ?

ERNEST, avec chaleur.

Aussi, je vous en prie en grâce, monsieur le marquis, je vous en supplie...

LE MARQUIS, lui prenant les mains.

Mon ami, mon cher ami, rassurez-vous, n'ayez pas peur ; je suis trop sensible à l'intérêt que vous me portez pour ne pas suivre vos avis... Diable ! il ne s'agit pas ici de plaisanterie.

ERNEST, à part.

Je respire.

LE MARQUIS, marchant vivement dans l'appartement.

Apoplexie foudroyante ! voilà ce que je craignais, et toutes les fois que j'ai eu envie de monter à la tribune, la crainte de m'animer m'a toujours arrêté à la première marche. — Hé bien ! c'est ce que je ferai chez moi... Je me tairai... ce ne sera pas difficile : la marquise n'y tient pas, et au lieu de lui faire des phrases, je lui voterai tout uniment le bonsoir.

ERNEST.

A la bonne heure.

LE MARQUIS.

Et, du reste, mon cher ami, quel régime à suivre ?

ERNEST.

De l'exercice, de la sobriété.

LE MARQUIS.

Que cela ?

ERNEST, à part.

Au fait, si je ne le droguais pas, il ne se croirait jamais guéri. (Haut.) Je vous donnerai des bols que je vais composer. Vous en prendrez deux par jour ; mais après les avoir pris, il faudra faire à pied ou à cheval le tour du bois de Boulogne.

LE MARQUIS.

Quand commencerons-nous ?

ERNEST.

Aujourd'hui, si vous voulez : je vous porterai cette boîte tout à l'heure à votre hôtel.

LE MARQUIS.

Et moi, je vais faire seller mon cheval. — Adieu, mon cher Esculape. Ce n'est pas chez un vieux médecin que j'aurais trouvé ce zèle... cette chaleur... Il n'y a que la jeune médecine pour se mettre ainsi à la place des cliens... Adieu. Adieu !... Apoplexie foudroyante ! En vous remerciant bien ! Au revoir.

(Ils sortent tous les deux.)

SCÈNE IV.

(Le boudoir de la marquise.)

LA MARQUISE, seule, sur un canapé, et tenant à la main une lettre qu'elle vient de lire.

Quelle folie ! quelle déraison ! à quoi cela ressemble-t-il ?... Je rougis encore d'y penser. En vérité, si cette consultation ne venait pas d'un médecin renommé, de quelqu'un, en un mot, qui doit s'y connaître... (Jetant la lettre.) C'est égal... je ne m'y conformerai jamais. C'est bien la peine d'être de la Faculté, pour prescrire de pareilles ordonnances ! J'en connais qui n'en sont pas et qui m'en auraient conseillé tout autant. Hier encore, à ce bal, ces adorateurs si empressés, si assidus... Tous ces docteurs-là sont sujets à caution : je n'en croirai aucun, pas même mon mari. (Reprenant la lettre, qu'elle relit avec attention.) Cependant, perdre sa jeunesse ! sa beauté ! sa fraîcheur ! (Avec un soupir.) Pour ce que j'en fais, cela devrait m'être égal... Hé bien ! non, cela ne me l'est pas ! Etre sage quand on est jolie, c'est de l'héroïsme ! Quand on est laide, ce n'est plus que de la résignation ! Et puis mourir !... (Regardant la lettre.) car il dit que cela peut aller là... Mourir si jeune ! — On doit être affreuse quand on est morte !... — Mon Dieu ! comment faire ? Si je voyais, si j'interrogeais d'autres personnes ?... (Avec dépit.) C'est cela : une consultation, une assemblée de médecins à ce sujet, pour être demain dans la Gazette de santé, et recevoir sur mon indisposition les complimens de condoléance de tout Paris ! (Après un moment de silence.) Il est bien quelqu'un en qui j'aurais confiance, et que je pourrais consulter ; un galant homme, qui a du talent, du mérite, qui dans ma dernière maladie m'a soignée avec tant de zèle et de dévouement !...Par malheur, il est trop jeune, ce pauvre garçon... cela fait du tort à un médecin. Je me rappelle cette nuit où tout le monde m'avait abandonnée, où j'étais si mal... il croyait que je sommeillais, et je l'ai vu à genoux près de mon lit, pleurer à chaudes larmes... Hé bien ! depuis ce moment, au lieu de lui savoir gré de cette preuve d'intérêt, j'ai évité de le faire venir, de le consulter ; et quoique je lui doive la vie, je n'ai même pas osé, dans le monde, parler de lui comme il le méritait... Mon Dieu ! que notre cœur est ingrat ! qu'il est injuste ! car enfin qui me dit que cela est ? Je n'en sais rien. Je puis me tromper. — D'ailleurs, est-ce sa faute ? N'importe, je ne lui montrerai pas cette lettre ; ce sont de ces secrets que l'on ne peut confier qu'à un mari... Et c'est au mien que je m'adresserai. Après tout, je dois l'aimer... et je l'aime !... comme un mari qu'il est ! Mais moi qui l'éloignais toujours, comment faire à présent ? C'est très difficile... Je ne peux pas, en conscience, lui présenter une pétition à ce sujet, ni lui dire je le veux... d'autant plus que ce n'est pas moi, c'est le docteur. Il en arrivera ce qu'il pourra : mon parti est pris, et bien décidément je ne veux pas mourir !

SCÈNE V.

LA MARQUISE, LE MARQUIS.

LA MARQUISE, de l'air le plus aimable.

C'est vous, monsieur ? Qui vous amène chez moi ?

LE MARQUIS.

Je n'ai pas été hier à la Chambre, et j'allais m'y rendre.

LA MARQUISE.

La séance sera-t-elle amusante ? y aura-t-il quelque chose d'extraordinaire ?

LE MARQUIS.

Oui, madame, je dois parler.

LA MARQUISE.

Et vous ne me disiez pas cela ! Mais voilà qui m'intéresse beaucoup.

LE MARQUIS.

Je voulais avant tout m'informer de vos nouvelles.

LA MARQUISE.

Je vous suis obligée, je vais mieux.

LE MARQUIS.

En effet, je vous trouve un teint charmant... (A part.) C'est singulier, jamais ma femme ne m'a semblé aussi jolie !... (Haut.) Alors, chère amie, je vous dis adieu.

LA MARQUISE.

Mais un instant, monsieur... êtes-vous donc si pressé ?...

LE MARQUIS.

Il est tard.

LA MARQUISE.

On n'est jamais exact ; et pour lire vos journaux ou pour causer dans la salle des conférences...

LE MARQUIS.

C'est qu'hier il y a eu à l'Opéra un nouveau ballet, la Belle au bois dormant, et je ne serais pas fâché de savoir l'avis de mes honorables collègues.

LA MARQUISE.

Comment ! à la Chambre on parle de l'Opéra ?

LE MARQUIS.

Très souvent. D'abord l'Opéra est dans le budget, et il faut, autant que possible, connaître les choses dont on parle...

LA MARQUISE.

Voilà pourquoi vous êtes un habitué de l'orchestre.

LE MARQUIS.

Oui, madame ; chaque soir, à l'extrême droite, nous sommes là plusieurs honorables qui observons tout avec soin, et nous devons même proposer des réductions.

LA MARQUISE, souriant.

Dans les jupes des danseuses ?

LE MARQUIS.

Peut-être bien. — Ce serait une économie de gaze ou de mousseline. J'en parlerai à monsieur de Larochefoucauld.

LA MARQUISE, souriant.

Est-ce là, monsieur, le sujet de votre discours d'aujourd'hui ?

LE MARQUIS, gravement.

Non, madame, c'est une question de propriété particulière...

LA MARQUISE.

Mais asseyez-vous donc... pas sur ce fauteuil... vous êtes à une demi-lieue de moi... cela fatigue de parler de si loin.

LE MARQUIS.

Vous avez raison, un orateur doit ménager son organe... moi surtout, qui aurai besoin aujourd'hui de tous mes moyens !

LA MARQUISE, se reculant et lui faisant une place sur le canapé.

Hé bien ! monsieur, mettez-vous là, près de moi.

LE MARQUIS.

Je vous gênerai.

LA MARQUISE, prenant sa broderie.

Du tout... je vous écoute en travaillant.

LE MARQUIS, troublé et à part.

C'est comme un fait exprès, elle est encore plus aimable et plus séduisante qu'à l'ordinaire !

LA MARQUISE, avec amabilité.

Hé bien ! monsieur... vous disiez donc... (Levant les yeux.) Eh mais ! mon ami, vous ne me regardez pas ?... vous détournez la tête ? (Souriant.) Je devine...

LE MARQUIS.

Quoi donc ?...

LA MARQUISE.

Vous avez de la rancune... vous vous rappelez notre discussion d'hier pour ma loge aux Italiens.

LE MARQUIS, vivement.

Notre discussion !... (A part.) Me voilà sauvé ! (Haut et affectant la colère.) Oui, madame, oui, c'est cela même... il a fallu céder... mais contre mon gré... car il est absurde qu'au mois de mai, et pour douze représentations, on renouvelle un abonnement aux Italiens... surtout pour entendre des chanteurs autrichiens ou bavarois qu'on n'entend pas !

LA MARQUISE, riant.

Vous conviendrez, mon ami, que c'est là une querelle d'Allemand...

LE MARQUIS.

Non, madame... c'est une dispute raisonnable... une dispute motivée... car j'ai des motifs.

LA MARQUISE.

Hé bien ! vous n'en aurez plus.

LE MARQUIS.

Qu'est-ce à dire ?

LA MARQUISE.

Qu'avant tout, monsieur, je désire vous être agréable ; cette loge était à votre intention ; je me disais : « Il viendra le soir se délasser de ses travaux du matin... Et puis un mandataire de la France doit chercher toutes les occasions de se montrer ; et un député aux premières loges... cela fait bien... on est en vue ; c'est presque une tribune où l'on n'est obligé à rien... qu'à écouter. » Mais dès que cela vous contrarie, je n'en veux plus, j'y renonce !

LE MARQUIS, cherchant encore à paraître fâché.

Non, madame, — non, — et puisque j'ai promis...

LA MARQUISE, tendrement.

Ce serait pure complaisance de votre part... et je ne veux rien par complaisance... je veux que cela vous plaise comme à moi... n'est-il pas vrai ?... Ainsi, mon ami, n'en parlons plus... (Lui tendant la main avec grâce.) donnez-moi la main, et que tout soit fini... (Plus tendrement.) N'y consentez-vous pas ?...

LE MARQUIS, troublé.

Moi, madame, moi ?... certainement. — Ce serait bien dans mes idées... si ce n'était...

LA MARQUISE.

Quoi donc ?

LE MARQUIS, de même.

Je veux dire..., s'il dépendait de moi...

SCÈNE VI.

LES MÊMES, JULIE.

LE MARQUIS, avec joie.

Voici Julie... votre femme de chambre. (A part.) Je lui dois la vie !... Quel trésor qu'une bonne domestique, une domestique qui arrive à propos !

LA MARQUISE.

Qu'y a-t-il, Julie ?...

JULIE.

Madame, c'est votre couturière qui vous apporte votre nouvelle robe...

LA MARQUISE, avec impatience.

Dans un moment.

LE MARQUIS.

Non pas ; les affaires avant tout ! Une robe à essayer... c'est une affaire d'État. — Adieu, chère amie ; je vous laisse.

LA MARQUISE, d'un air de reproche.

Pourquoi donc ?

LE MARQUIS.

Et mon discours à prononcer ! — Sans cela, j'aurais été trop heureux de passer la matinée avec vous.

JULIE.

Ah ! mon Dieu ! monsieur, j'allais oublier... On sort d'ici ; monsieur le baron de... un nom qui finit en ac... celui qui va toujours à la Chambre... avec monsieur...

LE MARQUIS.

Et qui vote avec moi... Je sais qui c'est. Hé bien ?..

JULIE.

Hé bien ! il a dit que, comme vous n'aviez pas assisté à la séance d'hier, il venait vous dire...

LE MARQUIS.

De ne pas manquer ce matin ? J'en étais sûr.

JULIE.

Non... qu'il n'y avait pas de réunion aujourd'hui.

LE MARQUIS, atterré.

Ah ! mon Dieu !... voilà un contre-temps !

LA MARQUISE.

Dont je me félicite, car j'avais à vous parler.

LE MARQUIS, avec inquiétude.

A moi ?...

LA MARQUISE.

Oui, à vous, cinq minutes d'entretien.

LE MARQUIS, embarrassé.

Je ne demanderais pas mieux, mais votre couturière qui attend.

LA MARQUISE.

Julie, faites-la entrer.

SCÈNE VII.

LES PRÉCÉDENS, LA COUTURIÈRE.

LA MARQUISE, au marquis.

C'est l'affaire d'un instant, et si vous voulez permettre...

LE MARQUIS.

Madame, certainement... dès que cela vous est agréable.

LA MARQUISE.

Beaucoup. — Vous nous donnerez votre avis.

LE MARQUIS.

Vous savez bien que je n'en ai jamais...

LA MARQUISE, voyant le marquis qui s'asseoit.

Hé bien ! monsieur, vous voterez par assis et levé.. vous vous croirez à la Chambre. (A la couturière qui l'habille.) Quelle est cette étoffe-là, mademoiselle ?

LA COUTURIÈRE.

Ce qu'il y a de plus nouveau, madame, pour robe d'été : mousseline égyptienne.

LA MARQUISE, à son mari.

Qu'en dites-vous, monsieur ?

LE MARQUIS, d'un ton de regret.

Je dis, madame, je dis qu'il est impossible de voir un plus beau bras que le vôtre.

LA MARQUISE.

Vraiment !... on croirait que cela vous fâche.

LE MARQUIS.

Moi ?...

LA MARQUISE.

Oui... vous me le dites d'un air de mauvaise humeur... (A Julie.) Prenez donc garde, mademoiselle, vous me piquez... (Regardant la robe devant la glace.) La ceinture fait-elle bien ?

LA COUTURIÈRE.

A merveille !... Mais nous n'avons pas de mérite à réussir : madame a une si jolie taille ! (Au marquis.) N'est-ce pas, monsieur ? Regardez donc.

LE MARQUIS, à part.

Elle a peur que je ne m'en aperçoive pas.

LA MARQUISE.

Les manches ont assez d'ampleur... mais du haut, c'est trop décolleté.

LA COUTURIÈRE.

Non, madame, on les porte ainsi.

LA MARQUISE, à son mari.

Qu'en pensez-vous, mon ami ?

LE MARQUIS.

Je pense, madame... je pense que voilà une robe... qui doit vous coûter bien cher !

LA MARQUISE.

Vous voulez peut-être m'en faire cadeau...

LE MARQUIS.

Et pourquoi pas ?...

LA MARQUISE.

Vous êtes charmant... et puisqu'elle vous plaît, (A la couturière.) je ne l'ôterai pas, je la garderai toute la journée... pour me faire honneur de votre présent. (Aux deux femmes.) Laissez-nous.

(Julie et la couturière sortent.)

SCÈNE VIII.

LE MARQUIS, LA MARQUISE.

LA MARQUISE, arrangeant encore sa robe devant la glace.

Maintenant, monsieur, je suis toute à vous, causons.

LE MARQUIS, à part et la regardant.

Dieu ! avec quel bonheur je lui dirais combien elle est belle, si ce n'était l'apoplexie foudroyante !

LA MARQUISE.

Qu'avez-vous ?

LE MARQUIS.

Rien !

LA MARQUISE, du ton le plus doux.

Si vraiment, et c'est là-dessus que je voulais m'expliquer franchement avec vous ! Vous avez quelque arrière-pensée ?

LE MARQUIS.

Non, madame.

LA MARQUISE, tendrement.

Bien vrai ! notre discussion d'hier ne vous a laissé aucun fâcheux souvenir ?

LE MARQUIS.

Je vous l'atteste.

LA MARQUISE.

Vous n'êtes plus fâché ? vous ne m'en voulez plus ?

LE MARQUIS.

Non, madame.

LA MARQUISE.

Vous ne dites pas cela d'un ton pénétré, d'un accent... qui parte du cœur.

LE MARQUIS, avec chaleur.

Quoi ! vous pourriez douter ?...

LA MARQUISE.

Nullement ; je ne demande qu'à vous croire, qu'à être persuadée. C'est vous qui ne le voulez pas !

LE MARQUIS, la regardant avec des yeux animés.

Moi, madame, je ne le veux pas ! Moi, qui vous admire ! moi, qui vous aime plus que ma vie ! (Se retenant.) Ah ! mon Dieu ! qu'est-ce que je dis là ?

LA MARQUISE.

Qu'est-ce donc ? d'où vient ce trouble ?... Vous rougissez.

LE MARQUIS, vivement.

Moi rougir !... (A part et se regardant dans la glace.) Dieu ! si c'était un commencement d'attaque ! (Se promenant vivement dans la chambre.) Je crois en effet que le sang me porte à la tête.

LA MARQUISE, le regardant avec étonnement.

Mais à qui en avez-vous donc ? à quoi pensez-vous ?

LE MARQUIS.

Vous me le demandez, madame, vous me le demandez !...

LA MARQUISE.

Eh oui ! sans doute.

LE MARQUIS.

A mon discours, qui malgré moi me préoccupe... et dont toutes les phrases me reviennent sans cesse à l'esprit ; car si vous saviez, madame, ce que c'est qu'un discours...

LA MARQUISE, avec humeur.

Eh ! monsieur, il ne s'agit pas ici de discours !

LE MARQUIS.

Tenez... voulez-vous me permettre de vous le lire ?...

LA MARQUISE, avec impatience.

Monsieur !...

LE MARQUIS.

C'est l'affaire d'une demi-heure ; et vous me donnerez votre avis... comme je vous ai donné le mien sur votre nouvelle robe !

LA MARQUISE.

Au nom du ciel !...

LE MARQUIS.

Je vous préviens que si vous m'interrompez, je m'en vais... oui, madame, je m'en irai... c'est plus prudent.

LA MARQUISE.

Non, monsieur, vous vous expliquerez, vous resterez.

Je ne le puis !...

LA MARQUISE.

Et moi, je le veux !

LE MARQUIS.

Je le veux ?... Madame, j'aurais pu céder, mais un mot comme celui-là me rend toute mon indépendance, parce que moi, qui fais les lois, je ne m'en laisserai pas imposer ; et vous devez toujours voir en moi le pouvoir législatif.

LA MARQUISE.

Législatif, à la bonne heure ! mais pour exécutif...

LE MARQUIS, avec colère.

Qu'est-ce à dire ?...

LA MARQUISE, de même.

Que vous ne savez rien faire, rien exécuter de ce qui est bien. . de ce qui est convenable.

(Julie ouvrant la porte et annonçant M. le docteur Ernest.)

LE MARQUIS, à part.

Dieu soit loué ! (Allant à lui.) Venez donc, mon cher docteur ; vous arrivez à propos pour interrompre un tête à tête conjugal.

ERNEST, saluant la marquise.

Ma présence est peut-être indiscrète ?

LE MARQUIS,

Du tout... nous allions nous disputer.

ERNEST.

J'ai remis à votre valet de chambre, monsieur le marquis, ce que je vous avais promis.

LE MARQUIS.

A merveille ! et pour commencer, je vais faire le tour du bois de Boulogne.

LA MARQUISE.

Comment, monsieur !

LE MARQUIS.

C'est par ordonnance du médecin... demandez-le-lui, il vous le dira... Je reviendrai pour dîner... (A Ernest.) Et je vous dirai alors comment je me trouve de ma promenade, car vous êtes des nôtres, vous nous restez.

ERNEST.

Monsieur le marquis...

LE MARQUIS.

Vous acceptez... c'est convenu... D'ici là vous tiendrez compagnie à ma femme. Adieu, chère amie, adieu, docteur. Mille pardons de vous laisser ainsi, mais la santé avant tout.

(Il sort et referme la porte.)

SCÈNE IX.

(Le salon du marquis. — Il est six heures. — Presque tous les convives sont arrivés.)

ERNEST, debout près de la cheminée, cause avec la marquise. De l'autre côté, la COMTESSE et la BARONNE. Au fond du salon, plusieurs convives sont debout, formés en groupes ; d'autres causent en se promenant.

LA COMTESSE, montrant Ernest qui cause à voix basse avec la marquise.

Il est très bien, ce jeune docteur !

LA BARONNE.

Une tournure charmante, et beaucoup de talent, à ce qu'on dit !

LA COMTESSE.

Il paraît qu'ici on s'en loue beaucoup.

ERNEST, de l'autre côté de la cheminée, à la marquise.

Oui, madame, croyez-moi, il n'y a plus aucun danger.

LA MARQUISE.

Vous en êtes bien sûr ?

ERNEST, vivement.

Je vous l'atteste.

LA MARQUISE, baissant les yeux.

A la bonne heure ! C'est en vous désormais que je veux avoir confiance.

LA COMTESSE, haut à Ernest.

Et moi, monsieur, que pensez-vous de mes spasmes ?

ERNEST.

Rien à craindre, madame la comtesse : l'air de la campagne... du calme, du repos, pas de contrariétés...

LA COMTESSE.

Et mon mari qui ne veut pas m'acheter la terre du Bourget !

ERNEST, souriant.

Voilà la cause du mal.

LA COMTESSE.

N'est-il pas vrai ? (A la baronne.) La marquise a raison ; c'est un jeune homme de mérite, et le médecin qui nous convient. Il doit traiter à merveille les maux de nerfs.
(Entre le docteur, la tête haute et sans regarder personne ; il fait à Ernest un signe de tête protecteur, et s'approche de la marquise, qu'il salue.)

LE DOCTEUR, à la marquise.

Madame la marquise a-t-elle reçu de moi, ce matin, la petite consultation que je lui avais promise ?

LA MARQUISE, rougissant.

Oui, monsieur !

LE DOCTEUR, à demi-voix.

C'est tout à fait mon avis !

ERNEST, tout haut.

Ce n'est pas le mien !

LE DOCTEUR, stupéfait.

Comment ! ce n'est pas le vôtre !...

LA MARQUISE, les interrompant.

Pas de discussions à ce sujet. (Au docteur.) Comme c'est moi que cela regarde, vous me permettrez de ne pas suivre l'ordonnance, et de m'en rapporter à monsieur Ernest.

LA COMTESSE.

Sans savoir ce dont il s'agit, je suis de son opinion.

LA BARONNE.

Et moi aussi...

ERNEST, gaiement.

Me voilà sûr d'avoir raison !

LE DOCTEUR, étonné et regardant Ernest.

Quel changement ! je n'en reviens pas... Il a pris depuis ce matin un aplomb et un air d'assurance !...

(Entre le marquis.)

LE MARQUIS.

Mille pardons, mesdames, de vous avoir fait attendre... est-ce qu'il est tard ?

LA MARQUISE.

Non : six heures et demie.

LE MARQUIS.

Je reviens de Bagatelle... (A Ernest.) et je me trouve admirablement bien de ce que vous m'avez ordonné ; je me sens une force... d'appétit ! (Au docteur.) Vous avez là, docteur, un élève qui ira loin...

LA BARONNE ET LA COMTESSE.

C'est ce que nous disions tout à l'heure !

LA BARONNE, au docteur.

Ah ! monsieur est votre élève ?

LE DOCTEUR, cachant son dépit.

Oui, madame, je m'en vante.

LE MARQUIS.

Ce qui m'étonne, moi, c'est qu'il ne soit pas plus connu !

LA MARQUISE.

Parce que vous ne le voulez pas. Il y a à la maison du roi une place de médecin...

LE DOCTEUR, à demi-voix.

Celle dont je vous parlais...

LA MARQUISE au docteur, d'un air distrait.

C'est vrai... c'est vous qui m'avez appris qu'elle était vacante. (A son mari.) Une place superbe !

LE MARQUIS, vivement.

Je la demanderai, madame, je la demanderai. (Montrant Ernest.) Il est justement du département dont je suis député ; et, dès que cela vous intéresse...

LA MARQUISE.

Beaucoup ! Vous ne pouvez rien faire qui me soit plus agréable.

LE DOCTEUR, à part.

C'est fini ! le voilà lancé ! et à propos de quoi je vous le demande !

UN DOMESTIQUE, annonçant.

Madame la marquise est servie !

LA MARQUISE, à Ernest.

Allons, notre protégé, donnez-moi la main.

LE MARQUIS, au docteur, pendant que tout le monde passe dans la salle à manger.

Savez-vous, docteur, que c'est glorieux pour vous ?...

LE DOCTEUR.

Aider mes confrères, quels qu'ils soient, et surtout protéger la jeunesse, ce fut toujours mon seul but.

LE MARQUIS.

Aussi ce jeune homme-là vous fera honneur dans le monde !

LE DOCTEUR.

Et à vous aussi, monsieur le marquis.

FIN DU JEUNE DOCTEUR.

LA CONVERSION

OU A L'IMPOSSIBLE NUL N'EST TENU.

La cellule de Fra-Ambrosio. — Au fond, son confessionnal. — Sur une table, un chapelet, des papiers, des livres de piété.)

AMBROSIO.

Je ne puis écrire, je ne puis m'occuper. Et mon sermon de demain !... je n'ai encore rien préparé. Pourtant je dois le prononcer devant Sa Sainteté, devant les cardinaux, devant tout ce que Rome a de plus distingué. Et ces femmes si brillantes d'attraits et de parure !... oh ! oui, c'est le dernier jour de la semaine sainte, elles y viendront toutes, avant d'aller au Corso. Allons, à quoi vais-je penser ? Chassons ces idées, travaillons. (Entre Girolamo.) Qui vient là ?

GIROLAMO, d'un air béat.

Votre fidèle valet, monseigneur, qui vient vous prévenir que la cérémonie est pour midi.

AMBROSIO.

Quelle cérémonie ?

GIROLAMO, du même ton.

Le mariage du marquis de Gondolfo, le gouverneur de Rome. Par saint Phanuce, mon patron, avez-vous oublié que c'était vous qui deviez lui donner la bénédiction nuptiale ? Faveur insigne pour le couvent des dominicains, ce qui nous fait assez de jaloux chez les révérends pères de Jésus.

AMBROSIO, travaillant sans l'écouter.

Quel bavardage !

GIROLAMO.

Je vais préparer votre étole et votre chasuble. Laquelle mettez-vous ? Celle en moire bleue, ou plutôt celle vert et or qu'on vous a envoyée ce matin avec deux caisses de confitures ?

AMBROSIO.

Envoyée ! Et qui donc ?

GIROLAMO.

On l'ignore : sans doute quelque grande dame de celles qui étaient hier dans l'église de la Piazza Sciarra à votre sermon. Quelle affluence ? quels beaux équipages ! On dit que le cardinal Fesch et toute la famille de Bonaparte y assistaient.

AMBROSIO.

C'est vrai, un auditoire de rois déchus,

GIROLAMO.

Et quel effet vous avez produit ! Toutes les femmes sont sorties les yeux rouges et le mouchoir à la main. Ce qui a surtout excité l'enthousiasme, c'est l'endroit où vous faisiez le tableau des saints devoirs du mariage et du bonheur conjugal.

AMBROSIO.

Et comment le sais-tu, toi qui étais resté à la porte ?

GIROLAMO.

Je l'ai entendu dire à la duchesse de Popoli, qui sortait avec le comte de Lucques.

AMBROSIO, à part.

Ah ! elle y était avec son amant ?

GIROLAMO.

J'ai eu l'honneur de leur offrir de l'eau bénite, et tous les deux s'écriaient que c'était un sermon admirable.

AMBROSIO.

Et surtout bien utile. C'est encourageant pour celui de demain.

GIROLAMO.

Voici aussi des lettres que je vous apporte.

AMBROSIO.

C'est bon ; je les lirai plus tard, je travaille.

GIROLAMO.

Toujours travailler, comme un homme de rien, comme un savant, vous qui êtes d'une des premières maisons des États romains ; une famille si noble et si nombreuse !

AMBROSIO, avec amertume.

Trop nombreuse, en effet, pour que nous puissions partager ! Aussi les titres, les dignités, la fortune, le droit même d'être heureux, tout a été pour mes frères aînés ; et moi, qui n'avais d'autre tort que d'être le dernier, je l'aurai expié bien chèrement peut-être !

GIROLAMO, d'un ton patelin.

Par les saints apôtres, vous n'avez pas à vous plaindre. Vous êtes en passe d'arriver à tout, évêque, cardinal, et, qui sait même ? les princes de l'Eglise sont bien vieux, et vous êtes bien jeune : et, honoré de tous comme vous l'êtes, monseigneur, distingué par vos talens, par une conduite irréprochable...

LA CONVERSION.

AMBROSIO.

Oui, jusqu'ici je me suis conduit en honnête homme, et Dieu, je l'espère, me fera la grâce de continuer. J'aimais... j'aime l'état auquel je me suis voué ; je n'en connais pas de plus beau, de plus respectable que de secourir le faible, de consoler l'affligé, et d'enseigner la vertu en en donnant l'exemple. Mais à côté de ces devoirs, que je respecte et que j'honore, pourquoi en est-il d'autres que Dieu n'a pas voulus, et que le caprice des hommes nous a seul imposés ?

GIROLAMO.

Que voulez-vous dire ?

AMBROSIO.

Rien. Laisse-moi. Quand ces idées-là se présentent à mon esprit, mon sang bouillonne, ma tête est en feu; je n'entends plus rien. (Repoussant ses livres.) Suspendons ce travail... Donne-moi mes lettres.

(Girolamo lui présente plusieurs lettres, puis va et vient dans l'appartement en préparant ce qu'il faut pour la toilette de son maître.)

AMBROSIO, ouvrant la première.

Ah ! c'est d'Édouard Villougby, mon ami, mon camarade d'études. Je n'avais pas eu de ses nouvelles depuis qu'il était retourné en Angleterre, sa patrie :

(Lisant.)

« Mon cher Ambroise,

» Nous ne sommes point de ces gens chez qui la diffé-
» rence d'opinion ou de croyance rend impossible l'amitié.
» La religion catholique, où tu as été élevé, la religion
» protestante, que je professe, se ressemblent en bien des
» points, et celui d'aimer son prochain comme soi-mê-
» me m'a paru de tous leurs préceptes le plus facile à exécu-
» ter, depuis le jour où je t'ai connu. » (S'interrompant.) Ce cher Édouard ! « Ainsi que toi, le plus jeune fils d'une nom-
» breuse famille, et destiné, comme toi, à l'état ecclésias-
» tique, j'ai reçu les ordres au mois de janvier dernier ; et
» je me trouvais heureux dans mon petit presbytère, situé
» à deux lieues d'Oxford, dans un endroit délicieux, lors-
» qu'un autre événement est venu encore ajouter à ma
» félicité. Le pasteur voisin, le meilleur et le plus ver-
» tueux des hommes, a une famille charmante, à laquelle
» il a consacré tous ses soins. Si tu savais quelle union,
» quel bonheur règne dans ce ménage ! si tu voyais sur-
» tout Emma, sa fille aînée, qui charme les jours de son
» vieux père, et qui bientôt embellira les miens, car je l'ai
» demandée en mariage, et le mois prochain elle sera à
» moi, elle sera ma femme ! Conçois-tu mon bonheur ? » (S'arrêtant et froissant la lettre entre ses mains) Oui, oui, je le conçois, moi à qui un pareil sort est interdit, moi qui vivrai et mourrai seul, sans qu'aucune main amie vienne fermer mes yeux. Il n'y avait qu'une personne qui autrefois m'aimait, une pauvre fille... Juliette, l'enfant de ma nourrice, ma sœur... Je l'ai mariée à un autre, elle a maintenant un mari, une famille ; et moi, jamais je ne dirai : Ma femme ! mon fils !... Ces mots-là me sont défendus ; la pensée même ne m'en est pas permise. Un concile l'a décidé ainsi. Un concile !!! ils se sont levés, ils ont été aux voix, et cinq ou six qui l'ont emporté nous ont condamnés à tout jamais à être malheureux ou coupables.

GIROLAMO, rentrant.

Monseigneur, vous n'entendez pas ? voici les cloches qui annoncent l'arrivée du cortège, et il faut vous préparer pour ce mariage.

AMBROSIO, à part.

Un mariage ! encore un mariage !... et c'est à moi de le bénir ! Ces biens dont ils nous ont deshérités, il nous obligent encore à les leur dispenser. (A Girolamo.) Allons, dépêche-toi. (Ouvrant une autre lettre.) Ah ! c'est du gouverneur, c'est du nouvel époux... Il me remercie, il épouse une jeune fille noble et riche, la belle Gaëtani. Je me la rappelle ! assiduo à mes sermons, placée près de moi, attentive à mes moindres paroles, je voyais toujours ses yeux noirs fixés sur les miens. (Avec un soupir.) Ah ! que son mari est heureux ! elle est bien belle ! (Reprenant la lettre qu'il achève.) Que me demande-t-il ? que veut-il encore ? « Ma femme, qui tient en haute estime et votre sainteté et
» vos vertus, me charge de vous faire passer un avis im-
» portant. Vous avez de puissans ennemis : les révérends
» pères Jésuites, qui, vous regardant comme un déserteur
» de leur ordre, ne vous pardonneront jamais l'illustration
» que vos talens et votre éloquence répandent sur l'ordre
» des Dominicains ; ils ne négligeront aucune occasion de
» vous perdre ou de vous nuire ; ils font épier toutes vos
» démarches. » (S'arrêtant.) Tant mieux ! « Tenez-vous sur
» vos gardes, et, en cas de danger, comptez sur nous en
» tout temps. Mais, en échange de cet avis et de l'admira-
» tion qu'elle a pour vous, ma femme réclame une grande
» faveur, que jusqu'ici vous n'avez encore accordée à per-
» sonne. » (S'arrêtant.) Et laquelle ? « Puisque c'est vous
» qui aujourd'hui l'aurez mariée, daignez être désormais
» son guide spirituel et son directeur. Je joins mes prières
» aux siennes, tant à cause de vos mérites qu'à cause de
» l'honneur qui en rejaillira sur notre maison. » (S'arrêtant et rêvant quelques instans.) Y pense-t-il ? Non, non, jamais ; j'ai juré d'être honnête homme, et ces yeux noirs m'en empêcheraient. Je ne m'y exposerai pas, je refuserai.

(On entend de nouveau sonner les cloches.)

GIROLAMO, tout en l'habillant.

Voici l'étole et la chasuble. Entendez-vous tout ce bruit autour du couvent ? Les voitures encombrent la rue ; c'est toute la noblesse de Rome, et déjà aux portes deux ou trois mille mendians. La cérémonie sera magnifique.

AMBROSIO.

C'est bien. Est-on venu ce matin ?

GIROLAMO.

Ces étrangers que je soupçonne être des Anglais, des hérétiques, et qui crient toujours famine.

AMBROSIO, lui donnant de l'argent.

Tu leur donneras cela.

GIROLAMO.

Je leur ai demandé leur billet de confession, ils n'en ont pas.

AMBROSIO.

Qu'importe, s'ils ont faim ?

GIROLAMO.

Il est venu aussi le signor Zambardi, l'ouvrier en marbre.

AMBROSIO.

Ah ! le mari de Juliette.

GIROLAMO.

Il est sans ouvrage, et son fils aîné a la fièvre.

AMBROSIO, à part.

Pauvre Juliette ! j'évite de la voir, elle doit croire que je la néglige. (A Girolamo.) Écoute ; tu es un bon et fidèle serviteur en qui j'ai confiance ; ce soir tu passeras chez Zambardi.

GIROLAMO.

Y pensez-vous ? La fièvre est dans leur maison et dans le quartier.

AMBROSIO.

Tu as raison, il y a du danger, j'irai moi-même ; c'est mon devoir. Adieu. Mets tout cela en ordre, je reviens dans l'instant.

(Il sort.)

GIROLAMO, s'inclinant.

Oui, monseigneur ; Votre Excellence, Votre Grâce peut compter sur moi, sur mon zèle... (Regardant par la porte de l'escalier.) Il est descendu, je ne l'entends plus. (Se relevant.) Cela va bien, et, grâce au ciel, je n'ai pas grand'peine à gagner les deux cents écus que me donne le père Barnabé, qui, par l'âme du Christ ! est un digne et respectable religieux ; car enfin je ne suis plus à son service, et il me paie pour être au service d'un autre, et il ne me demande pour cela que de lui dire ce que fait mon nouveau maître, et les personnes qu'il voit, et les endroits où il va. Ça n'est pas difficile, et ça ne fait tort à personne. Cependant, comme je songe à mon salut avant tout, je m'en suis fait un cas de conscience, j'ai eu des scrupules, je me disais : Il me semble que de deux maîtres il faudrait être fidèle à l'un ou à l'autre. J'ai consulté là-dessus le père Fortis, un autre Jésuite, qui m'a prouvé que je pouvais être fidèle à tous les deux, pourvu que je les servisse avec la même honnêteté, ce que je fais. J'ai doublé de zèle en raison de mes doubles appointemens ; ce qui est, je crois, d'un honnête homme. D'ailleurs, je suis porté de cœur pour l'un comme pour l'autre ; le père Barnabé a de si bonnes manières, et frère Ambrosio est un si saint personnage, un ange qui peut braver les investigations et les jugemens des hommes ! (Se mettant à genoux.) O mon Dieu ! vois d'un œil de miséricorde un misérable pécheur ; et si jamais, comme il y en a qui le disent, tu voulais me damner pour mes relations avec les bons pères Jésuites, si c'était ton intention, j'espère qu'avant de le faire tu y regarderais à deux fois, et que les services que j'ai rendus à monseigneur Ambroise entreront en ligne de compte et compensation auprès de la justice éternelle, que j'implore au nom du Père, du Fils et du Saint-Esprit. Amen ! (Il reste quelque temps à genoux et continue de prier bas ; puis il écoute et se lève.) On monte l'escalier ; serait-ce déjà monseigneur qui revient ? Moi qui voulais jeter un coup d'œil sur ses papiers ; car je suis arriéré depuis avant-hier. Ce sera pour une autre fois ; c'est lui.

(Entre Fra-Ambrosio d'un air agité et en désordre.)

AMBROSIO.

Ils sont unis !... J'ai pu leur échapper, je suis sorti : me voilà seul, respirons. (Se jetant sur un fauteuil.) Qu'il m'a fallu de force pour me vaincre, pour cacher à tous les yeux les tourmens que j'éprouvais ! Elle était brillante de tant de charmes ! Comment sais-je cela ? Je ne voulais pas la regarder, et je n'ai rien perdu de sa parure. Je vois encore cette coiffure élégante, ces fleurs, ces diamans, ces voiles transparens qui la cachaient à peine ! et comment l'éviter ? comment oser même baisser les yeux ? Elle était là devant moi, à genoux. Malédiction sur elle et sur moi ! J'ai couru au pied de l'autel implorer Dieu, qui m'abandonnait ; je voulais feuilleter le livre saint et y trouver des prières, tout se brouillait sous mes yeux, je ne voyais rien que ses beaux bras et ses blanches épaules. Enfin, réunissant mes forces et mon courage, je suis revenu à elle ; ma voix tremblait en prononçant les paroles qui la livrent à un autre ; et quand j'ai senti sa main dans la mienne, et que cette main il a fallu l'unir à celle de son époux, la rage était dans mon cœur. Et lui, le cruel, sans égard, sans pitié pour moi, comme il la regardait avec amour ! quelle ardeur brillait dans ses yeux ! Et tous deux me remerciaient encore, me renouvelaient leur offre de ce matin, me suppliaient de ne pas les quitter, de regarder leur maison comme la mienne. Sans leur répondre, je me suis dérobé à leurs transports ; j'ai traversé la foule qui se prosternait devant moi et me demandait ma bénédiction. La bénédiction d'un coupable, d'un maudit ! (Levant les yeux et apercevant Girolamo devant lui.) Que me veux-tu ? Que fais-tu là ?

GIROLAMO.

J'observais l'agitation où je vous vois, et qui m'inquiète. Seriez-vous malade ?

AMBROSIO, montrant son cœur.

Oui ; le mal est là.

GIROLAMO.

Est-ce que cela vous prend souvent ?

AMBROSIO.

Chaque jour, à chaque instant. Ces tourmens-là ne finiront qu'avec moi, et je n'ai pas vingt-cinq ans.

GIROLAMO.

Du courage, mon doux maître ; et puisque vous souffrez, je vais renvoyer vos pénitentes ; car il y a là beaucoup de monde qui attend pour la confession.

AMBROSIO.

Ils attendent, dis-tu ? fais les entrer.

GIROLAMO.

Il y a le père Philippe et le père Bartholomée qui pourront les entendre.

AMBROSIO.

Je dois les aider ; c'est mon devoir.

GIROLAMO.

Et vos souffrances ?

AMBROSIO.

Raison de plus ; le sentiment du devoir console et soutient, j'en ai besoin.

GIROLAMO.

Il y a de grands seigneurs, de grandes dames et des gens du peuple.

AMBROSIO.

Commençons par ceux-ci. (Montrant le confessionnal.) C'est là surtout que les derniers doivent être les premiers.

(Il se met dans le confessionnal ; Girolamo va ouvrir la porte à droite ; entre Loretta couverte d'un voile. Elle s'approche du confessionnal, s'agenouille et commence sa prière. Girolamo est sorti.)

AMBROSIO, caché dans le confessionnal.

Dites votre *Confiteor.*

LORETTA.

Confiteor Deo omnipotenti, beatæ Mariæ semper virgini, beato Michaeli archangelo, beato Joanni-Baptista, sanctis apostolis Petro et Paulo, omnibus sanctis, et tibi, pater, quia peccavi.

AMBROSIO.

De quoi vous accusez-vous, ma fille ?

LORETTA.

Je m'accuse d'un grand péché dont je viens vous demander l'absolution.

AMBROSIO.

Je vous écoute.

LORETTA.

Vous n'êtes pas le père Augustin, celui qui m'entend d'ordinaire ?

AMBROSIO.

Non, ma fille ; il est malade.

LORETTA.

Alors peu importe. J'ai dix-sept ans, et tant de gens m'ont dit que j'étais jolie, que j'ai fini par le croire. Mais je n'en suis pas plus fière pour ça, et j'ai toujours rempli exactement mes dévotions, tant à la sainte Vierge qu'à Notre-Dame de Lorette, ma patronne, dont j'ai la statue dans mon oratoire.

AMBROSIO.

C'est bien ; après.

LORETTA.

Avec tout ça, et à l'aide de mon état de couturière, le seul que j'aie appris, je serais morte de faim l'année dernière, moi et mes quatre frères et sœurs, dont je suis l'unique soutien, lorsqu'un seigneur anglais, qui passait à Rome, me fit la cour.

AMBROSIO.

J'entends ; vous l'aimâtes.

LORETTA.

Non, mon père.

AMBROSIO.

C'est bien. Vous avez repoussé ses vœux.

LORETTA.

Non, mon père. C'est-à-dire, ce n'est pas moi ; c'est ma tante, qui est loueuse de chaises à l'église Saint-Pierre, et qui m'a dit que je me devais à ma famille. Sans cela, et pour rien au monde...

AMBROSIO.

Malheureuse enfant ! vous avez pu écouter ses perfides conseils ! et voilà ce crime qui pesait sur votre conscience ?

LORETTA.

Non, mon père. Je m'en suis déjà accusée l'année dernière, et j'en ai eu l'absolution du cardinal-vicaire, qui après le départ du seigneur anglais, avait daigné se charger de moi et de mon salut. Il m'avait donné un hôtel, un équipage ; et quand le pape officiait à la chapelle Sixtine, j'avais toujours une tribune réservée, et je serais encore dans la bonne voie, sans un jeune Français qui n'avait rien, car il était exilé. Je lui ai tout donné ; et il m'a quittée pour une autre. Il m'a fait bien de la peine ! Aussi, de tous ceux qui m'ont aimée depuis, c'est le seul que je n'aie pas oublié. Mais toutes ces fautes-là m'ont été pardonnées à Noël dernier, et j'ai communié depuis.

AMBROSIO.

Alors que me voulez-vous ? Qui vous amène ?

LORETTA.

Un péché que j'ai commis avant-hier bien malgré moi, et qui depuis deux nuits m'empêche de dormir. C'était, comme je vous l'ai dit, avant-hier, jeudi saint ; j'avais chez moi à souper deux jeunes peintres ; ces artistes, ça ne respecte rien ; ils ont bu du vin de leur pays, du vin de Champagne ; ils riaient, ils chantaient des chansons d'un nommé Béranger, que j'ai retenues tout de suite, et que je vous chanterais si j'osais.

Lisette, ma Lisette,
Tu m'as trompé toujours.

AMBROSIO, l'interrompant.

Ce n'est pas la peine.

LORETTA.

Et au milieu de leurs chansons, de leurs éclats de rire, je ne sais comment cela s'est fait, on ne se défie de rien quand on rit, j'ai mangé, sans y prendre garde, une aile de poulet qu'ils avaient mise sur mon assiette.

AMBROSIO.

Comment ?

LORETTA, pleurant.

Je ne m'en suis aperçu qu'après. O mon ange ! O Notre-Dame de Lorette, ma patronne ! de la viande un jeudi saint ! Toutes mes voisines m'ont dit que je ne pourrais pas faire mes pâques, et que je serais damnée. O mon père, ayez pitié de moi ; je ne veux pas être damnée. Je suis une bonne catholique, et, pour avoir l'absolution, je me soumettrai à ce que vous ordonnerez. Je dépenserai, s'il faut, en cierges et en *ex-voto*, tout ce que je gagnerai dans l'année.

AMBROSIO.

Cela ne suffit pas.

LORETTA.

Le père Augustin n'est pas si sévère. Est-ce que ce n'est pas le seul moyen d'être agréable à Dieu ? Est-ce qu'il y en a d'autres ?

AMBROSIO.

Pauvre brebis égarée ! Je dois vous plaindre, plutôt que vous blâmer ; car vous ne me comprendriez pas. Est-ce que la situation à laquelle vous êtes condamnée ne vous rend pas malheureuse ?

LORETTA.

Non, mon père ; j'y ai toujours été.

AMBROSIO.

Et vous n'avez pas de remords ?

LORETTA.

Jamais. Pourquoi en aurais-je ? Toutes les grandes dames de Rome font comme moi ; et comme moi, elles n'ont pas deux frères et deux sœurs à nourrir. Ils sont si gentils, et ils m'aiment tant ! Matin et soir, je leur fais dire leurs prières, et je leur apprends déjà leur cathéchisme. Venez les voir, mon père.

AMBROSIO.

Moi ! Y pensez-vous ?

LORETTA.

Pourquoi non ! Je vois aussi des gens comme il faut, des gens de bien, des prélats.

AMBROSIO.

Qu'entends-je ! ô ciel ! et comment l'osent-ils ? Comment peuvent-ils, sans se compromettre...

LORETTA.

Ah ! rien n'est plus facile. Je demeure près du Ponte-Rotto, non loin de la maison de Rienzi, et à côté des ruines du temple de Vesta.

AMBROSIO.

Cela se trouve bien.

LORETTA.

A merveille ! parce que ma maison est adossée juste à l'église de Saint-Barthélemi ; et dans le temps, le cardinal-vicaire dont je vous ai parlé avait fait faire une porte de communication ; de sorte qu'on entre par l'église, et puis, près de la sacristie, à côté du bénitier, une petite porte... c'est la mienne ; on frappe trois coups : personne ne vous voit ; et ce qu'il y avait surtout de commode pour le cardinal, c'est qu'en sortant il pouvait faire sa prière. Aussi il n'y manquait jamais ; et c'est de lui, mon père, que je tiens les sentiments religieux qui ne m'ont jamais quittée et qui font qu'aujourd'hui je suis si désolée et si malheureuse du péché pour lequel vous me refusez l'absolution.

AMBROSIO.

Cela dépendra de vous. Passez cette soirée seule et en prières, et revenez demain.

LORETTA.

Avant la grand'messe ?

AMBROSIO.

Oui, ma fille.

LORETTA.

Et alors je pourrai communier. Ah ! que je suis heureuse ! Combien d'ici là faudra-t-il dire de *Pater* et d'*Ave* ?

AMBROSIO.

Trente.

LORETTA.

J'en dirai le double.

AMBROSIO.

Achevez votre *Confiteor*.

LORETTA, se frappant le sein.

Meâ culpâ, meâ culpâ, meâ maximâ culpâ. Ideô precor

beatam Mariam semper virginem, beatum Michaelem archangelum, beatum Joannem-Baptistam, sanctos apostolos Petrum et Paulum, omnes sanctos, et te, pater, orare pro me ad Dominum Deum nostrum. Misereatur ostri, omnipotens Deus, et, dimissis peccatis nostris, perducat nos ad vitam æternam, Amen,
(Loretta fait le signe de la croix, baisse son voile, se lève et sort.)

AMBROSIO, seul et rêvant.

Jamais je n'avais rien entendu de pareil. Quoi ! des prêtres ! des prélats ! des princes de l'Église ?... (Se levant et marchant.) Pourquoi donc alors défendez-vous par vos écrits et vos discours ces lois absurdes et injustes dont je me plains ? Pourquoi les approuvez-vous hautement ? C'est donc pour les violer plus sûrement en secret, pour chercher tous les moyens de les éluder, de vous y soustraire ? N'est-ce pas attester par là même qu'elles sont impossibles à remplir, et que les lois de la nature sont plus fortes que les vôtres ? Pourquoi donc les avez-vous faites, ou pourquoi tardez-vous à les abolir, ? Un ménage heureux, une femme, des enfans, sont-ils donc des crimes si grands que, pour y échapper, il faille préférer le désordre et le vice ? C'est là leur sort cependant. Et moi qui fuis leur exemple, moi qui suis fidèle à des lois que je déteste, pourquoi n'éprouvé-je pas cette satisfaction intérieure qui accompagne toujours l'accomplissement d'un sacrifice ou d'un devoir ? Ce contentement, je le cherche en vain, et ne le trouve ni dans mon cœur, ni dans ma conscience, ni même dans le bonheur des autres. Que nous soyons humains, bienfaisans, charitables, que la société exige de nous ces vertus, je le conçois, elle y gagne quelque chose ; mais que gagne-t-elle aux tourmens que j'endure ? que lui en revient-il ? quel avantage pour elle ? et moi que dévore une fièvre ardente, moi qui passe sans repos et mes jours, et mes nuits, faudra-t-il donc combattre et brûler sans cesse ? Faudra-t-il, pour glacer ce sang qui bouillonne dans mes veines, attendre le froid de la vieillesse ou celui de la tombe ? Non. C'est souffrir trop longtemps ; c'est être trop malheureux. Dieu ne peut pas avoir condamné une créature humaine à de pareils tourmens. J'irai trouver Juliette, qui m'aimait, qui m'aime encore ; je lui dirai : Prends pitié de moi... (S'arrêtant.) Non, non... troubler la paix de son âme, le contentement d'elle-même ! Pauvre femme ! elle n'a que cela. (Recommençant à se promener.) Le gouverneur est riche, il est heureux ; lui et sa femme veulent absolument m'attirer dans leur maison. (Souriant avec amertume.) Sa femme !... dont la coquetterie et les regards depuis si longtemps me poursuivent. Oui, je ne peux m'abuser, c'est pour triompher de moi, c'est pour me voir à ses pieds qu'elle désire si ardemment m'avoir pour directeur ; et je lui céderais ! et je tromperais la confiance de son mari ! Non, non ; Juliette et elle doivent m'être sacrées ; elles ne s'appartiennent plus. Jamais je ne jetterai les yeux sur la femme d'un autre. C'est là ce qui serait coupable. (Il s'arrête, et regarde le confessionnal.) Mais cette jeune fille, qui tout à l'heure... Elle n'appartient à personne, pas même à elle-même... (S'éloignant avec horreur.) Ah ! quelle idée ! Comment a-t-elle pu me venir ? Mon Dieu, chasse-la de ma tête et de mon cœur. (Se jetant à genoux devant un tableau de la Vierge.) Sainte madone, vierge sainte, viens à mon aide, calme mes sens et le délire qui m'agite. C'est toi seule que j'aime ; viens, et que tes attraits célestes... (Regardant la figure de la madone.) Ah ! qu'elle est belle ! Malheureux que je suis ! dans cette image même je ne vois plus la divinité, je n'y vois qu'une femme. Voilà ces traits enivrans qui portaient le trouble dans tout mon être. Voilà ces beaux bras, ces blanches épaules qui depuis ce matin sont devant mes yeux, je ne puis donc plus prier sans être criminel ? Comment résister encore ? Comment rester maître de moi-même ? Vous qui l'exigez, vous qui m'ordonnez d'être plus qu'un homme, ordonnez à mes yeux de ne pas voir, à mon cœur de ne pas battre, à mon sang de ne pas circuler dans mes veines ; et si je ne le puis, vous direz que je suis coupable ! Non, je ne le suis pas ; j'en appelle à Dieu même, qui voit mes tourmens et mes combats ; à ce Dieu qui m'a créé, comme ses autres enfans, pour vivre et pour sentir ; à ce Dieu dont je suis le serviteur et le ministre, et qui n'a pas voulu que pour avoir le droit de le servir, on fût voué au malheur. Nulle part il ne l'a dit ; ce n'est pas sa volonté : c'est celle des hommes, et je la brave ; j'y suis décidé. (Entre Girolamo.) Que me veux-tu ?

GIROLAMO.

Je venais prendre vos ordres.

AMBROSIO, avec agitation.

Mon chapeau, mon manteau ; je vais sortir.

GIROLAMO.

Pour aller chez le signor Zambardi, le mari de Juliette ; vous aviez dit que vous lui porteriez des secours.

AMBROSIO.

Oui, tu as raison ; des secours qui puissent désormais la mettre à l'abri de la misère, et surtout de la séduction. (Écrivant.) Ce mot à Taddéo le banquier. Deux mille écus romains. (Il remet la lettre à Girolamo, et se promène d'un air agité.) Loretta, près le Ponte-Rotto !

GIROLAMO, le suivant.

Ah ! c'est pour la signora Loretta qu'est cet argent !

AMBROSIO.

Qui te parle de cela ?

GIROLAMO.

Je l'ai cru ; vous me donnez une adresse près le Ponte-Rotto.

AMBROSIO.

L'ai-je dit ? je me suis trompé, je pensais à autre chose. Ce billet au banquier seulement. Il saura ce qu'il a à faire.

GIROLAMO.

Vous suivrai-je ?

AMBROSIO, préoccupé.

C'est inutile ; je reviens... je sors... je... Sais-je moi-même ce que je veux faire ? Laisse-moi.

(Il sort.)

GIROLAMO.

C'est singulier ! je ne l'ai jamais vu ainsi ; et ce nom de Loretta qu'il a prononcé... Loretta, près le Ponte-Rotto. (Montrant la lettre.) Certainement je lui obéirai ; c'est mon devoir ! Mais suivons-le d'abord de loin, et voyons où il va, pour en instruire sur-le-champ mon autre maître, le père Barnabé ; car c'est encore mon devoir, et, Dieu aidant, je veux les remplir tous.

(Il sort.)

(L'appartement de Loretta, richement décoré. — Au fond une madone au-dessus d'un divan.)

LORETTA.

Eh ! quoi, déjà me quitter ?

AMBROSIO, d'un air sombre.

Il le faut, Loretta.

LORETTA.

Reste encore, je t'en supplie ; Zerline, ma camérière, va voir si tu peux sortir. Ta voix est si douce à mon oreille ! Tu me parles un langage qui m'est inconnu. Et puis tu as un air si triste ! Tout à l'heure, près de moi, des larmes roulaient dans tes yeux.

AMBROSIO, à part.

Oui, mon âme est triste et flétrie ; elle était née pour un autre bonheur, pour un bonheur qu'on peut avouer,

LORETTA.

Est-ce que tu es fâché, mon doux seigneur ? est-ce que tu m'en veux ?

AMBROSIO.

Non pas à toi (A part), mais à ceux qui m'ont condamné à chercher dans l'ombre de pareils plaisirs ; mon cœur seul désire encore, et sent plus que jamais ce qui lui manque… Ah ! qu'on doit être heureux d'un amour véritable, de cet amour pur et légitime qu'ils m'ont interdit, et que j'ai toujours rêvé ! Combien alors les vertus sont faciles ! Tous les devoirs sont un bonheur. Édouard, Édouard, tel est ton sort. Et le mien !!!

(Il reste la tête appuyée dans ses mains.)

LORETTA.

Tu ne me réponds pas ? Sombre et rêveur, tu gémis. Quels sont tes chagrins ? dis-les-moi.

AMBROSIO, la regardant douloureusement.

Ah ! tu n'y peux rien.

LORETTA.

Peut-être. Et puisque tu es malheureux, tiens, reprends tes présens, je n'en veux pas.

AMBROSIO, rougissant.

Oh ciel ! quelle humiliation !

LORETTA.

Eh quoi ! tu me repousses ? c'est mal à toi, c'est me faire de la peine ; je ne veux rien de ceux que j'aime… et je t'aime.

AMBROSIO.

Ah ! tu blasphèmes en prononçant un pareil mot.

LORETTA.

Pourquoi donc ? Tu es jeune, tu es beau, ton front est noble et majestueux ; et dans tes yeux noirs si doux et si mélancoliques, il y a je ne sais quelle expression de fierté qui m'impose et m'inspire du respect. Tu n'as voulu m'avouer ni ton nom ni ton rang ; mais tu m'es supérieur, je le sais, je le devine : n'importe, si tu le veux, je t'aimerai comme mon égal.

AMBROSIO, la regardant avec étonnement.

Que dis-tu ?

LORETTA.

Ah ! il n'y a que ceux-là qu'on aime bien ; et puis, s'il faut te le dire, tu ressembles à quelqu'un que je n'ai vu qu'une fois de bien loin, mais dont les traits et les paroles sont gravés dans mon cœur.

AMBROSIO.

Où l'as-tu vu ?

LORETTA.

A l'église Saint-Pierre, où il prêchait.

AMBROSIO.

Quoi ! ce serait ?…

LORETTA.

Ne le connais-tu pas ? Toutes les beautés romaines en raffolent ; c'est à qui se mettra le plus près de sa chaire les jours de sermon. Aussi on ne peut en approcher ; les grandes dames prennent les meilleurs places. Il est mieux que toi encore ; il est plus grand, surtout quand il parle : il parle si bien ! Moi, je ne crois pas à un prédicateur quand il est petit ou quand il est laid.

AMBROSIO, souriant.

Vraiment ?

LORETTA.

Et de temps en temps ta voix m'a rappelé la sienne.

AMBROSIO.

Quelle folie !

LORETTA.

Il est vrai que partout je crois l'entendre. Ce matin encore, au confessionnal…

AMBROSIO, troublé et l'interrompant.

Adieu, Loretta, adieu.

LORETTA.

Et je ne te reverrai plus ?

AMBROSIO.

Malgré moi peut-être je reviendrai. Où est Zerline, qui doit me reconduire et m'indiquer le chemin ?

LORETTA.

Tiens, la voici.

ZERLINE, accourant tout effrayée.

Ah ! signora, n'entendez-vous pas tout ce bruit ?

LORETTA.

Qu'est-ce donc ?

ZERLINE.

Tout le peuple est amassé dans la rue ; il est animé par le père Barnabé, qui est à leur tête. Ils menacent d'enfoncer la porte, que j'ai refusé d'ouvrir.

AMBROSIO, à part.

O ciel ! c'est fait de moi !

LORETTA.

Et pourquoi ? que nous veulent-ils ?

ZERLINE.

Ils prétendent qu'il y a ici un frère dominicain, Fra-Ambrosio.

LORETTA.

Qu'ai-je entendu ?

AMBROSIO, à demi-voix.

La vérité ; c'est moi-même.

LORETTA, transportée de joie.

Il serait possible ! J'ai été assez heureuse, assez bénie du ciel, pour que vous, mon père, vous m'ayez honorée, sanctifiée, de votre présence ?

AMBROSIO.

Tais-toi, et songe à me sauver.

LORETTA.

Avant d'arriver jusqu'à vous ils me tueront.

AMBROSIO.

S'il ne s'agissait que de mourir, me verrais-tu trembler ? Mais il s'agit de mon honneur, de ma réputation ; faut-il tout perdre à la fois ?

LORETTA.

O mon Dieu ! que faire ?

AMBROSIO.

Cette fenêtre ?

LORETTA.

Elle donne sur la rue.

AMBROSIO.

La porte par laquelle je suis entré, celle qui donne sur l'église ?

LORETTA.

Elle doit être gardée.

AMBROSIO.

Qui te l'a dit ?

LORETTA.

J'en suis sûre… C'est le père Barnabé qui les conduit, qui les excite contre vous.

AMBROSIO.

Eh bien ?

LORETTA, baissant les yeux avec confusion.

Eh bien ! cette porte secrète, il la connaît aussi.

AMBROSIO, avec colère.

Malheureuse !

LORETTA, avec désespoir.

Ah ! pardonne-moi ! alors je ne te connaissais pas.

ZERLINE.

Signora, signora, ils ont forcé la porte, ils montent l'escalier ; les voici.

AMBROSIO.

Aucun moyen de fuir ! Que Dieu seul m'inspire ! (Prenant avec force Zerline et Loretta par la main.) A genoux à genoux toutes deux, et prosternez-vous!

LORETTA, effrayée, tombant à genoux et joignant ses deux mains.

M'y voici, mon père, que voulez-vous de moi ?

(Les deux femmes sont à ses pieds et le front courbé vers la terre. Dans ce moment les portes s'ouvrent ; Barnabé, Girolamo et tout le peuple se précipitent dans l'appartement, et s'arrêtent étonnés à la vue d'Ambrosio debout entre les deux femmes.

AMBROSIO, à voix haute et d'un ton inspiré.

Malheur à vous ! malheur à moi ! Que ma voix, plus forte que le tonnerre, ébranle jusqu'en leurs fondemens ces murs détestés ; que, plus puissante que le bras de Samson, elle renverse les colonnes du temple des faux dieux ; que leurs débris dispersés ensevelissent les Philistins et les pécheurs ; qu'ils n'en épargnent aucun !... Malheur à vous, malheur à moi, si mes vœux, qui montent jusqu'au trône de l'Éternel, sont exaucés par lui !

GIROLAMO.

Doux Jésus ! à qui en a-t-il ? Est-ce de moi qu'il parle ?

AMBROSIO, se retournant et l'apercevant.

Qui t'amène ici ? Qui conduit ce peuple sur tes pas ? Quel dessein le guide ? S'il est parmi eux un cœur pur, et qui n'ait point failli, qu'il se retire, qu'il s'éloigne : mes paroles ne sont point pour lui ; mais s'il est un coupable, qu'il reste. (Avec force.) Restez tous, et écoutez.

UNE FEMME DU PEUPLE, tremblante.

Jésus ! Maria ! Dieu est en lui !

UN HOMME DU PEUPLE.

Je vous l'ai toujours dit.

BARNABÉ, à demi-voix au peuple.

Vous pourriez croire à une telle imposture ?

UN HOMME DU PEUPLE.

Je crois en Dieu ; et puisqu'il annonce sa parole, écoutons-le.

AMBROSIO se retourne vers Loretta, qui est toujours à genoux ; il baisse les yeux, et lui dit lentement et d'une voix troublée.

Venu en ces lieux par hasard... ou plutôt par la volonté de la Providence, pour vous éclairer... pour vous sauver... pour vous arracher à cette vie criminelle... que le ciel qui m'inspire me donne la force de vous convaincre !...(S'animant peu à peu et finissant par parler de conviction.) Pauvre fille que je plains ! ô malheureuse enfant, dont un souffle impur a flétri la jeunesse, était-ce pour un tel usage que Dieu t'avait donné tant d'attraits ? toi, qu'aucune loi divine et humaine ne condamnait au vice et au malheur ; toi, qui, libre et maîtresse de toi-même, pouvais écouter la voix de la nature, ou suivre le penchant de ton cœur ; toi enfin, à qui la vertu était permise, tu l'as dédaignée : tu as préféré les plaisirs du monde à la paix de l'âme, et les hommages de tous à l'estime d'un seul. Sais-tu ce que tu as perdu ? Le bonheur de tous les instans, le charme de l'existence, l'amour d'un époux, l'affection de tes enfans ; car si tu en as, ils rougiront de leur mère, et nul d'entre eux n'embellira ta vie ou ne soutiendra ta vieillesse. En revanche, et pour prix de tant de biens auxquels tu as volontairement renoncé, pour prix de ta beauté prostituée et de ta jeunesse avilie, sais-tu le sort qui t'attend ? Le voici. Ces jouissances qui t'enivrent ne t'inspireront bientôt que de l'horreur et du dégoût. Dans tes folles dissipations, tu ne trouveras plus de plaisirs que ceux qui s'achètent ; tu les paieras avec l'or pour qui tu t'es vendue, et les richesses que le crime t'a données, le désordre te les retirera. Avec le temps tes charmes se flétriront, les amans s'éloigneront de toi ; les jours de peine et de misère succéderont à tes beaux jours ; errante et ne sachant où reposer ta tête, tu troqueras tes lambris dorés contre l'asile de la pitié, et tes coussins de soie contre la paille d'un hôpital ; et là, sur ce lit de douleur, isolée, abandonnée de tous, tu n'auras plus rien à espérer ni à attendre, rien... que le mépris, compagnon de ta vie, et qui te suivra par-delà la tombe. (Avec un accent terrible.) C'est ainsi que tu paraîtras devant Dieu ! Que lui répondras-tu alors ?

LORETTA, avec effroi et étendant les bras vers lui.

Ah ! mon père !

AMBROSIO la regarde un instant, la voit à ses pieds pâle et tremblante ; son cœur s'émeut, des larmes s'échappent de ses yeux ; il lui prend la main, la relève, et continue avec douceur.

Loin de moi de vouloir jeter le désespoir dans votre âme ! Coupable moi-même, je dois prier pour le pécheur, et non pas le maudire. Ministre d'un dieu de paix et de miséricorde, je ne vous effraierai point de sa colère, je vous parlerai de sa clémence, plus grande encore que vos fautes. Je vous le montrerai vous ouvrant les bras, et vous disant : Égarés ou coupables, revenez à moi ; repentez-vous, et tous vos torts sont oubliés. Oui, ma fille, entends sa voix qui t'appelle ; reviens à Dieu, dont la miséricorde n'est point lassée, à ce Dieu que le remords désarme, et près de qui le repentir tient lieu de vertus. Plus coupable encore était Madeleine la pécheresse ! Comme toi, plongée dans l'erreur, livrée à de honteux plaisirs, elle courait à sa perte éternelle ; déjà l'abîme était sous ses pas, et prête à s'y précipiter, un rayon de repentir se glissa dans son âme ; elle leva les yeux vers le ciel, et le ciel lui fut ouvert. Elle y règne à présent ; elle y brille auprès des vierges saintes qui n'ont jamais succombé. Que son exemple te soutienne et t'encourage ; relève ton front humilié ; regarde les cieux qui t'attendent, et qu'il faut mériter.

LORETTA.

Oui, oui, mon père, c'est Dieu qui parle par votre bouche ; sa grâce m'a touchée ; je me repentirai, j'expierai mes fautes ; j'entrerai au couvent des Annonciades, je vous le jure.

AMBROSIO, étonné.

Que dit-elle ?

LORETTA, se retournant vers le peuple.

Et vous, témoins de mes désordres, soyez-le de mon repentir et de ma conversion. Priez pour moi ; priez pour celui à qui je devrai mon salut.

TOUT LE PEUPLE, tombant à genoux.

Gloria in excelsis ! Gloire à Fra-Ambrosio, à l'élu de Dieu !

UN HOMME DU PEUPLE.

Et on osait le calomnier ! et nous avons pu le soupçonner ! Pardonne-nous, mon père, et donne-nous ta bénédiction.

AMBROSIO, ému.

Assez, assez, mes enfans; je ne mérite point vos hommages.

TOUS, à genoux.

Ta bénédiction.

AMBROSIO.

Je vous la donne.

UN AUTRE.

C'est le père Barnabé et Girolamo qui nous ont excités contre lui, qui nous ont amenés ici,

AMBROSIO, étonné.

Quoi; Girolamo, mon serviteur!

PLUSIEURS.

Qu'ils périssent tous deux! Traînons-les dans la rue; jetons-les au Tibre!

TOUS, entourant Barnabé et Girolamo, et les entraînant de force.

Au Tibre! au Tibre!

AMBROSIO.

Arrêtez, ou craignez ma colère. Qu'on les laisse; qu'ils soient libres. L'homme est inexorable : Dieu seul pardonne; Dieu seul sait oublier. C'est en l'imitant qu'on se rend digne de lui; et s'il est vrai qu'il y en ait ici qui aient juré ma perte. qu'ils approchent, (Tendant la main à Girolamo et à Barnabé.) et qu'ils touchent ces mains qui s'étendent pour les absoudre. Maintenant, sortez tous, et laissez-moi.

(Barnabé et Girolamo confus baissent la tête; tout le peuple sort avec eux, et Zerline les reconduit.)

AMBROSIO, seul.

Oui, oui, je leur pardonne, et du fond du cœur, pour que Dieu me pardonne aussi. (Se jetant dans un fauteuil.) Malheureux que je suis! j'ai donc employé le mensonge et l'hypocrisie dont j'avais horreur. Ah! c'est là mon crime, le seul que je me reproche; mais il le fallait : j'y étais forcé. Voilà donc la conséquence inévitable de l'esclavage qu'ils m'ont imposé! C'est l'esclave qui trompe; l'homme libre n'en a pas besoin. (Apercevant Loretta qui le regarde.) Adieu, Loretta; je pars : embrasse-moi.

LORETTA, faisant le signe de la croix.

Non, jamais; je vous l'ai dit.

AMBROSIO, la regardant avec surprise.

Quoi! c'est sérieusement? Et ce que tu disais tout à l'heure n'était point pour me sauver?

LORETTA.

C'était pour me sauver moi-même. Oui, j'y suis décidée; je vous devrai mon bonheur dans ce monde et dans l'autre.

AMBROSIO.

Il est donc vrai! que le ciel alors, que le ciel te soutienne dans ta courageuse résolution! mon estime t'est rendue, et mon amitié te suivra. (Loretta se met à genoux dans un coin de l'appartement, et prie. Ambrosio, de l'autre côté, assis, et tenant sa tête appuyée sur sa main.) Et moi, me voilà donc de nouveau abandonné de tous! en dehors du monde, proscrit et exilé au milieu même de la société, qui me condamne à la solitude! Non, je l'ai trop éprouvé déjà, jamais je ne pourrai vivre ainsi, jamais je ne pourrai apaiser l'orage des passions qui gronde dans mon sein! Le ciel est témoin que mon cœur était pur, que je ne voulais pas songer à la femme d'autrui; mais puisque le monde et l'Église m'y contraignent, puisque ni les hommes ni les lois ne viennent à mon aide, que la faute retombe sur ceux qui me la font commettre! (Se levant.) Allons! j'irai chez le gouverneur!!

FIN DE LA CONVERSION.

POTEMKIN

OU UN CAPRICE IMPÉRIAL.

ANECDOTE DE LA COUR DE RUSSIE.

Un appartement magnifique dans le palais de la Tauride.—Sur un lit recouvert de peaux de tigre, un homme à moitié habillé est étendu et sommeille. — Près de lui, sur le parquet, des papiers, des cartes géographiques. —Un sabre richement damasquiné, des ordres en diamans. — Sur une table à côté les restes d'un repas et plusieurs bouteilles vides.

LA COMTESSE BRANITZKA, entrant.

Midi... Et il dort encore.

LE PRINCE POTEMKIN, rêvant.

Constantinople!... Constantinople!... c'est là le chemin !... En avant !...

LA COMTESSE, s'approchant de lui.

Grégoire, éveillez-vous.

LE PRINCE POTEMKIN, s'éveillant.

A moi, grenadiers !... (Se mettant sur son séant.) Qui vient là ?... Ah ! c'est toi, comtesse... toi ma nièce bien-aimée ?... Pourquoi m'éveiller en ce moment ?

LA COMTESSE.

Voici le milieu du jour, et tous les grands de l'Empire, les ministres de Catherine sont là, dans votre antichambre, à attendre votre lever.

POTEMKIN, avec humeur.

Qu'ils attendent !... Et quand Catherine elle-même serait avec eux, qu'ils attendent ! (Se frottant les yeux.) Je faisais chanter un *Te Deum* dans la grande mosquée.

LA COMTESSE.

Des projets d'agrandissement, même en dormant !

POTEMKIN.

Oui, l'empire russe est trop étroit ; j'y suis gêné : je n'y respire pas... Ah ! s'il ne tenait qu'à moi !...

LA COMTESSE.

Et que voulez-vous de plus ?

POTEMKIN.

Ce que je veux ! ce que je veux !... Etre heureux, et je ne le suis pas... Quand n'aurai-je rien à faire ? quand pourrai-je me reposer ?... Le bonheur, c'est le repos.

LA COMTESSE.

Vous voilà bien !... Ami de la paresse et toujours au travail !... envieux de tout ce que vous ne faites pas, et ennuyé de tout ce que vous faites !

POTEMKIN.

Le moyen de ne pas l'être ! Toujours des craintes, des inquiétudes... J'avais laissé en mon absence le commandement de l'armée à Romanzoff, et j'ai reçu hier la nouvelle...

LA COMTESSE.

D'une défaite.

POTEMKIN.

Non, d'une victoire !... je le rappellerai.

LA COMTESSE.

Y pensez-vous ?

POTEMKIN.

Pour le récompenser... Il est vieux, il faut qu'il se repose... C'est à nous de combattre... Je retournerai commander... Le prince Repnin et Souvarow m'inquiètent aussi ; mais je ne peux pas être partout. (Montrant les papiers qui sont sur la table.) Et ces édits, ces ukases à rendre, ces établissemens à créer, ces ordres à signer... tout retombe sur moi.

LA COMTESSE.

Chaînes pesantes ! esclavage continuel, dont vous seriez bien fâché d'être délivré !... Vous, mon cher oncle, qui, il y a vingt ans, n'étiez qu'un petit élève en théologie à l'université de Moscou, plus tard simple porte-enseigne dans les gardes, et maintenant...

POTEMKIN, lisant l'adresse d'une lettre qu'il tient à la main.

» Au prince Potemkin, premier ministre, généralissime
» de toutes les armées russes, grand amiral des flottes de
» la mer Noire, de la mer d'Azoff et de la mer Caspienne,
» grand hetman des Cosaques, etc.. etc... »

LA COMTESSE.

Eh mon Dieu ! que de titres !

POTEMKIN.

C'est à coup sûr quelqu'un qui demande... (Lisant.) Ah ! rien que cela... le titre de chambellan... une place qui admet dans l'intimité de l'impératrice !... Et qui donc ?... (Regardant la signature.) Le comte de Schérémézoff.

LA COMTESSE.

Un joli cavalier.

POTEMKIN.

Ce n'est pas un mal.

LA COMTESSE.

De plus un homme de tête et de mérite.

POTEMKIN, déchirant la pétition.

Il n'aura pas la place !... Colonel, s'il le veut... général, si cela lui plaît... Nous l'enverrons avec le prince Repnin. Il y a là de la gloire à gagner et des coups de fusil.

LA COMTESSE.

Et s'il revient avec un bras ou une jambe de moins ?

POTEMKIN.

Alors il n'y aura plus de danger, nous le ferons chambellan.

LA COMTESSE.

Ah ! vous êtes jaloux !

POTEMKIN.

Moi ?... et de quoi ? Me crois-tu donc amoureux ? Je ne l'ai été que deux fois dans ma vie... D'abord il y a vingt ans, lorsque ma fortune en dépendait ; lorsque dans la conquête d'une maîtresse je voyais celle de la Russie. Il fallait plaire pour renverser ces ambitieux Orloff ; et quand je me rappelle leurs affronts, surtout au jeu de paume... j'avais la rage dans le cœur ; je n'ai jamais été plus aimable que ce jour-là, et de ce jour je fus heureux, je fus empereur.

LA COMTESSE.

Et votre amour, que devint-il dans le palais des czars ?

POTEMKIN.

Amour de gloire et de puissance... Celui-là dure toujours, et mourra avec moi... Par lui on est grand, on est envié ;... on souffre, mais on règne !... Et cette fortune immense, colossale, que la Russie, que l'Europe entière essaie en vain de renverser, toi seule, Nadèje, a manqué de l'ébranler.

LA COMTESSE.

Moi !

POTEMKIN.

Oui, il n'y a que toi que j'aie aimée, toi, jeune fille que j'avais élevée ; c'est ma seule faute en politique... et quand j'y pense... quelle folie ! Quelle fièvre me tenait alors ! Je me rappelle qu'un jour, là, à tes pieds, je te disais : « L'amour d'une souveraine, le trône de la Russie, tout pour un seul de tes regards. » Et ce jour-là, je l'aurais fait... j'aurais tout sacrifié.

LA COMTESSE.

Oui, mais le lendemain !

POTEMKIN.

Le lendemain... je ne dis pas... Mais y songe-t-on quand on aime ?

LA COMTESSE.

Et tu te croyais amoureux !...

POTEMKIN.

Je l'aurais juré, et souvent, Nadèje, je le jurerais encore.

LA COMTESSE.

Erreur ! tu ne seras jamais qu'ambitieux... et moi, je ne serai jamais que ton amie, ta nièce, ta fille... Tout le monde te craint, te respecte ou t'admire... il faut bien qu'il y ait quelqu'un qui t'aime... ce sera moi.

POTEMKIN.

Jamais je n'en eus plus besoin... jamais je n'ai été plus malheureux, plus ennuyé... Courtisé par eux tous, et moi-même courtisan assidu ; obligé d'épier, de deviner les fantaisies d'une souveraine ; de prévenir tous ses vœux ; de ne pas lui laisser même un désir à former ; et souvent elle en a de si extraordinaires, de si bizarres, de si absurdes !

LA COMTESSE.

Elle, Catherine, notre magnanime impératrice !

POTEMKIN.

Oui, c'est un grand souverain, un grand homme ; mais c'est une femme ! Maîtresse d'un empire immense, ses caprices sont plus grands encore que son pouvoir ; et ce despotisme intérieur, ces royales fantaisies d'une imagination en délire, moi seul en suis le témoin et la victime. Froide et impassible aux yeux de sa cour et de toute l'Europe, on ne voit en elle qu'un grand politique, un conquérant, un roi législateur : c'est la raison, la philosophie sur le trône, et Voltaire l'appelle un sage ! Ah ! s'il avait été à ma place, il saurait à quoi s'en tenir.

LA COMTESSE, avec gaieté.

Vraiment !

POTEMKIN.

Et voilà comme on écrit l'histoire ! Ah ! que de fois j'ai maudit l'empire du jupon ! Que de fois foulant la pourpre des czars, accablé de bonheur et d'ennui, tenant dans mes bras ma fortune, je la pressais contre mon cœur, non avec amour, mais avec rage, comme pour l'étouffer !

LA COMTESSE.

Quelle horreur !

POTEMKIN, revenant à lui.

Qu'ai-je dit ?... Je te confie tout, Nadèje, je te laisse lire dans mon cœur, et j'ai tort, peut-être ; car si tu me trahissais, si tu me livrais à mes ennemis !...

LA COMTESSE.

Se défier de moi !

POTEMKIN.

Non pas de toi ; mais tu es jeune, tu es jolie, tu es entourée de courtisans qui t'adorent, ne t'y trompe pas, parce que tu es la nièce de Potemkin.

LA COMTESSE, souriant.

Et pour d'autres raisons aussi.

POTEMKIN.

C'est là ce qui m'effraie. Tu n'aurais qu'à les aimer ; tu

leur livrerais mes secrets. Je ne le veux pas, je le défends, ou sinon...

LA COMTESSE, riant.

Sinon, le knout, la Sibérie...

POTEMKIN, avec colère.

Oui, je puis tout... et malheur à eux, malheur à toi!

LA COMTESSE.

A merveille! voilà qui est galant, qui est aimable! et j'admire, Potemkin, comment ton caractère réunit à la fois les avantages et les défauts les plus opposés. Semblable en tout à l'empire russe, que tu soutiens, et dont tu es la vivante image, tu es, comme lui, moitié civilisé et moitié barbare. Il y a en toi de l'Asiatique, de l'Européen, du Tartare et du Cosaque ; mais ce dernier domine. Je n'en veux pour preuve que la déclaration que tu viens de me faire.

POTEMKIN.

Qui, moi ?... Pardonne, Nadèje.

LA COMTESSE.

Non pas; et pour te punir, j'achèverai ton portrait, et je te forcerai à te regarder. Gâté par la fortune, blasé sur toutes les jouissances de la vie, malheureux à force d'être heureux, grand général, ministre habile, mais tour à tour despote et populaire, avare et magnifique, libertin et superstitieux.

POTEMKIN.

Moi !

LA COMTESSE.

Oui, oui, tu crois en toi, en ton étoile, et tu ne redoutes rien, si ce n'est le diable, que tu révères beaucoup.

POTEMKIN, d'un air gêné.

Quelle folie !

LA COMTESSE.

D'où vient donc alors ce cachet magique que tu portes toujours là, sur ton sein ?

POTEMKIN.

Tais-toi, tais-toi ; tu blasphèmes ! et quand il serait vrai, quand j'aurais cette faiblesse ! le diable a assez fait pour moi pour que je fasse quelque chose pour lui. Franchement, il faut qu'il se soit mêlé de mes affaires. Je crois souvent que c'est lui qui me conseille.

LA COMTESSE.

Oui, tout à l'heure encore, quand il te portait à soupçonner ta meilleure, ta seule amie ; moi qui ne tiens ni à tes honneurs, ni à ton pouvoir ; moi qui ai tout refusé, jusqu'à ton amour ; moi enfin qui n'ambitionne rien que ton amitié, et qui braverais pour elle le knout et la Sibérie, que tu as daigné me promettre tout à l'heure !

POTEMKIN.

Ah! ma nièce chérie ! ah ! Nadèje ! je suis un monstre, un ingrat !

LA COMTESSE.

Non, je te l'ai dit, tu es ambitieux, et voilà tout... Mais habillez-vous, donnez vos audiences, car on vous attend. Je vous dirai plus tard ce qui m'amène.

POTEMKIN.

Non pas, toi d'abord, toi avant tout !... Parle ; que veux-tu ? je suis riche ; l'impératrice m'a envoyé hier cinq cent mille roubles : elles sont à toi.

LA COMTESSE.

Je ne veux rien pour moi ; je viens vous parler pour un pauvre diable, un simple soldat auquel je m'intéresse.

POTEMKIN.

Je le fais officier.

LA COMTESSE.

Au contraire, il veut son congé. Voici son nom et celui de son régiment.

POTEMKIN, regardant le papier qu'elle lui a donné.

Mouravieff, grenadier au régiment de Kerson... régiment arrivé hier à Saint-Pétersbourg. (Riant.) Comment ce soldat a-t-il l'honneur d'être votre protégé ?

LA COMTESSE.

C'est depuis ce matin. Il était de garde à l'hôtel des Monnaies, où un incendie venait de se déclarer, et il restait immobile sous les armes dans sa guérite en feu, parce que le caporal qui l'avait mis en faction n'était pas là pour le relever.

POTEMKIN.

Bel exemple de discipline russe.... obéissance aveugle ; c'est le secret de notre force. Une armée qui ne raisonne pas plus que cela est une armée invincible.

LA COMTESSE.

Quoi qu'il en soit, je m'intéresse à mon jeune soldat, car il est jeune : un superbe grenadier qui ne répond que par monosyllabes ; je l'ai interrogé, et il fait la conversation comme il fait l'exercice.

POTEMKIN, riant.

En douze temps.

LA COMTESSE.

Je lui ai promis son congé, car il est amoureux, et il doit épouser dans son pays une jeune fille qui l'attend aussi patiemment qu'il attendait le caporal.

POTEMKIN.

Vraiment ! Je veux le voir. Holà ! quelqu'un !

LA COMTESSE.

Je suis sûre que cela vous amusera et vous intéressera.

POTEMKIN, au domestique qui entre, lui donnant le papier.

Qu'on fasse venir sur-le-champ ce soldat (A la comtesse.) Vous me restez ? vous déjeunez avec moi ?

LA COMTESSE.

Volontiers... mais vos audiences...

POTEMKIN, au domestique.

Je ne reçois pas. Vous direz que je travaille avec l'impératrice, et qu'on ne me dérange pas. Rien ne doit déranger un ministre qui déjeune ou qui dîne. C'est le seul moment où il vive pour lui.

LA COMTESSE.

Encore un défaut à ajouter au portrait... Vous êtes gourmand.

POTEMKIN.

C'est qu'il n'y a que cela de réel et de positif ; c'est le seul plaisir d'autrefois qui me soit resté fidèle dans ma grandeur. (On a servi le déjeuner.) Allons ! à table... Voyons ces vins de France. (Buvant.) A vous, comtesse !

LA COMTESSE.

Et moi je bois au vainqueur d'Oczakoff !

POTEMKIN.

Flatteuse ! (Ils mangent tous deux.) Quelles nouvelles débite-t-on à Saint-Pétersbourg ? En savez-vous de piquantes dont je puisse divertir l'impératrice ?

LA COMTESSE.

On ne parle dans toutes les sociétés que de l'aventure de cette pauvre princesse Waronska.

POTEMKIN, souriant.

Ah ! oui... je sais.

LA COMTESSE.

Cela vous fait rire, un attentat pareil ! Un homme de rien, un mougik, un cosaque, employer la violence contre une femme de qualité ! déshonorer une noble famille !

POTEMKIN.

J'en conviens comme vous, c'est épouvantable, et je ne ris que parce que la princesse est de toute la cour la vertu la plus prude et la plus sévère.

LA COMTESSE.

Est-ce une raison ?

POTEMKIN.

Non, sans doute. Aussi les lois ont prononcé : le mougik Oglou est condamné à mort, et sera probablement exécuté aujourd'hui ou demain, dès que l'impératrice aura signé son arrêt, que j'ai là.

LA COMTESSE.

C'est justice.

POTEMKIN.

Toutes les femmes penseront comme vous.

LA COMTESSE.

Et les hommes aussi.

POTEMKIN.

Certainement... Mais d'autres nouvelles plus gaies que celle-là.

LA COMTESSE.

On dit, ce qui n'est guère probable, que les Turcs vont nous céder la Crimée.

POTEMKIN, à demi-voix.

C'est déjà fait. J'ai conquis sans combattre les plus riches provinces musulmanes.

LA COMTESSE.

Et comment cela ?

POTEMKIN.

On le saura plus tard... quand ce sera ma propriété.

LA COMTESSE.

Y pensez-vous ?

POTEMKIN.

C'est là l'objet de mes vœux, c'est là que je veux amener Catherine. Le gouvernement de la Crimée, joint à ceux d'Astrakan et d'Azoff, que je possède déjà, me rendront un souverain plus puissant que bien des souverains de l'Europe. Alors je pourrai tout braver... même un caprice de femme !

LA COMTESSE.

Que dites-vous ?

POTEMKIN.

Qu'il faut toujours qu'un favori songe à se rendre indépendant. Arrivé où je suis, je ne puis plus descendre : et si je tombe, ce sera en montant. Mais, grâce du ciel, nous n'en sommes pas là.

LA COMTESSE.

L'impératrice vous aime tant !

POTEMKIN.

Je le crois, car je lui suis nécessaire.

LA COMTESSE.

Vous exercez sur elle une telle influence !

POTEMKIN.

Pas toujours. Il y a ici quelque machination qui se trame et que je veux déjouer. Depuis hier, Sa Majesté est rêveuse, préoccupée : elle a dans l'âme une pensée que je ne connais pas, et dont je veux me rendre maître.

LA COMTESSE.

Peut-être un rival qu'elle va vous donner.

POTEMKIN, souriant.

Si ce n'était que cela, je le saurais, elle me l'aurait dit.

LA COMTESSE.

Est-il possible ?

POTEMKIN.

C'est un traité passé entre nous. Je vois les choses trop en grand, et elle aussi, pour attacher de l'importance aux mutations de ce genre ou aux nombreuses promotions que peut faire Sa Majesté. Comme souveraine, elle a le droit de nommer à tous les emplois ; mais j'exige, moi, premier ministre, que les choix soient soumis à mon approbation.

LA COMTESSE, riant.

C'est admirable.

POTEMKIN.

Traité auquel elle n'a jamais manqué, et qu'elle a toujours exécuté avec une fidélité et une bonne foi vraiment impériales. C'est à moi alors de n'admettre dans le personnel de ces sujets qui ne peuvent me porter ombrage. J'ai nommé dernièrement le comte Momonoff, jeune Moscovite très distingué, qui n'a pas en politique deux idées de suite, mais qui réunit du reste toutes les qualités nécessaires au poste brillant où je l'ai placé, et où je tâcherai de le maintenir.

LA COMTESSE.

Je ne puis revenir de ma surprise.

POTEMKIN.

Pourquoi donc ? Nous avons chacun nos attributions. Ce sont deux ministères, deux départemens tout à fait distincts, les sentiments et les affaires, et où souvent ce n'est pas moi qui suis le plus occupé. (A un major qui entre.) Qui vient là ? que voulez-vous ?

LE MAJOR.

Ce grenadier au régiment de Kerson, que Votre Altesse a fait demander, est là, conduit par quatre fusiliers.

LA COMTESSE.

Il ne fallait pas tant de cérémonies.

POTEMKIN.

Qu'il entre.

(Paraît un grenadier d'une belle figure, fort et vigoureux, taille de six pieds. Il reste au fond de l'appartement, droit, immobile, et les bras collés contre le corps.)

POTEMKIN.

C'est toi qu'on nomme Mouravieff ?

MOURAVIEFF, portant la main à son bonnet et balbutiant.

Oui, général.

POTEMKIN.

Approche, et ne te trouble pas ainsi. (Il s'avance tout d'une pièce, et reste auprès de la comtesse. Potemkin l'examine.) En effet, il est très bien. Ce n'est pas la première fois que nous nous voyons. N'étais-tu pas avec moi au siége d'Oczacoff?

MOURAVIEFF, toujours immobile.

Oui, général.

POTEMKIN.

Sous le bastion à gauche, deuxième batterie?

MOURAVIEFF.

Oui, général.

POTEMKIN, à la comtesse.

C'est un brave qui s'est bien montré. (A Mouravieff.) Tu aimes donc la gloire? (Voyant qu'il se tait.) Réponds donc.

MOURAVIEFF, embarrassé et se troublant.

Excusez, général, je n'entends pas!

POTEMKIN.

Il me semble cependant que je parle russe. Je te parle, mon camarade, de la gloire qui a si bien payé nos travaux.

MOURAVIEFF, cherchant à se remettre.

Bien payé? oui, général, nous avions six copecks par jour.

LA COMTESSE.

Et c'est pour six copecks que tu restais dans cette batterie?

MOURAVIEFF.

Oui, altesse; le caporal m'y avait mis.

LA COMTESSE.

Et si tu avais reculé?

MOURAVIEFF.

J'aurais eu le knout.

POTEMKIN.

Tu crains donc le knout?

MOURAVIEFF.

Oui, général.

LA COMTESSE.

C'est la honte qu'il faut craindre.

MOURAVIEFF.

Oui, altesse.

POTEMKIN.

Et depuis, où as-tu servi?

MOURAVIEFF.

A Ismaïl.

LA COMTESSE.

Avec Souvarow?

MOURAVIEFF.

Oui, altesse.

LA COMTESSE.

Un assaut qu'on dit terrible! Et tu t'en es tiré avec honneur?

MOURAVIEFF.

Oui, altesse, j'y ai gagné cinquante roubles.

POTEMKIN.

Et comment cela?

MOURAVIEFF.

Le général avait ordonné le pillage pendant deux jours.

LA COMTESSE.

Quelle horreur!

POTEMKIN.

Le pillage et tout ce qui s'en suit?

MOURAVIEFF.

Oui, général.

LA COMTESSE, hésitant.

Et... tu as... pillé?

MOURAVIEFF.

Oui, altesse, le général l'avait dit.

LA COMTESSE.

Et si tu avais refusé?

MOURAVIEFF.

J'aurais eu le knout.

LA COMTESSE.

Toujours le knout! Il paraît que c'est le mobile de l'honneur national; et quoi que vous en disiez, mon cher oncle, malgré votre admiration pour la discipline et l'obéissance passive, il me semble que le jour où ils comprendront qu'une balle est aussi à craindre que le knout, votre invincible armée sera bientôt en déroute.

POTEMKIN, à demi-voix.

Tais-toi!... tais-toi!... avant qu'ils en viennent là, l'Europe sera à nous, et voilà pourquoi nous nous hâtons. (A Mouravieff.) Tu veux donc ton congé?

MOURAVIEFF.

Oui, général.

POTEMKIN.

Ton pays?

MOURAVIEFF.

Astrakan.

POTEMKIN.

Mon gouvernement! (A la comtesse.) C'est un de nos paysans. (A Mouravieff.) Tu vas, en y retournant, te trouver serf et esclave.

MOURAVIEFF.

Oui, général.

LA COMTESSE.

Pauvre homme!

POTEMKIN.

Si je te donnais la liberté?

MOURAVIEFF, froidement.

Comme vous voudrez.

POTEMKIN.

Ou bien une vingtaine de roubles? Lequel aimes-tu le mieux?

MOURAVIEFF, riant d'un air étonné.

Mon général veut rire?

POTEMKIN.

Non, parle.

MOURAVIEFF.

Par saint Nicolas! j'aime mieux les roubles.

POTEMKIN, à la comtesse.

Que vous disais-je! vous voyez qu'ils sont encore loin de raisonner, et que l'Europe est plus près d'être à nous que vous ne pensez. (A Mouravieff.) C'est bien ; en voilà trente à cause de tes principes. Retourne chez toi, va te marier ; aie des enfans, je te l'ordonne.

MOURAVIEFF.

Oui, général.

POTEMKIN.

Et beaucoup, il nous en faut.

MOURAVIEFF.

Oui, général.

POTEMKIN.

Sinon le knout ! Reviens dans deux heures, ton congé sera expédié.

MOURAVIEFF.

Oui, général.

POTEMKIN.

Remercie madame, salue et va-t'en. Marche. (Mouravieff salue, fait un demi-tour à droite, et sort tout d'une pièce, comme il était entré.) Eh bien! comtesse, es-tu contente ?

LA COMTESSE, d'un air triste.

Pas trop; il m'intéressait davantage ce matin. J'aimerais autant une armée qui raisonnât.

POTEMKIN.

Tu es bien difficile. Ce gaillard-là est peut-être le plus instruit et le plus éclairé de son régiment. C'est pour cela qu'en bonne politique, (souriant) et, outre le désir de vous être agréable, j'ai bien fait de lui donner son congé; il pourrait gâter les autres. (Entre par une petite porte à droite un officier des gardes, qui s'approche vivement de Potemkin et qui lui dit à demi-voix : L'impératrice!

LA COMTESSE se lève vivement, Potemkin reste assis.

L'impératrice dans ces lieux!

POTEMKIN.

Oui, elle vient souvent le matin dans ces lieux par la galerie couverte qui conduit de son palais au mien. Adieu, Nadèje.

LA COMTESSE.

Je me retire.

POTEMKIN.

A ce soir. Il y a cercle à a cour, on vous y verra?

LA COMTESSE, sortant.

Oui, mon cher oncle.

(Un instant après et par la porte à droite entre Catherine. Elle porte une tunique de velours nacarat ; des diamans dans les cheveux. Elle s'avance d'un air préoccupé. Potemkin se lève et s'incline respectueusement. Catherine fait signe à l'officier des gardes de sortir.)

POTEMKIN, regardant l'impératrice.

Encore cet air sombre et rêveur ! cela ne l'a pas quittée depuis hier soir. Il y a quelque chose qu'elle me cache, que peut-être elle se cache à elle-même. Je le saurai. (Haut.) Mon auguste souveraine a-t-elle bien reposé ?

CATHERINE, brusquement.

Oui, très-bien.

POTEMKIN.

Et comment se trouve-t-elle ce matin ?

CATHERINE, de même.

Mal... j'ai de l'humeur.

POTEMKIN.

Et pourquoi ?

CATHERINE.

Je ne sais, je viens vous le demander.

POTEMKIN.

Une telle confiance m'honore beaucoup : le difficile est d'y répondre. Votre Majesté aurait-elle quelques plaintes à me faire du comte Momonoff?

CATHERINE, lentement, et comme occupée d'un souvenir agréable.

Du tout... Au contraire : sujet fidèle et dévoué dont je vous remercie. Il est comme il faut être. (Après un instant de réflexion.)... très bien, très bien. Peu d'esprit, par exemple.

POTEMKIN.

Votre Majesté en a tant !

CATHERINE, avec humeur.

Pas aujourd'hui ; et ayez celui de ne pas me faire de complimens, car je suis mal disposée. Tout m'ennuie, tout me contrarie. J'ai reçu de mauvaises nouvelles, des nouvelles de France. Leur révolution marche.

POTEMKIN, tranquillement.

Ce n'est pas cela qui doit vous inquiéter : la France est loin.

CATHERINE.

Voilà le mal. Il faudrait en être près.

POTEMKIN, souriant.

Cela viendra. Nous avons déjà pris la Pologne ; cela nous rapproche.

CATHERINE.

Et ce qui me déplaît le plus, c'est l'arrivée des émigrés français. On m'annonce même celle du comte d'Artois.

POTEMKIN, vivement.

Que vient-il faire ?

CATHERINE.

Demander des secours.

POTEMKIN, de même.

Et vous leur en accorderez ?

CATHERINE.

Aucun. Qu'ils se déchirent entre eux ; que la Prusse et l'Autriche s'en mêlent ; qu'ils s'épuisent, qu'ils s'affaiblissent tous : nous verrons après.

POTEMKIN, froidement et approuvant.

C'est bien.

CATHERINE.

En attendant, si le prince vient à ma cour, j'entends qu'on le reçoive avec les plus grands honneurs. (Souriant en elle-même.) Je veux même, puisqu'on le cite comme un chevalier français, je veux, devant toute ma cour, lui faire un présent chevaleresque auquel il sera sensible... Je lui donnerai mon épée.

POTEMKIN.

C'est à lui de s'en servir.

CATHERINE.

Une épée de femme !... le présent est léger... C'est la tienne qu'il lui faudrait, brave Potemkin.

POTEMKIN.

Celle-là, vous le savez, ne sort jamais du fourreau que pour le service de ma glorieuse souveraine. (Avec chaleur.) Car elle est à vous, Catherine, comme mon sang, comme ma vie, comme tout ce que je possède... et au nom de ce dévouement tant de fois éprouvé, au nom de l'amitié la plus tendre, daignez me dire quelle idée importune vous préoccupe depuis hier.

CATHERINE, troublée.

Moi !... Qui peut vous faire croire ?... qui vous a dit ?...

POTEMKIN.

Comment ne m'en serais-je pas aperçu ! Mon existence, à moi, c'est vous ; et rien de ce qui vous intéresse ne peut m'échapper.

CATHERINE.

Eh bien ! oui, s'il faut vous l'avouer, ces négociations que vous avez commencées pour l'acquisition de la Crimée... m'inquiètent beaucoup... c'est si important !

POTEMKIN.

N'est-ce que cela ? Nous avons réussi, et au delà de nos vœux. Sahim-Guerray, le khan des Tartares, effrayé par mes menaces et voyant ses ports bloqués par nos vaisseaux, vient de lui-même nous offrir ses riches provinces. Nous ne les prenons pas, on nous les donne.

CATHERINE, étonnée.

Que dites-vous ?

POTEMKIN.

Que le descendant de Gengis-Khan a cédé et vendu la Crimée pour une faible somme qu'on lui payera dans cinq ans, ou qu'on ne lui payera pas, selon l'état de nos finances... Voici l'acte de vente, signé par lui, et que je soumets à votre approbation. En attendant, nos troupes sont déjà entrées sur son territoire, et ont pris possession.

CATHERINE, regardant l'acte.

Il serait possible ? (Froidement.) C'est bien, Potemkin, j'en suis ravie ; car, je vous l'ai dit, c'est là tout ce qui me tenait au cœur.

POTEMKIN, à part, en jetant sur elle un regard observateur.

Elle me trompe : ce n'est pas cela. (Haut à Catherine.) Vous savez de quelle importance il est d'organiser ces nouvelles provinces, d'y introduire les arts nés de la civilisation. Ce beau pays ne demande qu'à être cultivé pour devenir le plus fertile de l'empire, et peut-être de l'Europe... La Crimée sera le grenier de la Russie. Mais, pour obtenir promptement de pareils résultats, il faut s'en rapporter à quelqu'un qui donne à tout le mouvement, l'impulsion et la vie ; quelqu'un, en un mot, qui sache à la fois concevoir et exécuter.

CATHERINE, froidement.

Je comprends... vous, par exemple ?

POTEMKIN.

Pourquoi pas ? Qui eut part à la peine peut bien l'avoir à la récompense.

CATHERINE, froidement.

Nous verrons... nous en parlerons.

POTEMKIN, brusquement.

Pourquoi attendre ?

CATHERINE.

Vous avez déjà les gouvernemens d'Azoff et d'Astrakan. Ce serait aussi vous accabler de trop de soins et de travaux.

POTEMKIN, avec dépit.

Vous me refusez ?

CATHERINE, avec humeur.

Je ne dis pas cela... mais dans un autre moment..., plus tard... on s'en occupera.

POTEMKIN, s'échauffant.

Il ne sera plus temps !... Le temps nous presse !... Il faut être prêt avant que l'Europe ne s'éveille ; et c'est dans l'intérêt du pays, dans le vôtre, que j'insiste encore, et que j'oserai vous dire qu'il le faut... que je le demande... que je le veux !

CATHERINE, avec fierté.

Et moi, je ne le veux pas.

POTEMKIN, s'emportant.

C'est la première fois que le caprice et l'humeur vous font repousser ce qui est juste et convenable... Voilà la récompense des services que, tout à l'heure encore, je viens de vous rendre, et que, dans tout autre moment, vous auriez su apprécier... Catherine... Catherine... vous m'avez froissé et humilié : je suis malheureux et mécontent... mécontent de vous.

CATHERINE.

Et tu n'es pas le seul... Moi aussi je suis mécontente de moi... je suis bien malheureuse.

POTEMKIN.

Vous ! grand Dieu !... Et que vous manque-t-il ? Souveraine du plus grand empire de la terre, quel désir pouvez-vous concevoir, quel vœu pouvez-vous former, qui ne soit à l'instant même réalisé ?

CATHERINE, avec impatience.

Quel vœu ?... quel désir ?... que sais-je ?... Il fut un temps où l'on s'empressait de les deviner... de les prévenir.

POTEMKIN.

Y puis-je quelque chose ? commandez.

CATHERINE.

Eh ! mon Dieu ! non : cela ne dépend pas de vous ; vous n'y pouvez rien, ni moi non plus... Brisons là... Qu'il n'en soit plus question... Qu'on ne me parle plus de rien, car je sens mon humeur qui me reprend. (S'asseyant.) Quelles affaires y a-t-il ? hâtons-nous, dépêchons.

POTEMKIN.

Différens arrêts des cours de justice qu'il vous faut signer. On a condamné les révoltés de Pilten et de Courlande à trois ans de prison.

CATHERINE, avec humeur.

C'est bien de l'indulgence !... (Ecrivant et signant.) Trois ans de plus.

POTEMKIN.

Le receveur des impôts de Novogorod, accusé de concussion, à cinq années en Sibérie.

CATHERINE, de même.

Six ans de plus.

POTEMKIN.

Derschowin, écrivain pamphlétaire, gagé par la Prusse,

convaincu d'avoir publié un libelle infâme contre l'auguste personne de Votre Majesté, condamné à la détention perpétuelle.

CATHERINE, sans l'écouter.

Dix ans de plus.

POTEMKIN, l'arrêtant au moment où elle va écrire.

Un instant... Je demande grâce pour ce supplément de peine.

CATHERINE, avec humeur.

Que m'importe !... (Déchirant l'arrêt.) Grâce toute entière, si vous voulez, pourvu que cela finisse.

POTEMKIN, à part.

Nouveau caprice !... et celui-là, la postérité l'appellera de la clémence.

CATHERINE.

Est-ce tout ? suis-je débarrassée ? (Voyant Potemkin qui lui présente un papier.) Eh bien ! encore une signature à donner ?

POTEMKIN.

La dernière... et cette fois votre rigueur n'aura rien à ajouter. C'est l'arrêt de mort de Pierre Thomas Oglou, mougik au service de la princesse Waronska.

CATHERINE, d'un ton plus doux.

Ah ! je sais... depuis hier j'ai entendu parler de cette aventure. Mais vaguement... confusément... Donnez-m'en les détails.

POTEMKIN.

Quoi ! Votre Majesté exige...

CATHERINE.

Je n'ai pas, je crois, l'habitude de signer sans savoir de quoi il est question.

POTEMKIN.

Il résulte de l'acte d'accusation que Thomas Oglou, esclave, né dans les domaines de la princesse Irène Waronska, était placé dans son hôtel, à Saint-Pétersbourg, comme valet de pied. Voyant tous les jours sa maîtresse, il avait conçu pour elle une passion ardente et effrénée, que rien n'avait encore décelée. Ce n'est que le vingt-sept juin dernier, d'après les dépositions des témoins, qu'il en fit l'aveu à Michel Mohilof son camarade, cocher de la princesse : il lui confia qu'étant trop malheureux, et n'ayant aucun espoir de cesser de l'être, il voulait le lendemain aller se jeter dans la Néwa. Le soir même, il distribua à tous les gens de la maison l'argent et le peu d'effets qui lui appartenaient. Le jour d'ensuite, vingt-huit juin, jour de la Sainte-Irène, patronne de la princesse, il alla de bon matin se confesser, se dirigea ensuite vers la Néwa, où il fut aperçu par deux bateliers ; mais il paraît qu'avant d'exécuter son dessein, il voulut encore une fois revoir sa maîtresse, et il retourna sur les dix heures à l'hôtel.

CATHERINE.

Achevez.

POTEMKIN.

Le majordome, en le voyant, le gronda de son absence, de sa paresse, et le mit de service à la porte de la chambre de bain, où était la princesse. Il paraît alors que ce misérable, profitant d'un moment où les femmes de chambre venaient de sortir, se rendit coupable de l'attentat pour lequel la cour suprême vient de le condamner à mort.

CATHERINE.

Et ce crime est bien prouvé ?

POTEMKIN.

Il ne peut y avoir de doute, puisque lui-même en convient et reconnaît que son châtiment est juste. Vous pouvez voir sa déposition consignée dans cet arrêt, qui n'attend plus que votre signature.

CATHERINE, jetant la plume.

Je ne la donnerai pas.

POTEMKIN.

Y pensez-vous, madame ?

CATHERINE.

Oui, certainement. Cet homme est plus malheureux que coupable. Je vois là-dedans beaucoup de circonstances atténuantes. Rien de sa part n'était prémédité ; et si jamais, selon moi, il y eut un cas graciable, c'est celui-là.

POTEMKIN.

Votre Majesté ne parle pas sérieusement ?

CATHERINE, vivement.

Si, monsieur. Je suis maîtresse, j'espère, de commuer l'arrêt. Si vous aviez lu le traité des Délits et des Peines que j'ai traduit de Beccaria, vous verriez qu'il faut encore quelque proportion et quelque rapport entre l'offense et le châtiment. Quel est son crime à ce garçon ? un caractère trop impétueux, trop ardent, trop brûlant. Hé bien ! qu'on l'envoie en Sibérie, et qu'on ne m'en parle plus.

POTEMKIN.

Mais la famille Waronska est puissante et considérée. Ils vont tous jeter les hauts cris ; la princesse se plaindra.

CATHERINE, s'échauffant.

Et de quoi ? que veut-elle de plus ? elle est bien exigeante. Le crime est puni, la vertu récompensée ; la sienne est reconnue, constatée par un jugement authentique. Je connais d'ailleurs son amour-propre, qui égale au moins sa pruderie ; et si l'orgueil du nom fait bruit d'un tel outrage, soyez sûr qu'au fond du cœur sa vanité s'en réjouit.

POTEMKIN.

Et en quoi ?

CATHERINE, avec impatience.

En quoi ?... Vous ne comprenez rien. Croyez-vous qu'elle ne soit pas fière d'avoir inspiré un tel amour ? une passion si grande, si excessive, qu'elle devient du délire, du fanatisme, et ne compte plus la vie pour rien. Je connais des femmes, qui à coup sûr valent mieux qu'elle, qui ont plus de beauté, de talens, de mérite, et qui ne sont pas si heureuses, qui n'ont jamais été aimées ainsi.

POTEMKIN.

Ah ! madame...

CATHERINE.

Je ne dis pas cela pour moi. Mais enfin vous prétendiez tout à l'heure que rien n'égalait ma puissance ; va-t-elle jusqu'à faire naître de pareils sentimens ? non sans doute. Elle n'est donc pas illimitée ; elle a donc des bornes, ce qui est toujours humiliant à s'avouer.

POTEMKIN.

Est-il possible ?

CATHERINE.

Oui, monsieur, c'est un fait. Vous m'attestiez, dans l'instant encore, que je n'avais qu'à commander, qu'à désirer... propos ordinaire des courtisans. Eh bien ! voilà cependant un désir, un vœu impossible à réaliser ; et ce qui pourrait arriver à la dernière femme de mes États ne m'arrivera pas à moi... Pourquoi? parce que je suis impératrice. C'est donc une exception, une exclusion formelle que je dois à mon rang, à ma dignité. Et on me vantera encore les prérogatives et les avantages de la grandeur! Tenez, je déteste la cour, la flatterie, l'adulation dont on m'entoure, et je suis bien malheureuse!

POTEMKIN, à part.

Je ne m'attendais pas à celui-là! (Haut.) Comment, madame, c'est là le chagrin qui préoccupait Votre Majesté?

CATHERINE, avec emportement.

Eh bien! monsieur, puisque vous m'avez forcée à en convenir, cette idée-là depuis hier me poursuit et me fâche. Vous me direz que c'est de la susceptibilité : cela se peut; mais cela est ainsi, et que ce secret, que je vous confie, ne sorte jamais de votre sein, ou sinon...

POTEMKIN.

N'en ai-je pas conservé fidèlement de plus sacrés et de plus importans encore, si c'est possible? Mais après tout, on a vu tant de choses si extraordinaires! Il ne faut désespérer de rien : tout peut arriver.

CATHERINE.

Tout m'arrive dans le monde, excepté cela; et voilà justement ce qui m'irrite, ce qui cause mon dépit; car plus j'y songe...

POTEMKIN.

Et pourquoi y songer? Au lieu de s'occuper d'une pareille idée, je chercherais plutôt à l'éloigner. Votre Majesté peut trouver tant d'autres plaisirs, tant de distractions!

CATHERINE.

Aucun, monsieur, aucun. Caprice, fantaisie, bizarrerie, si vous voulez; il n'y a que celui-là qui me plaise, qui sourie à mon ambition, précisément parce que c'est impossible; et puisqu'il est dit qu'ici-bas, au sein même du bonheur, on doit éternellement désirer quelque chose, ce sera toujours mon rêve, ma chimère, mon idée fixe, cela et Constantinople.

POTEMKIN, vivement.

Constantinople vaut mieux; et si Votre Majesté veut en croire mes conseils, si, revenant à des objets sérieux, elle me permet de lui rappeler encore l'organisation de la Crimée; c'est de ses ports que sortiront les flottes qui vous conduiront à Byzance. Je ne vous demande pour cela que trois ans; que pendant trois ans je commande dans ces riches contrées...

CATHERINE.

Non, je vous l'ai dit.

POTEMKIN.

Et quelles raisons?

CATHERINE.

Jamais; et puisque ce gouvernement vous plaît tant, puisque c'est là l'objet de vos vœux... et vous aussi vous désirerez quelque chose... vous ne l'aurez pas!

POTEMKIN.

Mais madame...

CATHERINE.

Qu'on me laisse. Je retourne à l'Ermitage, dans mon cabinet. J'y resterai seule toute la journée; qu'on ne m'y dérange point; que personne ne s'y présente, pas même vous. Je suis mécontente, très mécontente! Adieu, prince Potemkin, adieu.

(Elle sort.)

POTEMKIN, resté seul, la regarde sortir et se jette avec colère sur un fauteuil.

Inconcevable! inouï! Voilà de toutes les fantaisies impériales la plus curieuse que j'aie encore vue, et j'en rirais comme un fou si je n'étais furieux. (Ramassant les papiers épars sur la table et se promenant d'un air agité.) Elle le veut comme tout ce qu'elle veut, comme souveraine absolue, comme autocrate et comme femme! Et la voilà inabordable et de mauvaise humeur pour huit jours, pour quinze jours, jusqu'à ce qu'une autre fantaisie ait remplacé celle-ci; fantaisie aussi absurde peut-être, mais qui du moins, je l'espère, sera possible; car, quelque adroit, quelque habile courtisan que l'on soit, il n'y a pas moyen, cette fois, de lui donner satisfaction. Et c'est là pourtant que dépend mon gouvernement de la Crimée, l'accomplissement de mes desseins, et qui sait? La gloire de Catherine et la prospérité de l'empire! (Mettant sa tête dans ses mains.) Profonds politiques, savans diplomates, méditez, desséchez les fibres de votre cerveau, prévoyez tous les obstacles, pour voir toutes vos combinaisons dérangées par un hasard, par un caprice de femme! (Levant la tête.) Qui vient là?

(Il lève les yeux et voit Mouravieff, qui est entré sans qu'il l'ait entendu, et qui est debout immobile auprès de lui.)

MOURAVIEFF.

C'est moi, général.

POTEMKIN.

Encore toi? Qui t'amène?

MOURAVIEFF.

Vous m'avez dit de revenir dans deux heures pour mon congé.

POTEMKIN.

C'est vrai! je n'ai pas eu le temps d'y penser. Va-t'en au diable! (Mouravieff porte la main à son bonnet, fait un demi-tour à droite, et va pour sortir.) Eh bien! où vas-tu? Reviens ici. (Mouravieff fait un demi-tour à gauche, deux pas en avant, et reste immobile comme sous les armes, en attendant le commandement. Potemkin assis, et le coude appuyé sur le bras du fauteuil, le regarde en silence et l'examine de la tête aux pieds.) C'est pourtant avec cela que l'on gagne des empires et que l'on fonde des dynasties! Et le sang épais qui coule dans ses veines serait le même que celui d'un noble ou d'un prince! Non, quoi qu'en disent les philosophes de France, nous ne sommes pas pétris du même limon. Je suis leur seigneur et maître par le fait, par le droit et par la pensée, qui soumet les machines vivantes, et les force, comme mon cheval de bataille ou comme mon mousquet, à obéir au mouvement que ma main leur imprime, ou que ma volonté leur donne. (A Mouravieff, et comme pour essayer son pouvoir sur lui.) En avant — marche! — Halte-là! (Mouravieff marche ou s'arrête au commandement. Potemkin regardant toujours et continuant à réfléchir.) Immobile image de l'obéissance passive, on peut tout lui prescrire. Avec de tels soldats on peut tout entreprendre, tout oser. Oui, j'oserai. (Haut.) Écoute ici : Où étais-tu en garnison?

MOURAVIEFF.

A Smolensk.

POTEMKIN.

Es-tu venu à Saint-Pétersbourg?

MOURAVIEFF.

Jamais.

POTEMKIN.

C'est bien. (Se levant.) Fais attention à la consigne que je vais te donner, et n'y manque en aucun point; ou sinon, tu me connais... tu sais que Potemkin n'a jamais menacé en vain.

MOURAVIEFF.

Oui, général.

POTEMKIN, *montrant la porte secrète par laquelle est sortie l'impératrice.*

Tu vas passer par cette porte.

MOURAVIEFF.

Oui, général.

POTEMKIN.

Au bout d'un long corridor, tu trouveras un factionnaire qui te dira : Halte-là !

MOURAVIEFF.

Oui, général.

POTEMKIN.

Tu répondras par ces trois mots d'ordre : *Courage, Cosaque et Constantinople.*

MOURAVIEFF.

Oui, général.

POTEMKIN.

Répète-les.

MOURAVIEFF, *hésitant.*

Courage, Cosaque et Constantinople.

POTEMKIN.

A merveille ! il est plus ort en intelligence que je ne le croyais. — Il te laissera passer ; tu te trouveras dans une immense galerie où il y a des livres, des statues, des tableaux ; tu la traverseras sans rien regarder.

MOURAVIEFF.

Oui, général.

POTEMKIN.

Et tout à l'extrémité de cette galerie est une petite porte en bronze dont voici la clef. Prends-la.

MOURAVIEFF.

Oui, général.

POTEMKIN.

Tu l'ouvriras ; tu entreras, tu refermeras sur toi deux verroux en cuivre doré qui sont en dedans.

MOURAVIEFF.

Oui, général.

POTEMKIN.

Tu trouveras dans ce cabinet une femme en robe de velours nacarat, avec cinq gros diamans dans les cheveux. Elle sera assise devant une table, occupée à travailler, ou couchée sur un sofa.

MOURAVIEFF.

Oui, général.

POTEMKIN.

Elle te demandera qui tu es, d'où tu viens ? tu ne répondras pas ; et qu'elle y consente ou non, il faut qu'elle soit à toi, qu'elle t'appartienne.

MOURAVIEFF, *étonné.*

Comment, général ?

POTEMKIN.

C'est la consigne ! Et elle aura beau sonner ou appeler, consigne avant tout.

MOURAVIEFF.

Oui, général.

POTEMKIN.

Et si tu y manquais, demain le knout.

MOURAVIEFF.

Oui, général.

POTEMKIN.

Ce soir, ton congé et cinquante roubles ; entends-tu ?

MOURAVIEFF.

J'entends.

POTEMKIN.

Attention ! Fixe. — Pas accéléré, marche ! (*Mouravieff sort au pas accéléré par la petite porte à droite. Potemkin sort par le fond et dit en riant :*) Dieu protège la Russie et l'impératrice !

Le soir du même jour à dix heures. — *Un salon de l'Ermitage, magnifiquement éclairé.* — *Toute la cour est assemblée.*

(*Les ambassadeurs de Prusse et d'Angleterre causent avec la comtesse Branitzka et d'autres dames. L'impératrice est assise sur un divan, près de la cheminée ; sa tête est appuyée sur sa main.* — *A côté d'elle est un jeune homme de vingt-cinq ans, d'une figure charmante, le comte Momonoff, qui ne dit rien et compte les rosaces du plafond. Le prince de Ligne est debout, tournant le dos au feu, et parle avec vivacité à Catherine, qui l'écoute d'un air distrait et comme absorbée dans ses réflexions.* — *Paraît Potemkin en uniforme très brillant : il porte le grand cordon de l'ordre militaire de Saint-Georges, d'autres ordres de l'empire, et le portrait de Catherine étincelant de diamans ; il entre la tête haute, adresse à la comtesse Branitzka un sourire d'amitié, fait de la main un geste de protection au comte Momonoff, et salue les ministres et les ambassadeurs. Il s'avance près de l'impératrice, devant laquelle il s'incline en souriant et sans parler.*)

CATHERINE.

Eh ! mon Dieu ! prince Potemkin, d'où vient cet air de triomphe et de contentement ?

POTEMKIN.

Mon auguste souveraine est-elle satisfaite de sa journée ?

CATHERINE, *le regardant d'un air étonné.*

Que voulez-vous dire ?

POTEMKIN, *appuyant sur ses mots.*

J'espère que Votre Majesté n'a plus de *vœu* à former ?

CATHERINE.

Comment cela !

POTEMKIN, *avec galanterie.*

Il ne dépendra jamais de moi, du moins, que tous ses désirs ne soient prévenus.

CATHERINE, *souriant.*

Eh quoi ! cela venait de vous !... J'aurais dû m'en douter. Il n'y a au monde que le prince Potemkin pour des surprises pareilles.

LE PRINCE DE LIGNE.

Qu'est-ce donc ?

LA COMTESSE BRANITZKA, *regardant son oncle.*

Quelque flatterie sans doute !

CATHERINE.

Précisément ! une galanterie d'une originalité et d'une délicatesse dont personne n'aurait eu l'idée

LE PRINCE DE LIGNE, *montrant Potemkin.*

Il est bien heureux !

POTEMKIN, *souriant.*

Ce n'est pas moi qui l'ai été le plus.

LE COMTE MOMONOFF, *naïvement.*

Comment cela ?

CATHERINE, *riant.*

Oh ! vous, comte Momonoff, vous ne pouvez le savoir. Je regrette seulement de ne pas le dire au prince de Ligne ; j'en suis désolée, mais en vérité, c'est impossible.

LE PRINCE DE LIGNE.

Impossible ! c'est un mot que je croyais rayé du dictionnaire russe, depuis que Catherine est sur le trône.

CATHERINE.

D'aujourd'hui, en effet, je commence à le croire ; je n'ai qu'à parler pour être obéie ! — Prince Potemkin, avant notre partie de whist, je veux vous annoncer ce soir, et devant ces messieurs, que nous vous avons nommé au gouvernement général de la Crimée.

POTEMKIN, s'inclinant.

Ah ! madame !

LA COMTESSE BRANITZKA, bas à son oncle.

Ambitieux que vous êtes, vous voilà heureux !

POTEMKIN, à part.

Ce n'est pas sans peine ! jamais province n'a été plus difficile à conquérir.

CATHERINE, à Potemkin.

Approchez, prince, j'ai à vous parler. (Faisant signe aux autres personnes de s'éloigner.) Messieurs, de grâce, un instant.

LE PRINCE DE LIGNE.

Elle veut lui donner des instructions pour l'organisation de la Crimée.

L'AMBASSADEUR D'ANGLETERRE, avec assurance.

Ou plutôt elle lui dicte la réponse à ma note de ce matin.

LE COMTE MOMONOFF, timidement.

Je crois qu'elle lui fait part d'un plan de campagne contre la France, qu'elle est décidée à combattre.

LE PRINCE DE LIGNE.

Quelle femme étonnante ! quel génie !

L'AMBASSADEUR DE PRUSSE.

Quelle profondeur !

LE COMTE MOMONOFF, avec candeur.

C'est prodigieux !

POTEMKIN, riant et continuant la conversation.

Votre Majesté a donc été bien étonnée de voir ainsi ses souhaits réalisés ?

CATHERINE.

Mais, réalisés... jusqu'à un certain point.

POTEMKIN, sévèrement.

Est-ce que mes ordres n'auraient pas été rigoureusement exécutés ? est-ce qu'il aurait osé manquer à la consigne que je lui avais donnée ?

CATHERINE, vivement.

Non pas ! non pas ! Le pauvre garçon ! il n'y a pas de sa faute, mais de la mienne peut-être.

POTEMKIN.

Comment cela ?

CATHERINE.

Oh ! c'est que d'abord j'étais furieuse ; mais en le voyant braver mes menaces et ma colère avec tant d'audace et d'intrépidité... (car il n'y a vraiment que le soldat russe pour un sang-froid pareil, et l'on est fière de commander à de tels hommes....)

POTEMKIN.

Eh bien ?

CATHERINE, avec embarras et cherchant ses expressions.

Eh bien ! il m'a intéressée malgré moi ; mon courroux s'est dissipé. Enfin... que vous dirais-je ? je crois vraiment que mon vœu est encore à se réaliser.

POTEMKIN, riant.

Je vois alors, et quoi qu'on ose tenter, que la majesté royale est décidément... inviolable !!

FIN DE POTEMKIN.

LE TÊTE-A-TÊTE

OU TRENTE LIEUES EN POSTE.

grande route de Paris entre le village de Conflans et celui de Carrières. Une calèche de voyage attelée de deux chevaux est arrêtée près d'une Madone qui est au bord du chemin. — Le postillon est à cheval et siffle un petit air. Un jeune homme, habillé dans le dernier goût et enveloppé d'un manteau, se promène sur la grande route, et regarde tantôt à sa montre, tantôt du côté de Paris.

EDMOND.

Je ne vois rien ! elle ne vient pas ! (Avec impatience.) Elle ne viendra pas ! Postillon, quelle heure est-il ?

LE POSTILLON.

Cinq heures viennent de sonner à Conflans.

EDMOND.

Il n'est encore que cela ! attendons. Je ne puis rester en place. (Il se promène en long et en large sur la grande route.) J'ai beau marcher à grands pas, l'aiguille n'en va pas plus vite. Et comment tuer le temps ? (S'arrêtant près de la calèche.) Postillon, quel est ce beau château dont le parc s'étend jusqu'ici ?

LE POSTILLON.

Le château de Bercy, qui appartient à monsieur de Nicolaï.

EDMOND.

Et ce grand bâtiment non loin de la rivière ?

LE POSTILLON.

La maison de campagne de l'archevêque, et à côté le séminaire. Ils sont là une bande de malins, des espiègles qui s'en donnent joliment.

EDMOND.

Qui ? les séminaristes ?... Tu connais cela ?

LE POSTILLON.

Je crois bien, il y en a partout, et heureusement, car toutes les routes qui conduisent chez eux sont toujours soignées et réparées ; il n'y a pas à craindre que l'ingénieur du département s'avise de les négliger ; ce qui est bien propice tout de même pour les chevaux de poste.

EDMOND.

Certainement.

LE POSTILLON.

Dans celui-ci... le séminaire de Conflans... j'y ai une connaissance, le neveu à Jean-Louis le grainetier, qui vient d'y entrer. Logé, nourri, et rien à faire... c'est un meilleur état que celui de postillon.

EDMOND, sans l'écouter et regardant sa montre.

Je n'y conçois rien ; il faut que ma montre soit arrêtée... Postillon, quelle heure est-il ?

LE POSTILLON.

Parbleu ! v'là trois fois que vous me le demandez... le quart sonne ; et tenez, v'là les corbeaux qui sortent... C'est le séminaire qui se rend à matines, ou à quelque chose comme ça. (Parlant à son cheval.) Ohé ! ohé ! petit gris !... sacredié ! veux-tu te tenir ?... Il a toujours peur quand il les voit. Otez donc vot' chapeau, not' bourgeois.

EDMOND.

Et pourquoi donc ?... devant le neveu à Jean-Louis le grainetier ?

LE POSTILLON.

C'est égal, je l'i ôte toujours. Hein ! en v'là-t-il qui sont ils gros et gras ! tous jeunes gens ! Quels beaux soldats ça aurait fait pour Alger !

EDMOND, regardant du côté de Paris.

Je crois que j'aperçois un fiacre... oui, vraiment. Dieu ! qu'il va lentement !

LE POSTILLON.

C'est son état, comme le nôtre est de courir la poste : chacun le sien. Mais dites donc, monsieur, est-ce que vous comptez que je vais rester ici en faction jusqu'à ce soir ?

EDMOND.

Je t'ai dit que je te paierais une poste de plus.

LE POSTILLON.

C'est différent.

EDMOND.

Le fiacre approche... je ne me trompe pas... je l'ai aperçue, c'est elle. (Courant au devant de la voiture qu'il va ouvrir.) Mathilde, Mathilde, c'est bien vous ! (L'aidant à descendre.) Ne craignez rien, ne tremblez pas ainsi.

MATHILDE.

Soutenez-moi, je n'ai pas la force de marcher.

EDMOND.

Quelle pâleur ! qu'avez-vous ?

MATHILDE.

Je me sens mourir. (Apercevant la Madone qui est au bord de la route.) Mon Dieu ! mon Dieu ! protégez-moi. Edmond, je suis venue parce que je vous l'avais promis, et pour ne pas manquer à ma parole... Maintenant, laissez-moi retourner à Paris.

EDMOND.

Renoncer à vous ! jamais.

MATHILDE.

J'ai mal fait, le ciel m'en punira : je ne dois pas vous suivre.

EDMOND.

Et comment faire maintenant ? Comment pourriez-vous rentrer à l'hôtel ? Le sort en est jeté ; fiez-vous à moi et à mon amour. Ma calèche est là qui nous attend, et dans quelques heures nous serons à l'abri des poursuites.

MATHILDE.

Vous croyez donc qu'on peut nous poursuivre, que quelque danger nous menace ?

EDMOND.

Moi, du moins.

MATHILDE.

Ah ! venez alors, venez ; plutôt me perdre que de vous reposer.

EDMOND.

Combien je suis heureux ! (Il la soutient jusqu'à la calèche, l'aide à y monter, s'y élance après elle.) Postillon, partez !

LE POSTILLON.

Oui, monsieur. (A son cheval.) En route, p'tit gris !

(Il fait claquer son fouet, la calèche part au grand galop. Mathilde, la tête cachée dans son mouchoir, reste quelque temps sans rien dire.)

EDMOND.

Mathilde, vous êtes à moi, rien ne peut plus nous séparer ! Pourquoi pleurer ainsi ? vous n'êtes pas raisonnable.

MATHILDE.

Jamais mon père ne me pardonnera.

EDMOND.

Et pourquoi donc ? il est si bon ! il vous aime ; et quand nous serons arrivés en Italie, quand nous y serons mariés, il oubliera tout. Je n'ai pas son immense fortune, il est vrai ; mais j'ai un nom, de la naissance, et j'ai tant d'amour pour vous !

MATHILDE.

Ah ! sans cela, Edmond, croyez-vous que jamais j'aurais pu me décider à une pareille démarche ?

EDMOND.

Il le fallait, ou vous m'étiez ravie. Votre santé vous entraînait loin de la capitale, dans sa terre près de Lyon, et là sans doute un autre mariage...

MATHILDE.

Jamais je n'y aurais consenti. Vous ne me connaissez pas ; je n'ai que seize ans, mais j'ai du caractère, et les sermens que j'ai faits, je les tiendrai jusqu'au tombeau.

EDMOND.

C'est comme moi, vivre et mourir avec vous

MATHILDE, avec exaltation.

Toujours, n'est-il pas vrai ?

EDMOND.

Toujours.

LE POSTILLON, s'arrêtant, faisant claquer son fouet.

Ohé ! ohé ! deux chevaux et les harnais. (Descendant de cheval.) J'espère, mon bourgeois, que je vous ai mené bon train.

MATHILDE.

Où sommes-nous ?

LE POSTILLON.

A Charenton... La première poste. (Otant son chapeau.) Vous savez, mon bourgeois, qu'il y a poste royale.

EDMOND.

Certainement. Voilà pour toi, et dis qu'on se dépêche.

LE POSTILLON, à part.

Diable ! cent sous de guides... Le bourgeois est généreux.

EDMOND, à demi-voix.

Et sois discret.

LE POSTILLON.

Oui, monseigneur. (A l'autre postillon qui met ses bottes.) Allons, Théophile, allons, feignant, un peu d'intensité ! (A demi-voix.) C'est un prince étranger qui enlève la fille d'un banquier.

DEUXIÈME POSTILLON.

Vraiment ?

PREMIER POSTILLON.

Cent sous de guides.

DEUXIÈME POSTILLON.

Faut qu'il soit bien amoureux ! (Montant à cheval.) En route !

EDMOND.

J'aurai peur tant que nous serons dans les environs de Paris. Heureusement il est de bon matin... à peine six heures... Postillon, quel est le village où nous entrons ?

LE POSTILLON, toujours trottant.

Le village de Maisons.

EDMOND.

Enchanté de faire sa connaissance ! (A Mathilde.) Y êtes-vous jamais venue ?

MATHILDE.

Une fois ou deux.

EDMOND.

Il n'en finit pas ! Enfin nous en voilà dehors. Regardez donc à gauche, au bord de la route, un château de belle apparence. Postillon, à qui appartient-il ? à quelque fournisseur ?

LE POSTILLON.

Au contraire, monseigneur, c'est à de braves et honnêtes gens, à un ancien magistrat.

MATHILDE, se retirant au fond de la voiture.

Je sais qui c'est.

EDMOND.

Vous connaissez ?

MATHILDE.

Non, mais j'en ai entendu parler... C'est l'honneur, la vertu même... Prenez garde qu'ils ne m'aperçoivent.

EDMOND.

N'ayez pas peur, je ne vois personne sur cette immense et belle terrasse; superbe allée, parc très-bien tenu... Nous voilà dans la plaine : allons, postillon. (Le postillon lance ses chevaux au galop, et la voiture roule rapidement sur un chemin superbe et par un beau soleil d'octobre.) Maintenant, ma chère Mathilde, que vous voilà un peu rassurée, dites-moi comment vous avez pu sortir de votre pensionnat et de chez votre père, car je n'osais l'espérer, et je ne le conçois pas encore.

MATHILDE.

Oh! j'en ai bien long à vous dire, car jamais nous n'avons pu parler plus de cinq minutes, et si mon bavardage de petite fille ne vous ennuie pas...

EDMOND.

Comment donc!

MATHILDE.

D'abord, mon premier malheur est d'avoir perdu ma mère lorsque j'étais encore enfant. Mon père, qui était négociant à Lyon, et qui y demeurait avec sa sœur et toute sa famille, vint, contre l'avis de ma tante, s'établir à Paris, exprès pour me donner une brillante éducation, et puis aussi pour faire des affaires. Dans ce dernier dessein du moins il a réussi, car il est devenu très riche, à ce qu'on dit.

EDMOND.

Je le crois bien : un des premiers capitalistes de France!

MATHILDE.

Quant à moi, qu'il avait placée dans un beau pensionnat, il venait rarement me voir, et ne me faisait presque jamais sortir; aussi je m'ennuyais beaucoup. Heureusement, je m'étais liée avec Corinne d'Esparville, une jeune comtesse qui devint mon amie intime; elle était plus grande et plus âgée que moi, elle me donnait des conseils... Nous ne nous quittions pas. Nous avions trouvé une clef de la bibliothèque de madame.

EDMOND.

Qu'est-ce que madame?

MATHILDE.

Notre maîtresse de pension... On ne l'appelle jamais que comme cela... C'est connu.

EDMOND.

Je vous demande pardon.

MATHILDE.

Dans cette bibliothèque, il y avait des livres si amusans! Puisque madame les avait, nous pouvions bien les lire! Aussi c'était notre seul plaisir. Nous les emportions dans notre chambre; il y en a que j'ai relus bien des fois.

EDMOND.

Et lesquels?

MATHILDE.

La Nouvelle Héloïse et *Amélie Mansfield*. Oh! que j'ai aimé Ernest de Waldemar!

EDMOND.

Que dites-vous?

MATHILDE.

Ce fut ma première inclination; j'y pensais le jour, et la nuit j'en rêvais. Je me disais : Quel bonheur d'être aimée de lui! Fortune, famille, avenir, il me semblait que pour lui j'aurais tout sacrifié. J'avais même fait son portrait; je me le représentais vaillant, noble, généreux... un sourire tendre et mélancolique, des yeux bleus et des cheveux noirs, et lorsqu'au bal de la distribution des prix vous êtes venu m'inviter à danser... Vous rappelez-vous mon trouble et mon agitation?

EDMOND.

Oui, vraiment.

MATHILDE.

C'est que j'ai trouvé que vous lui ressembliez.

EDMOND.

Est-il possible?

MATHILDE.

Oh, mon Dieu! oui, et depuis ce temps-là j'ai pensé à vous, et je n'ai plus pensé à lui, bien malgré moi; car cela me faisait de la peine de lui être infidèle. Aussi, mon cœur serait peut-être revenu sans Corinne, à qui vous devez bien de la reconnaissance. Elle me parlait toujours de vous; elle me disait : « Il est impossible qu'avec une physiono- » mie pareille, on ne soit pas aimable, brave, spirituel; et » puis il est baron, j'en suis sûre. » Est-ce bien vrai?

EDMOND.

Oui, sans doute.

MATHILDE.

Que vous dirais-je enfin? A tous les exercices de la pension, vous étiez là. Quand par hasard je sortais avec mon père, dans toutes les maisons où nous allions, je vous rencontrais. Et cette lettre que vous m'avez remise en me donnant la main, je ne voulais pas la recevoir, je ne voulais pas la lire; c'est Corinne qui l'a lue la première, et moi après, bien des fois! Dans la solitude et le silence, ne m'occupant que de vous, votre image s'est peu à peu gravée dans mon cœur. Et voilà, monsieur, comment sans vous voir, et presque sans vous connaître, je vous ai aimé tout à fait.

EDMOND.

Chère Mathilde!...

MATHILDE

Alors... il y a à peu près quinze jours, madame de Bussières, ma tante, est arrivée de Lyon pour passer quelques jours à Paris, et mon père est venu me voir. « Mathilde, » m'a-t-il dit, tu as seize ans, tu ne peux rester en pension. » D'un autre côté, je veux entreprendre pour mes affaires » un voyage en Allemagne, où tu ne peux m'accompa- » gner; tu partiras avec ta tante... elle veut bien t'emme- » ner avec elle dans une terre magnifique qu'elle a aux » environs de Lyon... Tu seras là en famille, avec ses en- » fans, et je désire que, parmi tes cousins, qu'on dit fort » aimables, il s'en trouve un qui parvienne à te plaire, et » qu'un jour je puisse nommer mon gendre. »

EDMOND.

Quand je le disais!

MATHILDE.

Que pouvais-je faire, sinon vous donner avis du danger qui me menaçait? C'est alors que vous avez mis en avant ce projet de fuite en Italie dont je ne voulus pas entendre parler; mais Corinne, qui est plus raisonnable que moi, prétendait qu'il n'y avait pas d'autre moyen, que c'était tout naturel, que toutes les jeunes personnes tyrannisées agissaient ainsi, et qu'elle avait deux cousines en Angleterre qui ne s'étaient pas mariées autrement. D'un autre côté, la crainte de ne plus vous voir, de quitter Paris, de m'ensevelir dans le fond d'une province... Enfin elle m'a décidée. Mais il restait à exécuter ce grand projet, et voici comment nous nous y sommes prises.

EDMOND.

Voyons cela.

MATHILDE.

Mon père devait partir hier, le 5, pour l'Allemagne, et

ma tante aujourd'hui, le 6, pour Lyon ; je vous l'avais écrit.

EDMOND.

La seule lettre que j'aie de vous. Elle est là sur mon cœur.

MATHILDE.

Et vous m'avez répondu que vous m'attendiez ce matin hors de la barrière de Paris, près de Conflans, avec une voiture de poste. Alors, d'après le conseil de Corinne, j'ai demandé à sortir de ma pension pour faire mes adieux à mon père, et ensuite à passer la nuit à l'hôtel, pour être prête à partir de bonne heure avec madame de Bussières.

EDMOND.

Y pensez-vous ?

MATHILDE.

Attendez donc. Dès que mon père, hier soir, a eu quitté Paris, j'ai écrit à ma tante que nous avions changé d'idée, que décidément je ne pouvais me séparer de mon père, qui m'emmenait avec lui, et qu'elle eût à partir seule ce matin.

EDMOND.

A merveille ! votre tante vous croit avec votre père, et votre père vous croit avec votre tante ; de sorte que d'ici à long temps la ruse ne se découvrira pas. Pour de petites pensionnaires, cela n'est pas trop mal arrangé.

MATHILDE.

N'est-ce pas ? Corinne a tant d'esprit ! mais moi, j'ai été bien des fois sur le point de renoncer à ce projet. Hier surtout, quand mon père m'a embrassée, j'ai fondu en larmes, j'ai manqué de tout lui avouer ; mais ce qui m'a retenue...

EDMOND.

C'est votre amour.

MATHILDE.

Oui, et puis la crainte que Corinne ne se moquât de moi ; sans cela... C'est si mal de les tromper ainsi ! ma tante qui m'a toujours aimée, qui voulait m'élever, me servir de seconde mère ; et mon père qui s'éloigne, que peut-être je ne verrai plus !... Mon Dieu ! que ce postillon va vite !

EDMOND.

Rassurez-vous... nous voici au relais !... Où sommes-nous ici ?

LE POSTILLON.

A Villeneuve-Saint-Georges. (Appelant un autre postillon.) Allons, Joli-Cœur, à cheval ! (S'approchant d'Edmond et ôtant son chapeau.) Si monseigneur veut régler le compte.

EDMOND, lui donnant de l'argent.

Tiens, et qu'on se dépêche.

LE POSTILLON.

Soyez tranquille. (Bas à son camarade.) Ne perds pas de temps ; ce sont des amoureux... (Montrant deux pièces de cinq francs.) et les roues sont bonnes.

LE POSTILLON.

C'est dit... (Faisant claquer son fouet.) En avant...

(Chantant à tue-tête.)

Et vogue la nacelle
Qui porte mes amours !...

(La calèche part au grand trot sur le pavé de Villeneuve-Saint-Georges.)

EDMOND.

Dieu ! quels cahots... Postillon, pas si vite... tu vas briser la voiture.

LE POSTILLON.

Ce n'est rien... Le pavé est comme ça jusqu'à l'ancienne maison de M. Boïeldieu. A dater de là, ce n'est plus qu'une roulade.

MATHILDE.

Ah ! Boïeldieu a demeuré ici ?

LE POSTILLON.

Oui, madame. Après le pont, la grille à droite... une jolie maison. J'ai été domestique chez lui ; et c'est là que j'ai pris le goût de l'opéra comique.

(Chantant à pleine voix.)

Lorsque mon maître est en voyage,
Ah ! c'est superbe en vérité.

EDMOND.

C'est bien ; mais tais-toi, car tu es cause que tout le monde nous regarde.

LE POSTILLON, chantant toujours.

La dame blanche vous regarde,
La dame blanche vous entend.

EDMOND.

Impossible de lui imposer silence. Heureusement nous voilà sur la grande route.

MATHILDE.

Que cet air pur, ce beau soleil me font de bien ! Regardez donc, au-dessus de nous, quelle jolie vallée ! quelle belle verdure !

EDMOND.

J'ai vu au Diorama quelque chose dans ce genre-là. Une vallée de Daguerre ou de Bouton, je ne sais plus laquelle.

MATHILDE.

Qu'il serait doux de passer ici sa vie ! Postillon, quel est cet endroit ?

LE POSTILLON.

Montgeron, où nous allons arriver.

MATHILDE.

Non, ce bas-fond, à gauche.

LE POSTILLON.

C'est Crosne, et la rivière d'Yères.

MATHILDE.

Edmond, est-ce que ces riants ombrages, cette belle nature ne vous disent rien ?

EDMOND.

Pardon, je ne regardais pas. Je tiens peu à la nature, je ne tiens qu'à vous.

LE POSTILLON, chantant.

Et toujours la nature
Embellit la beauté.

EDMOND.

Te tairas-tu !... Impossible de me faire entendre... Le voilà au galop dans la rue de Montgeron.

MATHILDE.

Grâce au ciel, nous en sommes dehors ! Quels sont ces arbres que j'aperçois de loin ?

LE POSTILLON.

A gauche, la propriété du général Dupont-Chaumont, et devant vous la forêt de Sénart.

EDMOND.

Ah ! c'est là la forêt de Sénart ?

MATHILDE.

Vous ne la connaissez pas ?

EDMOND.

Moi, je n'ai jamais voyagé ; et, en fait de forêts, je n'ai jamais été plus loin que les bois de Meudon. Aurez-vous peur, Mathilde ?

MATHILDE, avec tendresse.

Non... je serai avec vous.

EDMOND

Et s'il y a des brigands ?

MATHILDE, avec exaltation.

Je le voudrais presque, pour que vous pussiez me défendre.

EDMOND.

Je vous en remercie. Mais la matinée avance ; vous n'avez pas faim ?

MATHILDE.

Non, et vous ?

EDMOND.

Cela commence.

MATHILDE, d'un ton de reproche.

Quoi ! nous sommes tous les deux près l'un de l'autre, et vous y pensez ?

EDMOND.

Mais oui. Ordinairement, je ne déjeune qu'à onze heures, au café Tortoni : c'est ma seule occupation de la matinée ; mais aujourd'hui, j'étais éveillé à cinq heures du matin, ce qui ne m'arrive jamais.

MATHILDE.

Moi, tous les jours.

EDMOND.

Et l'exercice et le grand air donnent de l'appétit. Voyons un peu, sur le livre de poste, où nous pourrons nous arrêter pour déjeuner.

MATHILDE.

Où vous voudrez ; peu m'importe.

EDMOND.

Ce n'est pas indifférent, car, en voyage, je ne connais rien de plus important que le déjeuner, si ce n'est le dîner, et je ne vois d'endroit passable que Melun.

MATHILDE.

Soit.

EDMOND.

Nous y serons sur les dix heures ; nous y resterons jusqu'à onze ; et ce soir, si je calcule bien les distances, nous pourrons, sans nous fatiguer, souper à Sens.

MATHILDE.

A Sens, dites-vous ?

EDMOND.

Oui, à peu près trente lieues de Paris.

MATHILDE.

Ah ! mon Dieu !

EDMOND.

Qu'avez-vous donc ?

MATHILDE.

Je me souviens que ma tante va à Lyon par Auxerre. Je vous l'avais écrit.

EDMOND.

C'est vrai.

MATHILDE.

Et qu'elle couche toujours à Sens le premier jour.

EDMOND.

En êtes-vous sûre ?

MATHILDE.

A l'auberge de l'Écu de France, je ne peux pas en douter, car elle a écrit avant-hier pour y retenir son logement. Elle est donc en ce moment sur la même route que nous.

EDMOND.

C'est cependant celle de l'Italie. On me l'a bien dit.

MATHILDE, avec impatience.

Mais c'est aussi celle de Lyon.

EDMOND.

Vous croyez ?

MATHILDE.

Certainement.

EDMOND.

Alors c'est qu'il n'y a pas d'autres chemins ; ce n'est pas notre faute. N'est-ce pas, postillon, il n'y a que cette route-ci pour aller en Italie ?

LE POSTILLON.

Si, monseigneur, il y en une par le Bourbonnais, et peut-être d'autres encore.

MATHILDE.

Vous voyez.

EDMOND.

Est-ce que je savais cela ?

MATHILDE.

Un homme doit le savoir.

EDMOND.

Vous qui sortez de pension, à la bonne heure ; mais nous autres gens à la mode, pourvu que nous connaissions les allées du bois de Boulogne, c'est tout ce qu'il faut pour conduire en tilbury. Madrid, Bagatelle, le rond de Mortemart et l'allée Fortunée, nous ne sortons pas de là. Mais rassurez-vous.

MATHILDE.

Me rassurer... quand la voiture de ma tante peut rencontrer la nôtre... quand on peut me reconnaître, me voir avec vous !... J'en mourrais de honte.

EDMOND.

Impossible qu'elle nous rencontre. D'abord nous sommes partis de Paris les premiers. Nous avons de l'avance. Je viens de lire les lois de la poste. Une voiture ne peut pas dépasser celle qui la précède ; c'est défendu par le règlement.

MATHILDE.

Mais si elle parvenait à nous rejoindre, à marcher près de nous ?

EDMOND.

Alors c'est moi qui lui permettrais de passer devant ; et en fermant la calèche, en vous enveloppant dans votre voile, dans votre pelisse, qui voulez-vous qui vous reconnaisse ? Qui oserait d'ailleurs, quand je suis là, venir regarder dans ma voiture ?

MATHILDE.

Il faut donc que je me rassure ?

EDMOND.

Certainement.

MATHILDE.

Je ne demande pas mieux; car cette idée seule me faisait une peur...

LE POSTILLON, faisant claquer son fouet et chantant à tue-tête.

Sonnez, sonnez, cornemuse et musette!

Nous voici arrivés au relais. (Appelant.) Ohé! postillon de malheur!... deux chevaux de calèche.

L'AUTRE POSTILLON, attelant.

Tu es bien heureux d'être gai et de chanter toujours. (Montant à cheval.) Moi, je n'en ai guère envie... Mes pauvres chevaux sont si éreintés, que ça me fend le cœur. (Leur allongeant un grand coup de fouet.) Hu! Blanchet! (La calèche part au trot.) Je ne sais comment nos' bourgeois a le cœur de faire courir des bêtes qui sont dans cet état-là... Hu! donc!... (Second coup de fouet.) Ces maîtres de poste sont si avides, que pour avoir une course de plus... Hu! donc, Blanchet!... (Troisième coup de fouet suivi de plusieurs autres.) Tu sens bien que trois francs de guides, c'est gentil, et qu'il faut les gagner.

MATHILDE.

Postillon, quel est ce village où nous venons de relayer?

LE POSTILLON.

Lieusaint.

MATHILDE.

Quoi! nous étions à Lieusaint, dans la forêt de Sénart! C'est l'endroit où Henri IV est venu dîner chez le meunier Michaud.

EDMOND.

Ah! vraiment!

MATHILDE.

N'avez-vous pas vu la *Partie de chasse de Henri IV?*

EDMOND.

Oui, oui... une comédie, aux Français; mais on ne la donne jamais que les jours de gratis, et je n'y vais pas ces jours-là. N'est-ce pas mademoiselle Mars qui joue la belle Gabrielle?

MATHILDE.

Gabrielle? Non, elle ne paraît pas dans la pièce.

EDMOND.

Tant pis. Moi, ce que j'aime le mieux dans l'histoire de Henri IV, c'est la belle Gabrielle. Si j'avais vécu de son temps, je l'aurais adorée.

MATHILDE.

Fi, monsieur!

EDMOND.

Comme vous aimiez Ernest de Waldemar.

MATHILDE.

Quelle différence!

EDMOND.

Elle est toute à votre avantage, je le sais; car à coup sûr Gabrielle ne vous valait pas... Elle était loin, je le parierais, d'avoir ces yeux si brillans et si expressifs, cette jolie main, et surtout cette taille divine.

MATHILDE.

Monsieur... y pensez-vous?

EDMOND.

Pourquoi repousser l'amant le plus tendre et le plus respectueux?... N'êtes-vous pas à moi... toute à moi?

MATHILDE, effrayée.

Non... De grâce, éloignez-vous... Ne soyez pas aussi près de moi... Vous m'avez promis de me conduire en Italie; et là nous devons être unis. J'ai vos sermens; les avez-vous déjà oubliés?

EDMOND.

Non, sans doute... C'est mon désir et mon espoir le plus cher; mais d'ici là me refuserez-vous la grâce que je vous demande?... Mathilde, mon amie... un seul baiser.

MATHILDE.

Jamais. Quant vous me parlez ainsi, vous me fait peur.

EDMOND.

Eh bien! du moins ne me retirez pas cette main que je presse sur mon cœur.

MATHILDE, la retirant avec force.

Non, ce n'est pas là ce que vous m'avez promis, ce que j'espérais de vous; et si vous ne changez à l'instant de ton et de manière... je sens que je vous hais, que je vous déteste.

EDMOND.

Pardon, pardon! Comment conserver sa tête et sa raison près d'une femme que l'on adore? l'amour ne doit-il pas excuser les fautes qu'il fait commettre? Mathilde, m'en voulez-vous encore?

MATHILDE.

Je ne sais... mais restez loin de moi, de l'autre côté de la voiture.

EDMOND.

Vous ne me pardonnez pas!

MATHILDE.

Cela dépendra de vous. Je verrai...

EDMOND.

Quoi! mon amour et ma tendresse...

MATHILDE.

Je ne veux plus entendre ce mot-là, et j'exige d'abord que vous ne m'en parliez plus.

EDMOND.

Et de quoi alors vous parler?

MATHILDE, avec impatience.

De ce que vous voudrez... de toute autre chose... Vous est-il donc impossible sans cela d'être aimable?

EDMOND.

Non, sans doute.

MATHILDE.

Eh bien! soyez-le.

EDMOND, embarrassé.

Soyez-le... soyez-le... c'est bien aisé à dire. Encore faut-il un sujet.

MATHILDE, froidement.

Ils sont tous à votre disposition. (Grand moment de silence.) Eh bien! monsieur?

EDMOND.

Eh bien! mademoiselle, je ne sais plus ce que vous me demandiez. Moi, je n'ai pas l'habitude de faire de l'esprit en courant la poste. Et tenez, tenez, voici, grâce au ciel, les clochers de Melun. (A part.) Ce n'est pas malheureux.

LE POSTILLON.

Monsieur va-t-il à la poste ou à l'auberge?

EDMOND.

A l'auberge, et à la meilleure. (A Mathilde.) N'est-ce pas?

MATHILDE.

Y pensez-vous ? nous arrêter ici quand ma tante est peut-être à une lieue de nous, et quand le moindre retard peut nous faire perdre l'avance que nous avons sur elle !

EDMOND, avec humeur.

Il faut cependant déjeuner... car enfin ne pas dormir, ne pas manger, c'est le moyen de se rendre malade.

MATHILDE, sèchement.

Peu m'importe !

EDMOND, se reprenant.

Ce que j'en dis, c'est pour vous.

MATHILDE.

Cela m'est égal, je n'ai besoin de rien.

EDMOND.

C'est fort heureux, mais moi...

MATHILDE.

Vous déjeunerez en route. Dites au postillon d'arrêter.

EDMOND.

Comme vous voudrez. (A part.) C'est fort agréable ! douze lieues sans sortir de voiture... Je suis déjà brisé. (Haut. Postillon, j'ai changé d'idée ; à la poste !...

MATHILDE.

Voici justement des femmes qui viennent vous offrir dans leurs corbeilles des gâteaux et des fruits.

HOMMES ET FEMMES DU PEUPLE, entourant la voiture pendant qu'on relaie.

Mon beau monsieur, — ma belle dame, — étrennez-moi. — Des gâteaux tous chauds, — ils sortent du four. — Des belles poires de beurré, — du beau chasselas... vrai Fontainebleau.

EDMOND.

Oui, du Fontainebleau sur la route de Melun, ce n'est pas le chemin.

LA MARCHANDE.

Il est bien mûr, goûtez-y plutôt.

EDMOND, en mangeant avec du pain.

Véritable verjus... Avec un peu d'estragon, cela ferait d'excellent vinaigre d'Orléans. Moi qui déjeune toujours avec des rognons à la brochette ou des coquilles à la financière.

MATHILDE, avec ironie.

Voilà un grand malheur...

EDMOND, avec humeur.

Non, mais j'y suis habitué, et il est toujours pénible de changer ses habitudes. (Avec impatience au postillon, qui s'approche le chapeau bas.) Qu'est-ce qu'il veut encore celui-là ?

LE POSTILLON.

Une poste trois quarts, mon bourgeois.

EDMOND, lui jetant de l'argent.

Encore être dérangé ! poste trois quarts... Huit francs soixante-quinze centimes. Tiens, voilà dix francs ; c'est un franc vingt-cinq de payé.

LE POSTILLON.

Huit francs soixante-quinze ! ça ne mettrait les guides qu'à quarante sous. Je croyais que monsieur donnait trois francs... Mon camarade me l'a dit.

EDMOND, brusquement.

Oui, quand je suis content.

LE POSTILLON.

Il me semble que monsieur doit l'être.

EDMOND.

Joliment ! avec un déjeuner pareil. (S'adressant au second postillon.) Allons, à cheval.

PREMIER POSTILLON, à part.

Il paraît qu'il n'est pas si amoureux qu'à l'autre relais.

EDMOND, criant au deuxième postillon, qui est déjà prêt à partir.

Un franc vingt-cinq de payé.

PREMIER POSTILLON.

Vous me les laisserez bien pour boire !

EDMOND, avec colère.

Du tout, (Criant à l'autre postillon.) et en route !

PREMIER POSTILLON.

Ah ! mon bourgeois...

MATHILDE, avec impatience.

Eh ! monsieur, donnez-les-lui, et qu'il se taise.

EDMOND, avec emportement.

Mon Dieu ! ce n'est pas pour la valeur ; mais si on se laisse faire la loi par ces gens-là... (Au postillon.) Laissez-nous en repos. (A l'autre postillon qui est à cheval.) En route et bon train.

PREMIER POSTILLON, à son camarade au moment où la voiture part.

Va à ton aise... Ne faut-il pas tant se presser pour un commis voyageur qui enlève une danseuse ?

EDMOND, mettant la tête hors de la voiture.

Qu'est-ce qu'il a dit ?

MATHILDE, toute rouge de colère.

Vous l'entendez, monsieur ; m'exposer à un affront !

EDMOND, pendant que la voiture roule.

Postillon, arrêtez... je veux apprendre à vivre à ce drôle, votre camarade.

MATHILDE.

Eh ! monsieur, il est inutile de vous arrêter pour cela, et de nous retarder encore.

EDMOND.

Malheureusement, on ne peut pas se commettre avec une espèce pareille ; sans cela j'aurais été trop heureux de le châtier comme il le mérite... mais c'est une leçon pour l'avenir. J'ai été trop généreux avec eux, et désormais je les paierai selon la nouvelle ordonnance, un franc cinquante centimes.

MATHILDE.

Pour qu'ils vous injurient encore.

EDMOND, s'échauffant.

Je voudrais bien le voir. Qu'ils s'en avisent, je m'en plaindrai à monsieur de Villeneuve, le directeur-général, avec qui j'ai dîné chez monsieur de Montbel. Que diable ! un franc cinquante centimes, c'est très raisonnable ; et puis c'est le règlement de poste, c'est la loi ; et sous un gouvernement constitutionnel je ne connais que la loi, il faut la faire exécuter.

MATHILDE, avec ironie.

Vous avez raison, on y gagne toujours.

EDMOND, s'échauffant.

Comme vous dites ! (Après un instant de silence.) C'est une vilaine ville que Melun.

MATHILDE, froidement.

Très vilaine.

EDMOND.

Et on n'en sort pas comme on veut. Voyez donc quelle montée ! elle n'en finira pas.

MATHILDE.

Oui ; et la voiture va si doucement...
(Elle bâille.)

EDMOND.

Qu'on s'endormirait. Je vois que vous en avez envie.

MATHILDE, bâillant plus fort.

C'est possible.

EDMOND.

Ne vous gênez pas. (A part.) Je l'aime autant ; cela me dispensera de faire la conversation. (La regardant pendant qu'elle s'endort.) Elle est jolie ainsi... figure charmante, air distingué, et une tête si romanesque !... c'est délicieux. Par exemple, un peu bégueule et volontaire... Ce n'est pas a faute ; on les élève si mal dans ces pensionnats... Heureusement elle n'a encore que seize ans, et quand elle sera ma femme, je referai nso éducation, parce que si elle a des défauts, elle a aussi des qualités solides : deux cent mille livres de rente pour le moins. Aussi depuis un an je n'ai épargné ni mes soins ni ma peine. (Bâillant.) Les héritières deviennent si rares maintenant ! Les pairs de France nous les enlèvent toutes ; et comme dans la vie on n'a jamais qu'une occasion de faire fortune, si on ne la saisit point... (Fermant les yeux.) Non pas que je sois dissipateur ou dépensier, moi ; j'ai pour l'argent une affection désintéressée : je l'aime pour lui-même, et j'ai de la peine à m'en détacher. Cependant, quand j'aurai deux cent mille livres de rente, il faudra bien se montrer. (Commençant à s'endormir.) Vont-ils être étonnés au café Tortoni ! Je leur donnerai à dîner une fois par semaine ; j'achèterai le petit hôtel de la rue Chantereine ; c'est un bon placement ; et le landau dont Thérigny veut se défaire, il n'a pas servi... et je l'achèterai... comme d'oc...casion.

(Il s'assoupit ; la calèche continue à rouler pendant plusieurs lieues, et les deux amans dorment à côté l'un de l'autre. Edmond s'éveille seulement aux relais du Châtelet, de Panfou et de Fossard, pour payer les postillons selon l'ordonnance, ce qui les fait murmurer.)

MATHILDE, s'éveillant à un juron très-prononcé du postillon.

Qu'est-ce ?... Qu'y a-t-il ?

EDMOND.

Rien, chère amie... dormez toujours, je vous éveillerai quand il y aura quelque chose de remarquable, quelque beau point de vue. (A part lui.) Il est temps que nous arrivions, car je suis rompu. C'est si ennuyeux d'être enfermé toute une journée dans une boîte roulante ! Postillon, à combien sommes-nous de Paris ?

LE POSTILLON.

Vingt-deux à vingt-trois lieues.

EDMOND.

Que cela !

LE POSTILLON.

Nous serons à Montereau dans une petite demi-heure, et du haut de la montagne vous verrez, avant le coucher du soleil, la descente, qui est magnifique.

EDMOND.

C'est bon, c'est bon... va toujours ; il ne faut pas que cela t'arrête.
(La voiture continue à rouler.)

MATHILDE, rêvant.

Ma tante ! mon père ! me pardonnerez-vous ?

EDMOND.

La voilà dans des rêves de famille.

MATHILDE.

Mon père ! mon père !... (S'éveillant.) Où suis-je ?

EDMOND.

Près de moi, chère amie.

MATHILDE.

Ah ! c'est vous, monsieur ?

EDMOND.

Oui... et nous approchons de Montereau.

MATHILDE.

De Montereau !... C'est là, si je m'en souviens, que ma tante m'a dit qu'un de ses fils avait été blessé. (Regardant le paysage qui l'entoure.) Ah ! monsieur, monsieur, regardez donc... (Avec enthousiasme.) Quelle admirable vue ! quel magnifique tableau ! cette ville qui est là sous nos pieds... ces superbes prairies où serpentent ces eaux qu'on retrouve à chaque instant et qui animent le paysage !

EDMOND.

Quelle est cette rivière ?

MATHILDE.

Cette rivière ?... Il y en a deux.

EDMOND.

Deux à la fois !... c'est du luxe. Et lesquelles ?

MATHILDE.

C'est dans toutes nos géographies ; l'Yonne et la Seine qui se rejoignent à Montereau. Ne le savez-vous pas ?

EDMOND.

Non, ma foi !

MATHILDE.

Postillon, pas si vite ; arrêtez... que je contemple encore ce spectacle.

LE POSTILLON.

N'est-ce pas que c'est beau ? c'est sur la hauteur où vous êtes qu'était l'armée française quand les autres sont venus nous attaquer.

MATHILDE, écoutant avec intérêt.

Vraiment ?

LE POSTILLON.

Vous voyez cet arbre qui a été coupé par les boulets... il n'en reste maintenant que le tronc.

MATHILDE.

C'est peut-être là que mon cousin a été blessé.

LE POSTILLON.

Voilà justement où était l'autre avec sa redingote grise et sa lunette d'approche.

EDMOND.

Qui ?... Bonaparte ?

MATHILDE, avec chaleur.

Oui, l'empereur... c'est là qu'il luttait seul contre toute l'Europe coalisée.

LE POSTILLON.

Les Autrichiens au devant du pont... et quand les batteries françaises ont commencé à ronfler, (S'échauffant) fallait voir comme ils ont dégringolé... comme ils ont repassé le pont, ces chiens de *Kaiserlics*... Et quand le prince de Wurtemberg et sa cavalerie se dispersaient dans la plaine...

MATHILDE, s'animant.

Que ce devait être beau !... je crois les voir d'ici... et vous, vous les avez vus réellement ?

LE POSTILLON.

Mieux que ça... j'y étais... dont j'ai eu l'honneur de recevoir un biscaïen dans la jambe... ce qui m'empêche d'aller à pied... voilà pourquoi je suis à cheval... Ne vous penchez pas comme ça, ma belle dame... la descente est rapide, et j'ai peine à retenir mes chevaux... Ohaï... ohaï ! Quoiqu'il soit bien vieux... mon bricolier a trop d'ardeur... C'est un ancien hussard de la garde... Doucement, doucement, Marengo, il n'y a pas de bon sens pour un vieillard d'âge comme toi... La... la... il n'y a plus de danger... Nous voilà sur le pont... un fameux pont, qui n'est pas fait d'hier.

EDMOND.

On le voit... il est assez vieux.

MATHILDE.

Je le crois bien... le pont de Montereau! (A Edmond.) C'est là que le duc de Bourgogne, que Jean-sans-Peur a été assassiné... N'est-ce pas ?

EDMOND.

C'est possible... (A part.) Est-ce ennuyeux de voyager avec une femme savante!...

MATHILDE, à part.

Quel ennui de voyager avec quelqu'un qui ne sent rien et qui ne sait rien !

(Elle garde le silence et reste plongée dans ses réflexions. Edmond a aussi l'air de méditer, mais il ne pense à rien, et fredonne un air de la *Gazza*. La calèche roule toujours, et on arrive au relais de Villeneuve-la-Guyard. Même silence jusqu'à celui de Pont-sur-Yonne.)

EDMOND, sautant à bas de la voiture.

Quel bonheur! j'ai cru que ce dernier relais n'en finirait pas. (A un postillon qui est assis tranquillement sur un banc devant la porte.) Eh bien ! tu ne nous vois pas arriver? nous sommes pressés ; vite des chevaux !

LE POSTILLON, tranquillement.

Il n'y en a pas.

EDMOND.

Comment, pas de chevaux ?

LE POSTILLON.

Il a passé, il y a trois heures, une famille anglaise, trois voitures de poste, dont une pour les femmes de chambre, et l'autre pour les chiens de chasse.

EDMOND.

Qu'est-ce que cela signifie?

UN JEUNE HOMME, en redingote, assis près du postillon et fumant un cigare.

Qu'il vous a dit vrai, monsieur... Il n'y a plus de chevaux ; mais ils vont revenir d'un instant à l'autre, et vous les aurez.

EDMOND.

Croyez-vous que je sois votre dupe? Vous les gardez pour d'autres, et la preuve, c'est que j'en vois d'ici, dans votre écurie.

LE POSTILLON.

C'est pour le courrier de la malle, et ceux-là on ne peut en disposer.

EDMOND, d'un ton impérieux.

Peu importe, vous les attèlerez à l'instant.

LE JEUNE HOMME.

Ce n'est pas possible.

LE POSTILLON.

Je vous attèlerai plutôt vous-même.

EDMOND, s'échauffant.

Qu'est-ce que c'est que des insolens et des drôles pareils ?

MATHILDE, dans la voiture.

De grâce, monsieur Edmond, calmez-vous.

LE JEUNE HOMME, au postillon.

Étienne, vous avez eu tort d'injurier monsieur... et vous devez parler honnêtement à tout le monde.

EDMOND, les menaçant.

Ces canailles-là ne savent pas à qui ils ont affaire, et je leur apprendrai la politesse à tous.

LE JEUNE HOMME, froidement.

Pas si haut monsieur... pas tant de bruit... Si, malgré mes excuses, vous n'êtes pas satisfait ?...

EDMOND, avec hauteur.

Non, sans doute... et s'il y avait ici quelqu'un à qui il fût possible de parler sans se compromettre...

LE JEUNE HOMME, toujours d'un ton doux et poli.

Qu'à cela ne tienne, monsieur... Je ne suis que le fils du maître de poste, mais j'ai été officier.

EDMOND, étonné.

Qu'est-ce que c'est ?

LE JEUNE HOMME, ouvrant sa redingote, et lui montrant le ruban de la Légion d'honneur.

Et ceci doit vous prouver que j'en ai vu de près d'aussi terribles que vous.

EDMOND, d'un ton radouci.

Je ne dis pas non, monsieur... et sans la personne que j'accompagne et que je ne puis abandonner... sans l'obligation où je suis de continuer mon voyage...

LE JEUNE HOMME, se rasseyant tranquillement, et fumant son cigare.

Comme vous voudrez.

EDMOND, se rapprochant de la voiture où est Mathilde.

Ah! si vous n'étiez pas là... Mais vous sentez bien que, quand d'un instant à l'autre votre tante peut nous rejoindre, il n'y a pas moyen de s'engager dans une querelle qui nous retarderait encore.

MATHILDE, froidement et avec ironie.

Vous avez raison... Je vous remercie de ce que vous faites pour moi... d'autant que c'eût été inutile ; car voici des chevaux qui reviennent.

EDMOND.

C'est juste.

LE JEUNE HOMME.

Vous voyez bien, monsieur, que nous vous avions dit la vérité.

EDMOND.

Il suffit... et je reconnais la loyauté de votre conduite... car, entre nous autres gens d'honneur... Allons, postillon, est-ce attelé ?

LE POSTILLON.

Oui, monsieur.

EDMOND, après être monté en voiture, et saluant le jeune homme.

Adieu, mon cher... je repasserai avec plaisir.

LE JEUNE HOMME.

Comme vous voudrez.

TOUS LES POSTILLONS.

Bon voyage!

(La voiture part au grand galop, et au milieu des éclats de rire des postillons.)

EDMOND, un peu embarrassé, et après un instant de silence.

Nous avons perdu là un temps précieux ; car il y a encore trois grandes lieues d'ici à Sens, et voici le soir qui arrive.

MATHILDE.

Peu importe... On peut voyager la nuit.

EDMOND.

Je ne le souffrirai point... pour vous d'abord... pour votre santé... vous devez être fatiguée, et moi aussi... Et pour tout l'or du monde, je ne ferai pas quatre lieues de plus.

MATHILDE.

Quoi! vous voulez vous arrêter à Sens ?

EDMOND.

Oui, sans doute.

MATHILDE, avec effroi.

Et ma tante ?

EDMOND, gravement.

Votre tante est une personne raisonnable, qui pense qu'après trente lieues de poste on a besoin d'un bon lit et d'un bon souper... et nous devons penser comme elle.

MATHILDE.

Et si elle nous rencontre ?

EDMOND.

Je l'en défie... Ne savons-nous pas où elle loge ? A l'Ecu de France, n'est-il pas vrai ?

MATHILDE.

Certainement.

EDMOND.

Eh bien! il n'y a pas que cette auberge-là dans la ville... Postillon, la meilleure auberge après celle de l'Ecu ?

LE POSTILLON.

L'hôtel de l'Europe, où l'on est au moins aussi bien.

EDMOND.

Je parie qu'on y est mieux... Postillon, à l'hôtel de l'Europe... c'est là que nous descendrons.

MATHILDE, insistant de nouveau et les larmes aux yeux.

Mais, monsieur... quand je vous prie en grâce...

EDMOND.

C'est inutile... je suis votre chevalier, votre protecteur, et je dois en dépit de vous-même veiller sur vous... Que diable! je suis courbaturé, ainsi vous devez l'être... Et vous n'avez rien pris aujourd'hui. Votre main est brûlante, vous avez la fièvre.

MATHILDE, avec égarement.

Je crois qu'oui... mais je l'ai voulu... mon sort est fixé... et quand j'en devrais mourir, j'aime mieux fuir que de m'exposer aux regards et aux reproches de ma tante.

EDMOND.

Voilà de vos exagérations ordinaires ! il n'y a pas moyen de raisonner avec vous... D'abord, chère amie, vous ne mourrez pas ; et ensuite, mettons les choses au pire... vous rencontreriez votre tante, et même votre père, qu'est-ce que cela ferait maintenant ? Rien ne peut empêcher que vous ne soyez partie ce matin de Paris, avec moi, en tête-à-tête... dans une chaise de poste... Et pour l'honneur de la famille, pour votre réputation... il n'y a que le mariage... un bon mariage.

MATHILDE, à part avec douleur.

Il ne dit que trop vrai.

EDMOND.

Voilà que vous pleurez... ce n'est pas là répondre... Mathilde, Mathilde... Allons, elle sanglote maintenant. (A part.) Dieu ! que c'est ennuyeux les petites filles ! (Haut.) Vous détournez la tête... Vous ne voulez donc plus ni me voir ni me parler ?

MATHILDE, d'une voix étouffée.

Non, non, laissez-moi.

EDMOND.

Comme elle voudra. Aussi bien, il n'y a plus à délibérer... Nous voilà aux portes de la ville, qui me paraît fort bien, autant que l'obscurité permet de distinguer. A peine neuf heures, et pas une lumière !... Tout le monde est déjà endormi... Que c'est amusant de coucher en province !... Mathilde, Mathilde... Elle ne me répond pas. Est-ce qu'elle se trouverait mal de fatigue et de besoin ? C'est sa faute, avoir voulu faire trente lieues sans rien prendre !

LE POSTILLON, s'arrêtant devant une grande porte, et faisant claquer son fouet.

Ohé ! ohé ! la porte !

(Les portes de l'auberge s'ouvrent ; la calèche entre dans la cour, la maîtresse d'auberge et ses servantes entourent la voiture. Edmond prend entre ses bras Mathilde, qui est à moitié évanouie, et dont il cache la figure avec son voile.)

LA MAÎTRESSE D'AUBERGE.

Madame paraît souffrante.

EDMOND.

Oui, ma femme est un peu indisposée de la route... Une chambre.

LA MAÎTRESSE D'AUBERGE.

A deux lits ?

EDMOND.

Certainement...

LA MAÎTRESSE D'AUBERGE, criant.

Catherine, le numéro 2.

CATHERINE.

Oui, madame. (Éclairant.) Par ici, monsieur, par ici.

(Une chambre à deux lits, une cheminée, un canapé, une table. —Portes à droite et à gauche.)

EDMOND, posant Mathilde sur un canapé.

Ce ne sera rien... voilà qu'elle revient à elle... Vite du feu !

CATHERINE.

Vous voyez qu'on est en train de l'allumer.

EDMOND.

Et à souper ici... près de la cheminée.

CATHERINE.

Oui, monsieur.

EDMOND.

Qu'est-ce que vous allez me donner ?

CATHERINE.

Si monsieur veut voir ce qu'il y a, et choisir lui-même.

EDMOND.

Ce sera plus prudent... Je vais commander le dîner, pendant que vous ferez nos lits... C'est le plus pressé. (Prenant la main de Mathilde.) Allons, allons, Mathilde, revenez à vous, et ne craignez plus rien. Nous sommes maintenant à l'abri de tout danger. (A Catherine.) C'est par ici, n'est-ce pas ? la porte à gauche ?

(Il sort.)

CATHERINE.

Oui, monsieur. (Mathilde, qui l'a à peine entendu, reste anéantie et la tête penchée sur son sein.) Voilà une pauvre jeune dame qui a l'air bien souffrante. Si madame veut s'approcher du feu... Madame, m'entendez-vous ?

MATHILDE.

Oui, ma bonne... oui ; je vous remercie.

CATHERINE, à part.

Je vais chercher des draps. Je crois que le sommeil est ce qui lui est le plus nécessaire.

MATHILDE, restée seule, lève les yeux, et sort peu à peu de son anéantissement.

Où suis-je ?... seule enfin !... Ah ! je respire ! Que s'est-il donc passé ?...C'était un songe, un songe affreux !... (Regardant autour d'elle.)Non... ce n'est que trop vrai, je suis à lui... pour toujours à lui ! Ce n'est pas possible... Mes sens m'abusent et m'égarent... Ce n'est pas là celui que j'aimais... celui que mon cœur avait rêvé ! Quelle différence ! mon Dieu ! et quel réveil !... et qui dois-je accuser ? moi, moi seule... Ah ! je suis bien coupable et bien malheureuse... Insensée que j'étais ! je n'ai écouté que ma tête et mes idées romanesques ; j'ai méprisé les conseils de la raison et de l'amitié ; j'ai mérité d'être punie... Mais être à lui !... mais lui appartenir !... Ah ! mon châtiment serait plus grand encore que ma faute... et cependant maintenant comment lui échapper ? Mon honneur, ma réputation ne sont-ils pas entre ses mains ? Que faire, ô mon Dieu ! que faire ? qui viendra à mon aide ? (Poussant un cri et joignant les mains.) Ah ! je n'ai que ma tante... je n'ai qu'elle au monde... et c'est pour me sauver que le ciel l'a conduite si près de moi... Oui... (Apercevant sur la table du papier, une plume et de l'encre.) Voilà ce qu'il faut pour lui écrire... Elle saura tout.

(Elle écrit vivement, et n'aperçoit pas Catherine qui apporte deux paires de draps.)

CATHERINE.

Madame veut-elle quelque chose ?

MATHILDE.

Non... Que venez-vous faire ?

CATHERINE.

Mettre de draps à votre lit... et à celui de votre mari.

MATHILDE.

O ciel !

CATHERINE.

Vous êtes toute tremblante.

MATHILDE, troublée.

Moi ! non... Dites-moi, vous êtes de cette ville ? Connaissez-vous l'hôtel de l'Écu de France ?

CATHERINE.

C'est au bout de cette rue... Vous traversez la grande place... et juste devant vous.

MATHILDE.

C'est bien... (A part, regardant Catherine.) Si je l'y envoyais ?... Non... non... Je ne resterai pas un moment de plus... Cette lettre, je la porterai moi-même... et si on refuse de me voir... (Avec confiance.) Ce n'est pas possible C'est la sœur de mon père... c'est ma seconde mère... son cœur et ses bras me sont ouverts.

CATHERINE, la regardant avec inquiétude.

Q'avez-vous donc ?... Comme vous êtes agitée !

MATHILDE.

J'ai besoin de prendre l'air.

CATHERINE.

Si madame veut se promener en attendant le souper... nous avons un jardin d'un demi-quart d'arpent. Je vais vous y conduire.

MATHILDE

C'est inutile ; je le trouverai bien. Restez... occupez-vous du souper ; c'est l'essentiel... (Entendant du bruit du côté de la porte à gauche.) On monte... c'est lui... (Sortant par la porte à droite.) Restez ; je reviens dans l'instant.

(Elle sort.)

CATHERINE, restée seule.

Voilà une petite dame qui est bien gentille, mais qui tout de même a un air bien singulier.

EDMOND, entrant avec deux garçons d'auberge qui portent des assiettes et des serviettes.

Allons vite... mettons là le couvert, et dépêchons-nous. (A Catherine.) Où est donc ma femme ?

CATHERINE.

Sortie pour un instant... Elle avait besoin de prendre l'air.

EDMOND.

C'est bon, c'est bon, cela lui fera du bien... Là, près du feu, son couvert et le mien... Qu'est-ce que c'est que ce vin-là ?

LE GARÇON.

Du vin du pays.

EDMOND.

Je n'en veux pas. Je vous ai demandé du vin de Bourgogne.

LE GARÇON.

C'en est... Nous sommes en Bourgogne.

EDMOND.

Comment ! Sens est en Bourgogne ?

LE GARÇON.

Oui, monsieur.

EDMOND.

Est-ce étonnant ! ce que c'est que de voyager ! Nous sommes en Bourgogne ! (Goûtant le vin.) Oui, ma foi ! (Voyant un autre garçon qui entre.) Ah ! voilà déjà le potage, et les pigeons en compote. C'est bien. On sert ici avec une activité ! Ce n'est pas comme au café de Paris, où avant-hier j'ai eu des entr'actes d'un quart d'heure entre chaque plat. On perd le fil d'un dîner, et on n'a plus de suite dans les idées. Mettez toujours le potage sur la table, et la compote auprès du feu. (A Catherine). Il me semble que ma femme est bien longtemps ; où est-elle donc ?

CATHERINE.

Je lui avais indiqué le jardin, où elle se promène.

EDMOND.

Elle s'y sera perdue.

CATHERINE, souriant.

Ce n'est pas possible ; mais si monsieur veut, je vais la chercher, et lui dire que le souper est prêt.

EDMOND.

Vous m'obligerez. Je n'aime pas à attendre, surtout quand on a servi. Les lits sont-ils faits ?

CATHERINE.

Oui, monsieur, et les couvertures aussi.

EDMOND.

A merveille.

CATHERINE.

Faut-il des oreillers ?

EDMOND.

Pour moi, certainement. Mais pour madame, je l'ignore. Demandez-lui.

CATHERINE.

Est-ce que monsieur ne sait pas l'usage de madame ?

EDMOND.

Non, pas encore.

CATHERINE, à part.

C'est des nouveaux mariés... Est-ce gentil !

EDMOND, seul auprès du feu.

C'est gentil... Je le crois bien... Un bon souper... un bon feu... et une jolie femme !... Aïe ! j'ai les pieds gonflés. (Otant ses bottes et mettant des pantoufles.) Autant se mettre à son aise... quand on est chez soi... Mais voyez si elle viendra... Je meurs de faim... et le potage qui va refroidir ! (Il attend quelques instants, se promène dans la chambre.) Est-ce qu'elle aurait oublié le souper ? (Gravement.) Il y a bien du désordre dans cette tête-là... Je ne dis rien, (Froidement.) parce que je l'aime... Mais une fois ma femme, il ne faudra pas qu'elle s'avise de me faire attendre... pour mes repas. (Avec impatience et s'asseyant.) Ma foi elle dira ce qu'elle voudra, je vais toujours me servir. (Prenant une cuillerée de soupe.) Dieu ! que c'est chaud ! Je vais aussi lui en mettre dans son assiette pour que ça refroidisse... Cela passera pour une attention... Otons la soupière et servons les pigeons... là... (Mettant sa serviette et mangeant son potage.) Nous y voilà. (La porte à laquelle il tourne le dos s'ouvre en ce moment. Sans retourner la tête.) Enfin la voilà !... Je savais bien que cela la ferait venir... Allons donc... Allons donc, retardataire... Votre soupe vous attend. (Paraît une dame d'une cinquantaine d'années ; tournure distinguée, costume de voyage. Elle s'avance près d'Edmond et lui dit :) Monsieur Edmond de Verneuse ?

EDMOND, tout étonné et se levant.

C'est moi, madame... (Balbutiant.) C'est-à-dire, c'est moi et ce n'est pas moi... car je suis ici incognito, et je m'étonne que vous me connaissiez.

L'ÉTRANGÈRE.

Vous allez être au fait... Je vous demande seulement cinq minutes d'entretien, et je me retire... Mais je vous prie, avant tout, de ne pas vous déranger, et de vouloir bien continuer votre souper.

EDMOND, se remettant à table.

Puisque vous l'exigez... je n'en serai pas fâché. (Il découpe le pigeon, dont il se sert une aile.) Pardon, madame... je vous écoute.

L'ÉTRANGÈRE.

Je suis madame de Bussières.

EDMOND, laissant tomber sa fourchette.

Ah ! mon Dieu ! (A part.) La tante de Mathilde... Qu'est-ce que cela signifie ?

MADAME DE BUSSIÈRES.

Partie ce matin de Paris, je viens d'arriver à l'Écu de France, où j'avais fait d'avance retenir mon logement pour cette nuit. A peine entrée dans l'appartement qui m'était destiné, on me remet cette lettre, que je ne vous donnerai pas, mais dont vous connaissez l'écriture.

EDMOND.

Celle de Mathilde.

MADAME DE BUSSIÈRES.

Je dois avant tout vous la lire : « Ce 6 octobre, hôtel de l'Europe, neuf heures du soir. »

EDMOND.

Cela n'a pas une demi-heure de date.

MADAME DE BUSSIÈRES.

Précisément. (Continuant à lire.) « Ma tante, ma seconde
» mère, sauvez-moi : c'est une coupable qui vous écrit,
» une coupable qui n'a d'espoir qu'en vous. Egarée par
» les conseils d'une compagne d'enfance, par mes lectures
» romanesques, par ma jeunesse, mon inexpérience, j'ai
» aimé... non, c'est profaner ce mot ! j'ai cru aimer quel-
» qu'un que mon cœur seul avait créé... car ce qui m'a-
» vait séduit en lui, grâce, esprit, amabilité, noblesse,
» courage, tout cela n'existait que dans mon imagination !
» Je ne le connaissais pas, et il m'a suffi de le connaître
» pour que l'illusion fût détruite... »

EDMOND.

Qu'est-ce à dire ?

MADAME DE BUSSIÈRES, continuant.

» Un seul jour, un jour entier passé près de lui, me
» l'a montré tel qu'il était. Ce matin, je l'adorais, et main-
» tenant je le déteste, je l'abhorre. Plutôt mourir que d'être
» à lui. »

EDMOND.

Assez, madame, assez.

MADAME DE BUSSIÈRES.

J'ai fait comme vous, je n'ai pas achevé cette lettre ; j'ai couru à ma nièce, qui, pâle et tremblante, attendait son arrêt ; elle voulait tomber à mes genoux, je l'ai prise dans mes bras, je l'ai rassurée. Elle m'a tout raconté, et je connais maintenant tous les détails de votre liaison et de votre voyage.

EDMOND, confus.

Quoi ! madame...

MADAME DE BUSSIÈRES, sévèrement.

Je ne vous dirai pas tout ce que je pense de votre conduite. On peut pardonner à la jeunesse de Mathilde, à son inexpérience; mais à vous, monsieur, chercher à séduire, à enlever une riche héritière, une jeune personne de seize ans! vous n'avez pas songé qu'il y avait là une réunion de circonstances dont, même à notre défaut, la justice pouvait s'emparer.

EDMOND, pâlissant.

Quoi ! vous croyez ?

MADAME DE BUSSIÈRES.

Loin de nous une pareille idée ; ce serait à jamais vous perdre d'honneur, et nous tenons à votre réputation autant qu'à celle de notre famille. Daignez donc m'écouter avec attention. (Lentement et avec gravité.) Mon frère a quitté hier Paris, persuadé que sa fille partait avec moi.

EDMOND.

Oui, madame.

MADAME DE BUSSIÈRES, de même.

Ma nièce a quitté ce matin l'hôtel de son père, seule, dans une voiture de place, et en disant qu'elle allait me rejoindre pour partir avec moi.

EDMOND.

Oui, madame.

MADAME DE BUSSIÈRES, appuyant sur chaque mot.

Eh bien! mettez-vous dans l'idée et persuadez-vous bien que c'est réellement avec moi qu'elle est partie ce matin et qu'elle a fait la route de Paris à Sens.

EDMOND.

Que voulez-vous dire ?

MADAME DE BUSSIÈRES.

Qu'il n'y a maintenant au monde que vous et Mathilde qui ayez connaissance des événemens d'aujourd'hui ; et si jamais le moindre bruit en courait, si un mot en transpirait, ce ne serait que par vous, par votre indiscrétion.

EDMOND.

Madame !...

MADAME DE BUSSIÈRES.

Et j'ai deux fils, tous deux militaires, qui tiennent encore plus que moi à l'honneur de leur famille et à la réputation de leur cousine.

EDMOND, avec émotion.

Madame, vous me connaissez mal, et vous pouvez être sûre que mon honneur et ma délicatesse m'engageront seuls au silence.

MADAME DE BUSSIÈRES.

J'en suis persuadée, et j'en doutais si peu, que mon intention était de vous demander la seule lettre que ma nièce vous ait écrite, et qui, ce matin encore, à ce qu'elle m'a dit, était là, dans votre portefeuille.

EDMOND, l'ouvrant et la lui donnant.

Comment donc! trop heureux de vous donner cette preuve de ma sincérité.

MADAME DE BUSSIÈRES, la prenant.

C'est bien, monsieur... Je pars donc avec ma nièce, (Avec intention.) qui ne m'a jamais quittée : j'achèverai la route avec elle ; j'arriverai avec elle à ma terre, où ma famille nous attend, et là notre amitié et nos conseils la guériront bien vite de quelques défauts, fruits de son inexpérience et de sa jeunesse ; mais ce qui n'appartient qu'à elle, c'est la noblesse et l'élévation de ses sentimens, c'est surtout la bonté de son cœur. Avec cela, et grâce à la leçon d'aujourd'hui, on se corrige aisément, et bientôt, je l'espère, ma nièce deviendra une femme accomplie. Vous n'y aurez pas peu contribué, monsieur, et ce sera pour vous une satisfaction intérieure de tous les instans.

EDMOND, s'inclinant.

Madame, certainement...

LE GARÇON, entrant avec un plat de rôti.

Monsieur, voici les perdreaux.

MADAME DE BUSSIÈRES, souriant.

Je vous laisse avec eux, et retourne à mon hôtel... Non, non, ne vous dérangez pas, de grâce! Désolée d'avoir interrompu votre souper.

(Elle sort.)

EDMOND, resté seul, et jetant avec colère sa serviette sur la table.

Vit-on jamais une aventure pareille? Et elle avait peur que je n'en parlasse !... Ah! bien oui! on se moquerait trop de moi à Paris. Avoir conduit jusqu'ici, dans ma voiture, une jeune personne charmante... le souper prêt... la couverture faite... et tout cela pour rien... rien au monde... que pour mes frais de voyage! Si jamais maintenant on me rattrape à courir la poste de cette manière-là!... C'est une bonne leçon, et je me souviendrai du proverbe :

Il vaut mieux tenir que courir.

FIN DU TÊTE-A-TÊTE,
ET DES NOUVELLES ET PROVERBES.

TABLE

DES OUVRAGES CONTENUS DANS NOUVELLES ET PROVERBES.

NOUVELLES. — LA MAITRESSE ANONYME 1
              LE ROI DE CARREAU 19
              CARLO BROSCHI 27
              JUDITH, OU LA LOGE D'OPÉRA 53
              LE PRIX DE LA VIE 65
PROVERBES. — UN MINISTRE SOUS LOUIS XV 69
              LE JEUNE DOCTEUR 79
              LA CONVERSION 87
              POTEMKIN 96
              LE TÊTE-A-TÊTE 107

FIN DE LA TABLE.

Paris. — Imprimerie J. Voisvenel, 16, rue du Croissant.

CATALOGUE DES PUBLICATIONS LITTÉRAIRES DU SIÈCLE.

PARIS, 16, RUE DU CROISSANT.

Ce nouveau Catalogue, qui annule tous les précédents, s'augmentera successivement des principaux ouvrages d'Alexandre (...), de BALZAC, d'Eugène SUE, de Frédéric SOULIÉ, d'Eugène SCRIBE, et des autres écrivains les plus distingués de cette époque.

AVANTAGES RÉSERVÉS AUX ABONNÉS DU JOURNAL LE SIÈCLE.

Tout Abonné au SIÈCLE a droit, outre la prime gratuite, à une remise de cinquante pour cent sur le prix marqué de tous les ouvrages que renferme ce Catalogue, mais jusqu'à concurrence seulement du montant de son abonnement.

MUSÉE LITTÉRAIRE

Chaque volume ou série, d'au moins 400 pages in-4° à 2 col., imprimé sur beau papier, renferme la matière de plus de 16 vol. in-8° de librairie d'une valeur de 80 fr. PRIX : 6 fr.

1ʳᵉ série. — César Birotteau, DE BALZAC; Un Acte de vertu, la Peine du talion, CH. DE BERNARD; Une Maîtresse anonyme, E. SCRIBE; Héva, MÉRY; Le Lion amoureux, F. SOULIÉ; Geneviève, A. KARR; Riche et Pauvre, E. SOUVESTRE; Matilda, NORMANDY; Le Médecin du Pecq, GOZLAN.

2ᵉ série. — La Femme de quarante ans, CH. DE BERNARD; Le Vicomte de Paris, F. SOULIÉ; Les Aventures de POLOWSKI, MARAT; Les Parents pauvres, DE BALZAC.

3ᵉ série. — Le Comte de Toulouse, F. SOULIÉ; Le Roi de carreau, E. SCRIBE; la Croix d'or, M. SAINT-AGUET; Annonciade, E. GONZALÈS; Une fleure trop tard, A. KARR; Hamlet, trad. par A. DUMAS; Une Maîtresse de Louis XIII, SAINTINE; Le Dernier Jour d'un condamné, V. HUGO.

4ᵉ série. — Sous les Tilleuls, A. KARR; Le Bandit de Londres, AINSWORTH; Pigmerol, bibliophile JACOB; La Caserne du quai d'Orsay, E. M. DE SAINT-HILAIRE; Fierval ou le Fantaron démasqué, Rosa mourante, ROUGET DE L'ISLE; Robert-Robert, L. DESNOYERS.

5ᵉ série. — Bug-Jargal, V. HUGO; Les Nuits du Père-Lachaise, L. GOZLAN; Histoire des Treize, DE BALZAC; Les Deux Cadavres, F. SOULIÉ; La Veuve de la Grande Armée, E. M. DE SAINT-HILAIRE.

6ᵉ série. — Les Mystères de Londres, P. FÉVAL; Han d'Islande, V. HUGO.

7ᵉ série. — Les Amours de Paris, P. FÉVAL; Fort en thème, A. KARR; La Femme abandonnée, Études de femmes, la Grande-Bretèche, le Père Goriot, la Maison Nucingen, Gobseck, DE BALZAC; La Jeunesse dorée par le procédé Ruolz, A. SECOND.

8ᵉ série. — Les Mystères de Rome, F. DERIÈGE; Antonia, E. BERTHET; La Florida, la Guerre du Nizam, MÉRY.

9ᵉ série. — Les Sept Péchés capitaux, E. SUE.

10ᵉ série. (Épuisée). — Notre-Dame de Paris, V. HUGO; Saturnin Fichet, F. SOULIÉ.

11ᵉ série. — Claude Gueux, V. HUGO; Miss Mary, E. SUE; L'Anneau d'argent, CH. DE BERNARD; La Grenadière, DE BALZAC; Un Malheur complet, F. SOULIÉ; La Bonne Aventure, E. SUE; Proverbes et Nouvelles, SCRIBE.

12ᵉ série. — Les Enfans de l'amour, E. SUE; Modeste Mignon, le Contrat de mariage, le Cabinet des Antiques, Ursule Mirouet, une Double Famille, le Curé de Tours, le Message, Pierre Grassou, Mémoires de deux jeunes mariées, DE BALZAC.

13ᵉ série. — La Maison du Chat-qui-pelote, le Bal de Sceaux, la Bourse, la Vendetta, la Peau de chagrin, la Femme de trente ans, Eugénie Grandet, la Paix du ménage, la Fausse Maîtresse, Honorine, Albert Savarus, une Fille d'Ève, Pierrette, DE BALZAC.

14ᵉ série. — Le Veau d'or, F. SOULIÉ et LÉO LESPÈS; Carlo Broschi, E. SCRIBE; Fou Brossier, A. KARR; Béatrix, DE BALZAC.

15ᵉ série. — La Cabane de l'oncle Tom, par MISTRESS BEECHER STOWE, trad. par E. TEXIER et L. DE WAILLY; Le Paravent, CH. DE BERNARD; Un Rêve d'amour, F. SOULIÉ; Le Buffalo blanc, capitaine MAYNE REID, trad. par ALLYRE BUREAU; Clotilde, A. KARR.

16ᵉ série. — Les Illusions perdues, Splendeurs et misères des courtisanes, un Ménage de garçon, la Vieille Fille, DE BALZAC.

17ᵉ série. — Le Lys dans la vallée, le Médecin de campagne, le Curé de village, la Muse du département, la Recherche de l'absolu, les Employés, DE BALZAC.

18ᵉ série. — Le Fils du diable, P. FÉVAL; Le Persécuteur, CH. DE BERNARD; Un Rêve d'amour, F. SOULIÉ; Pour ne pas être treize, Midi à quatorze heures, ALPH. KARR.

19ᵉ série. — Les Catacombes de Paris, E. BERTHET; Le Gorgone, DE LA LANDELLE; Gabrielle, Mᵐᵉ ANCELOT.

20ᵉ série. — Marcel, FÉLICIEN MALLEFILLE; Les Frères de la Côte, E. GONZALÈS; Le Conseiller d'État, F. SOULIÉ; Le Notaire de Chantilly, L. GOZLAN; Herminie Sénéchal Hélène Raynal, PAUL FÉVAL.

21ᵉ série. — Le Chemin le plus court, ALPH. KARR; Esau le lépreux, EMMANUEL GONZALÈS; 1ʳᵉ et 2ᵉ parties la Citerne, l'Excommunication, 1 fr. 50; 3ᵉ partie: Le Prince noir, 1 fr. 50; 4ᵉ partie : les deux Favorites, 1 fr. 25; Blanch Mortimer, ADRIEN PAUL (sous presse).

22ᵉ série. — Une haine à bord, DE LA LANDELLE (souspresse).

LES OUVRAGES SUIVANS SE VENDENT SÉPARÉMENT :

Héva, la Guerre du Nizam, 3 25. — Miss Mary, 1 25. — Les Enfans de l'amour, 1 25. — La Bonne Aventure, 2 25. — Le Veau d'or, 3 25. — La Cabane de l'oncle Tom, 2 fr — Le Fils du diable. 4 fr. — Les Catacombes de Paris, 2 fr. — Proverbes et Nouvelles (Tonadillas), 1 75. — Le Nœud Gordien, 1 50. — Le Paravent, 1 50. — Fort en thème, 1 fr. — Antonia, 1 25. — Le Buffalo blanc, 1 25. — La Gorgone, 2 50. — Clotilde, 1 25. — Gabrielle 1 25. — Marcel, 1 25. — Les Frères de la Côte, 1 25. — Le Conseiller d'État, 1 50. — Le Notaire de Chantilly, 1 50. — Herminie Sénéchal, Hélène Raynal, 1 25. — Le Chemin le plus court, 1 25. — Ésaü le lépreux (les 4 parties réunies), 4 fr. 2).

OEUVRES D'ALEXANDRE DUMAS

FORMAT DU MUSÉE LITTÉRAIRE.

Chaque volume ou tome, d'au moins 400 p. in-4° 2 col., imprimé sur beau papier, renferme la matière de plus de 16 vol. in-8° de librairie d'une valeur de 80 fr. Prix 6 fr.

Tome Iᵉʳ. (Épuisé).
Tome II. — La Reine Margot. La Dame de Monsoreau.
Tome III. (Épuisé.)
Tome IV. (Épuisé).
Tome V. — La Fille du Régent, Souvenirs d'Antony, Isabel de Bavière, Praxède, Pierre le Cruel, Cécile, Sylvandire.
Tome VI. — Les Quarante-Cinq, Le Bâtard de Mauléon.
Tome VII. — Joseph Balsamo.
Tome VIII. — Impressions de voyage: (La Suisse, 3 25. — Le Midi de la France, 1 75. — Une Année à Florence).

Tome IX. — Impressions de voyage : (La Villa Palmieri, 1 50. — Le Speronare, 2 50. — Le Capitaine Arena, 1 50. — Le Corricolo, 2 50.)
Tome X. — Impressions de voyage: (Quinze jours au Sinaï, 1 50. — Excursions sur les bords du Rhin, 2 25. — De Paris à Cadix, 2 50. — Le Véloce, 2 50).
Tome XI. — La Tulipe noire, La Colombe, Le Chevalier d'Harmental, 2 50. — Le Capitaine Paul, Jehanne la Pucelle. 1 50. — Les Aventures de Lyderic, Gabriel Lambert, 1 fr. 25.
Tome XII. — Le Collier de la reine. — Ascanio, 2 50. Cécile et France.

Tome XIII. — Acté. — Les Deux Diane. — La Comtesse de Salisbury 2 50.
Tome XIV. — Ange Pitou, 3 fr. — Olympe de Clèves, 3 5
Tome XV. — Le Pasteur d'Ashbourn, 1 fr. 50. — Les Mariages du père Olifus, 1 25. — Les Mille et un Fantômes, 1 25. Le Testament de M. de Chauvel in, un Dîner chez Rossini, les Gentilshommes de la Sierra-Morena, 1 25. — La Femme au collier de velours, 1 25.
Tome XVI (Incomplet). — Conscience, 1 75. — Catherine Blum, 1 25.
Tome XVII. — La Comtesse de Charny. (Ce volume vend broché 4 fr. net, sans autre remise pour les abonnés du journal.)

LES MOUSQUETAIRES.

1ʳᵉ et 2ᵉ parties : LES TROIS MOUSQUETAIRES, VINGT ANS APRÈS, 1 v. broché, 6 f. — 3ᵉ partie : LE VICOMTE DE BRAGELONNE, 1 v. broché, 6 f. — Les trois parties reliées en un vol. 15

ALBUM DES MOUSQUETAIRES. | 1ʳᵉ et 2ᵉ parties: LES TROIS MOUSQUETAIRES, VINGT ANS APRÈS, 50 gravures sur bois, album broché, 6 fr.
(Même format que les MOUSQUETAIRES.) | 3ᵉ partie: LE VICOMTE DE BRAGELONNE, 50 gravures sur bois, album broché, 6 fr.

Cet Album est exclusivement destiné aux abonnés du SIÈCLE.

OEUVRES CHOISIES D'EUGÈNE SUE

FORMAT DU MUSÉE LITTÉRAIRE.

Tome Iᵉʳ, de plus de 700 pages, divisé en deux parties du prix de 4 fr. chaque, contenant :
1ʳᵉ PARTIE. — Mathilde, Mémoires d'une jeune femme, 4 fr.
2ᵉ PARTIE. — Fernand Duplessis, Mémoires d'un mari (Mariage de convenances), 2 fr.; (Mariage d'argent et Mariage d'inclination), 1 fr. 75. — La Famille Jouffroy, Mémoires d'une vieille Fille, 2 fr. 50.

Tome 2ᵉ, de plus de 700 pages, divisé en deux parties du prix de 4 fr. chaque, contenant :
1ʳᵉ PARTIE. — Paula Monti ou l'hôtel Lambert, 1 fr. 25. — Le marquis de Letorière, Crâo, 1 fr. — Thérèse Dunoyer, 1 fr. 50. — La Florida, la Guerre d'un inconnu, 2 fr. 50.
2ᵉ PARTIE. — Lautréaumont, 1 fr. 75 — Jean Cavalier ou les Fanatiques des Cévennes, 2 fr. 50. — Le Colonel de Surville; Godolphin-Arabian, 1 fr. 25.

Tome 3ᵉ, de près de 700 pages, divisé en deux parties de 4 fr. chaque, contenant :
1ᵉ PARTIE. — La Salamandre, 1 fr. 25. — Atar-Gull, 1 — Plik et Plok, 1 fr. — La Vigie de Koat-Ven, 2 fr. 50.
2ᵉ PARTIE. — La Coucaratcha, 1 fr. 25. — Le Commandeur de Malte, 1 fr. 50. — Le Morne-au-Diable, 3 fr. 50 Les Aventures de Hercule Hardi; Kardiki, 1 fr. 25.

OEUVRES CHOISIES DE BALZAC

FORMAT DU MUSÉE LITTÉRAIRE.

SCÈNES DE LA VIE PRIVÉE.

1ʳᵉ série de près de 600 pages, divisée en deux tomes du prix de 4 fr. chaque, contenant:

TOME PREMIER : La Maison du Chat-qui-pelote; Le Bal de Sceaux ; La Bourse ; La Vendetta ; 5. Madame Firmiani; Une Double Famille, 1 50. — La Paix du ménage; La Fausse Maîtresse ; Études de femmes; Albert Savarus, 1 25. — Mémoires de deux jeunes mariées, — Une Fille d'Ève; La Femme abandonnée ; La Grenadière ; Le Message, 1 fr.

TOME SECOND: Gobseck; La Femme de trente ans, 1 25. — Béatrix, 1 50. — Modeste Mignon, 1 25. — Le Contrat de mariage ; La Grande-Bretèche ; Honorine, 1 25.

SCÈNES DE LA VIE DE PROVINCE.

2ᵉ Série de plus de 600 pages divisée en deux tomes du prix de 4 fr. chaque, contenant:

TOME PREMIER : Ursule Mirouet, 1 fr. 25. — Eugénie Grandet 1 fr. — Les Célibataires: (Pierrette, le Curé de Tours, un Ménage de garçon), 2 fr. — La Muse du Département, 1 fr.

TOME SECOND : Les Rivalités : (la Vieille Fille, le Cabinet des antiques, 1 50. — Le Lys dans la vallée, 1 fr. 50. — Illusions perdues : (les Deux Poètes, un Grand Homme de province à Paris, Ève et David), 2 75.

SCÈNES DE LA VIE PARISIENNE.

3ᵉ série de plus de 600 pages divisée en 2 tomes du prix de 4 francs chaque.

TOME PREMIER : Histoire des Treize : (Ferragus, la Duchesse de Langeais, la Fille aux Yeux d'or), 1 50. — Le Père Goriot, 1 25. — César Birotteau, 1 25. — La Maison Nucingen Pierre Grassou, Les Employés, 1 50.

TOME SECOND : Splendeurs et Misères des Courtisanes (Esther heureuse, À combien l'amour revient aux vieillards, Où mènent les mauvais chemins), 2 fr. — Les Parents pauvres : (la Cousine Bette, le Cousin Pons). 3 fr.

SCÈNES DE LA VIE DE CAMPAGNE. — ÉTUDES PHILOSOPHIQUES.

4ᵉ série de près de 300 pages, un tome du prix de 4 fr.

Le Médecin de campagne, 1 25. Le Curé de village, 1 25. — La Peau de chagrin, 1 fr. La Recherche de l'absolu, 1 fr.

Tous les ouvrages de ce Catalogue, sur lesquels nos abonnés obtiendront une remise de moitié prix, se vendent brochés, par tome ou série, et même séparément par ouvrage gré de l'acheteur. Ceux dont les tomes ou séries ne peuvent plus être livrés séparément, mais seulement dans les séries dont ils font partie.

Les demandes des départements doivent être affranchies et accompagnées d'un mandat sur la poste ou à vue sur Paris, à l'ordre de M. LEHODEY, directeur du SIÈCLE. — Ajoutez le mandat la prix pour toute demande au-dessus de 10 fr. (TOUTE DEMANDE D'AU MOINS 30 FR. SERA EXPÉDIÉE FRANCO.)

Les expéditions sont faites exclusivement par les Messageries impériales, les Jumelles, les Messageries du midi, ou les chemins de fer aboutissant à Paris. Les personnes qui habitent d'autres localités que celles desservies par lesdites voies de transport, auront soin de faire connaître le bureau de ces entreprises où pourra leur être adressé l'objet de leur demande.

15 janvier 1851.

Paris. — Imprimerie J. Voisvenel, 16, rue du Croissant.

www.ingramcontent.com/pod-product-compliance
Lightning Source LLC
Chambersburg PA
CBHW060208100426
42744CB00007B/1217